Staci Haines

Ausatmen.

Wege zu einer selbstbestimmten Sexualität für Frauen, die sexuelle Gewalt erlebt haben.

Staci Haines

Ausatmen.

Wege zu einer selbstbestimmten Sexualität für Frauen, die sexuelle Gewalt erlebt haben.

Aus dem amerikanischen Englisch von
Penelope Dützmann, Anke Mai und Christine Mauch

orlanda

Widmung

Dieses Buch ist jenen gewidmet, die wir einst waren.
Willkommen Leben, was auch immer du für uns bereithältst;
willkommen in der Welt, die ihr euch
nun selbst erschaffen könnt.
Lassen wir sie voll Lust und Weisheit sein.

Danksagung

Ich möchte gerne Denise Benson für ihre Partnerschaft und Liebe danken, dafür, dass sie ihr Leben, ihre Kinder und ihre Familie mit mir teilt. Dank gilt auch Richard Strozzi-Heckler und seiner Großzügigkeit, mit der er sein Können und seine Innovationen im Bereich der Somatik teilt. Ständig lerne ich von ihm, auf das zu achten, was größer ist als wir, und lebensbejahend zu handeln. Ich danke auch Akaya Windwood und Maria Gonzales Baron, die mit mir gemeinsam lachend den Weg der Befreiung beschritten. Danke auch an Jacke Strano und Shar Rednour, deren unermüdliche Bemühungen die DVD *Ausatmen* möglich machten. Ich weiß euer anhaltendes Engagement für sexpositive Bildung, Bilder und Möglichkeiten für andere Menschen zu schätzen. Und zu guter Letzt gilt Dank meiner Schwester Wendy – danke, dass du immer meine Familie bist.

Meine Dankbarkeit gilt auch meiner Lektorin, Herausgeberin und Freundin Felice Newman, ohne die all das niemals möglich gewesen wäre.

Inhalt

Die Autorin

Staci Haines leitet Workshops und Seminare für Überlebende von sexueller Gewalt in der Kindheit. Sie ist anerkannte NLP-Trainerin und ausgebildet in Lomi Somatics; ihr therapeutischer Schwerpunkt liegt in der Arbeit mit Traumatisierten, z. B. nach sexuellem Missbrauch. Sie ist außerordentliches Mitglied des Rancho Strozzi Instituts. Staci Haines ist ausgebildete Sexberaterin und war langjährige Geschäftsführerin von Good Vibrations, dem »sauberen, hellen Sextoyladen«. Sie gründete das Child Sexual Abuse Strategic Action Project für erwachsene Überlebende von Missbrauch, dessen erklärtes Ziel es ist, sexueller Gewalt ein Ende zu setzen. Staci Haines lebt in San Francisco.

Staci Haines steht für Vorträge, Workshops und Seminare zur Verfügung. Briefe erreichen sie unter der Adresse: 584 Castro Street, PMB 640, San Francisco, CA 94119-2594 oder per e-mail unter stacihaines@earthlink.net.

Einleitung

Als dieses Buch 1999 erstmals unter dem Titel *Ausatmen – Wege zu einer selbstbestimmten Sexualität für Frauen, die sexuelle Gewalt erfahren haben* veröffentlicht wurde, feilschte ich mit der Verlegerin lange um den Titel. Ich wollte gern das Wort *somatisch* in den Titel aufnehmen, die Verlegerin merkte verständlicherweise an, dass niemand wissen würde, was dieses Wort bedeutet. Als Nächstes beschäftigten wir uns mit dem Wort *Trauma* und fragten uns, ob man dieses Wort im Kontext des sexuellen Kindesmissbrauchs überhaupt verstehen würde. Jetzt, acht Jahre später, ist *Trauma* zu einem viel alltäglicheren Begriff geworden. Weit über die Grenzen der Psychologie hinaus wird dieses Wort von der Allgemeinheit für vieles verwendet – vom Einfluss des Krieges auf Soldaten und Zivilbevölkerung bis hin zu den intimen Traumata häuslicher wie sexualisierter Gewalt. Während viele mit dem Wort *somatisch* womöglich nicht wirklich viel anzufangen wissen, gilt die ganzheitliche Integration von Körper und Geist als relevanter Teil des Heilungs- und Lernprozesses als anerkannt.

Innerhalb der vergangenen 15 Jahre fanden eine erhebliche Weiterentwicklung im Bereich der Traumaforschung sowie eine schiere Revolution unseres Verständnisses dessen statt, wie Psychophysiologie, Trauma und Heilung zusammenhängen. Die zentrale Rolle, die der ganzheitliche Ansatz von Körper und Geist in Bezug auf das Überleben und Heilen traumatischer Erfahrungen hierbei spielt, ist heutzutage umfassend anerkannt. Es war der Bereich der Somatik, der diese Innovationen vorantrieb, indem hervorragende Neurobiolog*innen ihre Erkenntnisse aus vergleichenden Studien über das Gehirn und körpereigene chemische Prozesse vor und nach traumatischen Ereignissen darlegten.

Bevor wir uns nun dieser Publikation widmen, möchte ich

kurz einige Ergebnisse und Innovationen aus den Bereichen Somatik und Traumaforschung kommentieren. Diese neuen Erkenntnisse werden nicht im Hauptteil von *Ausatmen* aufgeführt. Zunächst möchte ich gerne einen wissenschaftlichen Einblick in unsere automatischen Überlebensmechanismen verschaffen, die wir während und nach traumatischen Erfahrungen durchlaufen. Anschließend werde ich Bezug auf die derzeitige Integration von Somatik in den Bereich der Psychologie nehmen und aufzeigen, an welchen Stellen wir während dieses Prozesses achtsam sein sollten. Die Somatik wird derzeit institutionalisiert – die Art und Weise, wie dies in den kommenden Jahren vonstattengehen wird, wird auch für die Zukunft der Somatik maßgeblich sein. Zuletzt möchte ich bedeutsame Innovationen aufzeigen, wenn es darum geht, Trauma zum einen als individuelles, zum anderen aber auch als gesellschaftliches Phänomen zu betrachten. Diese Erkenntnis ist nicht nur das Ergebnis offensichtlicher, jüngster Traumata wie beispielsweise jener durch den Hurrikan Katrina in den USA, den Tsunami in Indonesien und Asien oder die Kriege im Irak oder in Afghanistan, sondern auch der anhaltende und häufig unerkannte Einfluss von Homophobie, Sexismus, Rassismus und anderen Arten sozialer Unterdrückung, die häufig als Norm verstanden werden. Auch dies hat starke Auswirkungen auf uns.

Zu diesem letzten Punkt würde ich gern eine Geschichte erzählen. Eine meiner Klientinnen hatte mit ihrer eigenen Sexualität und ihrer Vergangenheit mit sexualisierter Gewalt durch ihre Tante zu kämpfen. Betroffene, die von Täterinnen missbraucht wurden, leiden in besonderem Maße, da über diese Form des Missbrauchs weniger gesprochen wird und Täterinnen im Widerspruch zu unseren Erwartungen an bzw. Stereotypen von Frauen stehen. Obwohl die Zahl der Triebtäterinnen niedriger ist als die Zahl der Triebtäter – einige Forschungen ergaben, dass lediglich 8 bis 17 % der Fälle von sexuellem Missbrauch an Kindern durch Frauen begangen werden –, begehen durchaus auch Frauen sexuellen Missbrauch. Wenngleich meine Klientin bereits sehr viel Heilungsarbeit in Bezug auf ihren

Missbrauch geleistet hatte, verspürte sie dennoch wenig bis keine Lust an Sex mit ihrem Ehemann und wollte dies ändern. Wir machten Gebrauch von der Somatik und arbeiteten ein Jahr lang an ihren grundlegenden Überlebensmechanismen. Sie hatte kaum ein Gespür dafür, an ihren Gefühlen und ihren eigenen Werten festzumachen, was sie tatsächlich wollte. Aus vielerlei Gründen hatten ihre Gefühle im familiären Kontext bisher als inakzeptabel und gefährlich gegolten, was dazu führte, dass sie schlussendlich gut im »Schauspielern« wurde, oder darin, so auszusehen und zu handeln, wie man es von ihr erwartete. Als sie zu mir kam, waren diese Erwartungen nicht mehr zwingend die ihrer Eltern, sondern, wie sie glaubte, die der »Gesellschaft«: Dies beinhaltete zum einen die sozialen »Ideale« eines Aufstiegs innerhalb der gesellschaftlichen Klasse, zum anderen das »Ideal« der Heterosexualität. Einen Anknüpfungspunkt für ihre Entscheidungen zu finden, der tatsächlich aus ihren Werten, Nöten und Sehnsüchten erwachsen war, und diesen auszubauen wurde zum Ziel unserer gemeinsamen Arbeit. Unsere grundlegenden Impulse spiegeln sich auch in unseren Sehnsüchten wider. Wenn wir uns selbst tiefgründig spüren können, spüren wir auch, was wir wahrhaftig lieben, was uns wichtig ist und wozu wir berufen sind. Viele Menschen nehmen dies als (physisch) verkörperte wie auch spirituelle Erfahrung wahr. Für Überlebende sexueller Traumata stellt der reine Prozess des Fühlens, Erlaubens und – im bestmöglichen Sinne gemeint – des Tolerierens der eigenen Wahrnehmung einen sehr heilsamen Prozess dar. Er öffnet die Tür zu einem selbstdefinierten und selbstreferentiellen Leben. Er öffnet außerdem die Tür dazu, sich selbst wahrzunehmen. Dies kann als Gegenstück zur Dissoziation betrachtet werden.

Während meine Klientin immer weiter in diesen Prozess eintauchte, erkannte sie wieder, dass sie sich zu Frauen hingezogen fühlte. Sie hatte sich schon immer von Frauen angezogen gefühlt und bereits mit einer Partnerin zusammengelebt, bis zu dem Zeitpunkt, als beide entschieden, dass dies falsch sei, und einander darin »unterstützten«, männliche Partner zu finden. Ihre Ex-Freundin fand ihren Zufluchtsort in fundamentalistischer

Religion, der sie noch bis heute folgt. Was für meine Klientin aufzutreten begann, war nicht der sexuelle Missbrauch an sich, sondern die Auswirkungen der Homophobie und die Art und Weise, wie diese mit ihren persönlichen Überlebensmechanismen aus dem Missbrauch interagierten. Hätten wir nicht begonnen, den sozialen Kontext, in dem wir leben (Heterosexismus), und dessen Einfluss auf sie zu erforschen, so hätten wir weiterhin ohne Erfolg in dem sexuellen Missbrauch herumgewühlt. Wir mussten uns mit den Auswirkungen, die Homophobie und gesellschaftliche Unterdrückung auf ihr Leben hatten, auseinandersetzen, mit intimen Beziehungen und Sexualität. Sie hatte grundlegende Angst davor, sich außerhalb des Rahmens dessen zu bewegen, was von der Gesellschaft als akzeptabel erachtet wird.

Schaut man sich Sexualität und sexuelle Vorlieben an, so scheint der soziale Aspekt bei Traumata offensichtlich zu sein, doch ist der Einfluss von Rassismus, Sexismus und anderen Formen der sozialen Unterdrückung ebenfalls tiefgreifend und lässt Menschen wie Gemeinschaften mit langwierigen negativen Symptomen zurück. Durch den Einfluss vorgeschriebener sexueller Rollenbilder, sei es durch Religion, Geschlechterrollen, rassistische Denkmuster oder eine negative Einstellung zu Sexualität, wissen viele Menschen nicht, wer sie auf sexueller Ebene überhaupt sind.

Was passiert da im Körper?

Erinnerung lebt im Muskel.
– Richard Strozzi-Heckler, PhD,
Begründer des Strozzi-Instituts

Eine einfache Art und Weise, sich mit Trauma und dem menschlichen Gehirn auseinanderzusetzen, ist, sich vorzustellen, wie das Stammhirn, der älteste Teil unseres Gehirns, der für grundlegende Instinkte und die Reproduktion zuständig ist, zusammen mit den Emotions- und Stresszentren unseres Gehirns auf

Hochtouren läuft. In diesen Bereichen herrscht dann ein erhöhtes Maß an neuronalen Aktivitäten, die auf das Freisetzen entsprechender chemischer Botenstoffe ausgerichtet sind, um dem Überleben zu dienen (16). Der stammesgeschichtlich jüngste Teil unseres Gehirns, der Neokortex (Frontallappen), der auch unser Sprachzentrum beinhaltet, wird dann kaum genutzt (zeigt in nur sehr geringem Maße neuronale Aktivitäten). Wenn wir uns in Gefahr befinden, benötigt unser Gehirn, wie auch unser Körper, Sicherheit und versucht Beziehungen zu schützen (beides ist für den Menschen von essentieller Bedeutung). Bei diesen Überlebensmechanismen geht es an dieser Stelle nicht darum, zu verstehen, was gerade passiert, oder dem Ganzen auf den Grund zu gehen. Redewendungen wie »sprachloses Entsetzen« sind wörtlich zu verstehen – während gewisser Schockzustände und Überlebensmechanismen sind fast keinerlei neuronale Aktivitäten im Sprachzentrum des Gehirns zu messen. Es ist normal, dass Menschen ihre Überlebensmechanismen auf traumatische Ereignisse hin nicht kontrollieren oder ändern können, indem sie sie »durchdenken«. Um Traumata zu heilen, müssen wir mit den Bereichen unseres Gehirns und unseres Körpers arbeiten, die für das Überleben mobilisiert werden. Das Bahnbrechende an diesem neuen Verständnis von Körper und Trauma ist, dass es uns ermöglicht, weitere wichtige Instrumente und Maßnahmen für den Heilungsprozess zu erarbeiten.

Wenn Menschen mit traumatischen Ereignissen wie sexuellem Missbrauch konfrontiert werden, erleben sie eine unverzügliche physiologische Reaktion hierauf. Alle Tiere zeigen biologisch motivierte Reaktionen, sollte entweder das eigene Leben oder aber, im Falle eines geselligen Tiers, die Gemeinschaft (das Rudel) gefährdet sein. Im Falle des Menschen reagieren Gehirn und Körper, sobald eine Gefahr wahrgenommen wird, und signalisieren der Hypophyse (Hirnanhangsdrüse) sowie den Nebennieren, Stresshormone auszuschütten. Diese Hormone, darunter Adrenalin, Kortisol und Noradrenalin, sorgen dafür, dass Überlebende von Traumata eine erhöhte Aufmerksamkeit zeigen und auf Überlebensmechanismen zurückgreifen können.

Die Kampf-oder-Flucht-Reaktion kennen wir alle. In diesem Falle bereitet sich der Körper darauf vor, reagieren zu können, und pumpt im Zuge dessen Blut in die größeren »Aktionsmuskeln«, wodurch Herzfrequenz und Blutdruck steigen und der Atem entweder beschleunigt oder aber angehalten wird. Bedürfnisse, die überlebenswichtige Funktionen behindern, wie Hunger, Müdigkeit und Verdauung, werden dann heruntergefahren. Auch Reproduktion fällt hierunter und ist, insbesondere infolge wiederholter Traumata, häufig nachhaltig beeinträchtigt. Es existieren einige interessante Studien zur Untersuchung chronischer Reproduktionsstörungen von Überlebenden sexuellen Missbrauchs.

Wenn Überlebensstrategien wie Kampf oder Flucht entweder mehr Schaden anrichten würden oder aber gar nicht erst umsetzbar sind (wie bei vielen Kindern, die Missbrauch überlebt haben), so entscheiden sich Körper und Gehirn für eine dritte Variante – das Erstarren. Überlebende berichten häufig davon, sehr still gehalten und darauf gewartet zu haben, dass der Missbrauch endete, oder aber sich ausgeklinkt zu haben (Dissoziation ist ebenfalls eine uns innewohnende Überlebensstrategie). Während dieser Reaktion werden schmerzlindernde Endorphine und Opioide freigesetzt, die betroffene Person wird von anfänglicher Handlungsfähigkeit in Immobilität versetzt. Wenn Überlebende davon berichten, sich nicht wehren zu können oder nicht imstande zu sein, sich zu bewegen, meinen sie dies wörtlich. Angespannte Muskeln werden gelähmt, Atmung und Puls werden langsam, teilweise kaum wahrnehmbar. Schlau, nicht wahr?

Unser Gehirn und unser Körper sind so konzipiert, dass sie, sobald die Gefahr vorüber ist, wieder ihre Balance finden oder aus dem Zustand der erhöhten Aufmerksamkeit zurückkehren. Betroffene Personen merken häufig ganz plötzlich, dass sie erschöpft oder hungrig sind oder physische Schmerzen haben. Unser Körper weiß von Natur aus mit einer solchen Situation umzugehen. Durch einen Prozess, der zumeist aus Beben und Zittern, Schwitzen, Weinen und Gähnen besteht, setzen wir die währenddessen gesteigerten Botenstoffe frei, bringen unsere Atmung wieder auf ein normales Niveau, entspannen die eingesetzte Muskulatur und kehren, sofern wir uns während der traumatisierenden Situation von unserem Körper abgespalten haben, in unseren Körper zurück. Wenn wir in diesem kohärenten, ruhigen Stadium angekommen sind, entdecken wir eine Hoffnung wieder, die uns insgesamt positiv in die Zukunft blicken lässt. Sofern es möglich ist, die innere Balance vollends wiederherzustellen, im besten Falle mit der Unterstützung anderer, treten in der Regel nur wenige Symptome einer posttraumatischen Belastungsstörung (PTBS) auf.

Die menschliche Psychophysiologie orientiert sich an zwei Dingen: Überleben und Verbundenheit. Überleben ist offensichtlich: ein Drang, am Leben zu sein und zu bleiben. Verbundenheit bezieht sich auf Lieben und Geliebtwerden, darauf, von der Gruppe akzeptiert zu werden und andere Menschen unterstützen zu können. Wir sind gesellige Tiere und zielen auf biologischer Ebene darauf ab, miteinander verbunden und für andere von Bedeutung zu sein.

Eine Sache, die sexuellen Missbrauch von Kindern und andere Formen intimer Gewalt besonders schwierig macht, ist die Tatsache, dass sie den Überlebensdrang sowie den Drang nach Liebe und Gemeinschaft durcheinanderbringen. Statt zusammenzuwirken, geraten diese beiden grundlegenden Funktionen durch das Trauma in Konflikt miteinander.

Bei kollektiven Traumata ist es den Betroffenen (da wir gesellige Tiere sind) häufig möglich, zu gemeinschaftlichen beruhigenden Verhaltensweisen überzugehen. Nach den Anschlägen des 11. Septembers 2001 in New York beispielsweise wurde wiederholt beobachtet, dass die New Yorker in der Öffentlichkeit ungewohnt freundlich zueinander waren, der Umgang mit der Polizei war warm, es fand ein gesteigerter beruhigender physischer Kontakt unter den Menschen statt. Diese Verhaltensweisen geschehen automatisch und dienen dazu, das »Kollektiv« zu beruhigen.

Ein weiteres faszinierendes Beispiel für kollektive Reaktionen auf traumatische Ereignisse stammt von Pumla Gobodo-Madikizela, einer Schwarzen südafrikanischen Psychologin, die Mitglied der Wahrheitskommission zur Untersuchung der Verbrechen unter dem Apartheid-Regime war. Sie bemerkte, dass es nach politischen Attentaten in verschiedenen Schwarzen-Townships innerhalb einiger Townships einen Anstieg körperlicher Gewalt gab, innerhalb anderer hingegen nahmen Gewalttaten ab. Als sie diese Unterschiede untersuchte, stellte sie fest, dass die Townships, deren Bewohner nach den Attentaten zusammenkamen, um zu trommeln, zu singen und zu tanzen (aus somatischer Perspektive beruhigten sie dadurch die kollektive Psychobiologie und traten als Gruppe in Kontakt), ein geringeres Ausmaß an Gewalttätigkeiten zeigten. Die Townships, in denen die Menschen isoliert geblieben waren und in denen es kein Kollektiv gab, mit dem man an den ihnen widerfahrenen Verletzungen (traumatisches Erlebnis) hätte arbeiten können, zeigten ein gesteigertes Ausmaß an Gewalt. Dies, nebst vielen weiteren Beispielen, sagt viel über die Auswirkungen kollektiver Traumata und über einige Methoden aus, zu denen wir uns und unsere Gesellschaft hinbewegen müssen, um Gewalt und Traumata beizulegen, statt sie aufrechtzuerhalten.

Vieles hält uns davon ab, uns von der natürlichen Reaktion der gesteigerten Aufmerksamkeit oder des Erstarrens loszulösen und zu einem beruhigenden kohäsiven Selbst- bzw. Gruppengefühl zurückzukehren. Oftmals wird dies durch mangelndes Wissen über diese Methoden sowie durch soziale Stigmata verhindert, die mit dieser Art des Loslassens assoziiert werden. In Fällen, in denen es nach einem traumatischen Erlebnis nicht möglich ist, diesen psychophysiologischen Prozess zu durchleben, tendieren Betroffene dazu, ihren Körper noch mehr zu verkrampfen, um so eine ihnen fremde emotionale oder körperliche Reaktion zu unterdrücken, die den Anschein erweckt, man habe die Kontrolle verloren. So mögen manche ihren Atmen anhalten, ihre Zähne zusammenbeißen oder die Augen zusammenkneifen, um nicht zu weinen, den Bauch und Darm anspannen und »die Erfahrungen runterschlucken«, während sie sich selbst sagen: »Ist doch sowieso egal«, oder: »Ich werde das nicht an mich herankommen lassen.« So mag ein*e Erwachsene*r einem Kind womöglich sagen: »Hör auf zu zittern, es ist vorbei, so schlimm war es doch gar nicht. Warum bist du überhaupt so ein Angsthase?« Das Kind muss dann seinen natürlichen Heilungsprozess einstellen, indem es sich über sein Weinen oder Zittern hinwegsetzt. Dieses Unterdrücken behindert ein gesundes Loslassen und ein Wiederherstellen des Gleichgewichts. Heutzutage fühlen sich nur wenige Menschen wohl damit, sich selbst oder anderen zu erlauben, diese Form des emotionalen Loslassens, das Körper und Geist nach einem traumatischen Ereignis wieder ins Gleichgewicht bringen kann, zu durchleben. Ich hoffe sehr, dass dieser Heilungsprozess in der Gesellschaft der kommenden Generation bekannter und akzeptierter werden wird.

Dieses unterdrückte Loslassen lebt im Körper in Form von Krämpfen fort, die letzten Endes chronisch werden. Viele Trauma-Überlebende berichten davon, nicht mehr imstande zu sein, zu weinen oder wütend zu werden. Oder dass ganze Körperteile taub zu sein oder zu fehlen scheinen. Diese Emotionen oder Körperteile sind nicht tatsächlich verschwunden, sondern wurden vielmehr derart unterdrückt beziehungsweise verkrampft, dass sie letztlich nicht mehr zugänglich sind. Der natürliche Drang, diese Zustände abzurufen, um eine heilende Reaktion auf die erlebte Gewalt herzustellen, verschwindet nicht einfach; er dringt stattdessen immer tiefer in den Körper und in die Muskeln ein. Im Bereich der Somatik spricht man davon, dass Betroffene sich selbst, ihre Ideale, ihre Weltanschauung und ihre Handlungen solchen Erfahrungen anpassen. Es ist unmöglich, dies nicht zu tun. »Aus den Augen, aus dem Sinn« trifft mit Sicherheit nicht auf Traumata zu. Stattdessen werden traumatische Ereignisse aus dem Bewusstsein in das Unterbewusstsein gedrängt, wo Überlebensmechanismen, Krämpfe und somatische »Verhaltensausformung« weiterhin Einfluss auf unser Leben nehmen.

Wenn der Körper aufzutauen oder man die traumatischen Ereignisse zu verarbeiten beginnt, spüren wir beides – sowohl die Krämpfe, mittels derer diese Reaktionen unterdrückt worden sind, als auch die unvollständigen Reaktionen auf das eigentliche Trauma. Es scheint, als habe der Körper nur darauf gewartet, endlich auf das eigentliche Trauma reagieren zu können. Die somatische Herangehensweise beinhaltet therapeutische Gespräche, somatische Körperarbeit und neuartige somatische Methoden. Hierdurch erlangen wir Zugang zu den traumatischen Krämpfen, helfen dabei, diese zu lösen, und unterstützen das psychophysiologische Loslassen. Dies wiederum ändert die Selbstwahrnehmung, die Wahrnehmung innerhalb einer Beziehung und eröffnet neue Entscheidungs- und Handlungsmöglichkeiten. Somatische Methoden helfen Überlebenden dabei, einen Weg zu finden, sich mit ihrem Bedürfnis nach Sicherheit und Verbundenheit auseinanderzusetzen, das sonst durch ihre Überlebensmechanismen abgedeckt wurde. Sie unterstützen Körper und Geist dabei, das Sein und das Handeln neu zu erlernen, anstatt neue Ansätze aufzuzeigen, die letztlich nicht umsetzbar sind. Durch diesen ganzheitlichen Prozess ist es möglich, die angeborenen psychophysiologischen Heilungsprozesse zu befolgen und zu unterstützen und darüber hinaus neue Kompetenzen zu erlernen.

Die Zukunft der Somatik

In westlich geprägten Ländern reicht der Bereich der Somatik zurück bis ins frühe 20. Jahrhundert, zu Wilhelm Reich. Viele andere Kulturen haben den Zusammenhang zwischen Körper, Geist und Seele (und häufig außerdem die Verbindung zur Erde) schon lange als integralen und wichtigen Bestandteil des Heilungs- und Genesungsprozesses erkannt. Geprägt von Descartes und anderen vertritt der Westen eine abweichende Sichtweise – eine, die den Geist vom Fleische trennt. Diese wesentliche kulturell und religiös geprägte Ansicht beeinflusst unser Körperverständnis und fördert unsere Sichtweise auf den Körper als (schambehaftetes) Objekt. Das vorherrschende Modell eines vom Körper losgelöst betrachteten Geistes beeinflusst außerdem unsere kulturelle Sichtweise auf Frauen, Emotionen, Sexualität und Ethnien. Je mehr jemand als mit dem Körper oder der Erde verbunden wahrgenommen wird, als umso geringer wird der Status beziehungsweise die gesellschaftliche Bewertung dieser Person erachtet. Die Somatik stellt diese Orientierung infrage.

Nach Jahrzehnten der Weiterentwicklung in westlich geprägten Ländern und nach aktuellen Forschungen in den Bereichen Neuropsychologie und Trauma erlangt das Forschungsfeld der Somatik nun immer mehr Anerkennung. Zu den einflussreichsten Personen, die durch ihre Kenntnis, ihre Forschung und ihre Annäherung an die Somatik zu dieser gesteigerten Anerkennung im vergangenen Jahrhundert beitrugen, zählen Ida Rolf, Alexander Lowen, Fritz Perls, George Leonard, Randolph Stone, Emilie Conrad, Moshé Feldenkrais, Anna Halprin und Richard Strozzi-Heckler. Dieses Forschungsfeld wird allmählich institutionalisiert – so werden zum einen generalisierte Standards entwickelt und zum anderen an immer mehr Universitäten Abschlüsse in Somatik, insbesondere in somatischer Psychologie, angeboten. Die Eingliederung von Somatik in die Psychologie ist sinnvoll, da viele Bereiche der Somatik zur Heilung verwendet werden. Die Anwendung von Somatik im Bereich des Lernens, der Ausbildung von Führungskräften und der sozialen Bewegungen ist ebenfalls sehr wirkungsvoll, fügt sich allerdings weniger gut in eine vorgegebene Form ein. Die Institutionalisierung hat durchaus Vor- und Nachteile.

Zunächst sollte der Begriff der Somatik jedoch erst einmal definiert werden. Das Wort leitet sich vom griechischen »soma« ab und beschreibt einen »lebendigen, bewussten Körper«. Die Somatik bietet eine neue Interpretation des Selbst sowie des ganzheitlichen Körpers. Sie ist nicht als eine Form der traditionellen Psychotherapie zu verstehen, bei der der Körper lediglich »miteinbezogen« wird. Sie ist ein neues Paradigma, genau wie es das Konzept des Unterbewusstseins vor einem Jahrhundert gewesen ist. Dieses neue Paradigma lässt eine neue Form des Verständnisses, neue Möglichkeiten und neue Handlungsweisen zu. Nebst der Betrachtungsweise von Körper, Geist und Seele als einheitlichem Ganzen beziehen einige somatische Ansätze auch ein Verständnis des sozialen Kontextes, der Umwelt und der Gemeinschaft mit ein. Was die Somatik so einzigartig macht, ist womöglich der Umgang mit dem Körper als wesentlicher Ort des Wandels, des Lernens und der Transformation. Die Somatik begreift das Selbst, oder wer wir sind, als nicht losgelöst vom Körper. Wenn wir also die hohe Intelligenz des Körpers wieder mit Seele und Geist verbinden, erlangen wir Zugriff auf wirkungsvolle Veränderung und Heilung. Der somatische Diskurs vereint somatische Achtsamkeit, somatische Körperarbeit und somatische Übungen, um nachhaltige Veränderung herbeizuführen.

Die Mehrheit der Ausbildungsstätten für grundlegende Somatik ist jedoch noch immer losgelöst vom universitären Rahmen. Es gibt eine Vielzahl qualitativ hochwertiger somatischer Ansätze. Jene, die sich leichter in den Bereich der Psychologie integrieren lassen, sind eher »achtsamkeitsbezogen« und entsprechen weniger praxisorientierten somatischen Theorien und Methoden. Diese somatischen Maßnahmen beziehen sich mittels Konversation und Wahrnehmung auf die Körperempfindungen. Durch das Rückverfolgen von Empfindungen wird der Körper als Fundament für Wissen und Wandel herausgebildet. Allerdings werden hierbei auch essentielle Aspekte der Somatik – wie somatische Übungen und Körperarbeit – ausgelassen. Somatische Maßnahmen und Theorien, die sich leichter in verbale Dialoge und die Therapeutenausbildung integrieren lassen, sowie aktuelle theoretische Rahmenbedingungen und Techniken werden an ihrer Stelle unterrichtet. Das volle Potential der Somatik droht zu verdünnen.

Es gibt eine historische Tendenz in der Psychologie, die uns *weg vom* Körper lenkt. Anders formuliert: Die Standardausrichtung geht davon aus, dass das Ändern des Selbstverständnisses, der eigenen Interpretationen und emotionalen Reaktionen letztlich die Transformation des Einzelnen herbeiführt. Hierbei wird der Körper nicht als zentraler Bestandteil betrachtet. Darüber hinaus wird in der Psychologie aktiv von Berührungen abgeraten, da diese häufig mit Sex, sexueller Belästigung und Machtmissbrauch innerhalb der therapeutischen Beziehung oder mit unangemessenen Grenzüberschreitungen assoziiert werden, die zu unnötigen Komplikationen führen können. Im Falle einer moralisch verwerflichen Herangehensweise oder mangelhafter Ausbildung können diese Schwierigkeiten durchaus auftreten. Doch genau wie bei der Entwicklung beliebiger anderer neuer Fähigkeiten bedarf ein kompetenter und souveräner Umgang mit der Somatik guter Lehrkräfte, konstruktiver Rückmeldungen und einer Gemeinschaft, mit der man üben kann. Dies beinhaltet auch die wirksame und moralisch korrekte Anwendung somatischer Berührungen im therapeutischen Prozess. Eine lebhafte Debatte innerhalb der somatischen Psychologie gilt momentan der moralischen Frage nach einer Nichtanwendung somatischer Berührungen in Anbetracht dessen, dass diese meist das effektivste und wichtigste Hilfsmittel für Heilung und Transformation darstellen.

Im Wesentlichen bezieht die Somatik einen neuen Fragenkomplex in die Psychologie mit ein, der sich mit der Wirksamkeit dieses neuen Paradigmas und der Hirnforschung beschäftigt und damit letztlich das Forschungsfeld der Somatik begründet. Wir befinden uns an einem wichtigen Wendepunkt für die Integration der Somatik in die breitere Kultur. Wir können die gesamte Kraft der Somatik beibehalten, indem wir das somatische Bewusstsein, somatische Methoden und die somatische Berührung im therapeutischen Prozess als untrennbare Komponenten in diesen Diskurs integrieren.

Sozialer Kontext, Trauma und Somatik

Seit der Veröffentlichung der ersten Auflage habe ich mich ausführlicher mit dem sozialen Aspekt von Trauma und Heilung beschäftigt. Genauso, wie wir die Einbeziehung von Körper und Geist in den Heilungsprozess als wirksam anerkennen, sollten wir uns noch intensiver mit dem sozialen und politischen Kontext, der uns umgibt und aus dem viele unserer Erfahrungen und Traumata erwachsen, befassen. Wie zu Beginn dieser Einleitung exemplarisch dargelegt, haben sowohl Erfahrungen mit sexuellem Kindesmissbrauch wie auch Erfahrungen mit einer systematischeren Art der sexualisierten Gewalt, wie Homophobie, einen traumatisierenden Einfluss, der letztlich Heilung und Veränderung bedarf. In meiner Arbeit als Ausbilderin von Psychotherapeut*innen, Heilpraktiker*innen und auf Somatik und Traumatherapie spezialisierten Therapeut*innen treffe ich viele Personen, die andere Menschen voller Hingabe bei deren Transformation unterstützen möchten. Allerdings wurden die meisten von ihnen nicht darin geschult, den sozialen Kontext, in dem sie selbst leben, oder die eigene Voreingenommenheit zu erkennen. Unbeabsichtigt können Therapeut*innen auch Auffassungen und Praktiken aufrechterhalten, die Schaden verursachen, wie beispielsweise gewisse Vorstellungen von Geschlechterrollen und Sexualität oder Rassismus und wirtschaftlichem Status. Ohne mehr über das soziale System und die soziale Vergangenheit, mit denen wir leben, zu wissen, können sich auch Überlebende an eine Form des »Normal-Seins« klammern, die letztlich Schaden anrichten kann. Wenngleich Therapeut*innen Veränderung im Leben der Betroffenen unterstützen, können auch sie es durchaus versäumen, ihre Patient*innen dafür zu sensibilisieren, sich auch auf die Gründe ihres Leids zu konzentrieren, die nicht persönlichen Ursprungs sind, wie beispielsweise die Auswirkungen von Armut, Rassismus, Sexismus oder Einwanderungsgesetzen.

Wenn wir vom sozialen Kontext sprechen, dann sprechen wir von Überzeugungen und Praktiken, die uns durch unsere Kultur und die Zeit, in der wir leben, vererbt wurden. Wir sind davon umgeben, wie der Fisch im Wasser. Die Region und das Land, in denen wir großgezogen werden und leben, die kulturelle Identität, religiöse oder spirituelle Ausrichtung, Einrichtungen, wirtschaftliche und politische Systeme, innerhalb derer wir uns bewegen, formen unseren sozialen Kontext. So hat beispielsweise jemand, die*der in der katholischen Tradition verwurzelt ist, eine andere Einstellung zum Leben, zum Universum, zu Sinn und Ethik als jemand, die*der in der buddhistischen Tradition verwurzelt ist. Auch eine Person aus der Arbeiterklasse hat völlig andere Erfahrungen und Sichtweisen als eine Person aus der besitzenden Klasse. Dies trifft auf uns alle zu und ist unvermeidbar. Wir können jedoch lernen, einen gewissen Blick für unsere eigenen Annahmen zu haben und unseren eigenen sozialen Kontext deutlicher zu erkennen. Weshalb ist das wichtig? Unsere ungeprüften Annahmen haben unbeabsichtigte Konsequenzen. Dies trifft auf Heilung und sozialen Wandel genau wie auf Wirtschafts- und Regierungspolitik zu.

Ich möchte Ihnen ein persönliches Beispiel geben. Ich wuchs in den USA auf, in einer weißen Arbeiterfamilie mit irischen, deutschen und weiteren, unbekannten nordeuropäischen Wurzeln. Innerhalb meiner Familie lernte ich die Einzelperson als zentrales Identifikationsmodell kennen. Immer wieder bekam ich zu hören: »Zieh dich am eigenen Schopfe aus dem Sumpf«, »Da bist du selbst dran schuld« oder »Du kannst alles schaffen, wenn du nur hart genug arbeitest«, »Es hängt ganz allein von dir ab«. Wenngleich die Gemeinschaft wichtig war, so war nicht sie es, die die individuelle Identität ausmachte. Auf zahlreiche andere Völker und Kulturen trifft dies nicht zu. Genau genommen ist der Individualismus eine recht neue Erfindung der Menschheitsgeschichte.

In meiner Praxis arbeitete ich mit einem Mann, der aus einer Kultur und einem Land stammte, wo die Gemeinschaft den zentralen Ausgangspunkt für das Verständnis der Welt darstellte. Die Vorstellung eines Individuums als einzelnes, unabhängiges Wesen existierte in der Weltanschauung seiner Gemeinschaft nicht. Er hatte sexuellen Missbrauch innerhalb seiner weiteren Familie sowie viele traumatische Ereignisse in Bezug auf Rassismus und die Einwanderung in die USA erlebt. Viele Herangehensweisen westlicher Heilungsansätze waren für ihn nicht von Bedeutung. Die westliche Psychologie betrachtet das Individuum als einen Ort der Veränderung und die Person als einzelne. Systemische Familientherapie ist davon in gewisser Weise ausgenommen, da hierbei die Familie als Ort der Veränderung betrachtet wird, dennoch ist die individualistische Orientierung noch tief verwurzelt. In unserer gemeinsamen Arbeit mussten wir den Großteil der Übungen und Maßnahmen auf ein Verständnis ausrichten, das den Menschen als untrennbaren Teil der Gemeinschaft erachtet. Anstatt eine einzelne Person zu heilen oder Grenzen zu dem missbräuchlichen Verhalten einer anderen Person aufzuzeigen, mussten wir uns darauf konzentrieren, die ganze Gemeinschaft zu heilen und Energien oder Gebilde zu lösen, die der ganzen Gruppe schadeten. Dies schloss direkt an Verletzungen an, die sein Volk durch Bürgerkriege und Kolonialisierung erfahren hatte.

Wenn wir uns die Ausrichtungen unserer eigenen Weltanschauungen ansehen, müssen wir uns auch den Nutzen und den Preis dieses Erbes vor Augen führen. Der Individualismus hat seine Konsequenzen – er öffnet neue Türen und versperrt zeitgleich andere. Wenn wir ihn als Norm verstehen, agieren wir als Unterdrücker*innen. Wenn wir nicht damit beginnen, einige unserer Annahmen zu erkennen, zu untersuchen und zu kritisieren, werden unsere Handlungen womöglich nicht das widerspiegeln, worum es uns eigentlich geht. So werden wir womöglich Probleme und Systeme aufrechterhalten, die wir eigentlich zu lösen und zu ändern versuchen. Leider wird in der heutigen psychotherapeutischen Tradition nicht mehr gelehrt, auf das eigene Erbe sozialer und kultureller Befangenheit zu achten. Therapeut*innen müssen sich dies durch andere Formen der Weiterbildung erarbeiten. Als Einstieg können Sie dies im Literaturverzeichnis unter *Soziale Traumata* nachlesen.

Ein großer Teil der Arbeiten von Indigenen und Stipendiat*innen der Dritten Welt, Wissenschaftler*innen und Praktizierenden bezieht sich auf das historische Trauma und den kollektiven Einfluss der Geschichte der Kolonialisierung und Sklaverei. Diese Theorien und Ansätze beschäftigen sich mit den fortwährenden traumatischen Auswirkungen auf diejenigen, die kolonialisiert wurden, samt ihren Kulturen, wie auch mit den Kolonialherren und deren Herkunft.

Die Somatik betrachtet die weitreichenden kollektiven Auswirkungen der Entkörperlichung in vielen westlichen Traditionen sowie die Folgen einer schambehafteten Betrachtungsweise des Körpers innerhalb vieler religiöser Traditionen. Diese Einstellungen und Praktiken führen dazu, dass wir uns von unseren empfundenen und erlebten Erfahrungen losgelöst betrachten (24) und letztlich Auswirkungen im Umgang mit anderen Lebewesen und der Umwelt sowie in der Empathie zu unseren Mitmenschen spüren. Aus einem dissoziierten Zustand der begrenzten Emotionen heraus ist es bedeutend leichter, andere zu objektivieren. Aus der Objektivierung und Kommodifizierung von Mensch und Umwelt erwächst eine Dominanz ihnen gegenüber. Da dies einer weitaus umfangreicheren Analyse bedarf, als Raum und Zeit es an dieser Stelle zulassen, möchte ich nun zur Verbundenheit übergehen.

Während ich den Bachelor of Arts am Oberlin College anstrebte, begann ich mich sehr widerwillig – tatsächlich tretend und schreiend – mit meiner eigenen Vergangenheit des sexuellen Kindesmissbrauchs zu beschäftigen. Ich ging zur psychologischen Beratungsstelle des Studierendenwerks und fragte nach einer Gruppe für Inzest-Überlebende, der ich mich anschließen könnte. Dort sagte man mir, dass sexueller Kindesmissbrauch eine Seltenheit sei und man niemanden habe, die*der sich mit diesem Thema beschäftige. Wenn ich allerdings eine Gruppe von acht Überlebenden sexuellen Kindesmissbrauchs zusammenbringen könnte, würde man diese Gruppe unterstützen. Da stand ich also, deprimiert und verzweifelt, meine Welt zerbrach, und nun sollte ich am Campus die erste Gruppe für Überlebende organisieren. Also verteilte ich Flugblätter, ließ Informationen in der College-Zeitung abdrucken, gab meine Kontaktdaten weiter, damit andere mich kontaktieren konnten, und fing an, auf dem Campus offen darüber zu sprechen. Um Hilfe zu bekommen, musste ich damit an die Öffentlichkeit gehen. Innerhalb von zwei Wochen hatte ich zehn Personen beisammen. Ich ging also zurück zur psychologischen Beratungsstelle. Sie waren zwar überrascht, gründeten aber dennoch die Gruppe. Die angeregten Gespräche über sexuellen Missbrauch auf diesem kleinen Campus führten zu Diskussionen über Vergewaltigungen und sexuelle Belästigung innerhalb des Campus und letztlich zur Gründung einer weiteren Gruppe. Diese befasste sich mit dem Kampf gegen sexuellen Missbrauch und mit Versuchen, Collegepolitik und praktiken zu ändern und sensibilisierende Präventionsarbeit zu leisten.

Diese Erfahrung spiegelte etwas wider, was ich lange nicht zu formulieren vermochte, obwohl ich es so stark spürte – nämlich dass persönliche und gesellschaftliche Veränderungen direkt miteinander verbunden sind. Ich betrachte dies zum einen aus der Perspektive der individuellen Heilung, die gestärkt wird durch das Verständnis einer längeren Geschichte sozialer Veränderungen, und zum anderen aus der Perspektive sozialer Bewegungen, die gestärkt werden durch persönliche Transformation. Wir möchten die Schadensursachen bekämpfen, nicht bloß eine unendliche Reihe von Menschen und Gemeinschaften von Traumata befreien. Im Falle von sexuellem Kindesmissbrauch kommen Fragen auf wie: Was lässt einen Menschen zum Täter werden? Wie können wir diese Faktoren ändern? Weshalb sind Sex, Machtverhältnisse und Gewalt in unserer Gesellschaft derartig miteinander verbunden und wie können wir das (25) ändern? Durch sozialen Wandel können wir sowohl die individuelle Heilung unterstützen als auch dazu beitragen, dass Menschen gar nicht erst missbraucht werden.

Über mich

Innerhalb der letzten zehn Jahre habe ich mich damit befasst, »generationFIVE« aufzubauen, eine nationale gemeinnützige Organisation, deren Mission es ist, sexuellen Kindesmissbrauch innerhalb von fünf Generationen bekämpft zu haben. Hierdurch sollen andere dazu mobilisiert werden, ein gesellschaftliches Tabu aufzubrechen und dadurch zu Veränderung und Heilung beizutragen. Für mich stellte »generationFIVE« außerdem eine Möglichkeit dar, Wege zu ebnen und zu erkunden, um persönlichen Wandel mit sozialem zu verbinden. Durch nationale Zusammenarbeit entwickelten wir einen transformativen Gerechtigkeitsansatz, um gegen sexuellen Kindesmissbrauch und andere Formen von intimer und kollektiver Gewalt vorzugehen. Das Ziel transformativer Gerechtigkeit ist es, die Sicherheit, Unterstützung und Vertretung von Überlebenden genauso wie die Rechenschaftspflicht und Resozialisierung von Tätern zu gewährleisten sowie die breite Öffentlichkeit in Prävention und sozialen Wandel miteinzubeziehen. Dieser Ansatz soll eine Reaktion auf Fälle sexuellen Kindesmissbrauchs sein, die mit langfristiger Prävention im Einklang steht. Sexueller Missbrauch von Kindern findet nicht in einem Vakuum statt – er ist vielmehr ein soziales Problem, das eines kollektiven Vorgehens bedarf. Weiter gehende Informationen zum Thema transformative Gerechtigkeit finden Sie auf der Homepage von »generationFIVE« unter www.generationfive.org.

Ich selbst befinde mich noch immer in dem Prozess des Wachsens und der Auseinandersetzung mit meiner eigenen Vergangenheit mit sexuellem Missbrauch und Trauma. Wenngleich das nicht mehr im Vordergrund meiner persönlichen Arbeit und Entwicklung steht, ist und bleibt es immer ein Teil von mir. Im vergangenen Jahr kam meine Familie im Rahmen des Abschlusses eines meiner Neffen zusammen. Aufgrund des sexuellen Missbrauchs hatte sich meine Familie leider in »Lager« aufgeteilt, sodass dies das erste Mal seit über 15 Jahren war, dass sich alle versammelten. Ich war überrascht von der Erleichterung, die ich verspürte, jetzt, wo alle zusammen waren. Polarisierung raubt Energie, und nun hatte ich die Möglichkeit, dieses Laster loszulassen, wenn auch nur kurzzeitig. Leider trieb diese »Wiedervereinigung« die Heilung unserer Familie nur geringfügig voran.

Meine Familie versuchte, ähnlich wie viele andere auch, eigenständig mit familiärem und kollektivem sexuellen Missbrauch umzugehen. Damals war ich noch nicht dazu imstande, mir Verbündete zu suchen, kannte niemanden, die*der Unbeteiligte innerhalb unserer Familie und Gemeinschaft hätte aufklären und leiten können, oder einflussreiche Menschen im Leben meines Vaters, die auf seine Rechenschaftspflicht und Menschlichkeit hätten bestehen müssen. Weil wir Heilung häufig als etwas Individuelles erachten, erkennen wir nicht, wie wichtig es ist, Verbündete zu finden. Zwar bemühte ich mich um Heilung und eine Therapie; nachdem ich jedoch die Tragweite rechtlicher Schritte erkannt hatte, wollte ich diesen Weg nicht wählen. Im Allgemeinen konzentriert sich die Therapie auf die*den Einzelne*n und nicht auf die gesamte Dynamik des Missbrauchs und die langfristige Veränderung für die Gemeinschaft. Ich musste mich eigenständig um mein Ziel der Sicherheit, Rechenschaftspflicht und Versöhnung, an dem ich festhielt, kümmern und selbst versuchen, dies in die Tat umzusetzen. Im Falle meiner Familie hatte dies keinen Erfolg.

Eine Sache, die ich, neben meiner wieder aufflammenden Empörung, aus dieser Wiedervereinigung mitnahm, war die spürbare Erinnerung an den puren Verlust, den der sexuelle Kindesmissbrauch bei jeder*jedem Einzelnen hinterlassen hatte. Diese Erfahrung löschte den letzten Funken Hoffnung aus, den ich noch hatte. Menschen treffen Entscheidungen, und diese Entscheidungen haben reale Konsequenzen. Ich kann mir vorstellen, dass das Geständnis, die eigenen Kinder sexuell missbraucht zu haben, und die anschließende Auseinandersetzung mit der eigenen Rechenschaftspflicht und einer Versöhnung wohl zu den schwersten Dingen zählen, die ein Mensch durchleben kann. Doch welche Chancen auf Veränderung oder Entwicklung einer authentischen Beziehung blieben, würde man diesen Schritt nicht wagen?

Viele Überlebende sprechen davon, auf sexuelle Traumata entweder mit Optimismus oder aber mit Pessimismus reagiert zu haben. Wenn ich eine der beiden Optionen wählen müsste, wäre es erstere. Was ernüchternd war und mich zum Teil gar wütend und zeitgleich tieftraurig stimmte, stellte sozusagen die nächste Stufe des Verlusts dar, nämlich sich vor Augen zu führen, was tatsächlich in meiner Familie passierte und was eben nicht – ohne die leeren und schwierigen Bereiche mittels meines eigenen Optimismus zu beschönigen. Sich einfach nur vor

Augen zu führen, was tatsächlich ist und welche Entscheidungen innerhalb dieser letzten 20 Jahre getroffen wurden, oder auch nicht.

Diese Erfahrung erinnerte mich einmal mehr daran, dass der Weg durchs dunkle Tal am Ende ins Licht führt. Es ist nicht so, als wäre dies kein schmerzhafter Weg oder als gäbe es kein Leid. Es ist auch nicht so, als hätte der Optimismus in meinem Fall nicht geholfen. Sich mit Tatsachen auseinanderzusetzen ist jedoch, obgleich es kurzfristig gesehen weitaus schmerzhafter sein mag, im Endeffekt weitaus befreiender, weitaus heilender. Sich mit Schmerz auseinanderzusetzen ist nicht unbedingt der leichte Weg, gibt einem jedoch das Gefühl von Würde und Kraft. Hierdurch werden neue Wege geebnet, hin zu mehr Wahl- und Handlungsmöglichkeiten und mehr Mitgefühl auf dieser Welt.

Staci Haines, San Francisco, August 2007

Kapitel 1
Sicherheit, Körperarbeit und sexuelles Heilen

Das Heilen wählen

Ist deine Sexualität ein wohlbehaltener und integrierter Teil deiner selbst? Fällt es dir leicht, über Sex zu sprechen, über deine sexuellen Wünsche, dein sexuelles Heilen, deine Bedürfnisse? Weißt du, wo deine Grenzen bei Sex sind, und kannst du sie vermitteln?

Zugegeben, das sind Suggestivfragen. Die wenigsten Überlebenden haben eine gute Beziehung zu ihrem sexuellen Wohlergehen und ihrer eigenen Lust. Wie solltest du auch? In der Kindheit sexuell missbraucht zu werden ist nicht gerade das, was man als positiven Input zu Sex und Sexualität bezeichnen würde. Bevor du deine sexuelle Genesung angehst, solltest du dir darüber klar werden, *warum* du dich auf diese Reise begeben möchtest. Was versprichst du dir davon, sexuell zu heilen? Wie soll dein Sexleben sich verändern, was genau soll anders werden?

> *Es hat sehr lange gedauert, bis ich mich zu sexuellem Heilen durchringen konnte. Ich dachte immer, »Warum soll ich das alles durchmachen? Sex, das kann ich tun oder lassen«. Aber etwas zerrte fortwährend an mir, wie ein Teil von mir, der wieder vollständig sein wollte.*
>
> Hannah

So viele Gründe dafür

Warum also sexuell heilen? Was wünschst du dir für dein Sexleben, was du jetzt nicht hast? Wie wäre es, nicht mehr hinter jeder Ecke auf Auslöser stoßen zu müssen? Deine Sexualität ausdrücken und deine Lust vollständig auskosten zu können? Lass dir diese Fragen durch den Kopf gehen.

> *Mein ursprüngliches Motiv war die Tatsache, dass ich nicht »nein« sagen konnte. Ich hatte Sex mit Menschen, mit denen ich keinen Sex haben wollte, weil ich Aufmerksamkeit und Anerkennung suchte. Als erstes wollte und musste ich damit einfach aufhören; dann wurde mir ganz allmählich bewusst, dass ich tatsächlich Sex haben kann, bei dem es um meine Wünsche und Bedürfnisse geht. Dass ich Sex haben kann, wie er mir gefällt.*
> Kathy

Manche Beweggründe werden dich länger in deinem Prozess begleiten als andere. Dich zur Heilung zu entschließen, weil du denkst, du seiest »schlecht« oder »schmutzig«, oder weil du glaubst, bei dir sei etwas »nicht in Ordnung«, wird dir nicht unbedingt weiterhelfen. Die meisten geben diese eher negative Ausgangsbasis irgendwann auf – oder werden rebellisch. Eine positive Motivation wird dich unterstützen und gibt dir eine Vision, auf die du hinarbeiten kannst. Wenn dir überhaupt keine positiven Beweggründe einfallen, dann bitte eine Freundin oder Vertraute, mit dir zusammen ein Brainstorming zu machen; finde wenigstens drei positive Gründe für sexuelles Heilen. Viele Überlebende wollen heilen, um ihre Beziehung zu retten oder ihrem Partner zu gefallen. Vielleicht möchte deine Partnerin Sex haben, du aber nicht. Auch wenn Sex wichtiger Bestandteil einer intimen Beziehung *ist*, ist es unerlässlich, dass du eine Motivation entwickelst, bei der es nur um dich geht. Wenn dein Partner oder deine Partnerin dich unter Druck setzt, ist es womöglich schwer zu sagen, ob du wirklich eine freie Entscheidung triffst. Ermutigung ist ganz wunderbar, aber letztlich musst du diese Arbeit leisten wollen. Du wirst den Heilungsprozess nicht beschleunigen, indem du dich zu Sex zwingst oder Sex hast, bei dem du dich von deinem Erleben abspaltest oder aussteigst.

Positive Beweggründe für sexuelles Heilen

- Ich möchte mich in meinem Körper frei fühlen. Ich möchte mich bewegen können, ich möchte laut sein können und mich vollständig ausdrücken.
- Ich möchte von der Scham heilen, die meine Sexualität bestimmt, damit ich beim Sex entspannt und erregt sein kann.
- Ich möchte genießen, mich selbst anzufassen.
- Ich möchte meinen Körper zurück haben, und zwar ganz.
- Ich möchte, dass Lust und Präsenz die Hauptrolle in meinem Sexleben spielen, nicht Angst und Aussteigen.
- Ich möchte Sex auf all die Arten haben, für die ich mich interessiere. Ich möchte sexuell mutiger sein.
- Ich möchte meine Grenzen respektieren und vermitteln können.
- Ich möchte erfahren, dass ich um meiner selbst willen geliebt werde – nicht nur wegen Sex.
- Ich möchte meine eigenen Entscheidungen treffen können, was Sex angeht.
- Ich möchte Sex und Intimität gleichzeitig erleben.

Ich wollte nicht, dass er mich verlässt. Er war in diesem ganzen Durcheinander so gut zu mir gewesen, ich wollte ihm einfach einen Gefallen tun. Der Sex war nicht mal gut, wenn ich mich nur ihm zuliebe darauf einließ, aber wenigstens gab ich was, so dachte ich. Ich konnte jedoch nicht »heilen«, nur damit er bei mir blieb. Erst als mir klar wurde, wie anders mein Leben sein könnte, wie ich mir gegenüber positiver eingestellt sein könnte, wurde es besser beim Sex.

Sheila

Übrigens, du kannst auch ohne SexpartnerInnen sexuell aktiv sein. Genauso wenig wie sexuelles Heilen auf eine Geliebte oder einen Geliebten warten muss. Die Überlegungen und Übungen in diesem Buch gelten nur dir, egal ob du gerade eine Beziehung hast oder single bist. Viele Menschen arbeiten schwerpunktmäßig alleine an ihrer sexuellen Heilung und gehen dann mit neuen Erkenntnissen und besserem Handwerkszeug eine Beziehung ein.

Mit dem Entschluss sexuell zu heilen, entscheidest du dich dafür, einen Teil von dir zurückzufordern, der verletzt und benutzt wurde. Du entscheidest dich dafür, einen kraftvollen und zentralen Aspekt deines Wesens wieder ganz werden zu lassen. Dieser Prozess ist nicht immer angenehm, aber er schenkt dir unglaubliche Freiheit, Lust und Befriedigung. Er kann dir *dich* zurückgeben.

Sicherheit und sexuelles Heilen

Sicherheit ist für die meisten Überlebenden von sexuellem Missbrauch etwas sehr Merkwürdiges. Für gewöhnlich stoße ich auf Skepsis, wenn ich Überlebende zu Sicherheit im Zusammenhang mit sexuellem Erleben befrage. Inzest und sexueller Missbrauch in der Kindheit sind beängstigende Erfahrungen, die es dir schwer machen, dich in dir selbst, in deinem Körper, deinen Beziehungen, deiner Sexualität und in dieser Welt sicher zu fühlen.

> *Sobald es um Sex geht, kriege ich panische Angst. Die Leute reden über Sicherheit, aber ich weiß gar nicht, was sie meinen. Mich sicher fühlen und Sex haben, das sind zwei verschiedene Welten.*
>
> Carla

Sicherheit ist für Überlebende eine komplizierte Angelegenheit. Während des Missbrauchs gab es keine Sicherheit für dich. Wenn du etwas hättest tun können, um dem Missbrauch ein Ende zu bereiten, dann hättest du es getan. Ganz bestimmt. Der intelligente Trugschluss, dem du ebenso wie die meisten anderen Überlebenden als Kind wahrscheinlich angehangen hast, war der zu denken, du hättest irgendwie Kontrolle über deine Sicherheit. Du hattest keine. Kinder werden manipuliert, genötigt, bedroht und zu sexuellen Handlungen gezwungen, manchmal unter dem Deckmantel der Liebe.

> *Ich dachte, ich könnte mich und meinen Bruder schützen, wenn ich nur brav genug, klug genug, nett genug, perfekt genug wäre. Es hat nie geklappt. Ich habe es nie geschafft. Ich weiß wirklich nicht genau, wie ich sonst für meine Sicherheit sorgen kann.*
>
> Rona

Jetzt, wo es an deine sexuelle Heilung geht, musst du aber ein Gefühl von Sicherheit entwickeln. Erst, wenn du dich sicher fühlst, kann deine Sexualität lebendig werden. Besonders neuen Herausforderungen und der Möglichkeit zu wachsen kannst du dich nur stellen, wenn du dich sicher fühlst. Wie erkennst du, ob du in Sicherheit bist?

Was heisst Sicherheit überhaupt?

Für die meisten Menschen ist Sicherheit gleichbedeutend mit sich sicher »fühlen«. Obwohl das eine Möglichkeit ist, Sicherheit zu beurteilen, ist sie nicht immer zuverlässig. Du kannst dich in einer sehr sicheren Situation befinden und dich dennoch unsicher fühlen, weil du gerade mit einem Aspekt deines Missbrauchs beschäftigt bist. Oder du steckst in einer unsicheren Situation und fühlst dich richtig wohl, weil du Überlebende eines Traumas bist. Es ist zwar wichtig, sich sicher zu fühlen, aber das allein reicht nicht, um festzustellen, ob du sicher oder sicher genug bist, um in dieser Situation fortzufahren.

Wie erkennst du, ob du in Sicherheit bist?
Lass dir Zeit mit den nachstehenden Fragen. So kannst du deine Sicherheit einschätzen:

- Wie geht es dir körperlich? Fühlst du dich sicher, verängstigt, unruhig?

- Ist deine körperliche Umgebung sicher und frei von Brutalität und Gewalttätigkeit? (Niemand schlägt, tritt, boxt oder schubst dich. Niemand beschimpft dich oder bedroht dich oder eine Person, die dir nahe steht.)

- Sind deine Bedürfnisse und Wünsche für deinen Partner, Geliebten oder Freund bzw. deine Partnerin, Geliebte oder Freundin ebenso wichtig und relevant wie seine oder ihre eigenen?

- Kann deine Partnerin, Geliebte oder Freundin bzw. dein Partner, Geliebter oder Freund deinen Wünschen wirklich gerecht werden? Hat sie oder hat er die dazu nötigen Kenntnisse, das Handwerkszeug und die Intention?

- Hast du jetzt im Augenblick die Macht, in deinem eigenen Interesse zu handeln? Dich nur um dich zu kümmern?

- Triffst du deine eigenen Entscheidungen? Wirst du nicht unter Druck gesetzt, bedrängt oder manipuliert?

Wenn du dir diese Fragen beantwortest, kannst du beurteilen, ob du in Sicherheit bist oder nicht – auch ohne dich notwendigerweise sicher zu fühlen.

In Sicherheit sein und sich wohl fühlen ist nicht das Gleiche. Vielleicht ergibt sich aus deinen Antworten auf die oben stehenden Fragen, dass du sicher bist, und doch hast du immer noch ein banges und unbehagliches Gefühl. Sexuelles Heilen fühlt sich nicht immer sicher an. Tatsächlich kann es manchmal geradezu beängstigend sein.

Als Kind hattest du nicht die Macht, in deinem eigenen Interesse zu handeln und dich um dich selbst zu kümmern – jetzt hast du sie. Du befindest darüber, ob eine Situation für dich sicher ist oder nicht und du kannst dann entscheiden, wie du damit umgehst. Wenn du in Sicherheit bist, kannst du freie Entscheidungen treffen. Du bist in der Lage, dich um dich selbst zu kümmern.

Ein Gefühl für innere Sicherheit aufbauen

Wenn du in deinem Leben wenig wirkliche Sicherheit erfahren hast, wie kannst du dir dann Sicherheit schaffen? Wenn deine äußere Sicherheit geregelt ist, wird Sicherheit zu einer Angelegenheit deines Innern. Du kannst ein Gefühl für deine innere Sicherheit entwickeln, innendrin in deinem Körper, das dir zu verstehen gibt: Hab keine Angst, alles ist in Ordnung. Diese Fähigkeit, dich zu entspannen und nichts Böses zu erwarten, ist durch sexuellen Missbrauch oft sehr stark in Mitleidenschaft gezogen. Selbst wenn dir in deinen Beziehungen und in der Welt, die du um dich herum aufgebaut hast, keine Gefahr droht, fühlst du dich vielleicht niemals wirklich sicher. Die meisten Menschen mit einem Trauma leben in einem Gefühl permanenter und beharrlicher Bedrohung.

> *Vom Verstand her weiß ich, dass mir jetzt keine Gefahr mehr droht. Natürlich passiert alles mögliche in dieser Welt, man könnte mich erschießen oder vergewaltigen. Aber wenn ich mich in einem sicheren Zuhause und in sicheren Beziehungen befinde und Selbstverteidigung gelernt habe, ist die Wahrscheinlichkeit ziemlich gering. Warum also bin ich permanent irgendwie auf der Hut? Ich denke, sie werden mich in dem Moment angreifen, wenn ich meine Deckung runternehme. Ich will lieber angegriffen werden, wenn meine Abwehrmechanismen aktiv sind. Ich glaube, ich könnte es nicht ertragen, wieder Vertrauen zu fassen und angegriffen zu werden, wenn ich entspannt bin.*
>
> Maggie

Um dein inneres Gefühl für Sicherheit aufzubauen, richte die Aufmerksamkeit auf deinen Körper. Welche Empfindungen spürst du? Nimm Wärme oder Kälte, Druck und Bewegung wahr. Achte auf deine Empfindungen im ganzen Körper, vorne und hinten, tiefer im Körper oder auf der Haut, vom Kopf bis zu den Füssen. Fühlen deine Beine sich warm an? Hast du kalte Füße? Ein Gefühl von Anspannung im Magen? Kribbelt es im Kopf? Fühlt dein Brustkorb sich blockiert oder irgendwie starr an?

Suche jetzt nach einer Körperstelle, an der du ein Gefühl von Ruhe, Kraft oder Wohlbehagen empfindest. Spürst du Kraft in deinen Handflächen? Ein wohliges Gefühl in deiner rechten Hüfte? Wo ruht dein Körper angenehm in sich? Wo kann er sich öffnen, wo fühlst du dich weit? Suche nach tatsächlichen Empfindungen. Wo sitzen sie?

Wenn du in deinem ganzen Körper keinen Ort finden kannst, an dem du dich wohlfühlst, dann suche dir außerhalb des Körpers etwas, was du magst. Denke an dein Lieblingstier, eine schöne Farbe, einen Menschen, den du liebst, einen Ort draußen in der Natur, oder an etwas, was du sehr gerne tust, wie z. B. Singen, Skifahren oder Wellenreiten. Nimm wahr, was in deinem Körper geschieht. Zieht ein Lächeln über dein Gesicht? Breitet sich Wärme in deinem Brustkorb oder auf deinem Rücken aus? Vielleicht entspannen sich deine Hüftgelenke und werden warm. Aus solchen Empfindungen setzt sich dein inneres Gefühl für Wohlbefinden zusammen. So spürst du Sicherheit, Freude, Wohlbehagen und Rückhalt. Hier liegt deine Grundlage für ein starkes verinnerlichtes Gefühl von Sicherheit.

Richte deine Aufmerksamkeit jetzt wieder auf diese Empfindungen. Hat sich inzwischen irgend etwas verändert? Körperliche Empfindungen sind lebendig und verlagern sich immerzu. Konzentriere dich auf deinen Körper und sei ganz offen für das, was du jetzt spürst. Wie fühlen deine Empfindungen sich an? Wandern sie an andere Stellen?

Versuche jetzt, diese Empfindungen zu verkleinern. Kannst du sie schrumpfen lassen? Und dann lass sie größer werden. Kannst du die Wärme oder Weite ausdehnen? Wie fühlt es sich an, wenn du dich hinsetzt und dreißig Sekunden lang bei einer Empfindung bleibst und atmest? Probiere es jetzt gleich aus. Im Verlauf dieses Buches werde ich dich immer wieder auffordern, dir diese Empfindungen von Sicherheit ins Bewusstsein zu rufen. Je mehr Beachtung du ihnen schenkst, desto offensichtlicher und präsenter werden sie. Andere Gefühle wie Angst oder Wut oder auch Auslöser werden dadurch nicht verschwinden, aber du schaffst dir auf diese Weise einen sicheren Ort, von dem aus du mit ihnen umgehen kannst. Wenn du dir diese Empfindungen immer wieder vergegenwärtigst, kannst du dir ein inneres Gefühl von Sicherheit oder Rückhalt aufbauen, auf das du dich beziehen kannst, wenn du dich bei deiner Heilung einer Herausforderung gegenüber siehst – oder wenn du Sex hast.

Was erwartet dich?

Der Prozess deiner sexuellen Heilung wird von vielen Faktoren beeinflusst sein, u. a. von der Art des Missbrauchs, den du erlebt hast, wer die TäterInnen waren und wie viel Unterstützung dir damals und heute zur Verfügung stand bzw. steht. Auch alles, was du weißt oder nicht weißt über Sex, wird eine Rolle spielen. Dein kultureller, sozialer und religiöser Hintergrund bilden den Rahmen deiner ganz individuellen Reise. Wenn du katholisch erzogen wurdest, wirst du dich mit anderen Themen herumschlagen müssen als wenn du in einem nicht-religiösen Elternhaus aufgewachsen bist. Ebenso ist es mit deinen Erfahrungen mit gesellschaftlichen Vorurteilen und Unterdrückung.

> *Der Schmerz und das Ungewisse des Inzests fühlten sich für mich ziemlich genauso an wie die Unsicherheit, die entsteht, wenn du in dieser Kultur schwarz, weiblich und lesbisch bist. Das Ergebnis ist Machtlosigkeit.*
> Lee

Stell dich auf die ganze Skala von Gefühlen ein: Panik, Wut, Trauer und Schuld werden sich mit neuen, aufregenden Gefühlen, Lust und Begehren abwechseln. Vielleicht tauchen Themen und Gefühle auf, über die du seit Jahren glaubtest, hinweg zu sein. Vielleicht fühlt es sich manchmal sogar so an, als machtest du Rückschritte. Lass dich nicht entmutigen. Das ist im sexuellen Heilungsprozess ganz normal. Da du jetzt genau den Bereich heilst, an dem du verletzt worden bist, ist die Auseinandersetzung mit Grenzen, Einvernehmen, Dissoziieren und Auslösern ein notwendiger Teil der Arbeit, die auf dich zukommt.

> *Als ich mich auf meine sexuelle Aktivität konzentrierte, um diesen Teil von mir zu heilen, bekam ich wieder Angst vor anderen Menschen und konnte einfach nicht still sit-*

zen. Erst schien das gar nichts mit meiner sexuellen Heilung zu tun zu haben, doch es waren schlicht ein paar neue Schichten Furcht, durch die ich mich durcharbeiten musste.
Jeanie

Ich habe lange daran gearbeitet, präsent zu bleiben und nicht abzudriften, und ich bin ein ganzes Stück weiter gekommen. Das Schwierigste an der sexuellen Heilung ist für mich die Auseinandersetzung damit, wie ich mich verschließe. Beim Sex präsent zu bleiben, ist eine völlig neue Erfahrung.
Terri

Du kannst dir sexuelles Heilen als eine Art Genesung für Fortgeschrittene vorstellen.

Obwohl Sex bei mir die Erinnerung an den Missbrauch ausgelöst hat und ich während meiner Auseinandersetzung damit fast die ganze Zeit über sexuell aktiv geblieben bin, komme ich erst jetzt – nach sieben Jahren Heilungsprozess – an das ran, wie Sex wirklich sein kann. Ich erlaube mir, mich wirklich sexuell auszudrücken, ich lerne, beim Sex in meinem Körper zu sein und bekomme allmählich eine Ahnung davon, wie Sex in Verbindung mit Nähe aussehen könnte.
Danielle

Deine Heilung wird wahrscheinlich keinen gradlinigen Verlauf nehmen. Zu manchen Zeiten wirst du dich vielleicht ausschließlich darauf konzentrieren, dann wieder legst du Erholungspausen ein. Manchmal musst du dich einfach anderen Aspekten deines Lebens widmen. Du wirst einen Rhythmus dafür entwickeln, wann du an deiner sexuellen Heilung arbeitest und wann du sie eine Zeitlang ruhen lässt.

Wo tut es besonders weh?

Unter Umständen wirst du dich mit einigen schwierigen Widersprüchen auseinander setzen müssen. Vielleicht erinnerst du dich, dass dir manche Aspekte des Missbrauchs körperlich angenehm waren. Du hattest während des Missbrauchs einen Orgasmus oder du mochtest die Aufmerksamkeit, die dir zuteil wurde. Vielleicht haben dich deine TäterInnen willentlich erregt. Du bist deswegen nicht schlecht. Du darfst dir keine Vorwürfe machen oder denken, mit dir sei etwas nicht in Ordnung. Sexuelle und sinnliche Reaktionen sind normal und gesund. Nicht dein Körper und deine Sexualität haben dich verraten, sondern die TäterInnen.

> *Lange Zeit fiel es mir sehr schwer, zum Orgasmus zu kommen. Mein Missbraucher hatte das immer mit mir gemacht; das gehörte zu seinem Spiel. Ich musste lernen, mir immer und immer wieder zu verzeihen und anzuerkennen, dass mein Körper reagiert hat, wie es jeder andere gesunde Körper auch getan hätte.*
> Shandell

Vielleicht hast du mit anderen Kinder nicht einvernehmliche »Doktorspiele« gespielt. Manchmal agieren sexuell missbrauchte Kinder das Missbrauchserlebnis an anderen Kindern oder auch an Haustieren aus. Vielleicht fandest du das erregend oder erotisch und du schämst dich deswegen und hast Schuldgefühle. Dich jeder dieser Erfahrungen zu stellen, gehört zum Prozess deiner Heilung; nur so kannst du dir selbst verzeihen und dich befreien.

> *Meine Familie verbrachte den Sommer immer mit meinen jüngeren Cousins und Cousinen. Als mich mein Vater das zweite Jahr missbrauchte, fing ich an, meine Cousins und Cousinen anzufassen. Es war, als versuchte ich an ihnen zu verstehen, was mit mir geschah.*
> Dede

Vielleicht genießt du heute manche der sexuellen Handlungen, die du als Kind während des Missbrauchs erlebt hast, während dir andere nicht gefallen. Vielleicht fühlst du dich von bestimmten Fantasien, die mit deinem Missbrauch zusammenhängen, zugleich angezogen und abgestoßen. Deine sexuellen Wünsche und Fantasien, dein sexuelles Erleben sind von dem Missbrauch, den du erlitten hast, wie auch von anderen persönlichen, familiären und gesellschaftlichen Umständen beeinflusst. Für deine Heilung ist besonders wichtig, dass Einvernehmlichkeit und die Möglichkeit zur freien Entscheidung wieder Eingang in dein Sexleben finden. Erlaube dir zu entdecken, was du beim Sex magst und genießt, und unternimm etwas gegen die Selbstvorwürfe und die Schuld, die sich so oft unter das Begehren mischen; beides ist Bestandteil des Heilungsprozesses.

> *Ich hatte lange Zeit Schuldgefühle, weil ich Analsex mag. Ich dachte, ich würde den Missbrauch »ausagieren«, weil er mich so vergewaltigt hat, und weil es, glaube ich, unkonventionell ist. Heute ist mir klar, dass es mir einfach gefällt. Es fühlt sich gut an. Ich denke ja auch nicht, dass ich irgendetwas ausagiere, weil ich gerne küsse, und das hat er auch getan.*
> Marty

Eine Schulter zum Anlehnen: Sei gut zu dir und hol dir Unterstützung

Du hast dir deine Verletzungen nicht selbst zugefügt, und du kannst auch nicht alleine heilen. Jeder Heilungsprozess braucht Unterstützung. Isolation spielt bei sexuellem Missbrauch eine zentrale Rolle. Die meisten Kinder erzählen nie, was ihnen angetan wird, und denen, die es doch sagen, wird meist nicht geglaubt oder keine angemessene Unterstützung angeboten. Wer als Kind sexuell missbraucht wurde, neigt dazu, sich auch als Erwachsene weiter abzukapseln. Sich aus der Isolation zu lösen, bedeutet mit anderen in Beziehung zu treten. Das ist schon der erste Schritt zur sexuellen Heilung.

Wenn du dir Unterstützung suchst, brichst du mit einem doppelten Tabu. Du wirst nicht nur über sexuellen Missbrauch sprechen, sondern auch über Sex. Obwohl in den Medien ständig von Sex die Rede ist, setzen wir uns doch fast nie hin und sprechen offen darüber, wie wir unsere Sexualität leben. Den meisten Menschen, ob Überlebende oder nicht, würde es gut tun, sich mit ihrer Sexualität auseinanderzusetzen und in diesem Bereich zu heilen. Die meisten Menschen sind ganz erleichtert, wenn das Thema erst einmal auf dem Tisch ist, und sprechen gerne über Sex und sexuelles Heilen. Sie sind froh, sich über etwas auszutauschen, das so selten auf diese Weise näher betrachtet wird.

Unterstützung schließt zwei Ebenen ein: den Rückhalt einer Gemeinschaft oder Gruppe, und wie du dich um dich selbst kümmerst. Fangen wir mit dem an, was du für dich selbst tun kannst.

Sorge gut für dich

Du hörst nie auf zu lernen, wie du dich gut um dich selbst kümmern kannst. Deine Bedürfnisse verändern sich im Laufe der Zeit, und mit wachsender Erfahrung wirst du immer besser für dich sorgen können. Es gibt viele verschiedene Aspekte in deinem Leben, für die du sorgen kannst: dein Körper, dein emotionales und geistiges Wohlbefinden, deine finanziellen Verhältnisse, deine Spiritualität, deine Familie und deine Beziehungen, deine Aufgabe oder der Sinn, den du in deinem Leben verfolgst, deine berufliche Laufbahn, deine Sexualität und schließlich deine Heilung.

Ich beschränke mich im folgenden auf grundlegende Prinzipien, wie du gut für dich sorgen kannst. Nimmst du sie als Richtschnur, schaffst du dir eine gute Basis für die herausfordernde und aufregende Zeit deiner sexuellen Heilung.

Iss, trinke, schlafe und sei guter Dinge

Gute Ernährung ist für viele Überlebende eine Herausforderung. Bereite dir zwei bis drei gute Mahlzeiten am Tag zu, am besten mit viel Obst, Gemüse und Proteinen. Eine ausreichende Menge an Flüssigkeit, das heisst mindestens acht Gläser Wasser (Leitungswasser oder stilles Wasser) am Tag helfen deinem Körper die Giftstoffe auszuschwemmen, die bei tiefer emotionaler Arbeit freigesetzt werden. Sorge für regelmäßigen Schlaf von sieben bis zehn Stunden pro Nacht. Und sorge für Spaß in deinem Leben. Was bringt dich zum Lachen? Wann breiten sich Wärme und Behaglichkeit in deinem Körper aus? Vielleicht schmust du gerne mit deiner Katze, vielleicht tanzt du gerne, genießt die Wärme der Sonne oder möchtest dich mit einem luxuriösen heißen Bad verwöhnen. Unternimm wenigstens einmal in der Woche ganz bewusst etwas, was dir Freude macht. Nimm wahr, wie du genießt.

Bewege deinen Körper

Dich zu bewegen, zum Beispiel spazieren gehen, Rad fahren, Aerobic, tanzen oder joggen kann einen tiefgreifenden Einfluss auf deine körperliche und emotionale Gesundheit ausüben. Bewegung versorgt deinen Körper mit Sauerstoff und regt den Kreislauf an. Das unterstützt dich bei deiner Heilung und hilft dir, dich zu entspannen. Egal, welche Sportart oder Bewegungsform du dir wählst, übe währenddessen »in« deinem Körper zu sein. Steige nicht aus, sondern nutze diese Zeit dazu, deine Atmung und deine körperlichen Empfindungen wahrzunehmen. Das wird dir dabei helfen, bei allen Aktivitäten mehr in deinem Körper zu sein, vor allem beim Sex.

Atme

Atmen, das scheint so selbstverständlich zu sein, ist es aber nicht. Lass deine Atmung tiefer in deinen Körper sinken, so dass Zwerchfell und Brustkorb sich bei jedem Atemzug bewegen. Nimm wahr, wenn du den Atem anhältst oder flach atmest, und vertiefe deine Atmung dann wieder.

Begegne dir mit Respekt

Wie begegnest du dir selbst? Gehst du sorgsam und respektvoll mit dir um? Stell dir vor, wie du mit einem kleinen Kind oder einer Freundin sprechen würdest, die sich vor etwas ängstigt. Du würdest sie nicht anschreien oder ihr sagen, wie dumm sie ist. Du würdest sie trösten und ihr deine Unterstützung und deinen Rat anbieten. Wie du im Stillen mit dir umgehst, ist genau so wichtig wie die Schritte, die du nach außen unternimmst.

Gib dir viel Anerkennung

An zu viel Anerkennung ist noch niemand gestorben. Sprich dir ein deutliches Lob aus für jeden Schritt, den du zu deiner Heilung unternimmst. Sei stolz auf dich und deinen Mut, mit dem du den Wagnissen begegnest, die vor dir liegen.

Nimm dir Zeit, mit dir allein zu sein

Auch Alleinsein ist wichtig. Nimm dir einmal in der Woche nur für dich Zeit.

Du kannst Tagebuch schreiben, ruhig dasitzen, etwas Kreatives tun, meditieren – mach irgend etwas, das deinen Heilungsprozess unterstützt.

Öffne dein Leben für spirituelle Aspekte

Viele Menschen beziehen Spiritualität oder Meditation in ihr Leben ein. Spirituelle Praktiken können dir Kraft und eine umfassendere Perspektive verleihen, in der du Ruhe findest. Wenn du meditierst, kommst du ganz grundlegend mit dir in Kontakt, du entwickelst Disziplin und lernst, deinen eigenen emotionalen Prozess zu beobachten. Meditation hilft dir auch, wahrzunehmen, was sich in deinem Körper abspielt, dich in deiner Mitte zu fühlen und Frieden mit dir selbst zu schließen.

Sucht? Alkohol, Drogen, gestörtes Essverhalten, Selbstverletzung

Viele Überlebende versuchen, durch übermäßiges Essen oder Essensverweigerung, Alkohol- oder Drogenkonsum oder

Selbstverletzung mit dem Missbrauch klarzukommen. Für viele ist die Sucht auch ein Mittel, um Problemen mit Sex aus dem Weg zu gehen.

Und manche Überlebende können Sex nur dann haben, wenn sie auf Droge sind.

Ich konnte nur Sex haben, wenn ich betrunken oder high war. Ohne eins von beiden fühlte ich mich ausgeliefert und erlebte jede Menge Auslöser. Alkohol und Drogen stumpften meine Wahrnehmung ab und flößten mir so etwas wie Vertrauen ein. Ich hatte jede Menge Sex, den ich heute jedoch nicht mehr wirklich erleben wollte.
Lourdes

Ich habe Drogen und Alkohol benutzt, um die Gefühle, die ich zu dem Missbrauch hatte, abzupuffern. Alkohol half mir dabei, mich zu verschließen. Alkohol »unterstützte« mich darin, dermaßen lange Zeit in einer sexuell enttäuschenden Beziehung auszuharren.
Max

Wenn du ein Suchtproblem hast, such dir Hilfe. Es gibt eine Vielzahl von Organisationen, die dir dabei helfen, deine Sucht zu überwinden. Im Telefonbuch oder im Internet findest du jede Menge Organisationen, etwa die Anonymen Alkoholiker oder die Anonymen Esssüchtigen, wie auch Programme mit vielen anderen Ansätzen zur Suchtüberwindung. Weitere Infos findest du im Service-Teil.

Unterstützung von aussen

Unterstützung von außen meint alle, die dir zu verschiedenen Zeiten ihre Liebe, Fürsorge, Information, ihren Rat und ihre Anerkennung anbieten. Das können deine FreundInnen sein, deine Partnerin oder dein Partner, andere Betroffene, MitarbeiterInnen einer Beratungsstelle und TherapeutInnen,

GesprächspartnerInnen im Internet, Selbsthilfegruppen, Familienmitglieder, einfach alle möglichen Gruppen. Je vielfältiger dein Unterstützungsnetz ist, desto flexibler und leichter erreichbar ist es auch – und steht dir zur Verfügung, auch wenn deine beste Freundin oder dein bester Freund gerade mal nicht da ist.

Um eine Unterstützungsgruppe zu finden, kannst du dir von Überlebenden sexueller Gewalt, die bundesweit organisiert sind, Infos und Anlaufadressen für deine Region zuschicken lassen; du kannst mit FreundInnen und anderen Betroffenen sprechen, Zeitungen und Infobriefe durchgehen, Chatrooms im Internet aufsuchen oder dich einer Newsgroup anschließen. Oder du baust dir eine eigene Unterstützungsgruppe auf. Sei kreativ dabei, wie du dir Unterstützung schaffst.

> *Ich wollte unbedingt mit anderen Frauen über den Missbrauch und über meine Heilung sprechen. Ich bin eine Überlebende von rituellem Missbrauch, das macht es wegen der Stigmatisierung und weil nicht viele Leute etwas darüber wissen, besonders schwierig. Ganz lange habe ich mich nicht getraut, doch dann bin ich quasi ins kalte Wasser gesprungen: Ich gründete eine Selbsthilfegruppe für Überlebende von rituellem Missbrauch. Es macht mir nach wie vor Angst, aber es ist genau das, was ich brauche.*
> Rose

Mach deinen UnterstützerInnen den Schwerpunkt deiner Heilung klar. Für andere ist es leichter, dich zu unterstützen, wenn sie wissen, worum es dir geht. Sage deinen FreundInnen, dass du jetzt sexuell heilst, und was du vielleicht von ihnen brauchst. Wenn du das im Moment noch nicht so genau sagen kannst, dann lass es sie wissen, sobald du etwas weitergekommen bist.

Sex-positive Unterstützung

Es war nicht leicht für mich, eine Umgebung zu finden, die mich darin unterstützt, mich sexuell genau so zu verhalten wie ich will. Ich stellte fest, dass ich bei jeder Menge Leute auf Widerstand stieß. Ich wollte mich weder von dem Missbrauch einschränken lassen, noch davon, was für Vorstellungen diese Gesellschaft darüber hat, wie ich mich sexuell zu verhalten habe. Ich glaube, das hat den Leuten Angst eingejagt. Sie waren schlecht informiert und nicht ausreichend aufgeklärt.

Rebecca

Da die meisten Informationen, die in dieser Gesellschaft über Sex kursieren, negativ und unvollständig sind, musst du nach positiven Infos über Sex, deine Sexualität sowie deine sexuellen Neigungen wahrscheinlich erst suchen. Von sex-positiver Information über Sexualität, sexuelle Ausdrucksmöglichkeiten, sexuelle Anatomie und sexuelle Entwicklung des Menschen können alle nur profitieren – auch deine UnterstützerInnen, und das schließt auch fast alle ausgebildeten TherapeutInnen mit ein.

In den USA absolvieren ÄrztInnen während ihres gesamten Studiums im Schnitt weniger als zwölf Stunden Sexualkunde, TherapeutInnen, wenn sie sich nicht auf sexuelle »Dysfunktionen« spezialisieren, im Durchschnitt weniger als neun Stunden. Im Vergleich dazu verlangt die San Francisco Sex Information Hotline von ihren ehrenamtlichen MitarbeiterInnen eine Fortbildung über die menschliche Sexualität, die mit 56 Stunden derzeit eine der umfassendsten Schulungen zum Thema ist. Und dennoch deckt sie erst ansatzweise Erkenntnisse, Erfahrungen und Dynamik menschlicher Sexualität ab. In der Regel wirst du sex-positive Information nicht über Institutionen erhalten, sondern musst sie dir auf anderem Weg holen.

Eine sex-positive, wertfreie Einstellung wird dir bei deiner sexuellen Heilung sehr zugute kommen. Für Überlebende von sexuellem Missbrauch ist Sex oft voller Widersprüchlichkeiten und mit Gefühlen von Schuld und Selbstvorwürfen beladen. Weil Sex als Waffe gegen dich benutzt wurde und nicht als Heilmittel, ist es unbedingt nötig, dass du erfährst, wie menschliche Sexualität sich positiv und bestätigend ausdrücken kann. Um deine Wünsche kennenzulernen und gleichzeitig die Widersprüchlichkeiten in deiner Sexualität zu entdecken, brauchst du Unterstützung. Du brauchst FreundInnen, TherapeutInnen und andere UnterstützerInnen, die mit deinen wildesten Phantasien und deinem schlimmsten Schmerz gleichermaßen umgehen können. So schädlich es für dich sein kann, abwertende Urteile über deine sexuellen Experimente zu hören, so heilend kann es für dich sein, ermutigt und akzeptiert zu werden, wenn du deine Sexualität selbst in die Hand nimmst. Dich und deine UnterstützerInnen mit sex-positiver Information aufzuklären, kann alles verändern.

Suche dir eine Therapeutin/einen Therapeuten oder eine Beratungsstelle

Wenn es um deine Heilung geht, hast du das Sagen. Du bestimmst, wo es langgeht. Auch wenn TherapeutInnen dich auf deinem Weg unterstützen, du entscheidest, was das Beste für dich ist. Du bittest deine UnterstützerInnen um das, was du möchtest und von ihnen brauchst. So wie du dich veränderst, verändern sich wahrscheinlich auch deine Bedürfnisse, also halte dich und deine Therapeutin/deinen Therapeuten auf dem Laufenden.

Für deine Art von Heilung sind TherapeutInnen geeignet, die dir inmitten der Aufregung und all des Hässlichen beistehen können, TherapeutInnen, die genug an sich selbst gearbeitet haben, um mit dir zusammen in unbekannte Gefilde vorzudringen. Dass sie Erfahrung in der Arbeit mit Überlebenden haben, ist eine wesentliche Voraussetzung. Finde heraus, was für eine Einstellung deine potentielle TherapeutIn zu Sex hat. Orientiert sich ihre Einstellung strikt an der gesellschaftlichen Norm oder kann sie dich darin unterstützen, deine eigene Sexualität zu entdecken? Achte auf ihre Haltung zu Homosexualität, S/M,

Pornografie und auf Stereotype bezüglich weiblicher Sexualität. Kennt sie sich mit den neuesten Safer-Sex-Richtlinien aus? Und: Ist sie offen, etwas zu lernen, was neu für sie ist?

Fragen an potentielle TherapeutInnen

Einige Beispiele für Fragen, die du stellen kannst, wenn du eine Therapeutin/einen Therapeuten zur Unterstützung deiner sexuellen Heilung suchst:

- Wie viele Stunden umfasst Ihre Ausbildung in menschlicher Sexualität?
- Welche Faktoren halten Sie in bezug auf sexuelles Heilen für besonders wichtig?
- Haben Sie Erfahrung in der Arbeit mit Überlebenden von sexuellem Missbrauch? Welchen Nutzen haben KlientInnen aus der Arbeit mit Ihnen gezogen?
  Was sind für Sie die positiven Seiten von Sex und sexueller Heilung? Gibt es Formen von Sexualität, die Sie als Störungen bezeichnen würden?
- Haben Sie religiöse Überzeugungen bezüglich Sex?
- Können Sie meine sexuelle Heilung vorbehaltlos unterstützen?
- Wie würden Sie Ihre Grenzen im Verhältnis zu Ihren KlientInnen beschreiben?
- Wären Sie dazu bereit, sich über Sex und einen sex-positiven Ansatz zur Heilung Überlebender fortzubilden?
- Haben Sie Erfahrung in der Arbeit mit Lesben und bisexuellen Frauen?

- Haben Sie Erfahrung in der Arbeit mit Transgender/transidentischen Menschen und Transsexuellen?
- Wie stehen Sie zu S/M, Rollenspielen/Inszenierungen, Pornos und Vergewaltigungsfantasien?
- Wie stehen Sie zu käuflichem Sex?
- Wie stehen Sie zu nicht monogamem Sex und zu Gelegenheitssex?
- Füge einfach deine eigenen Fragen hinzu.

Am wichtigsten ist jedoch dein persönlicher Eindruck von dieser Person. Sagt dein Instinkt »Ja!« oder »Naja ... vielleicht..« oder sogar »Nein«? Höre auf das, was dein Instinkt dir rät.

Obwohl es selbstverständlich sein sollte, ist es mir wichtig zu erwähnen, dass es für eine TherapeutIn nicht angeht, Sex mit KlientInnen zu haben. Wenn dich deine TherapeutIn zu sexuellen Handlungen auffordert, beende die therapeutische Beziehung und zeige ihn oder sie bei der Polizei und der Ärztekammer an.

Ganzheitliche Körperarbeit: Beziehe deinen Körper mit ein

Ich arbeite mit einem psychosomatischen Ansatz, bei dem Körper, Geist und Gefühle ein einziges miteinander verbundenes biologisches System darstellen. Du bist nicht von deinem Körper zu trennen; dein Selbst ist vielmehr ständig in deinem Körper und durch deinen Körper sichtbar. *Soma* ist das altgriechische Wort für den lebendigen Körper oder die Einheit von Gedanken, Geist und Körper.

Aus dieser Sichtweise auf den Körper ergeben sich viele Möglichkeiten. Anstatt ihn wie eine leblose Hülle zu betrachten, die ich mit mir herumschleppe, erhält der Körper so eine lebendige intelligente Präsenz. Mein Körper ist nicht etwas, dem ich zu entfliehen trachte, sondern eine Quelle von Ganzheit, zu der ich zurückkehren und die ich vollständig verkörpern kann. Wenn du mit und an deinem Körper arbeitest, kannst du traumatische Erfahrungen verarbeiten und bewältigen, du wirst aufs neue Lust empfinden und wieder mit dir im Gleichgewicht in der Gegenwart leben. In der ganzheitlichen Körperarbeit ist der Körper ein wichtiger und selbstverständlicher Bestandteil im Veränderungs- und Heilungsprozess.

In den sogenannten westlichen Kulturen haben wir eine Anschauung übernommen, die Geist, Gefühle und Körper als unabhängige Einheiten betrachtet. Dieses Denken hat seinen Ursprung in der kartesischen Philosophie und in christlichen Traditionen, die dem Verstand bzw. geistigen Verrichtungen allererste Priorität einräumen: »Der Geist regiert die Materie.« Manche Religion begreift den Körper als per se sündig, als etwas, das entweder ignoriert oder kontrolliert werden muss. Unter dem zunehmenden Einfluss vor allem von Philosophien und Denkrichtungen aus dem fernen Osten begannen sich diese Vorstellungen während der letzten fünfzig Jahre auch in Europa zu verändern. In der feministischen Theorie und Literatur wird die Trennung von Geist und Körper kritisiert und zu einer Rückbesinnung auf das Wissen und die Lebendigkeit des Körpers aufgefordert. Ausgehend von Wilhelm Reich begannen auch westliche PhilosophInnen und ÄrztInnen, Körper und Geist wieder als eine Einheit zu betrachten.

Ganzheitliche Körperarbeit geht von einem intelligenten und lebendigen Körper aus, der dein Denken und Handeln beeinflusst. Wenn du deinen Körper veränderst, wenn du gepanzerte Bereiche öffnest und in deinem Körper gespeicherte traumatische Erfahrungen löst, dann wird sich gleichzeitig auch etwas in deinem Denken bewegen; du siehst die Welt mit anderen Augen und deine Identität gestaltet sich neu.

Warum ganzheitliche Heilung?

Sexueller Missbrauch berührt deinen Körper im wahrsten Sinne des Wortes. Wenn du deinen Körper nicht in den Heilungsprozess einbeziehst, verschließt du dir den vielleicht erfolgversprechendsten Weg zur Besserung. Viele, die in der Kindheit sexuell missbraucht wurden, dissoziieren oder »steigen aus« aus ihrem Körper. Als Kind war dein Körper ein gefährlicher Ort für dich. Ihn zu verlassen oder zu dissoziieren, war damals eine Überlebensstrategie. Die Erinnerung oder Erfahrung des Traumas ist in deinem Körper noch präsent oder »gespeichert«. Viele Überlebende bleiben auch noch lange, nachdem die Gefahr vorüber ist, ihrem Körper und ihren Sinnen fern, um diese gespeicherten Erfahrungen nicht erneut zu erleben.

Doch dein Körper bist auch *du*. Es ist der Ort, an dem du lebst und lebendig bist. Über deinen Körper trittst du mit anderen in Verbindung und baust Beziehungen auf. Dein Handeln in dieser Welt hat seinen Ursprung in deinem Körper. In deinem Körper heilst du von Trauma und Gewalt. Dort erlebst du auch sinnliche und sexuelle Freuden. Doch um diese genießen zu können, musst du in deinem Körper sein oder dich »verkörpern«.

An dieser Wieder-Verkörperung zu arbeiten, ist ganz wesentlich für sexuelles Heilen. Ich weiß, es hört sich merkwürdig an, aber die Fähigkeit, in deinem Körper zu sein und körperliche Lust zu empfinden, ist ein zentraler Bestandteil dieser Heilung. Vor allem zu Anfang musst du das ganz bewusst üben. Für dich als sexuell missbrauchte Frau ist Lust womöglich ungewohnt oder sogar unangenehm.

> *Ich war so überrascht, als ich das erste Mal präsent und in meinem Körper bleiben konnte, als meine Partnerin mich leckte. Es war wie »Oh, fühlt das sich gut an. Darum also tun die Leute das.«*
>
> Carolyn

Dich zu verkörpern heißt auch, deine Grenzen zu kennen und die Fähigkeit zu haben, ja oder nein zu sagen. Wenn du beim Sex dissoziierst, ist es sehr schwer herauszufinden, ob du aufhören oder weitermachen möchtest, oder zu welchen sexuellen Aktivitäten du auffordern oder zustimmen willst.
Die klassische Psychoanalyse konzentriert sich auf seelische Vorgänge in der Annahme, der Körper werde dann schon mitziehen. Therapien mit diesem Ansatz haben ihre Berechtigung und können vielen Menschen wirklich weiterhelfen, sie erweisen sich unter Umständen jedoch als nicht ausreichend, um das, was ein sexuelles Trauma in dir bewirkt hat, nachhaltig zu bewältigen. Die meisten Menschen haben schon einmal die Erfahrung gemacht, dass es eine Sache ist, was sie denken und eine andere, was sie tun, selbst wenn sie das nicht wollen. Etwas vom Kopf her zu »kapieren« führt nicht unbedingt zu einer anderen Lebensweise oder neuem Verhalten. Zwischen deinem Denken und deinem Körper ist die Verbindung vielleicht gerissen oder brüchig; etwas verstehen ist nicht gleichbedeutend mit etwas verkörpern.

> *Ich kenne meine sexuellen Wünsche. Ich habe die einschlägige Literatur studiert und stecke voller Ideen, aber mein Körper erstarrt nach wie vor, wenn ich mich all dem wirklich nähere. Es ist, als würde ich vergessen, welches Jahr wir schreiben, und dass ich nicht mehr ein Kind zu Hause in meinem Bett bin.*
>
> Naomi

In meiner Arbeit mit Überlebenden sehe ich, wie ihre Selbstheilungskräfte in Gang kommen, sobald sie sich selbst zu verkörpern beginnen, wieder in ihrem Körper leben und zu ihren körperlichen Wahrnehmungen zurückfinden. Es ist, als hätte der Körper nicht nur ein körperliches, sondern zusätzlich auch ein emotionales und spirituelles Immunsystem oder eine Intelligenz, die nach Gesundheit und Ausgewogenheit strebt. Wenn du dich aus deinem Körper herauslöst oder ihn ignorierst, funktioniert dieses Immunsystem nicht gut. Wenn du deinen Körper voll und ganz einbeziehst und es dir hauptsächlich darum geht, dich selbst zu verkörpern, kommen die Zeichen, Signale und Wirkungsweisen dieses Immunsystems richtig zum Tragen. Inzwischen betrachte ich Körper, Geist und Gefühle als Organismen mit Selbstheilungskräften, wenn ihnen die richtigen Voraussetzungen geschaffen werden. In deinem Körper zu sein, ist eine dieser Voraussetzungen.

Ich empfehle dir, den Prozess deiner Heilung ganzheitlich anzugehen. Meiner Erfahrung nach ist das einer der besten Wege, den Missbrauch zu verarbeiten und Auslöser zu entschärfen. Wenn du auf der körperlichen Ebene Veränderungen erreichst, gerät das Trauma buchstäblich in Bewegung, es löst sich, und du kannst in der Gegenwart leben, anstatt in der Vergangenheit in Wut oder Niedergeschlagenheit verharren zu müssen. Ganzheitliche Körperarbeit kann dein Denken, deine Erfahrung und dein Handeln miteinander in Einklang bringen, was zu einem Gefühl von innerer Stimmigkeit führt.

Es gibt eine Vielzahl ganzheitlich ausgerichteter Institute und Einrichtungen, wie zum Beispiel das Core Energetik Institut in Berlin, Körperarbeit nach der Rosen Methode, oder das Institut für Aquatische Körperarbeit. Weitere Adressen findest du im Anhang dieses Buches. Eine andere Möglichkeit, dich körperlich auszudrücken, ist Tanz, Kampfkunst und körperorientierte Meditation. Alles, was dich immer wieder in deinen Körper bringt und zu den Empfindungen, Gefühlen und der Lebendigkeit deines Körpers hinführt, ist hilfreich.

Safer Sex

Mein Kapitel über Sicherheit beim sexuellen Heilen wäre unvollständig ohne Safer Sex. Safer Sex bedeutet die Anwendung von schützenden Barrieren oder eine Beschränkung auf bestimmte sexuelle Aktivitäten, um den Austausch von Körperflüssigkeiten von einer Person zur anderen zu verhindern. Safer-Sex-Techniken werden genutzt, um sexuell übertragbaren Krankheiten vorzubeugen, wie unter anderem Herpes, Kondylomen, HIV, Chlamydien. Kondome eignen sich natürlich auch zur Verhütung einer Schwangerschaft.

Niemals ohne!

Kondome, Handschuhe, Latextücher (Dental Dams) und Kondome für Frauen sind meist aus Latex. Für Menschen, die gegen Latex allergisch sind, gibt es Safer-Sex-Artikel auch aus Polyurethan oder aus Nitril. Kondome aus Naturmaterialien (Tierhaut) schützen nicht vor HIV-Ansteckung, da das Virus klein genug ist, um durch die Membran zu schlüpfen; sie sind daher nicht für Safer Sex geeignet. Viele finden Frischhaltefolie das Non-plus-Ultra bei Cunnilingus und Rimming: sie ist billig, überall erhältlich und im Gebrauch einfacher als Latextücher.

Vergiss das Gleitgel nicht

Benutze wasserlösliches Gleitmittel zusammen mit Latex und anderen Safer-Sex-Artikeln – so wird alles nochmal so schön. Mit Hilfe von wasserlöslichem Gleitgel kann es so richtig flutschen; auch die Sensibilität wird gesteigert. Ein kleiner Tropfen Gleitgel in die Spitze des Kondoms – für ihn – und auf die Aussenseite etwas, um schön feucht zu sein. Wenn du oralen Sex praktizieren willst, verteile ein Gleitgel, das speziell für Oralsex entwickelt wurde, wie z. B. Wet, auf der Seite des Latextuchs oder der Frischhaltefolie, die zur empfangenden PartnerIn zeigt; Gleitgel, das du außen auf dem Latexhandschuh aufträgst, lässt die Berührung deiner Hand oder Finger samtiger werden.

Gleitmittel auf Ölbasis greifen Latex an. Produkte wie Vaseline und andere öl- oder glycerinhaltige Gleitmittel eignen sich nicht dazu, zusammen mit Kondomen, anderen Latexprodukten oder Sexspielzeug aus Silikon verwendet zu werden. Da ich zur Vorbeugung sexuell übertragbarer Krankheiten unbedingt zum

Gebrauch von Latex rate, empfehle ich ausschließlich Gleitmittel auf Wasserbasis.

Schätz dein Risiko ein

Viele sprechen in bezug auf Safer Sex von »Risikofaktoren«. Um dein Risiko einschätzen zu können, musst du deine eigenen Risikofaktoren berücksichtigen, die deiner PartnerInnen und die deiner sexuellen Praktiken. Dann kannst du dich entscheiden, welches Risiko du einzugehen bereit bist.

Dein Risiko hängt von folgenden Faktoren ab:

- Mit wie vielen PartnerInnen hattest du bisher ungeschützten Sex?
- Mit wie vielen PartnerInnen hatten diese wiederum Sex?
- Wie risikoreich sind deine sexuellen Praktiken?
- Hast du Drogen intravenös gespritzt bzw. drückst du heute noch?
- Haben deine PartnerInnen Drogen intravenös gespritzt oder tun sie dies heute?
- Hast du zur Zeit eine sexuell übertragbare Krankheit?

Dein Risiko steigt mit der Anzahl der Personen, mit denen du ungeschützten Sex hattest. Das Gleiche gilt, wenn du Drogen gespritzt hast.

Natürlich solltest du dich als besonders gefährdet einschätzen, wenn deine sexuellen Praktiken (z. B. ungeschützter Analsex) ein hohes Übertragungsrisiko haben.

Solltest du eine sexuell übertragbare Krankheit haben oder an einer Störung des Immunsystems leiden, bist du besonders gefährdet und solltest bei deinen sexuellen Praktiken besonders vorsichtig sein. Selbst wenn du HIV-positiv bist, ist Safer Sex ein Muss für dich. Zum einen macht dich die Infizierung mit einer Art des HI-Virus nicht resistent gegenüber anderen. Zum andern kann der Kontakt mit anderen sexuell übertragbaren Krankheiten dein schon angeschlagenes Immunsystem weiter schwächen.

Wenn du deine Risikofaktoren einschätzst, vergiss nicht, dass du keine Garantie hast, ob deine Partnerin oder dein Partner wirklich nur mit dir Sex hat. Da es innerhalb einer festen Beziehung meist schwierig ist, offen über das Thema wechselnde SexpartnerInnen zu sprechen, sind die meisten Menschen an diesem Punkt nicht ehrlich. Manche haben regelmäßig Sex außerhalb einer bestehenden festen Beziehung, ohne das jemals zu offenbaren. Deine Gesundheit liegt in *deiner* Hand. Das soll nicht heißen, ab sofort jeder und jedem mit Misstrauen zu begegnen, aber du solltest dir darüber im Klaren sein, dass du vielleicht nicht alles über die sexuelle Vergangenheit deiner Partnerin oder deines Partners, bzw. über ihre oder seine momentanen sexuellen Aktivitäten weißt. Sprich mit deinem Partner oder deiner Partnerin über Safer Sex und seine oder ihre Vergangenheit in bezug auf Sex und Drogen. Das Sicherste ist: Bitte deine PartnerIn, sich auf HIV und andere sexuell übertragbare Krankheiten testen zu lassen, bevor ihr ungeschützten Sex miteinander habt. Vergiss nicht, dass der HIV-Virus wahrscheinlich erst mehrere Monate nach der Ansteckung im Testergebnis sichtbar wird. Gut ist es, den Test alle sechs Monate zu wiederholen.

Wähle sichere Spiele

Manche sexuellen Praktiken sind risikoreicher als andere. Sperma und Blut weisen die höchste Konzentration des HI-Virus auf, das durch kleine Verletzungen in Mund, After oder Vaginalgewebe oder durch Hautabschürfungen in deinen Blutkreislauf gelangen kann. Vergiss nicht, dass HIV auch in der

Penisflüssigkeit vor dem Orgasmus (Prä-Ejakulationsflüssigkeit) und im Menstruationsblut vorhanden sein kann.

Andere sexuell übertragbare Krankeiten, wie Herpes, können durch den Kontakt mit offenen Stellen übertragen werden. Das heißt aber nicht, dass du kein Risiko eingehst, wenn du an den Genitalien deiner Partnerin oder deines Partners keine Wunden entdecken kannst. Manche sexuell übertragbaren Krankheiten, wie z. B. HPV (Papillomaviren; sie verursachen Hyperplasien im Anogenitalbereich und werden auch mit Gebärmutterhalskrebs in Verbindung gebracht), haben oft keine sichtbaren Symptome. Und an Herpes kannst du dich anstecken, bevor er zum Ausbruch gekommen ist.

Sexuelle Praktiken mit hohem Risiko sind Cunnilingus (Oralsex) während der Menstruation, ungeschützter Analsex oder Rimming (Anilingus) und ungeschützter heterosexueller Geschlechtsverkehr.

Auch im Vaginalsekret kann das HI-Virus in geringerer Konzentration vorhanden sein. Du gehst also ein mittleres Risiko ein bei ungeschütztem Cunnilingus, wenn deine Partnerin nicht menstruiert, ungeschützter Fellatio (einem Mann einen blasen, jedoch ohne Ejakulation) und beim Fingerficken oder Fisten ohne Handschuh.

Sexspiele mit geringem Risiko sind Zungenküsse, Petting, Penetration und Oralsex mit Schutz.

Sex ohne Risiko sind Tribadie (deine Möse an etwas reiben), Fantasien, Masturbation (dich selbst anfassen), Voyeurismus und Exhibitionismus (zuschauen oder sich zuschauen lassen). Telefonsex und Cybersex, z. B. Dirty Talk bei Internet-Chats, sind ebenfalls sexuelle Aktivitäten ohne Infektionsgefahr.

Benutze Dildos, Vibratoren und Sexspielzeug immer mit Kondom. Wenn du deine Sextoys mit anderen austauschst oder gemeinsam benutzt, verwende jedes Mal ein neues Kondom oder wasche sie mit einer antibakteriellen Reinigungslösung ab. Vergiss nicht, ein neues Kondom zu nehmen, wenn du mit einem Sexspielzeug von analem zu vaginalem Spiel überwechselst.

Lass dich untersuchen

Geh regelmäßig zur gynäkologischen Vorsorgeuntersuchung. Ich weiß wohl, wie schwierig das für viele Überlebende ist, aber es bleibt ein absolutes *Muss*; es lohnt sich, diese Herausforderung anzunehmen. Nimm eine Freundin zur Unterstützung mit. Lass dich nicht beirren und stehe zu deinen Ansprüchen, bis du eine Frauenärztin oder einen -arzt findest, die/der dir auch zuhört und vorbehaltlos auf dich eingeht. Deine Gesundheit, also auch die Früherkennung einer Krebserkrankung, hängt immens von diesem Schritt ab.

Vielleicht fängst du so an, dass du dich auf HIV und andere sexuell übertragbare Krankheiten testen lässt. In den meisten größeren Orten gibt es die Möglichkeit, sich in Krankenhäusern und auf Gesundheitsämtern vertraulich testen zu lassen. Schau in die gelben Seiten und in die lokale Tageszeitung. Bitte deine Ärztin oder deinen Arzt, dich auf sexuell übertragbare Krankheiten wie Herpes oder Chlamydien zu untersuchen.

Mach es dir sexy

Leider sind immer noch die wenigsten unter uns mit Safer Sex vertraut. Am besten gehst du einfach los und kaufst dir erst mal eine kleine Auswahl. Experimentiere zu Hause damit. Nimm ein Kondom, ein spezielles Kondom für Frauen, Latexhandschuhe oder ein Latextuch (Leckläppchen) aus ihrer Verpackung und schau sie dir genau an. Wie fühlt sich das an, wie riecht es, wonach schmeckt es? Mach dich mit allem vertraut – dann verlierst du deine Hemmungen. Es ist einfacher zu Hause zu üben, als während deines Rendezvous! Du kannst Latex und andere Safer-Sex-Utensilien auch erotisch aufladen. Bald wird es die köstlichsten Erinnerungen in dir hervorrufen, wenn du hörst, wie deine Partnerin oder dein Partner sich einen Latexhandschuh überstreift! Nimm Safer Sex mit in deine Sex-Fantasien. Es gibt 1001 Möglichkeiten, Latex sexy zu machen.

Gute Reise!

Gute Reise! Die Übungen am Ende eines jeden Kapitels wollen dich dabei unterstützen, die Informationen des jeweiligen Kapitels anzuwenden und sie dir zu eigen zu machen. Sie unterstützen und begleiten dich auf dem Weg deiner sexuellen Heilung. Versuche, deine Erfahrungen und deine Entdeckungen mit einer anderen Person zu teilen. Vielleicht macht ihr die Übungen gemeinsam, oder du erzählst, wie es dir dabei geht.

> *Meiner Meinung nach haben wir Überlebenden nach einer Heilung mit das beste Sexleben überhaupt. Wir mussten uns Sex genau anschauen, uns damit auseinandersetzen, wir mussten Sex für uns selbst neu definieren und heilen. Wir machen all diese Heilungsprozesse durch, die die meisten Leute nötig haben, ob sie nun missbraucht wurden oder nicht.*
> Stephanie

Übungen

Nimm dir Zeit für die folgenden Fragen. Beantworte sie in deinem Tagebuch und besprich sie mit einer Person, der du vertraust und die dich unterstützt.

1. Warum sexuell heilen? Was versprichst du dir davon? Wie soll sich dein Leben verändern? Wo erwartest du dir mehr Befriedigung? Woran wirst du erkennen, dass du erreicht hast, was du wolltest?

2. Was bedeutet Sicherheit für dich? Was ist der Unterschied zwischen Sicherheit und Wohlbehagen? Nenne

einige Beispiele für Situationen, in denen du in Sicherheit warst, dich aber dennoch unwohl gefühlt hast.

3. Übe, dir ein inneres Gefühl für Sicherheit aufzubauen. Welche Empfindungen und Gefühle in deinem Körper vermitteln dir ein Gefühl von Sicherheit, Beständigkeit oder Rückhalt? Wo kannst du das in diesem Moment spüren?

4. Welche Unterstützung steht dir zur Begleitung deiner sexuellen Heilung im Augenblick zur Verfügung?
a. Du kannst dich um dich selbst kümmern: Du kannst Tagebuch führen, einfühlsam und aufmunternd mit dir sprechen, auf deine Gefühle achten, dich gesund ernähren, dich ausreichend bewegen bzw. Sport machen, du kannst Körperarbeit und Spiritualität in dein Leben integrieren.
b. Du kannst dir von außen Unterstützung holen: Selbsthilfegruppe, Therapie, FreundInnen, mit denen du über Sex und Heilung sprechen kannst.

5. Was brauchst du zur Unterstützung deiner sexuellen Heilung? Wie kannst du dir ein Netzwerk an Unterstützung aufbauen? Geh aufs Ganze! Lass dir mehr einfallen als das, was fürs bloße Überleben nötig ist. Wenn du all die Unterstützung haben könntest, die du dir erträumst, wie sähe das aus?

6. Schau dir deine eigene Einstellung und deine Vorurteile gegenüber Sex an. Liste auf, was für Praktiken du in bezug auf einvernehmlichen Sex für o.k. hältst und was nicht. Besprich die Liste mit einer Freundin oder einem Freund. Bezieh auf alle Fälle das Thema sexuelle Orientierung ein, schreib auf, was für sexuelle Ausdrucksformen dir für Frauen angemessen erscheinen, wie du über sexuelle Fantasien, Monogamie und Nicht-

Monogamie, Abstinenz, Analsex, religiöse Überzeugungen, Bondage, Sado-Masochismus (S/M), Cross-Dressing, etc. denkst. Du hast jetzt die Gelegenheit, deine eigenen Überzeugungen in bezug auf Sexualität und sexuelle Ausdrucksformen kennenzulernen. Wo kommen deine Vorstellungen über Sex her? Wo hast du gelernt, was du heute glaubst? Gibt es über irgendeinen Punkt auf deiner Liste noch mehr für dich zu erfahren? Kennst du jemanden, der/die eine der einvernehmlichen Aktivitäten praktiziert, die du unter »nicht o.k.« aufgeführt hast? Das ist die Gelegenheit, mehr über deine eigenen Überzeugungen und Wertvorstellungen zu erfahren und neu zu entscheiden, welchen du treu bleiben und welche du vielleicht verändern möchtest.

Kapitel 2
Begehren und Lust

Entdecke deine Lust und dein Begehren

Dir eigenes Begehren zuzugestehen, ist für dich womöglich keine Selbstverständlichkeit, wenn du als Kind sexuell missbraucht worden bist. Aufgrund von Inzest und sexueller Gewalt hast du dich viel in Leiden, Aussteigen und Durchhalten üben müssen, und nicht so viele Erfahrungen mit Lust gesammelt. Vielleicht musst du wieder ganz neu lernen, Lust und Begehren zuzulassen.

Durch sexuelle Gewalt hast du gelernt, die Wünsche einer anderen Person zu befriedigen, ohne dass deine eigenen Grenzen, Bedürfnisse oder Wünsche irgendwo auch nur auftauchten. Du hattest keine Gelegenheit, dein eigenes sexuelles Verlangen ungestört zu entwickeln und nach deinen Bedürfnissen und deinem Timing vorzugehen. Wie solltest du heute mit deinem Begehren vertraut sein?

> *Ich habe Angst davor, zu begehren. Ich nehme alles einfach so, wie es kommt. Das Gleiche mache ich auch beim Sex. Was immer er gerne hätte… nun gut, geht in Ordnung. Ich finde es viel zu beängstigend, darüber nachzudenken, was ich möchte.*
>
> Cindy

Für einige Überlebende liegt die erste Herausforderung schon darin, auch nur irgendein sexuelles Verlangen zu empfinden. Auf dem Hintergrund deiner Erfahrungen bist du vielleicht davon überzeugt, dass du keine sexuelle Lust empfinden und auch nicht glücklich und aufgeregt über dein Sexleben sein darfst. Womöglich denkst du, dass du Sex auch als Kind gemocht haben musst, wenn du jetzt Spaß daran hast. Wenn es dir damals also gefallen hat, dann war es nicht wirklich Missbrauch, und die ganze Sache war doch deine eigene Schuld, nicht wahr?

> *Ich werde einfach nicht erregt. Ich verspüre kein sexuelles Verlangen.*
> Carla

Stimmt überhaupt nicht, ganz falsch. Sex zu genießen, macht dich nicht zu einem schlechten Menschen und bedeutet nicht, dass du den Missbrauch selbst verschuldet hast. Deine sexuellen Gefühle zeugen von deiner Fähigkeit, auch unter schwersten Bedingungen an dir festzuhalten – sie sind ein Beweis deiner Heilung.

Vielleicht machen dir manche Bereiche deines Begehrens Angst, weil sie irgendwie dem Missbrauch gleichen, den du erlitten hast. Vielleicht erregt dich die Dynamik von Macht und Hingabe. Daran ist nichts Schlechtes. Der Unterschied zwischen sexuellem Kindesmissbrauch und einvernehmlichem Sex zwischen Erwachsenen besteht darin, dass beim Sex zwischen Erwachsenen *beide* PartnerInnen ihre sexuelle Reife erlangt haben und selbst Entscheidungen treffen können. Bei einvernehmlichem Sex wirst du nicht gezwungen, manipuliert oder missbraucht. Es geht um die Bedürfnisse, Grenzen und Wünsche beider PartnerInnen.

> *Als Mädchen bin ich oral vergewaltigt worden. Heute mag ich Oralsex, aber ich fühle mich schuldig. Gefällt es mir nicht nur deshalb, weil ich genau so missbraucht wurde? ... Ich wurde auf fast jede Weise missbraucht, in der du Sex haben kannst ... also bleibt mir nicht mehr viel Auswahl, schätze ich.*
> Dede

Eine deprimierte Libido

Viele Überlebende entwickeln als Symptom der sexuellen Gewalt eine Depression. Manche suchen Hilfe bei Antidepressiva und anderen Medikamenten. Die meisten Antidepressiva beeinträchtigen den Sexualtrieb. Viele Überlebende, die Antidepressiva einnehmen, berichten, dass ihr Interesse an Sex schwindet, während ihre Libido wieder stärker wird, wenn sie das Medikament absetzen.

Antidepressiva haben meine Libido beeinträchtigt. Ich war nicht mehr so interessiert. Ich habe diese Phase dazu genutzt, mehr über meine Sexualität zu erfahren, nicht immer nur kommen zu müssen. Ich habe ganz viel gelesen über Sex, meinen Körper angefasst und mich massiert und ich bekam ein sinnlicheres und wirklich sexuelles Verhältnis zu mir.

Kathy

Sprich mit deiner Ärztin oder deinem Arzt über mögliche Auswirkungen auf deine Libido, wenn du Antidepressiva nimmst oder darüber nachdenkst, es zu tun. Du kannst verschiedene Präparate ausprobieren um herauszufinden, was für dich am besten ist. Wenn du über einen langen Zeitraum Antidepressiva einnehmen willst, kannst du ein Testosteronpflaster tragen, es lässt die Libido in der Regel ansteigen. Sprich mit deiner dich behandelnden Ärztin oder deinem Arzt über die verschiedenen Möglichkeiten und die Nebenwirkungen von Antidepressiva und Testosteronpflastern.

Diejenigen unter uns, die sexuelle Gewalt erfahren haben, verwechseln unter Umständen sexuelle Energie mit dem Missbrauch selbst. Eine der Aufgaben in deinem Heilungsprozess wird sein, Sex von Missbrauch unterscheiden zu lernen. Sexuelle Energie kann zu wohltuenden oder zerstörerischen Zwecken eingesetzt werden.

Glücklicherweise kannst du lernen, dein Begehren zu entdecken und zu erforschen; nicht wenige Menschen räumen diesem Prozess einen festen Platz in ihrem Leben ein. Finde zunächst zu deinem Körper, zu deinen Gefühlen und Empfindungen zurück, um Begehren von innen heraus zu entdecken. Dann sammle weitere Informationen. Welche Möglichkeiten hast du, deine Sexualität auszudrücken? Was *machen* die Leute eigentlich?

Das Begehren liegt in deinem Körper

Dein wahres Begehren wohnt als Gefühle und Empfindungen in deinem Körper. Deine Empfindungen lassen dich wissen, ob du eine Person, eine Sache oder eine Idee aufregend findest. Wenn du dich zum Schutz vor Schmerz und Verrat verschließt, entgehen dir auch Gefühle wie Erregung, Begehren und Lust. In deinen Körper zurückzukehren, dich wieder von innen heraus zu bewohnen, ist der wichtigste Schritt zur Entdeckung deines sexuellen Verlangens. Du *bist* dein Körper. Deine Gedanken spielen sich in deinem Körper ab, genauso wie deine Empfindungen, deine Gefühle, deine Inspiration und deine spirituellen Sehnsüchte. Lerne, auf deine körperlichen Gefühle und Empfindungen zu achten.

Stell dir vor, du bist bei der Arbeit und sitzt am Schreibtisch oder stehst hinter dem Schalter. Kannst du deine Beine spüren? Deine Füße im Kontakt mit dem Boden? Welche Empfindungen kannst du im Brustkorb oder in deinem Magen wahrnehmen? Probiere es jetzt gleich aus. Wenn du das nächste Mal Lust oder Erregung spürst, konzentriere dich auf deinen Körper. Finde heraus, an welcher Stelle in deinem Körper du ein sexuelles Gefühl hast.

Die Beckenschaukel

Leg dich auf den Rücken. Zieh die Knie an und stell deine Füße dann auf. Nimm eine Matte oder eine zusammengefaltete Decke als Unterlage, damit du weicher liegst. Komm mit deinem Körper auf dem Boden an und richte deine Aufmerksamkeit auf die Empfindungen in deinem Körper. Lass deine Atmung in deinen Bauch wandern. Atme tief ein und aus. Bleibe wenigstens drei Atemzüge so liegen, bevor du mit der Schaukel beginnst.

Bewege dann dein Becken langsam vor und zurück. Bring dein Schambein näher zum Bauchnabel und lasse es dann in Richtung Boden zurücksinken. Dein unterer Rücken presst sich dabei erst in den Boden und wölbt sich dann vom Boden weg. Das sieht aus wie eine Bewegung beim Sex und fühlt sich vielleicht auch so an. Schaukele weiter dein Becken langsam vor und zurück, während du dich darauf konzentrierst, in deinem Körper zu bleiben und deine Empfindungen wahrzunehmen. Mach das mindestens drei Minuten lang.

Wahrscheinlich löst das alle möglichen Reaktionen aus. Vielleicht bist du jetzt sexuell erregt. Fantastisch! Vielleicht merkst du, dass du abdriftest oder anfängst, an etwas anderes zu denken. Nimm diese Gedanken wahr, aber lass nicht zu, dass sie dich von den Gefühlen und Empfindungen in deinem Körper ablenken. Deine emotionale Reaktion auf diese Übung sagt dir, was du zum Heilen brauchst. Vielleicht kommen dir die Tränen oder du wirst wütend. Lass auch das zu.

Stimme jetzt deine Atmung auf die Beckenbewegung ab. Atme ein, wenn du deinen Rücken wölbst und atme aus, wenn du dein Becken dem Bauchnabel annäherst. Du kannst versuchen, schneller zu schaukeln. Wie verändert das deine Reaktion? Versuche an einen Punkt zu gelangen, an dem du dich leicht unwohl fühlst und bleibe dann bei diesem Gefühl. Diese Übung wird dir zu mehr Toleranz für deine sexuelle Energie verhelfen und erleichtert dir den Kontakt mit deinem eigenen Verlangen. Sie löst Spannungen im Becken und in den Geschlechtsorganen und lässt wieder Bewegung und Empfindung in diesem Bereich zu.

Genitales Heilen

Hier ist eine weitere Übung, die dir dabei hilft, zu deinem Körper und zu deiner Lust zurückzufinden. Wieder liegst du mit angestellten Beinen bequem auf dem Rücken. Komme auf dem Boden und in deinem Körper und deinen Empfindungen an. Atme in deinen Bauch, und lass deine Atmung sich vertiefen. Bleibe mit deiner Aufmerksamkeit bei dem, was du im Körper fühlst und spürst.

Reibe dann deine Handflächen aneinander, um sie mit Hitze und Energie aufzuladen. Wenn du soweit bist, lege eine Hand sanft auf deinen Genitalbereich. Lass die Wärme deiner Hand in deine Genitalien und in dein Becken ausstrahlen. Du kannst dir vorstellen, wie sie auftauen und sich entspannen, und mehr Lebendigkeit in sie hineinströmt. Stell dir vor, sie heilen. Atme tief in dein Becken und deine Genitalien und bleibe mit deiner Aufmerksamkeit in deinem Körper.

Wenn du möchtest, lege deine andere Hand auf dein Herz oder auf deinen Unterbauch direkt über dem Schambein.

Nimm dir für diese Übung jedes Mal etwa fünf Minuten Zeit.

Dein eigener Sexualkundeunterricht

Wo hast du von Sex und Lust erfahren? Wer hat dir etwas über deinen Körper beigebracht? Was hast du durch deine Familie, deinen Missbraucher, die Schule, die du besucht hast oder die Religion, mit der du großgeworden bist über Sex im allgemeinen und *deine* Sexualität im besonderen gelernt? Dinge, die du glauben möchtest? Bist du der Meinung, das, was du gelernt hast, entspricht den Tatsachen? Diese Fragen sind ein guter Start in deinen eigenen Aufklärungsunterricht.

Heutzutage gibt es so viele Möglichkeiten, die eigenen Kenntnisse über Sex und Begehren zu erweitern. Nimm Ausatmen als eine Vorspeise, die dich mit Informationen über Sex und verschiedene sexuelle Praktiken und Richtungen versorgt. Auch über Gespräche mit deinen FreundInnen kannst du viel über Sex lernen. Frag sie, was ihnen Spaß macht, was ihnen nicht gefällt, und warum. Frag sie, was ihnen beim Sex leicht fällt und was ihnen Schwierigkeiten bereitet, und wie ihr Sexleben sich mit der Zeit verändert hat. Die meisten Menschen sind froh und erleichtert, wenn sich ihnen eine Gelegenheit bietet, offen und ehrlich über Sex und Lust zu sprechen.

Du kannst auch Erlebnisberichte über Sex lesen. Momentan haben Erotika für Frauen Hochkonjunktur. Am besten beginnst du mit deinen Nachforschungen bei Geschichtensammlungen wie *Samtheiß* (herausgegeben von Louise Thornton u. a.) oder *Quiver* von Tobsha Learner. Dort findest du alles, angefangen von sinnlichen Erzählungen bis hin zu expliziten S/M- und Bondageszenen. Informiere dich wenn möglich sowohl über sexuelle Richtungen, zu denen du dich hingezogen fühlst, als auch über Praktiken, die nicht deinen Neigungen entsprechen. Im Literaturanhang findest du eine breite Sammlung erotischer Titel, unter anderem auch einige hervorragende Handbücher zu Sex, wie z. B. *Good Vibrations. Sex, fun and safe* von Cathy Winks und Anne Semans. Dort erhältst du ausführliche und konkrete Informationen, in denen Sex als ein ganz normaler Bestandteil des menschlichen Lebens behandelt wird. Wenn du in deiner Gegend keine Erotika oder Sexhandbücher findest oder kaufen kannst, wende dich an die im Service-Teil aufgeführten Läden und Versandkaufhäuser.

Vergiss nicht Zeitschriften wie *On Our Backs* und *Diva*. Wenn du dich gerne per Internet informierst, im Service-Teil sind erotische Websites für Frauen aufgelistet.

Erotische Videos sind eine weitere Möglichkeit, mehr über Sex und Begehren zu erfahren. Es gibt heterosexuelle, schwule und lesbische Pornos. Du kannst Videos sogar explizit zu speziellen Interessen und Fetischen finden. Und du kannst dir die Videos von Frauen wie Nina Hartley und Annie Sprinkle ansehen. Manche davon sehen aus wie konventionelle Pornos, manche haben eine ganz eigene Ästhetik.

Es gibt auch Lesbenpornos von Lesben für Lesben gemacht – sie haben nichts zu tun mit den Frau-an-Frau Bettszenen der gewöhnlichen Heteropornos.

Manche Menschen unterscheiden zwischen Pornografie und Erotika, aber bisher gibt es noch keine Definition, der wir uns alle anschließen können. In diesem Buch sind beide Begriffe austauschbar.

Statte deinem freundlichen, von Frauen betriebenen Sexshop einen Besuch ab, um erotische Literatur und Videos zu kaufen. Im Anhang findest du Adressen in Deutschland, Österreich und der Schweiz sowie Einkaufstipps fürs Internet.

Jungfrauen und Huren

Sexualität und Lust sind unglaublich vielfältig. Im Verlauf der Geschichte und in den verschiedenen Kulturen nahmen und nehmen sie einen sehr unterschiedlichen Ausdruck an. In alten chinesischen Schriften zu Sexualität finden sich zwölf Bezeichnungen für verschiedene Abschnitte der Vagina. Jeder Teil erhielt seinen Namen nach der jeweiligen besonderen Empfindung; im Text enthalten waren auch Anleitungen, wie dieser spezielle Bereich am besten berührt werden sollte. In den frühesten dieser Schriften waren es Frauen, die sexuelles Wissen weitervermittelten. In anderen Kulturen unterwiesen ältere Frauen die jüngeren als Vorbereitung auf die Hochzeit und zur Initiation als Frau in weiblicher Ejakulation, Orgasmus und verschiedenen Stellungen für Sex.

Auch im Westen hat sich der Blick auf Sex und Begehren im Laufe der Zeit verändert. Im frühen zwanzigsten Jahrhundert wurden Vibratoren als Heilmittel an Ärzte verkauft und bei Patientinnen zur Behandlung von »Hysterie« eingesetzt. Im Grunde genommen gingen die Frauen für einen Orgasmus zum Arzt. Später dann kamen Vibratoren als Neuheit auf den Markt, und heute sagen nur wenige im Kaufhaus, wofür sie den soeben erstandenen Rückenmassagestab denn nun benutzen werden.

Und deine Meinung?

Pornos lösen oft hitzige Debatten aus. Meine Meinung: Für mich ist nichts falsch daran, Sex im Film zu zeigen. Pornos können heiß, interessant und erotisch sein. Komplizierter wird es, wenn du den Kontext, in dem Pornos gemacht werden, ins Auge fasst. Noch immer werden in dieser Gesellschaft Frauen für die gleiche Arbeit schlechter bezahlt als Männer. Kindern, die sexuellen Missbrauch anzeigen, wird nicht geglaubt, Vergewaltigungsopfer müssen vor Gericht erscheinen, und sexuell souveräne und starke Frauen erregen Unmut und Misstrauen.

Die Pornoindustrie ist zu maßgeblichen Teilen in Männerhand und wird von Männern betrieben. Frauen werden hier missbraucht, genauso wie in vielen anderen Bereichen auch. Dennoch arbeiten viele begabte Frauen als Regisseurinnen, Produzentinnen und Schauspielerinnen in der Sexindustrie – weil sie es wollen. Die Scheidelinie heißt für mich Entscheidungsfreiheit und ökonomische Unabhängigkeit.

Ich fände es wunderbar, wenn Frauen aus ihrer Arbeit in der Sexindustrie persönlichen und finanziellen Nutzen ziehen und vollständige sexuelle Entscheidungsfreiheit genießen.

Und du, was ist deine Meinung?

Viele von uns sind mit dem Modell weiblicher Sexualität vertraut, demzufolge wir uns entweder wie Jungfrauen oder wie Huren zu verhalten haben. Als Frauen ist es uns nicht zugedacht, Sex zu genießen, geschweige denn, unsere Sexualität nach eigenem Gutdünken zu leben. (Ziemlich radikaler Ansatz, was?) Eine Frau, die ihre Sexualität ausdrückt, ist also eine Hure. Und obwohl unsere eigene Lust nur ein Schattendasein fristen soll, wird doch gleichzeitig von uns verlangt, unwiderstehliche sexuelle Wesen zu sein, die ihre Partner befriedigen. Wir werden beständig in Bezug auf unsere sexuelle Attraktivität beurteilt. Das ist eine recht widersprüchliche und verwirrende Botschaft.

Tatsächlich bedeutet das Wort *Jungfrau* in seiner sprachlichen Wurzel »sie, die niemandem gehört«. Laut der ursprünglichen Definition hat also »jungfräulich« sein nichts damit zu tun, ob eine Frau Sex hat oder nicht. Eine Jungfrau ist eine Frau, die nur sich selbst gehört. Mögen wir alle ein jungfräuliches Sexleben entwickeln.

> *Zuerst musste ich mich durch all das durchkämpfen, was meine Täter mir über Sex erzählt hatten. Dann kamen die Anschauungen der Kirche und meiner Umgebung, das, was die Leute so denken. Eine Schicht nach der anderen löste sich ab, bis ich mehr und mehr von mir selbst erkennen konnte. Jetzt arbeite ich an meinen eigenen Tabuzonen rund um Sexualität. Es gibt Bereiche, die ich gerne erkunden möchte, vor denen ich aber gleichzeitig zuviel Angst habe. Immer wieder werde ich von dem Gedanken heimgesucht, dass ich wie sie (die Täter) bin, wenn ich Sex wirklich mag.*
>
> Sheila

Noch verrückter ist, dass die sexuellen Normen, mit denen wir aufwachsen, wenig mit dem zu tun haben, was die Leute wirklich *tun*. Ich fände es toll, wenn wir alle – und sei es auch nur ein einziges Mal – offen über unsere Beziehungen, Affären und Arrangements, unsere Fantasien und Wünsche sprächen und ehrlich erzählten, was wir sexuell denn nun tatsächlich praktizieren. Die Vielfalt ließe uns alle staunen.

Wir hören nach wie vor, die Menschheit im allgemeinen sei heterosexuell und nur wenige fühlten sich zu gleichgeschlechtlicher Erotik hingezogen. Und doch berichtete das Kinsey Institut 1990, dass 35 bis 50 Prozent aller Männer und etwa 55 Prozent aller Frauen sexuelle Erfahrungen mit gleichgeschlechtlichen Partnern bzw. Partnerinnen hatten.

Obwohl wir nur *langsam* von der Norm der ein ganzes Leben währenden monogamen, heterosexuellen Ehe Abschied nehmen, ist es doch so, dass die meisten Menschen seit Jahrhunderten eine andere Realität leben. Heutzutage gehen die meisten mehrere Beziehungen nacheinander ein, in denen sie dann jeweils monogam leben, oder sie leben nicht monogam. Als Beweis könnten die Scheidungsrate und der Medienklatsch über außereheliche Affären dienen. Schau dich doch einfach mal bei deinen eigenen FreundInnen und KollegInnen um. Manche Menschen einigen sich mit ihren PartnerInnen darauf, ihre sexuelle Beziehung nicht-monogam oder *polyamourös* zu leben. Traurigerweise praktizieren die meisten nach wie vor die nichteinvernehmliche Version dieser Lebensweise.

Sexuelle Vielfalt

Bisexuell: sexuelles Begehren, sexuelles Interesse und/oder Aktivität mit Menschen beider Geschlechter

Blümchensex: von S/M-AnhängerInnen benutzte Bezeichnung für Nicht-S/M Sex

Ehe: rechtsgültiger und/oder sozialer Vertrag, mit welchem eine emotionale und finanzielle Bindung in einer Beziehung festgeschrieben wird. Fast überall auf der Welt ist es nur heterosexuellen Paaren gestattet, eine rechtsgültige Ehe einzugehen.

Heterosexuell: sexuelles Begehren, sexuelles Interesse und/oder Aktivität mit Menschen des anderen Geschlechts

Lesbisch: Bezeichnung für Frauen, deren sexuelles Begehren, sexuelles Interesse und/oder Aktivität auf andere Frauen gerichtet ist

Monogam: sexuelle Beziehungen mit einer einzigen Person.

Nicht-monogam: sexuelle Beziehungen mit mehr als einer Person gleichzeitig.

Pansexuell: sexuelles Begehren, sexuelles Interesse und/ oder Aktivität mit Menschen aller Geschlechter, sexueller Orientierung und Neigung. Viele wählen diese Bezeichnung für sich in dem Versuch, die Kategorien von homo oder hetero, Mann und Frau, S/M und Blümchensex zu erweitern.

Polyamourös: Poly bedeutet viel und amor Liebe. Sexuelle Beziehungen mit mehr als einer Person. Manche Menschen ziehen diese Bezeichnung dem Begriff nicht-monogam oder polygam vor.

S/M: Sado-Masochismus ist eine sexuelle Spielart, die Machtspiele, Grenzerfahrungen, Schmerz, Bondage und Rollenspiele miteinbezieht.

Schwul: sexuelles Begehren, sexuelles Interesse und/ oder Aktivität mit gleichgeschlechtlichen Partnern bzw. Partnerinnen; wird hauptsächlich in bezug auf Männer gebraucht.

Serielle Monogamie: Eine Reihe von jeweils monogamen sexuellen Beziehungen nacheinander

Tantra: sexuelle Praxis, die Sex als einen heiligen Weg der spirituellen Transzendenz sieht

Transgender/transidentisch: Sammelbegriff, mit dem sowohl Transsexuelle und Transvestiten als auch alle die gemeint sind, deren Geschlechtsidentität von dem bei der Geburt festgelegten biologischen Geschlecht abweicht. Gender – oder soziales Geschlecht – umfasst weitaus mehr Varianten von Geschlecht als die konventionelle Kategorisierung weiblich/männlich. Transgender/transidentische Menschen können sich als schwul, heterosexuell, lesbisch oder pansexuell bezeichnen.

Transsexuelle/r: eine Person, die sich mit einem anderen Geschlecht als dem bei der Geburt festgestellten identifiziert und auch so lebt. Transsexuelle lassen ihren physischen Körper umwandeln, durch zum Beispiel eine Hormonbehandlung oder chirurgische Eingriffe. Frau-zu-Mann-Transsexuelle (FZM) identifizieren sich als Männer und Mann-zu-Frau-Transsexuelle (MZF) als Frauen. Ein transsexueller Mensch kann sich als schwul, heterosexuell, lesbisch oder pansexuell bezeichnen.

Transvest(it)ismus: die geschlechtsspezifische Kleidung und Aufmachung des anderen Geschlechts einnehmen; ein anderer Begriff dafür ist Cross-Dressing.

Zölibatär: keine sexuelle Aktivität mit anderen und/oder sich selbst

Begehren ist eine komplexe Sache

Begehren ist kein ordentliches kleines Päckchen, das sich immer gleich bleibt. Tatsächlich hat es viele Facetten und steckt voller Widersprüche.
Vielleicht trifft das in besonderem Maße für Überlebende von

sexuellem Missbrauch zu. Meiner Erfahrung nach bemühen sich viele Überlebende, diese Widersprüche zu umgehen, indem sie ihr Begehren zu vereinfachen versuchen, es »normaler« zu gestalten. Ich bezweifle, dass Sexualität, an den Maßstäben unserer Kultur gemessen, jemals »normal« sein kann. Menschliche Sexualität ist wesentlich komplexer, als uns Stereotype glauben machen wollen.

Lebendige Sexualität beinhaltet Widersprüchlichkeiten. Das heisst, zwei oder mehr scheinbar gegensätzliche Gefühle können gleichzeitig präsent sein. Vielleicht empfindest du in einem Moment intensives Begehren und Scham zugleich. Sex und Verlangen bedeuten für dich vielleicht sowohl Schuld als auch Ungezwungenheit. Du möchtest unter Umständen zärtlich geliebt werden, sanft berühren und im Arm gehalten werden, während ein anderer Teil von dir beißen, peitschen oder fesseln möchte.

> *Mit Pornografie ist es merkwürdig … manchmal macht sie mich richtig an und dann wieder finde ich sie ziemlich abstoßend. Genauso geht es mir mit einigen der intensiveren und raueren Erfahrungen, die ich mit Sex gemacht habe. Ich genieße es, solange ich mittendrin bin, aber danach habe ich manchmal Schuldgefühle. Ich bemühe mich, das nicht mehr zu bewerten oder die »richtige« Antwort zu finden. Ich versuche, mir genug Raum für alles zu lassen.*
> Melanie

Zu deinem Begehren stehen

Sex ist einer der Bereiche menschlicher Erfahrung, zu denen alle etwas zu sagen haben. Viele Leute und Institutionen – wie z. B. deine Familie, Kirche, Moschee oder Synagoge, die Medien und sogar dein Frauenfußballteam – werden dir nur allzu gern erzählen, wie dein Begehren aussehen sollte. Worum es letzten Endes geht: Möchtest du für dich selbst entscheiden oder sollen andere das für dich tun? Vielleicht siehst du dich einigen Anfeindungen gegenüber, wenn du deine Sexualität außerhalb der heterosexuellen, monogamen, Ehestands- und Missionarsstellungs-Tradition verwirklichen möchtest. Nun, die Wünsche fast aller Menschen fallen aus diesem engen Rahmen heraus. Kein Wunder, dass wir so selten über unsere sexuellen Wünsche sprechen. Auch wenn du verheiratet bist und auf die Missionarsstellung stehst – was vollkommen in Ordnung ist – hast du vielleicht andere Wünsche, die nicht allesamt dort verwirklicht werden.

Einige Beispiele für das, was manche Frauen aufregend finden.

Sexuelle Aktivitäten

allein oder zu zweit mit Analstöpseln spielen
an den Brüsten gestreichelt werden
an den Haaren ziehen
an Ohr und Nacken geleckt werden
Analsex
Anzug und Krawatte tragen
Ärsche bewundern
Augenkontakt
Cross-Dressing
Cybersex
den Körper meiner/meines Geliebten betrachten
die Brüste meiner Geliebten beißen
die Brustwarzen meiner Partnerin/meines Partners küssen
Dildos und Gürtel
ein Kondom überstreifen
einen Geliebten/eine Geliebte zum Orgasmus streicheln
erotische Literatur
erotische Fantasien
erotische Tänze
erotische Videos
Exhibitionismus
Ficken

Fisten
Flirten
für erotische Fotos Modell stehen
Füße verehren
gefesselt werden
gepierct oder tätowiert werden
Geschlechtsverkehr
Gespräche über Sex mit FreundInnen
Gespräche über Sex mit potenziellen LiebhaberInnen
Gruppensex
Gummi/Latexklamotten
Händchen halten
Kitzeln
Knien
Korsett und erotische Wäsche tragen
Küssen
Lederklamotten
Massage
meine Partnerin/meinen Partner fesseln
Natursekt
nuttiges Outfit tragen
oral befriedigen
oral befriedigt werden
Orgasmus
peitschen
Penetration mit Lebensmitteln
Petting
Rasur

Rimming
Ringkämpfe
Rollenspiele
Selbstbefriedigung mit einem Vibrator
Sex im Freien
Sex mit verbundenen Augen
Sexhandbücher lesen

Sextagebuch führen
sinnliche Öle
Spiel mit Geschlechterrollen
Spiele mit Eiswürfeln
Spiele mit Federn
Spiele mit Frischhaltefolie
Spiele mit heißem Wachs
Spiele mit Nippelklemmen
Telefonsex
tief penetriert werden
Umarmungen
Voyeurismus
Züchtigung
Zungenküsse
zweifache Penetration

Früher haben die Menschen geglaubt, die Erde sei eine Scheibe. So ähnlich ging es mir mit Sex. Ich dachte, Sex sei sündig und schlecht. Wenn du mitten in der Wüste stehst, sieht die Erde wie eine Scheibe aus; nur aus größerer Distanz kannst du erkennen, dass sie rund ist.
Rona

Manchmal denke ich, meine sexuellen Wünsche seien schlecht, grotesk, abnormal. Das hängt damit zusammen, wie eine Frau meiner Meinung nach sein sollte – meine Wünsche sind nicht »damenhaft«.
Louisa

Wie andere Dinge auch, die wir als völlig selbstverständlich hinnehmen, sind unsere Vorstellungen von Sex sowohl von sozialen und historischen Faktoren beeinflusst, als auch von unserer kulturellen Tradition und unseren religiösen Überzeugungen. »Den richtigen« einvernehmlichen Sex gibt es nicht; es gibt Optionen, zwischen denen du frei wählen kannst. Was hilft dir, zu heilen? Was macht dich stark und unterstützt dich? Es liegt in deiner Verantwortung herauszufinden, was *du* sexuell möchtest. Steh zu deinem Begehren! Du bist diejenige, die deiner Sexualität ihren unverwechselbaren Ausdruck gibt. Gib dir die Freiheit.

> *Es war unglaublich zu entdecken, dass ich mein Sexleben tatsächlich so gestalten kann, wie ich will … dass ich Sex nach meinen eigenen Regeln haben kann. Ich hatte immer zu große Schuldgefühle, als dass ich Sex hätte genießen können. Was ich wirklich wollte: Beziehungen mit mehreren gleichzeitig und mit Sex experimentieren. Ich wusste nichts über mich und meine Wünsche. Das wollte ich herausfinden, also fing ich damit an. Nicht monogam zu leben, ist eine unglaubliche Befreiung. Ach ja, und so sammle ich auch Erfahrungen mit Safer Sex.*
>
> Rebecca

Übungen

Beantworte die folgenden Fragen schriftlich. Danach sprich mit einer FreundIn oder einer TherapeutIn über das, was du geschrieben hast.

1. Mach eine sexuelle Bestandsaufnahme. Was für sexuelle Erfahrungen hast du bisher gemacht? Was gefällt dir? Was gefällt dir nicht? Was weißt du über deine Sexualität? Worüber möchtest du gerne mehr erfahren?
2. Nimm ein Blatt Papier und unterteile es in drei Spalten, die du mit »ja«, »vielleicht« und »nein« überschreibst. In der Spalte »ja« zähle all die sexuellen Aktivitäten auf, die du magst oder von denen du annimmst, sie würden dir gefallen. In die Spalte »vielleicht« schreibe

all die sexuellen Aktivitäten, die dir unter bestimmten Umständen gefallen oder die du vielleicht ausprobieren würdest. Unter »nein« kommen die sexuellen Aktivitäten, die dir nicht gefallen und die du nicht weiter kennenlernen möchtest. Die Liste gilt sowohl für Selbstbefriedigung als auch für Sex mit einem Partner/einer Partnerin. Dann schau dir die Rubriken an. Welche kommt deinem momentanen Sexleben am nächsten?

3. Stell dir eine Betätigung vor, die dir körperlich angenehm ist und deine Sinne belebt. Das kann die Vorstellung sein, auf warmem Sand zu laufen, während dir eine leichte Brise ins Gesicht weht, deine Partnerin/deinen Partner zu berühren, oder oralen Sex zu haben. Versetze dich vollständig in dieses Bild hinein. Welche Empfindungen verspürst du bei diesem ganz bestimmten Vergnügen? Wo in deinem Körper kannst du sie fühlen? Wie viel Wohlbefinden oder Verlangen kannst du in dich aufnehmen?
4. Welche sexuelle Aktivität oder Fantasie würdest du gerne ausprobieren? Beschreibe sie im Detail. Was hält dich zurück?

Kapitel 3
Dissoziieren

Beim Sex in meinem Körper sein, was meinst du damit? Ich tue alles, um beim Sex nicht da zu sein.
Hannah.

Was ich beim Sex am besten kann, ist aussteigen. Ich mache das mit Fantasien: ich denke darüber nach, ob das Auto repariert werden muss oder wo meine Kinder zur Schule gehen sollen – und dabei habe ich noch gar keine Kinder …
Kathy

Aussteigen

Dissoziieren ist »aussteigen«. Aus deiner Haut kriechen, um zu entkommen, wenn es sonst keinen Ausweg gibt. Dissoziieren ist eine normale und gesunde Reaktion auf ein Trauma, ein kreativer Versuch, zu überleben und mit der Erfahrung des Missbrauchs umzugehen. Als Kind warst du bemüht, dich geistig, emotional und spirituell von dem Schmerz, der Manipulation und dem Verrat des sexuellen Missbrauchs fern zu halten. Dissoziieren ist eine wirksame Überlebensstrategie. Du hättest mehr Schaden erlitten, wenn du nicht dissoziiert hättest.

Mittlerweile betrachte ich Dissoziieren als eine Art emotionale Immunabwehr. Wenn Viren deinen Körper befallen, tritt automatisch dein Immunsystem in Aktion, um deine Gesundheit zu schützen. Du musst keinen Alarm auslösen oder irgendwelche Anweisungen geben. Genauso setzt Dissoziieren ein, ohne dass du darüber nachdenkst oder es etwa kontrollierst.

Menschen mit sehr unterschiedlichen traumatischen Erlebnissen berichten übereinstimmend von Erfahrungen mit Dissoziieren. Überlebende von häuslicher Gewalt, Vergewaltigungsopfer, Kriegsveteranen, politische Gefangene und Folteropfer – sie alle haben dissoziiert, um zu überleben. Wenn das Trauma oder der Verrat das Fassungsvermögen der Psyche übersteigt, setzt eine bestimmte Distanzierung zu dem Geschehen ein.

Dissoziieren: Damals und heute

Dissoziieren ist eine vorübergehende Überlebensstrategie. Obwohl du der unmittelbaren Verletzung und Angst entfliehst, wird das Trauma durch Dissoziieren weder bewältigt noch geheilt. Es bleibt bei dir, und später, wenn du in Sicherheit bist, kannst du dich damit befassen. Dissoziieren ist dazu gedacht, dir aktuell durch das traumatische Erlebnis hindurch zu helfen und dir in diesem Moment einen Ausweg anzubieten. Die Heilung der traumatischen Erfahrung erfolgt später.

> Grausamkeiten verbannen wir für gewöhnlich aus unserem Bewusstsein. Manche Verletzungen der sozialen Übereinkunft sind derart schrecklich, dass sie nicht laut geäußert werden können: solches ist die Bedeutung des Wortes unaussprechlich.
>
> Die psychischen Krankheitssymptome von traumatisierten Menschen machen auf die Existenz eines unaussprechlichen Geheimnisses aufmerksam and lenken zur gleichen Zeit davon ab. Am deutlichsten zeigt sich das darin, wie traumatisierte Menschen zwischen Fühllosigkeit und dem erneuten Durchleben des Ereignisses hin- und herwechseln.
>
> Aus: Judith Lewis Herman, M.D.: *Trauma and Recovery: The Aftermath of Violence – From Domestic Abuse to Political Terror. New York: Basic Books 1997*

Die emotionale Reaktion auf die sexuelle Gewalt bleibt in deinem Körper und wartet auf deine Aufmerksamkeit. Während der Heilung hast du die Möglichkeit, diese im Körper gespeicherten traumatischen Erfahrungen zu integrieren, sie nachzuempfinden und deinen Frieden mit ihnen zu schließen. Du erlebst diese Rückkehr zu dir selbst vielleicht wie ein Auftauen, bei dem du zurück in deinen Körper schmilzt und deine Haut wieder bewohnst.

Eine Schwierigkeit in bezug auf Dissoziieren besteht darin, dass es unter Umständen fortdauert, lange nachdem die Gefahr und damit der Zeitpunkt, an dem es eine sinnvolle Maßnahme war, vorüber ist. Es ist dir so zur Gewohnheit geworden, dass du deinen Körper verlässt, auch wenn gar keine Gefahr droht.

> *Ganz viele »Teile« von mir haben keine Ahnung, dass der Missbrauch vorbei ist. Sie sind ständig in Alarmbereitschaft und erwarten den nächsten Angriff.*
> Shandell

Viele Überlebende gelangen zu der Überzeugung, dissoziieren – oder nicht in deinem Körper sein – sei die sicherste and manchmal die einzig sichere Art zu leben. Sogar, wenn du *weißt*, dass du sicher bist, bleibt Dissoziieren deine automatische Reaktion auf Nähe, Intensität, Angst oder Sexualität. Es wird zu etwas, das sich ganz natürlich anfühlt.

> *Ich ertappe mich manchmal dabei, wie ich meinen Körper verlasse, so als ob ich hinter mir ginge; vor allem, wenn ich Angst habe oder mich erschrecke. Es geschieht ganz automatisch, es ist der erste Ort, der mir einfällt, an dem ich mich sicher fühle.*
> Henrietta

Dissoziieren: Wie es funktioniert

Dissoziieren spielt sich auf viele verschiedene Arten ab, die übrigens recht gut vorherzusagen sind. Manche Überlebende erzählen, wie sie aus ihrem Körper wegdriften und dem Missbrauch von der anderen Seite des Zimmers aus zusehen. Andere ziehen sich an einen kleinen Ort tief in ihrem Innern zurück, wo niemand sie finden, anfassen oder erreichen kann.

> *Mein Bruder hat meine Schwestern und mich missbraucht. Ich erinnere mich an mehrere Situationen, wo ich das Gefühl hatte, ich bin nicht in meinem Körper. Es war, als säße ich auf der Fensterbank und schaute zu. Genauso fühlte ich mich, als ich später mit Sex anfing. Ich war einfach nicht da.*
>
> Marie

> *In der ersten und zweiten Klasse hat mein Babysitter mich missbraucht. Er sagte, es wäre ein Spiel und würde mir gefallen. Ich sollte mein Nachthemd anziehen und einen Kopfstand gegen die Wand machen. Dann steckte er seine Finger in meine Vagina. Ich habe ihm seine Geschichte abgenommen. Ich habe mich selbst im Stich gelassen, indem ich meinem Instinkt und meinem Gefühl zu dem, was passierte, nicht getraut habe.*
>
> Louisa

Wieder andere konzentrieren sich auf einen winzigen Fleck an der Decke oder singen oder sprechen sich in eine andere Welt.

> *Ich hörte immer, wie mein Vater durch mein Schlafzimmer ging. Ich drehte mich zur Wand und stellte mich schlafend, während ich meine Augen fest geschlossen hielt. Niemand hat mir das beigebracht, aber ich wiederholte unausgesetzt vor mir selbst: »Nichts geschieht hier, nichts geschieht hier,*

das ist nicht mein Vater, das ist nicht mein Vater.« Immer wieder habe ich mir das gesagt. Es hat mir dabei geholfen wegzugehen, in eine Art anderen Zustand zu gelangen.
Carla

Mein Vater hat mich oft nach dem Abendessen belästigt, wenn ich in meinem Zimmer Schularbeiten machte. Lesen und Hausaufgaben wurden meine Hauptfluchtwege. Ich konzentrierte mich einfach auf mein Buch oder die Matheaufgabe, bis er fertig war und ich mit meinen Hausaufgaben weitermachte. Mit der Zeit wurde ich darin zur wahren Meisterin, so dass ich einmal sogar kaum das Buch senkte.
Akaya

Um zu dissoziieren, tun wir Dinge mit unserem Körper. Stell dir vor, du hast Angst oder erschreckst dich vor etwas – was geschieht? Höchstwahrscheinlich spannst du die Muskeln und hältst den Atem an. Für gewöhnlich geht Dissoziieren mit flacher Atmung oder angehaltenem Atem einher. Wenn du den Atem anhältst, bringst du deinen Körper in eine Art Schockzustand. Spannung und verkrampfte Muskulatur schränken die Durchblutung ein und können ein Gefühl von Taubheit auslösen. Wenn du angegriffen wirst oder Angst hast, schüttet der Körper Adrenalin aus. Das setzt die Sensitivität weiter herab und bringt deinen Körper in eine sogenannte Angriff-, Flucht- oder Erstarrungsreaktion.

Jedes Mal, wenn mein Onkel mich hochhob, erstarrte ich. Mein Körper verspannte sich bis ins Mark. Es war, als hörte ich auf zu atmen, sobald er mich nur berührte.
Liz

Manche Überlebende dissoziieren von den Gefühlen, die sie während des Missbrauchs empfanden, erinnern sich aber visuell ganz genau an alles, was geschehen ist. Viele von ihnen glauben, die sexuelle Gewalt sei »keine große Sache« gewesen. Indem sie während des Missbrauchs aus ihren Gefühlen ausstiegen, versuchten sie, die emotionalen Auswirkungen möglichst gering zu halten.

Mir war immer bewusst, was meine Mutter mit mir und meinem Bruder gemacht hat. Ich habe bloß mit den Schultern gezuckt, als wollte ich sagen: »Na ja, was soll's ... sie ist halt ein bisschen merkwürdig.« Ich habe nicht kapiert, dass es einen Grund dafür gab, dass ich mich mit einem Makel behaftet fühlte und dachte, mit mir sei etwas nicht in Ordnung. Es gab einen Grund dafür, dass ich so viel Drogen genommen und mit so vielen Menschen geschlafen habe.

Carolyn

Dissoziieren kann sehr unterschiedlich sein, vom kurzen »Abdriften« bis zum vollständigen Verdrängen der Erinnerung an die sexuelle Gewalt. Letzteres wird traumatische Amnesie genannt. Du erinnerst dich womöglich überhaupt nicht an den Missbrauch oder hast nur das vage Gefühl, dass etwas passiert ist. Oder du hast panische Angst vor einer bestimmten Person oder einem bestimmten Ort – kannst aber keinen Grund dafür nennen.

Wenn das Dissoziieren schwindet, kann deine Erinnerung auf viele verschiedene Arten zurückkommen. Vielleicht hast du »körperliche Erinnerungen« und erlebst Stress, Empfindungen und Schrecken des Missbrauchs, ohne dich jedoch visuell erinnern oder das Ganze irgendwie einordnen zu können. Oder du erinnerst Bruchstücke – Orte, Personen oder spezifische Einzelheiten, voneinander losgelöst. Einige Überlebende sehen den Missbrauch vor sich, als wenn sie ihn innerlich auf Video gespeichert hätten, und erinnern Geräusche, Gefühle und sogar Gerüche. Es kommt weniger auf die Art der Erinnerung an als auf das Heilen, das daraus entsteht. Wieder in deinen Körper zurückzukehren und das Dissoziieren nach und nach aufzugeben ist wesentlich für deine sexuelle Heilung. Anzahl und Art der Erinnerungen spielen eine weniger große Rolle.

Alle Überlebenden, mit denen ich gearbeitet habe, spielen den Missbrauch auf die eine oder andere Weise herunter: »Andere haben Schlimmeres durchgemacht«, »Ich sollte eigentlich drüber weg sein«, »Was ist denn groß dabei? Ich musste ihm doch nur einen blasen«, sind Kommentare, die ich wieder und wieder höre. Die sexuelle Gewalt herunterspielen, ist auch eine Form von Dissoziieren oder dich von deinem Schmerz fernhalten. Den Missbrauch mit all seinen Auswirkungen wirklich anzuerkennen und dich damit zu konfrontieren, wie dein Leben davon beeinflusst wurde, bedeutet den Schmerz und die Wut zu fühlen, den erlittenen Verlust und den Verrat. Das Gute daran ist, dass genau dies dich heilt – *und* es bringt dich mit der enormen Kraft, der Widerstandsfähigkeit und dem Mut in Kontakt, womit du es geschafft hast, zu überleben.

Dissoziieren: Was bedeutet es für dich?

Woran merkst du, dass du *jetzt* aussteigst? Wahrscheinlich dissoziierst du heute auf die gleiche Art wie in der Vergangenheit, als es darum ging, die Gewalt zu überleben. Es ist, als ob dein Nervensystem einen bestimmten Ablauf gelernt hätte und es nun immer wieder einsetzt, um dich in Sicherheit zu bringen. Das kann frustrierend sein, wenn dir vom Kopf her klar ist, dass dir keine Gefahr droht und die Person, mit der du Sex hast, nicht dein Missbraucher ist, und du *trotzdem* mit Dissoziieren reagierst. Dein Körper reagiert aus Gewohnheit.

Das Gute an diesem automatischen Aussteigen ist, dass du lernen kannst, wie es funktioniert und dann damit zu arbeiten. Indem du lernst, was bei dir passiert, wenn du aussteigst, kannst du den Weg zu dir zurück finden.

Überlege dir zunächst, wie es sich anfühlt, wenn du dissoziierst. Wohin verschwindest du? Woran denkst du? Was sagt du zu dir selbst? Wie sieht die Welt für dich aus, wenn du von ihr abgetrennt bist?

Hier die Stimmen einiger Überlebender:

> *Wenn ich dissoziiere, verliert alles an Lebendigkeit. Die Farben leuchten weniger stark, und alles fühlt sich entfernt oder von mir abgeschnitten an.*

> *Anstatt mir die Wahrheit einzugestehen, tue ich so, als sei alles in Ordnung. Es fühlt sich an, als sei ich die einzige, die weiß was los ist, und ich mache meinem Partner etwas vor. Daran erkenne ich, dass etwas mir Angst eingejagt hat und ich auf Überleben schalte.*

> *Ich lasse mich leicht ablenken und denke an alles mögliche, nur nicht an den Sex, den ich gerade habe. Ich plane, wer in der kommenden Woche auf die Kinder aufpasst und wie ich mit einem Problem auf der Arbeit klarkommen soll. Ich fange an, viel nachzudenken.*

> *Ich kann meinen Körper wirklich nicht mehr spüren. Mir ist, als schwebte ich. Ich kann mich nicht finden. Manchmal schaue ich auf meinen Arm und frage mich, ob er wirklich zu mir gehört.*

> *Ich halte den Atem an und bin zu nichts mehr fähig. Ich kann weder denken noch fühlen.*

Dein Körper und Dissoziieren

Schau dir die körperlichen Prozesse an, die bei dir mit Dissoziieren einhergehen. Was geschieht in deinem Körper, wenn du aussteigst? Deine Atmung wahrzunehmen, ist immer ein guter Ausgangspunkt. Atmest du flach? Hältst du den Atem an?

Wie sieht es mit deinem restlichen Körper aus? Kannst du deine Arme und Beine spüren? Fühlst du irgendetwas an deinem Rücken? Verkrampfst du die Schultern, dein Becken oder deine Geschlechtsteile? Verschwindet dein Unterleib? Geh deinen Körper durch. Welche Stellen fühlen sich ausdruckslos oder erstarrt an? In welchen Bereichen möchtest du nicht präsent sein?

> *Ich halte den Atem an, und eine Spannung legt sich um meine Brust. Dann fühlt es sich innerlich an, als würde ich hin und her rennen, um einen sicheren Ort zu finden, an dem ich mich verstecken kann. Mein Adrenalin legt los.*
> Jeanie

> *Ich verkrampfe die Muskeln meines Beckens und meine Genitalien, wenn ich Angst habe und am Wegdriften bin. Meist halte ich gleichzeitig die Luft an.*
> Jennifer

Vielleicht stellst du fest, dass du in bestimmten Körperteilen nur wenig oder überhaupt nichts spürst. Sie fühlen sich leer, taub oder hohl an. Schenke diesen Bereichen Beachtung. Dort sind unter Umständen alte Spannungen und Verletzungen durch den Missbrauch gespeichert.

> *Ich fühle mich, als sei ich ohne Geschlechtsteile. Auf der einen Seite gibt es mein Gehirn und auf der anderen meinen Körper; mein Körper, vor allem meine Geschlechtsteile, sind weit weg.*
> Terri

> *Ich kann mich kaum auf meinen unteren Rücken und meinen Hintern konzentrieren. Es gelingt mir für den Bruchteil einer Sekunde, und schon bin ich wieder ausgestiegen.*
> Rona

Der Auslöser

Was veranlasst dich, zu dissoziieren? Kannst du deine Erfahrung bis zu dem Moment zurückverfolgen, an dem du das erste Mal dissoziiert hast? Wovor wolltest du entfliehen? Vielleicht scheint es dir zunächst, als könntest du diese Fragen nie beantworten. Du denkst, »Ich weiß nicht, es ist einfach passiert«. Du kannst jedoch lernen, darauf zu achten.

> *Ich habe mich selbst befriedigt und bemerkte, dass ich ausstieg. Ich hörte auf und versuchte herauszufinden, in welchem Moment ich anfing wegzudriften. Ich erkannte, dass mich eine Welle von Scham überkam, sobald ich mich sexy fühlte und meine Hüften bewegte, und ich dann weg-wollte.*
>
> Stephanie

Normalerweise ist Dissoziieren ein Schritt, dich aus einer übermächtigen oder unangenehmen Situation zu lösen. Dein Körper registriert ein Gefühl, das dir gefährlich oder bedrohlich erscheint und hilft dir, dich in Sicherheit zu bringen. Jetzt da du erwachsen bist und dich entschieden hast, zu heilen, bist du nicht mehr in Gefahr, wie sehr auch immer du dich ängstigst. Diese Gefühle wahrzunehmen und dich diesen Empfindungen zu nähern, ist dein Weg zur Heilung; so bekommst du dein Leben und deine Sexualität zurück.

Indem du wahrnimmst, was in deinem Körper geschieht, wenn du dissoziierst, lernst du die Feinheiten kennen, wie und wann du aussteigst. Das zeigt dir, wie du wieder einsteigen kannst. Mit der Zeit merkst du schon, wenn du zum Dissoziieren ansetzst und musst es gar nicht erst so weit kommen lassen. Du kannst dir zur Gewohnheit machen, dich immer wieder zu dir selbst zurückzubringen. Du wirst merken, dass du mit der Zeit immer leichter und schneller zurückkehrst.

Der Weg zurück: Dissoziieren heilen

Während dir Dissoziieren dabei hilft, die sexuelle Gewalt zu überstehen, erfährst du durch die Rückkehr zu dir selbst das ganze Spektrum deiner Lebendigkeit. Du kehrst zu deinem Körper zurück, um beim Sex anwesend zu sein. Wenn du nicht präsent bist, wie willst du dann Lust empfinden, die Verbindung zu deinem Partner oder deiner Partnerin spüren oder einfach nur wissen, was du möchtest?

> *Lange Zeit habe ich mich sicherer gefühlt, wenn ich in meinem Kopf war. Ich wollte nichts von meinem Körper oder meinen Gefühlen wissen. Ich hatte zu große Angst davor und wollte nicht die Kontrolle verlieren. Zu viel von dem Missbrauch kam hoch. Dann habe ich mich in diesen Mann verliebt, und es fiel mir so schwer, ihn wirklich zu spüren. Ich konnte sexuell wenig fühlen und es fiel mir schwer, präsent zu bleiben. Ich wusste, ich liebte ihn, und hielt es nicht mehr aus, nur so wenig empfinden zu können. Endlich lohnte es sich für mich zu lernen, wie ich wirklich da bleiben konnte.*
>
> Jeanette

Der Fährte folgen

Wahrscheinlich wird sich ein Muster oder ein Rhythmus herauskristallisieren, wie und wann du dissoziierst, und du wirst erkennen, wie dieser Zustand sich für dich anfühlt. Vielleicht entdeckst du eine stets wiederkehrende Reaktion in deinem Körper, die dir anzeigt, dass du gerade wegdriftest. Oder du bemerkst, dass du dir jedes Mal, wenn du dissoziierst, Sachen wie »es macht sowieso nichts aus« oder »ich tauge nichts« sagst. Solche Muster lassen sich erkennen und du kannst mit ihnen arbeiten.

Rufe dir noch mal ins Gedächtnis, was du bisher über dein Aussteigen weißt oder herausgefunden hast. Was für Empfindungen gehen in deinem Körper mit Dissoziieren einher? Nimm in deinem Körper noch einmal die Stellen wahr, von denen du dissoziierst, Bereiche, die sich ausdruckslos, taub oder erstarrt anfühlen. Was hast du zu dir gesagt, als du weggingst? Was schickt dich weg? Beginne so, den Ablauf deines Aussteigens nachzuvollziehen.

Ein paar Beispiele:

Zuerst halte ich den Atem an. Ich verliere den Bezug zu fast allen Bereichen meines Körpers und spüre nur noch Kopf und Schultern. Meine Gedanken überschlagen sich. Es ist so, als würde ich innen drin rennen, um einen sicheren Ort zu finden. Die Welt um mich herum verschwindet, und ich versinke ganz in mir.

Ich verkrampfe total, vor allem aber meine Schultern und mein Becken. Ich atme flach und versuche, alles möglichst richtig zu machen. Irgendwie verliere ich mich selbst und konzentriere mich nur darauf, andere Menschen zu interpretieren ... Was wollen sie von mir? Wie muss ich mich verhalten? Ich verliere mein inneres Gefühl zu mir selbst und richte meine Aufmerksamkeit nur auf die Menschen meiner Umgebung.

Mein Körper ist wie ein Anhängsel oder etwas, das nicht zu mir gehört. Ich schaue an mir herunter und habe null Beziehung zu mir. Mir wird schwummrig, und alles dreht sich. Es ist ziemlich beängstigend. Ich merke, es sind meistens Gefühle, die zu intensiv für mich werden – das ist der Auslöser. Das kann Wut sein, aber auch Lust.

Meine Arme und mein Nacken werden starr. Ebenso mein Kiefer. Ich ärgere mich über alles und werde wütend. Ich möchte alles, Dinge und Menschen, einfach nur beiseite schieben. Ich möchte alles von mir weghaben. So, als wollte ich jeden inneren und äußeren Reiz loswerden … alles zum Stehen bringen.

Wenn du die Zustände des Dissoziierens kennst, dann weißt du, wo du dich befindest. So kannst du lernen, von dort zurückzukehren. Eine gute Freundin von mir hat einmal gesagt, »um zu heilen, musst du zuerst das, was ist, kennenlernen«. Genau das tust du, wenn du beobachtest, wie du bist, während du aussteigst.

Zurückkehren

Wenn du merkst, dass und wann du aussteigst, hast du den Kampf schon halb gewonnen. Achte auf deine eigenen Signale, vor allem auf die Empfindungen, die dir mitteilen, dass du dich aus der Situation löst. Sobald du sie verspürst, lass deine Atmung in deinen Körper sinken, bis tief in den Bauch. Atme. Rede dir gut zu. Versichere dir, dass nichts Schlimmes passieren wird. Lade dich ein, zurückzukommen.

Steh auf und bewege dich. Rege deine Durchblutung und deinen Herzschlag an, indem du die Arme schwingst oder die Beine ausschüttelst. Richte deine Aufmerksamkeit wieder auf deinen Körper. Wenn du einen bestimmten Bereich nicht spüren kannst, rubbele ihn mit deinen Händen. Bring wieder Gefühl in deinen Körper hinein. Nimm deine Umgebung wahr. Welche Farbe haben die Wände? Wer ist mit dir in diesem Zimmer?

Konzentriere dich dann auf deine Gefühle. Was fühlst du? Sprich es laut aus: »Ich hab Angst« oder »Ich bin traurig«. Möchtest du mit jemandem über deine Gefühle sprechen? Brauchst du Unterstützung? Ob du es glaubst oder nicht, du wirst deine Angst, deine Wut, deine Lust und deinen Kummer überleben.

Gefühle manifestieren sich im Körper als Empfindungen. Welche physischen Phänomene gehen bei dir mit Scham einher? Wie sieht es mit Schuld aus? Wie mit Lust? Oder Liebe? Wie ist es, ein Gefühl zuzulassen und zu empfinden anstatt dafür zu sorgen, dass es verschwindet? Um in deinem Körper präsent zu sein, musst du lernen, intensive Gefühle zuzulassen. Für ein Sexleben, in dem du gegenwärtig bist, musst du lernen, dich den Gefühlen zu stellen, denen du in der Vergangenheit aus dem Weg gehen musstest.

Beobachte deine Gedanken. Sind die Botschaften, die du dir übermittelst, tröstlich oder aufbauend? Oder beleidigend? Oft sind wir hart gegen uns selbst, um Gefühlen wie Wut, Verletztheit oder Angst aus dem Weg zu gehen. Vielleicht scheint es dir einfacher, dich selbst schlecht zu behandeln als dem ins Auge zu sehen, was andere dir angetan haben. Auch diese innere Grausamkeit trägt weiter zum Dissoziieren bei. Sobald du merkst, dass du grob zu dir wirst, versuche dir etwas Neutrales zu sagen (»Atme. Alles ist in Ordnung. Mir wird nichts geschehen.«) oder natürlich auch etwas Positives, wenn du das schaffst (»Ich bin es wert. Ich schaffe das.«)

Sei in deinem Körper: Praktische Übungen

Das Wichtigste: Übe ganz bewusst, in deinem Körper zu sein. Nimm dir Zeit dafür. Wenn du am Dissoziieren arbeitest, arbeitest du gleichzeitig daran, dich wieder zu verkörpern. Du kannst den Ansturm von Scham, Lust, Wut und Liebe, der dich einst aussteigen ließ, zulassen. Es ist ein Prozess, der dich in deiner Fähigkeit stärkt, für deine Empfindungen und Gefühle präsent zu sein.

Fünf Minuten

Versuche jeden Morgen fünf Minuten lang alle Empfindungen in deinem Körper wahrzunehmen, auch in deinen Beinen, deinen Armen und deinen Genitalien. Was fällt dir auf? Welche Gefühle und Empfindungen kannst du leichter ertragen, welche nur schwer? Nimm wahr, wo du dich einer Empfindung zuwenden möchtest und wo du sie gerne los wärst. Bleib, solange du kannst bei jenen Gefühlen, die du eher loswerden möchtest.

Bauchatmung

Nimm wahr, ob du den Atem anhältst oder nur sehr flach atmest. Versuche tief und gleichmäßig zu atmen. Atme tief, so dass sich Bauch und Brust bewegen. Vielleicht ertappst du dich fünfzig Mal am Tag dabei, nicht zu atmen. Das ist ganz in Ordnung; besser gesagt, es ist toll, dass du es merkst. So kannst du dir allmählich neue automatische Reaktionen antrainieren.

Beweg dich!

Spazieren gehen, Radfahren und Schwimmen unterstützen dich dabei, in deinem Körper zu sein. Es geht weniger darum, deine Kondition zu verbessern, als deinen Körper besser kennenzulernen. Konzentriere dich, während du dich bewegst, auf deine Sinne und Empfindungen. Wie fühlen sich deine Arme an? Und die Beine? Was fühlst du in deiner Brust und in deinem Bauch? Spürst du dort Wärme oder Hitze oder Kälte? Spürst du ein Zucken? Fühlst du dich locker?

Körperarbeit

Ich ermutige jede Person, die von sexueller Gewalt heilen will, sich eine Form von therapeutischer Körperarbeit zu suchen. Körpertherapie ist keine Massage, die etwa deine Muskulatur entspannen soll, sie unterstützt dich darin, blockierte und gepanzerte Bereiche in deinem Körper zu öffnen und zu beleben. Körpertherapie kümmert sich gleichermaßen um deine Emotionen wie um deinen Körper und lässt dich wieder in ihn zurückzukehren und dort glücklich sein. Im Service-Teil findest du Adressen verschiedener Körpertherapie-Institute.

Yoga, Tanz etc.

Bewegung, die dir dabei hilft, dich zu zentrieren, wie z. B. verschiedene Kampfkünste, Yoga, Tanz und einige Meditationstechniken, können dich in deiner Fähigkeit, in deinem Körper zu sein, unterstützen. Auch hier geht es nicht darum, deine physischen Grenzen zu erweitern, sondern darum, Aufmerksamkeit für deinen Körper zu entwickeln und deine Mitte zu finden. Du erfährst, dass du gleichzeitig entspannt und machtvoll sein kannst. Du kannst bei dir sein und dich gleichzeitig sicher fühlen.

Das hört sich jetzt vielleicht komisch an, aber ich habe erfahren, dass ich nicht daran sterbe, wenn ich es zulasse, meinen Körper und mein Herz zu fühlen. Ich war überzeugt, dass das geschehen würde.
Roslyn

In deinen Körper zurückzukehren, kann viele Ängste auslösen, vor allem weil du gelernt hast, in deinem Körper präsent zu sein mit Gefahr, Schrecken und Verrat in Verbindung zu bringen. Wer wollte schon an einem solchen Ort sein? In deiner Vergangenheit war Dissoziieren eine ausgezeichnete Überlebensstrategie, um dem Missbrauch zu entfliehen. Heute ist die Gefahr des Missbrauchs jedoch vorbei, und du kannst neben Schmerz, Wut und Verlust auch Lust, Freude, Leichtigkeit und Verbindung empfinden.

Ich kriege es mit, wenn ich meinen Atem anhalte oder ein innerer Ansturm kommt, der mich früher überfordert hätte. Dann versuche ich mich zu entspannen, ich atme, ich konzentriere mich auf meine Empfindungen und sage mir: es ist in Ordnung, etwas zu fühlen. Ich bin hier bei mir. Dann bin ich wieder da. So mache ich das beim Sex!
Maggie

Sprich darüber

Sprich mit anderen Überlebenden darüber, wie es für sie ist, wenn sie dissoziieren. Euch auszutauschen, kann gut sein. Vielleicht entdeckst du etwas in ihren Verhaltensmustern, das dir bei dir entgangen ist.

Meine Freundin merkt allmählich noch vor mir, wenn ich beim Sex aussteige. Sie fragt dann immer, »Wo bist du gerade?« Ich bin total überrascht. Ich hatte es gar nicht gemerkt, dass ich weggegangen war.
Janie

Oft ist es dein Geliebter oder deine Geliebte, die schon vor dir merkt, was passiert. Wenn sie oder er dein Dissoziieren nicht erkennt, ist es wichtig, dass sie oder er die Signale für dein Aussteigen deuten lernt. Versuche jetzt, mit ihm oder ihr darüber zu sprechen; es ist einfacher, als wenn du mitten drin steckst und wird es dir erleichtern, offen auszusprechen, wenn du einen Auslöser erlebst.

Mein Mann und ich mussten nach einer Weile eine Balance finden, damit sein gelegentliches Nachfragen, ob mit mir alles in Ordnung sei, den Fluss beim Sex nicht zu sehr unterbrach. Manchmal musste ich ihn auffordern, den Mund zu halten und mich nicht weiter zu fragen, ob ich noch da sei. Heute glaube ich jedoch auch, dass mein Ärger wenigstens zur Hälfte darauf beruhte, dass er mich in die Gegenwart zurückholte, diesen Ort, an dem Sex so viel beängstigender war.
Sally

Übungen

1. Finde heraus, wie Dissoziieren oder »Aussteigen« bei dir aussieht. Was passiert in deinem Körper, wenn du dissoziierst? Was sagst du in so einem Moment innerlich zu dir selbst?
2. Wie kannst du diesen Zustand selbst erkennen? Wie kann dir eine Partnerin oder ein Freund dabei helfen? Was würden sie an dir wahrnehmen oder sehen, wenn du dissoziierst?

3. Was kannst du gewinnen, wenn du dich in deinem Leben verkörperst? Was kannst du bekommen, wenn du beim Sex in deinem Körper bleibst?
4. Zähle drei Dinge auf, die du tun kannst, um wieder in deinen Körper zurückzukehren. Könntest du dir vorstellen, Übungen oder Aktivitäten, die dir dabei helfen, regelmäßig zu machen? Welche?

Kapitel 4
Selbstverleugnung

Selbstverleugnung heißt, dass du nicht im Einklang mit deinen Bedürfnissen und Wünschen lebst. Es bedeutet, dass du deine Wünsche immer und immer wieder unter den Teppich kehrst, deine Meinung nicht äußerst, und von deiner Umgebung nicht verlangst, dass sie dich einbezieht und sich auch dir anpasst. Selbstverleugnung heißt, nicht du selbst zu sein.

> *Ich weiß, was ich beim Sex möchte, aber ich traue mich nicht, darum zu bitten oder darüber zu sprechen. Es kommt mir vor, als ob ich anderen dann etwas aufzwingen würde. Es ist so, als ob ich eigentlich keine Bedürfnisse oder Wünsche haben dürfte.*
> Hannah

Als Kind sexuell missbraucht zu werden lehrt dich, dass deine Bedürfnisse und Wünsche unwichtig sind und dein Körper und deine Sexualität nur dazu da sind, von einer anderen Person benutzt zu werden. Missbrauch hat dir vermittelt, dass deine Grenzen falsch sind – oder zumindest keine Auswirkung auf das Verhalten anderer haben. Viele Überlebende gestehen sich nur wenig oder gar keine Berechtigung für eigene Wünsche, Bedürfnisse, Grenzen oder Raum zu.

> *Ich denke nicht, dass ich ein echtes Anrecht auf irgendetwas habe. Ich passe mich meiner Umgebung und den Menschen um mich herum permanent an. Ich glaube, dass ich ständig darauf achte, was für ein Verhalten von mir erwartet wird, damit ich nicht noch mal verletzt werde.*
> Mimi

Sexueller Missbrauch vermittelt dir, dass es dir nicht zusteht, dich an etwas zu freuen und ein erfülltes Leben zu führen. Vielleicht fühlst du dich schuldig, wenn es dir gut geht und du denkst, du tust etwas Schlechtes oder dein Vergnügen geht auf Kosten einer anderen Person. Schuld, Selbstvorwürfe und Leiden werden zur Selbstverständlichkeit, während du Lust und Erfüllung mit Misstrauen begegnest.

Vielleicht verleugnest du deine Sexualität oder gestehst ihr nur ganz wenig Raum zu. Oder du denkst, du seiest nur zum Sex zu gebrauchen. Diese beiden Phänomene werden als sexuelle Aversion bzw. zwanghafte Sexualität bezeichnet.

Ich möchte Sex bloß weghalten von mir. Ich möchte weder Sex noch sexuelle Empfindungen haben. Ich glaube, die Welt sähe besser aus, wenn es keinen Sex gäbe. Dann könnte ich mich sicher fühlen.
Amy

Sex ist das, was ich am besten kenne. Ich habe gelernt, mich auf diese Weise auf andere zu beziehen; manchmal kommt es mir vor, als ginge es nur so. Wenn ich Trost suche, habe ich Sex. Wenn ich mich einsam fühle, habe ich Sex. Manchmal habe ich Sex, wenn ich hungrig bin. Wenn ich jemanden als Freund einfach näher kennenlernen möchte, lande ich mit ihm im Bett. Sex ist meine Schnittstelle mit der Welt.
Maggie

Es gibt Therapieformen, die das Vermeiden und die zwanghafte Suche nach Sex nach wie vor als ›Dysfunktionen‹ pathologisieren. Anstatt deine sexuellen Strategien als von dir entwickelte Überlebensmuster zu sehen, wird dein diesbezügliches Verhalten als eine Störung diagnostiziert. Egal, ob du bei sexueller Aversion oder bei zwanghaftem Sex Zuflucht gefunden hast – du hast das getan, was für dein Überleben wichtig war. Es war zum damaligen Zeitpunkt genau die richtige Wahl. Sie hat dir dein Überleben ermöglicht. Beglückwünsche dich dazu!

Im Überleben steckt Kraft

Überlebende setzen ihre eigene Sexualität häufig strengen Bewertungen aus. Du bist wütend auf dich, weil du lange Jahre einen großen Bogen um Sex gemacht hast oder du bist genervt darüber, wie oft du Sex hattest, obwohl es dir eigentlich um etwas anderes ging. Manchmal ist es nicht leicht, die eigenen Überlebensstrategien zu akzeptieren. Der Heilungsprozess erfordert es, dass wir mit dem Widerspruch leben, uns in dem Bemühen, uns zu schützen, oft selbst verletzt haben.

Was auch immer du getan hast, um den Missbrauch zu überstehen, es war ein kraftvoller Schritt. Wenn es dazu nötig war, Sex ganz zu vermeiden, dann ist das völlig in Ordnung. Wenn du Sex hattest, obwohl du in diesem Moment oder mit dieser Person keinen wolltest, dann ist das völlig in Ordnung. Begegne den Entscheidungen deiner Vergangenheit mit Mitgefühl und übernimm die Verantwortung, dich jetzt um dich zu kümmern.

> *Ich weiß, dass ich nicht mit allen Männern, mit denen ich geschlafen habe, wirklich Sex haben wollte, aber ich wusste nicht, wie aufhören. Ich sagte mir immer, »Diesmal nicht, dieses Mal werde ich nicht mit ihm schlafen,« und bin dann doch mit ihm im Bett gelandet. Ich habe mir deswegen wahnsinnige Vorwürfe gemacht. Mir war, als trüge ich ständig einen Makel mit mir herum.*
> Melanie

> *Irgendwann war es mir peinlich, so gar kein Interesse an Sex zu haben. Die ganze Welt schien sich nur um Sex zu drehen, und mir sagte es gar nichts. Manchmal fühlte ich mich überlegen, gleichzeitig war da aber so ein Gefühl, irgendetwas ist bei mir nicht in Ordnung. Bloß was?*
> Laurie

Sexuelle Aversion: Wer braucht schon Sex?

Als mein Großvater anfing, mich zu belästigen, wurde ich bei allem, was mit Sex zu tun hat, irrsinnig empfindlich. Ich habe es nicht geschafft, dass er mich in Ruhe ließ, aber um nichts in der Welt würde ich mich von jemand anderem anfassen lassen. Ich erstarrte in diesem Verhaltensmuster und hatte vor allem Angst, was irgendwie nach Sex aussah.

Marianne

Viele Überlebende gehen Sex vollständig aus dem Weg, in der Hoffnung, so mit den intensiven Gefühlen, den Auslösern und Erinnerungen, die währenddessen womöglich hochkommen, zurecht zu kommen.

Ich musste einen weiten Weg in meiner Heilung zurücklegen, bis ich meinem Desinteresse an Sex auf den Grund kam. Ich wusste, es hatte mit dem Inzest zu tun, aber das war mir nur im Kopf klar und gab mir deshalb kaum die Chance, mich an diesem Punkt groß zu verändern. Schließlich kam ich mit all den Gefühlen, die damit zusammenhängen, in Berührung. Mich sexuell zu öffnen und Sex zu haben, enthüllte den abgrundtiefen Schmerz und die Traurigkeit, die ich über den Missbrauch empfand. Weil ich Sex so weit wie möglich aus meinem Leben fernhielt, hatte ich all diesen Gefühlen aus dem Weg gehen können. Um meine Sexualität leben zu können, musste ich die Auswirkungen des Missbrauchs fühlen und in diesem Bereich heilen.

Danielle

Vielleicht glaubst du, du könntest – wenn du Sex meidest – herabwürdigenden Urteilen über dich aus dem Weg gehen. Vielleicht hat man dir erzählt, du seiest nur zu Sex zu gebrauchen, und jetzt meinst du, wenn du keinen Sex hast, du könntest diese Behauptung widerlegen. Wenn man dir vorgeworfen hat, der Missbrauch sei ganz allein deine Schuld gewesen, könntest du den tief sitzenden Gefühlen von Scham und Schuld aus dem Weg gehen, wenn du keine Sexualität lebst.

> *Mein Schuldgefühl sitzt verdammt tief. Wenn ich Sex genieße, habe ich das Gefühl, jemanden zu betrügen – oder den Beweis dafür zu erbringen, dass ich den Missbrauch die ganze Zeit über gewollt habe. Einfacher ist es, gar keinen Sex zu haben.*
> Rona

Vielleicht befürchtest du, deine sexuelle Energie sei zu gewaltig oder übermächtig und könnte dich oder eine andere Person verletzen, wenn du jemals loslässt. Vielleicht erinnern Sex und Erregung dich an den Missbrauch. Vielleicht bringst du den Ausdruck deiner Sexualität mit Grenzüberschreitung und Gewalttätigkeit in Verbindung.

> *Wenn ich Sex habe, ist es ziemlich intensiv. Ich kriege immer mehr Angst, dass die Intensität einmal in Wut übergeht. Ich habe noch nie jemanden sexuell verletzt, aber ich versuche, mich unter Verschluss zu halten. Kann ich mich auf mich verlassen, oder werde ich genau wie sie (die Missbraucher)?*
> Stephanie

Vielleicht hast du Sex, aber du drückst deine eigene sexuelle Energie nicht vollständig aus. Auch das ist eine Vermeidungsstrategie, das Leugnen deiner Sexualität.

Früher war meine Sexualität von meiner jeweiligen Beziehung bestimmt. Stand meine Geliebte nicht auf Penetration, war in dieser Hinsicht auch nicht viel los. Kriegte sie schon beim bloßen Gedanken an so was wie Dildo oder Vibrator einen Schreck, blieben meine Sextoys brav in der Schreibtischschublade.

Max

Oder du hast Sex nur mit Leuten, mit denen du nicht vertraut bist, und du findest es schwierig, mit einem Menschen, der dir sehr nahe steht, eine sexuelle Beziehung einzugehen. Es scheint dir zu riskant, mit einer vertrauten und geliebten Person Sex zu haben.

Ich liebe ihn. Wir sind seit sieben Jahren zusammen. Aber ich kann einfach keine sexuelle Beziehung mit ihm aufrechterhalten. Wir haben Sex, aber ich fühle mich schrecklich, ich habe Angst und will bloß wegrennen.

Debbie

Ich war in meiner Beziehung an einem Punkt angelangt, wo ich überhaupt keinen Sex mehr wollte. Je näher ich mich meiner Partnerin fühlte, je vertrauter sie mir wurde, desto mehr stieß Sex mich ab. Ich legte eine Pause ein, in der wir keinen Sex hatten, dann verlängerte ich diese Pause, aber es half nicht viel. Mein Begehren kam nicht wieder, und mir ging es auch nicht besser. Ich wollte mich einfach nicht mit der Verbindung von Sex und Nähe auseinandersetzen. Das kleine Mädchen in mir wollte endlich um seiner selbst willen geliebt werden, nicht wegen Sex.

Melanie

Was entgeht dir? Die Nachteile sexueller Aversion

Auch wenn es dir vielleicht wie eine gute Überlebensstrategie vorkommt, wenn du Sex und deiner Sexualität aus dem Weg gehst – es hat auch Nachteile. Wenn du dich von erotischen Gefühlen, Selbstbefriedigung und Sex fernhältst, ignorierst du einen kraftvollen und vitalen Teil deiner selbst. Einen Bereich, der alle Aspekte deines Lebens beleben und mit Energie versorgen könnte. Indem du Sex meidest, bringst du dich um eine Möglichkeit, mit dir selbst und anderen in Verbindung zu sein, etwas, das dich tief berühren kann, ganz zu schweigen von den Wonnen, Freuden und dem Spaß, den Sex machen kann.

Noch wichtiger ist vielleicht, dass du, indem du Sex vermeidest, dir selbst die Botschaft vermittelst, dass du nicht damit umgehen kannst, dass Sex für dich zu viel oder nicht zu bewältigen ist. Du hältst Sex wie in einem Wandschrank mit der Aufschrift »Vorsicht! Nicht öffnen!« unter Verschluss. Obwohl der sexuelle Missbrauch dich überwältigt, kontrolliert und verletzt hat, sind deine eigene Sexualität und der Ausdruck, den du ihr gibst, Gaben, die dich heute heilen können.

> *Wenn es um Sex geht, möchte ich am liebsten in mich zusammensinken. Ich fühle mich winzig und der Sex scheint so riesig.*
> Maria

Vielleicht sagt dir dein Instinkt, du seiest am allerehesten in Sicherheit, wenn du Sex vermeidest. Man hat dich mit Sex wie mit einer Waffe verletzt, also scheint es eine kluge Strategie, dem allem aus dem Weg zu gehen. Was du dabei riskierst, ist aber, dir vorzugaukeln, du kämst darum herum, dich mit deiner Geschichte und dem Missbrauch auseinander zu setzen. Wenn du darauf verzichtest, deine Sexualität zu leben, kannst du den Auslösern, Erinnerungsblitzen und Gedanken, die Sex unter Umständen in dir hervorruft, vielleicht erfolgreich aus dem Weg gehen. Für dich selbst bleibt dann aber auch immer weniger Raum. Es ist die sexuelle Gewalt, die nach wie vor dein Leben bestimmt.

Deine eigene sexuelle Energie ist nicht zu gewaltig für dich. Du kannst lernen, die Empfindungen, die Aufregungen und irgendwann einmal auch die Freuden deiner Sexualität in dein Leben zu integrieren. Du kannst lernen, mit Auslösern umzugehen, die vielleicht hochkommen, wenn du dich deiner Sexualität öffnest. Ja, es ist nicht einfach. Aber wenn nicht du über deine Sexualität entscheidest, wer dann?

Deine Sexualität hat niemals eine andere Person dazu veranlasst, dir weh zu tun. Der Missbrauch ist von den Personen zu verantworten, die dich verletzt haben. Egal, was sie dir erzählt haben: Deine Sexualität ist nicht dafür verantwortlich, dass du als Kind sexuell ausgebeutet wurdest.

Zwanghafte Sexualität: Sex als Ausweg

Wir haben gelernt, dass Sex schlecht ist, und dass mit einer Frau, die viel Sex will – oder überhaupt gerne Sex hat – etwas nicht in Ordnung ist. Ich habe manch eine Überlebende über sich selbst sagen hören, sie »agiere« ihre Geschichte »aus«, während sie doch tatsächlich ihre selbstbestimmte Sexualität lebte. Wir haben so wenig sexuell selbstbewusste Frauen als positive Vorbilder, dass der Ausdruck unserer Sexualität leicht als zwanghaft fehlinterpretiert wird. Unter zwanghafter Sexualität verstehe ich nicht, dass du deiner Sexualität vollen Ausdruck verleihst. Das ist wunderbar, und ich möchte dich dazu ermutigen. Vielleicht bist du mehr an Sex interessiert, als in dieser Kultur für Frauen »angemessen« erscheint. Noch einmal: Sexuelles Heilen bedeutet, dass du deine Sexualität nach deinen eigenen Bedürfnissen und Wünschen entwickelst – es ist deine Sexualität, die *du* bestimmst.

Einige Überlebende machen während ihrer Heilung eine

Phase durch, in der sich Sex vielleicht zwanghaft *anfühlt*. Das kann eine Phase deiner Heilung sein, die du später einfach hinter dir lässt. Eine Frau beschreibt ihre Erfahrungen so:

> *Während einer Phase meiner Heilung masturbierte ich ununterbrochen. Ich fantasierte über den Missbrauch, während ich mich selbst befriedigte. Ich bin so froh, dass meine Therapeutin mich da hindurch begleitet hat. Sie hat mir keine Vorwürfe gemacht und mir auch nicht gesagt, ich solle damit aufhören. Ihrer Einschätzung nach würde ich da durchkommen, und genau so war es. Ich habe viel über meine Sexualität, über Sexspielzeug und Telefonsex gelernt. Meine Sexpartnerin und ich hatten jede Menge wirklich heißen Telefonsex. Ich benutzte die Missbrauchsfantasien, bis sie nicht mehr interessant waren. Irgendwie brauchte ich das alles, um mich sexuell zu öffnen.*
> Aurora

Auf der anderen Seite zeigt zwanghafte Sexualität aber auch einen Mangel an tatsächlicher Entscheidungsfreiheit. Es ist das Unvermögen »nein« zu sagen – oder auch nur zu wissen, wie du eine bewusste Entscheidung über sexuelle Optionen treffen kannst. Vielleicht hast du dich so weit aus deinem Körper entfernt, dass du erst hinterher merkst, dass du den Sex, den du gerade hattest, gar nicht wolltest. Für eine wirkliche Zustimmung musst du in deinem Körper sein und wissen, wie du »ja«, »nein« oder »vielleicht« sagst.

> *Ich hatte viel Sex. Beim Sex schien alles in Ordnung, aber hinterher fühlte ich mich oft billig, benutzt und dreckig. Mir wird gerade klar, dass ich mich so fühle, wenn ich meine eigenen Bedürfnisse und Grenzen nicht erkenne.*
> Maggie

Für manche Überlebende, die mit zwanghafter Sexualität zu kämpfen haben, wird Sex zur einzigen Möglichkeit, sich anerkannt zu fühlen und mit einer anderen Person in Kontakt zu kommen. Wenn dir diese Dinge schwer fallen, hast du vielleicht Sex, um dir Wünsche zu erfüllen, die nicht notwendigerweise sexueller Natur sind, wie z. B. das Bedürfnis nach Körperkontakt, Nähe und Anerkennung. Du hast Sex, weil du hungrig bist oder weil du in den Arm genommen werden möchtest. Dir ist vielleicht nicht bewusst, dass diese Bedürfnisse auf andere Art befriedigt werden können und du es wert bist, dass deine Wünsche Beachtung finden.

Ich weiß nicht, ob ich geliebt werde, bevor wir nicht Sex miteinander haben. Wenn wir dann im Bett waren, denke ich natürlich, das ist alles, was sie von mir wollen. Ich stecke in einer Zwickmühle.
Hannah

Überlebende setzen Sex manchmal dazu ein, Gefühlen aus dem Weg zu gehen und weiterhin zu dissoziieren. Sex wird zur Ablenkung oder zum Lückenbüßer in dem Bemühen, zurechtzukommen.

Sex wurde für mich zur Droge, wie z. B. Alkohol. Ich kam mit meinem Leben und dem Missbrauch nicht zurecht, also hatte ich stattdessen Sex. In einer Art Rausch fühlte ich mich eine Zeitlang besser, danach war alles aber noch schlimmer. Sex war mein Feind und der Schuss, den ich mir setzte. Er half mir, den Schmerz hinter mir zu lassen, löste aber gleichzeitig viel Schmerz aus.
Cindy

Inzest und sexuelle Gewalt überschreiten gewaltsam angemessene Grenzen. Deine körperlichen, sexuellen und emotionalen Grenzen wurden durch den Missbrauch in Stücke geschlagen. Manch Überlebende versucht sich in diesen Bruchstücken einzurichten, um ihre Situation zu überstehen.

Nach einer Weile dachte ich, jetzt ist alles egal. Wenn mein Onkel und mein Vater schon mit mir Sex haben, dann mache ich doch gerade so weiter. Ich schlief mit allen, die mir über den Weg liefen.
Stephanie

Der Missbrauch erreichte einen Punkt, an dem ich nicht mehr klar kam. Ich dachte mir, »Also, wenn es immer nur darum geht, scheiß drauf! Was ihr könnt, kann ich schon lange.« Damals begegnete ich so ziemlich jeder Person in meiner Umgebung mit sexueller Aggression. In der Schule war ich als das Mädchen bekannt, zu dem du gehen musst, wenn du etwas über Sex erfahren möchtest. Natürlich war ich auch als Schlampe verschrieen. Die ganze Sache gab mir ein merkwürdiges Gefühl von Macht. Mein Selbstwertgefühl hing vollständig davon ab, dass andere etwas von mir wollten. Im Grunde dachte ich, ich tauge nur zu Sex.
Lourdes

Vielleicht versuchst du, das Trauma zu verarbeiten, indem du es nachspielst. Das bringt dich aber letztlich nicht weiter, sondern führt in eine Art Sackgasse, in der du die gleiche Sache ständig wiederholst, ohne den Ausweg zu finden.

Was entgeht dir? Die Nachteile zwanghafter Sexualität

Der vielleicht größte Nachteil von zwanghafter Sexualität ist, dass sie auf Kosten deiner eigenen Sexualität geht. Obwohl du nach außen hin vielleicht wie eine sexuell selbstbewusste und starke Frau wirkst, ist zwanghafter Sex kein Ausdruck deiner eigenen Sexualität. Obwohl du versuchst dir einzureden, dass du den Sex, den du hast, auch willst, triffst du deine Entscheidungen nicht wirklich auf der Grundlage deiner eigenen Bedürfnisse und Grenzen. Zwanghafte Sexualität bestimmt über dich – nicht du über sie. Hier ist ein altes Überlebensmuster immer noch am Werk.

Ich dachte, ich sei wirklich einfach nur sexuell aktiv. Allerdings weiß ich, dass ich beim Sex meistens wegdrifte. Ich halte Sex nicht für schlecht, und doch bin ich nicht wirklich da. Wer hat Sex, wenn ich Sex habe? Ich weiß nicht so recht.

Carolyn

Womöglich leidet auch dein Selbstwertgefühl unter zwanghaftem Sex. Wenn du Sex hast, obwohl du nicht wirklich möchtest, untergräbst du dich selbst. Du fängst an, dir zu misstrauen, weil du nicht in deinem Sinne handelst. Genau dieses Verhalten hast du als Kind gelernt. Du bist nicht schlecht, weil du weiter daran festhältst, aber es erfüllt nicht mehr seinen Zweck.

In mancher Hinsicht geht der Missbrauch einfach weiter. Ja, heute gebe ich meine verbale »Zustimmung«, aber ich sage »ja« zu Sachen, die ich eigentlich nicht möchte. Ich möchte Nähe spüren, und letztendlich fühle ich mich so allein.

Cindy

Zwanghafte Sexualität kann unter Umständen deine Gesundheit gefährden. Wenn du zu Sex, den du nicht möchtest, nicht »nein« sagen kannst, kannst du vielleicht auch zu ungeschütztem Sex nicht »nein« sagen. Bei ungeschütztem Sex riskierst du, dich mit sexuell übertragbaren Krankheiten zu infizieren, u. a. mit Chlamydien, dem Papillomavirus, Herpes und HIV. Egal ob du mehrere SexpartnerInnen zur gleichen Zeit hast oder jeweils monogame Beziehungen – nie ohne Safer Sex! Also Kondome, Latexläppchen, Kondome für Frauen, Handschuhe aus Latex oder andere geeignete Materialien.

Mit zwanghafter Sexualität hast du weiterhin Sex, bei dem du aussteigst; es ist Sex, der dich von deinem Körper und deinen Gefühlen fernhält. Das hält dich auch von deiner sexuellen Heilung fern.

Selbstverleugnung heilen

Sexuelle Aversion bewältigen

Wenn du dich darauf konzentrierst, Sexualität allmählich in dein Leben zu integrieren, bringst du deine Heilung ein großes Stück weiter. Lass dir genug Zeit für jeden einzelnen Schritt. Wenn du Sex lange aus dem Weg gegangen bist, ist dir dein sexuelles Begehren vielleicht neu und fremd, und du weißt nicht, wie du dich mit anderen sexuell verhalten sollst.

Vielleicht magst du so beginnen: Finde heraus, was dir das Vermeiden von Sex gebracht hat. Wie hat es dich geschützt oder dir geholfen? Eine Workshop-Teilnehmerin schrieb: »Sex fernzubleiben hat mir dabei geholfen, einem immensen Gefühl von Versagen und Verlust auszuweichen. Wenn ich mich auf Sex einlasse, fühle ich mich schrecklich.«

Finde als nächstes heraus, was Sex oder sexuelle Erregung für dich bedeutet. Was für Assoziationen hast du? Mach dir eine Liste mit »Sex ist ...« oder »Sex bedeutet ...« Deine Antworten müssen weder logisch sein noch irgendeinen Sinn ergeben. Schau dir einfach an, was du mit Sex verbindest. »Sex ist Hass, Furcht und Verrat an mir ... Kein Wunder, dass ich keinen haben möchte«, schrieb eine Frau auf. Wenn du mit deiner Liste fertig bist, versuche zu entscheiden, welche deiner Assoziationen ein wesentlicher Bestandteil von sexuellem Missbrauch sind und welche für Ausdrucksformen von einvernehmlichem Sex stehen.

Stell dir vor, du näherst dich Sex und deiner Sexualität an. Was ist das Schlimmste, das passieren könnte? Wovor hast du am meisten Angst? Und nun: Was könnte am schönsten und besten sein, wenn du damit anfingst, deine Sexualität kennenzulernen?

Bilde dich fort. Wenn du Sex bisher aus dem Weg gegangen bist, willst du jetzt vielleicht etwas über deine eigene Sexualität und Safer-Sex-Techniken lernen. Wenn du dir deine Infos aus Büchern, Zeitschriften, Kassetten und Videos zusammenträgst, stößt du vielleicht auf Anregungen, anhand derer du dir eine

Sexualität aufbauen kannst, die für dich stimmig ist. Schau dir auch die Sexratgeber im Service-Teil an.

Sex zu meiden ist tatsächlich eine Form des Dissoziierens oder Nicht-in-deinem-Körper-Sein. Um das aufgeben zu können, musst du lernen, die körperlichen Empfindungen und Gefühle zuzulassen, die beim Sex hochkommen. Wenn du diesen Gefühlen und Empfindungen Raum gibst, werden sie sich verändern und das alte Trauma freisetzen, so dass du irgendwann deine Sexualität frei leben kannst. Mit den Übungen aus Kapitel zwei und drei kannst du lernen, bei sexuellen Empfindungen und in deiner Sexualität zu bleiben und zu genießen.

Auch Selbstbefriedigung eignet sich wunderbar dazu, mit deiner Sexualität wieder in Kontakt zu kommen. Bei Selbstbefriedigung geht es nicht nur darum, dich zum Orgasmus zu bringen. Während du deinen Körper berührst, lernst du ihn wertschätzen, du entdeckst deine Vorlieben und Wünsche und kommst mit deinen eigenen Empfindungen und deiner sexuellen Energie in Kontakt. In Kapitel fünf geht es ausschließlich um das Thema Selbstbefriedigung.

Wenn du dich deiner Sexualität öffnest, wirst du vielleicht einer Woge von Energie begegnen, die dir nicht vertraut ist. Deine neu gewonnenen sexuellen Gefühle bringen dich ein bisschen aus der Fassung. Das ist völlig o.k. Es ist ein Riesenschritt! Indem du dich deinen eigenen sexuellen Wünschen und deiner sexuellen Energie öffnest, setzt du dich neu zusammen.

Plötzlich fühlte ich mich ständig sexuell. Es war, als würde ich zwanzig Stunden am Tag nur an Sex denken, über Sex lesen und Sex in mir spüren. Das brachte mich ganz schön durcheinander und ich befürchtete schon, zur Nymphomanin zu werden. Nach ungefähr einem Monat legte sich das alles wieder. Irgendwie hatte ich eine lange verschlossene Tür geöffnet und erst mal Druck ablassen müssen.

Sheila

Zwanghafte Sexualität bewältigen

Was bringt es dir, dich von zwanghafter Sexualität zu heilen? Du hast vielleicht zum ersten Mal in deinem Leben die Chance, selbst über deine Sexualität zu bestimmen. Das heißt, du allein entscheidest, ob du einen sexuellen Kontakt eingehen möchtest: mit wem, wann, wo und wie, das heißt was für Sex es sein soll. Du kannst ganz in deinem Körper sein *und* Sex haben. Das zwanghafte Muster auflösen bedeutet auch: Du kannst dich dafür entscheiden, *keinen* Sex zu haben und doch darauf vertrauen, geliebt und geschätzt zu werden. Du kannst dich um deine eigenen Bedürfnisse und Wünsche kümmern, anstatt den Bedürfnissen und Wünschen anderer nachzukommen.

Genau wie für andere das Vermeiden von Sex, hat zwanghafter Sex eine Funktion für dich erfüllt. Kannst du sagen welche? Was hast du davon? Welchen schmerzlichen Gefühlen kannst du so aus dem Weg gehen? Womit musst du dich so nicht konfrontieren? Eine Überlebende sagte: »Viel Sex gibt mir ein Gefühl von Macht; ich spüre dann nicht so sehr meine Ohnmacht über das, was mein Opa mit mir gemacht hat.«

Um was für Bedürfnisse geht es, wenn du Sex hast? Welche haben wirklich mit Sex zu tun und welche nicht? Gibt es etwas in bezug auf den sexuelle Gewalt, was dich zu zwanghaftem Verhalten treibt?

Was macht dir am meisten Angst, wenn du dir vorstellst, dein Verhalten in bezug auf Sex zu heilen? Worauf freust du dich am meisten?

Wenn du Sex bisher zwanghaft gelebt hast, weißt du vielleicht nicht, wann du sexuell sein sollst und wann nicht, wann Sex gut für dich ist und wann nicht. Tausch dich mit FreundInnen, besonders mit anderen Überlebenden aus. Was suchen sie beim Sex? Wann sagen sie »nein«? Wann »ja«? Du kannst auch über die sexuellen Erlebnisse und Erfahrungen anderer Menschen lesen. Lies Geschichten aus dem wirklichen Leben, sie sind realistischer als Pornos. Im Service-Teil findest du Lesetipps.

Verkörperung, Bedürfnisse und Grenzen

Genau wie beim Vermeiden von Sex bleibst du auch bei zwanghafter Sexualität deinem Körper fern. Du gerätst in Panik oder schämst dich, wenn du »nein« sagst. Im Verlauf deiner Heilung wirst du deine Panik fühlen können, anstatt von ihr abzulenken. Wenn du an deinen Gefühlen und Empfindungen dranbleibst, werden sie sich verändern und das alte Trauma loslassen; es wird dir möglich, dich in deiner Sexualität nach dem zu richten, was gut ist für dich.

In Kapitel drei findest du Übungen, die dir dabei helfen. Du lernst, wie du beim Sex in deinem Körper bleibst und mit nicht-sexuellen Bedürfnissen direkt auf nicht-sexuellem Wege umgehst. Ein »Nein« wird dir so leicht über die Lippen kommen wie ein »Ja«. In Kapitel sieben geht es um verkörperte Zustimmung. Dort findest du Übungen zu Grenzen und dem »Ja«, »Nein« und »Vielleicht« beim Sex, die dich in der Bewältigung von zwanghafter Sexualität unterstützen.

Es kann unter Umständen gut für dich sein, während deiner Heilung von zwanghafter Sexualität eine Zeit lang ganz auf Sex zu verzichten. Du kannst auf Sex mit anderen verzichten oder nicht mehr masturbieren. Diese Pause kann eine Woche, einen Monat oder auch ein Jahr andauern. Wähle eine Zeitspanne, die dir realistisch erscheint. Was passiert in dieser Auszeit bei dir? Was für Gefühle oder Erinnerungen kommen hoch? Wer bist du – jenseits von Sex?

Dich von zwanghafter Sexualität zu heilen, gibt dir Gelegenheit, dich um dich zu kümmern. Wenn du Sex nicht mehr dazu benutzt, den Schmerz des Missbrauchs in Schach zu halten, hast du die Chance, wirklich zu heilen und dein Leben und deinen eigenen Sex zurückzugewinnen.

Modell der sexuellen Abhängigkeit

Manche Überlebende finden das Suchtmodell des Zwölf-Punkte-Programms nützlich für ihren Umgang mit zwanghafter Sexualität; andere können damit wenig anfangen. Die Anonymen Sex- und Liebessüchtigen arbeiten mit einem Zwölf-Punkte-Programm, welches das Vermeiden von Sex bzw. zwanghafte Sexualität wie eine Sucht angeht.

Ich bearbeite meine sexuellen Probleme mit dem Zwölf-Punkte-Programm. Unsere Treffen geben mir Orientierung und Unterstützung. Es hilft mir, nicht zu vergessen, was mir wichtig ist, und niemand verurteilt mich, wenn ich Scheiße baue.
Lenore

Ich war nie süchtig nach Liebe und Sex. Ich habe nur das ausagiert, was mir als Kind angetan wurde. Je mehr ich mich mit dem Missbrauch durch meinen Stiefvater auseinander setzte, desto mehr schaffte ich es, Grenzen zu setzen und so etwas wie Respekt für mich selbst zu entwickeln; allmählich treffe ich Entscheidungen bezüglich meiner Sexualität, die für meine ganze Person gut sind. Wenn ich es Sucht nenne, ist das für mich so, als sei etwas mit mir nicht in Ordnung. Das hier ist mein Körper und meine Energie, jemand anders hat mich verletzt. Ich habe nach bestem Wissen überlebt, und jetzt hilft mir meine Heilung dabei, immer mehr klar zu kommen.
Kate

Das Zölibat wählen

In der Heilung von sexuellem Missbrauch kann es sinnvoll sein, eine Zeit lang ganz auf Sex zu verzichten. Wenn regelmäßig Erinnerungsblitze aufleuchten oder du das Gefühl hast, du hasst

Sex, möchtest du vielleicht eine Zeit lang zölibatär leben. Wenn du bemerkst, dass du mit dir oder jemand anderem Sex hast, obwohl du nicht möchtest, versuche dir (oder der anderen Person) nahe zu sein, ohne sexuell zu werden.

Wir sind beide Überlebende, meine Geliebte und ich. Wir waren schon vier Jahre zusammen, als ich anfing, mich mit dem Inzest und dem rituellen Missbrauch auseinanderzusetzen. Wir hatten vorher ziemlich guten Sex miteinander, aber als all die Erinnerungen hochschwappten, habe ich komplett das Interesse verloren. In mir drin mischte sich Sex mit Missbrauch, und ich wollte einfach nichts damit zu tun haben. Schließlich haben wir einige Male phasenweise auf Sex verzichtet, also Pausen eingelegt, die jeweils zwischen sechs und neun Monaten lang waren.

Jo

Ich habe mit meinem Mann geschlafen, auch wenn ich keine Lust dazu hatte. Es war nicht so, dass er mich dazu gedrängt hat. Ich fühlte mich schuldig, wenn ich keinen Sex mit ihm hatte und wollte ihm beweisen, dass ich ihn liebte und begehrte. Das wurde echt selbstzerstörerisch und wirkte sich auf meine Gefühle für ihn natürlich negativ aus. Schließlich habe ich mich getraut, drei Monate ohne Sex auszuhandeln … Danach werden wir uns zusammensetzen und darüber austauschen, wie es uns geht und wie es weitergehen soll.

Rona

Das Zölibat ist eine Entscheidung, die dir immer offen steht. Es kann bedeuten, auf jeden offenen Ausdruck von Sexualität zu verzichten, oder mit dir Sex zu haben, aber nicht mit anderen. Du kannst eine Zeit lang oder dein ganzes Leben zölibatär leben. Was das Zölibat für Überlebende angeht, befürchte ich, dass es manchmal nur verschleiert, dass die Betreffende dem Schmerz und der Verletzlichkeit, die die sexuelle Gewalt verursacht hat, aus dem Weg geht. Wenn du zölibatär lebst, weil du nicht weißt, wie du Sexualität in dein Leben integrieren kannst, so dass sie dir gut tut und Energie gibt, dann hast du dich nicht frei entschieden. Wenn du das Zölibat wählst, vergewissere dich bitte, dass du eine freie Entscheidung triffst.

Das Ende der Selbstverleugnung

Dich nicht mehr selbst zu verleugnen heißt nicht, zur individualistischen selbstsüchtigen Hedonistin werden. Dich nicht weiter zu verleugnen, bringt dich wieder ins Gleichgewicht. Das bedeutet, tiefen Respekt für dich selbst zu empfinden; erst dann wird auch Respekt für andere möglich.

Übungen

1. Wo würdest du dich auf einer Skala zwischen sexueller Aversion und zwanghafter Sexualität einordnen? Nenne drei Situationen, in denen du deiner Sexualität aus dem Weg gegangen bist und/oder drei Situationen, in denen du zwanghaften Sex hattest.
2. Welche Gefühle möchtest du durch das Vermeiden von Sex oder durch zwanghaften Sex in den Griff bekommen?

Kapitel 5
Sexuelles Erleben und Anatomie: Wissen ist Macht

Sexueller Kindesmissbrauch ist so ziemlich die mieseste Art, etwas über Sex zu erfahren. Unglücklicherweise bist du wahrscheinlich genau so zum ersten Mal mit Sex in Berührung gekommen – alles andere als eine sex-positive Aufklärung! Der Wunsch, mehr über Sex zu erfahren und immer offen zu sein für Neues, begleitet uns alle ein Leben lang, ganz besonders jedoch Überlebende von sexueller Gewalt. Dieses Kapitel kann dich unterstützen; es ist voller Informationen über deinen Körper und den sexuellen Reaktionszyklus.

Wo hast du das gelernt?

Ich weiß noch genau, wie mich das erste Mal im Sexshop Good Vibrations eine Kundin fragte, wo ihre Klitoris sei. Ich war fassungslos und zugleich froh, dass sie den Mut hatte, so eine Frage zu stellen. Mit der Zeit wurde mir klar, dass dies ganz und gar nicht ungewöhnlich war. Wenn dir niemand etwas über deinen eigenen Körper beibringt oder dich ermutigt, es selbst zu tun, gibt es keinen Grund zu glauben, du könntest dich damit auskennen.

Was weißt *du* über deine sexuelle Anatomie? Wann hast du das erste Mal von deiner Klitoris erfahren? Woher hast du dein Wissen über Sex und sexuelle Erregung?

Untersuchungen belegen, dass die meisten Menschen sich als Jugendliche mit Gleichaltrigen über Sex austauschen. Das heißt, wir haben das, was wir nicht schon von unseren TäterInnen gelernt hatten, von einer Horde schlecht aufgeklärter Jugendlicher erfahren, die sich gegenseitig etwas beizubringen versuchten, wovon sie selbst kaum Ahnung hatten.

Neben deinen FreundInnen sind die Medien eine wesentliche Informationsquelle zum Thema Körper und Sexualität. Filme, Zeitschriften, Pop-Songs und Bücher sagen uns etwas über uns und unseren Körper. Natürlich sind manche dieser Botschaften zutreffender und positiver als andere.

Vielleicht hast du deinen Weg zu guter und fundierter Information über Sex durch moderne sex-positive Bücher oder sogar unterstützende Geliebte oder FreundInnen gefunden. Herzlichen Glückwunsch! Du gehörst zu einer kleinen auserwählten Gruppe. Wenn aber nicht, dann benutze dieses Kapitel bitte wie ein sympathisches Nachschlagewerk. Es ist schwer herauszufinden, was in deiner Sexualität ansteht, noch schwerer, jemanden erfolgreich dazu anzuleiten, dir Lust zu machen, wenn du nicht weißt, was in deinem Körper geschieht, wenn du erregt bist. Wissen heißt Macht, vor allem wenn es um Sex geht!

Sexuelle Aufklärung und sexuelle Gewalt

Als Überlebende von sexuellem Missbrauch bist du schädlicher und negativer Information über deine Sexualität ausgesetzt gewesen. Vielleicht hast du viel über Sex gelernt, weit mehr als damals für dich gut war, doch alles wurde durch den Missbrauch in Mitleidenschaft gezogen – oder war schlicht *falsch*. Du hast im Sinne des Täters von Sex erfahren und nicht in deinem eigenen. Du hast vielleicht gelernt, eine andere Person sexuell zu befriedigen, ohne überhaupt zu wissen, wie du dir selbst Lust bereiten kannst. Womöglich hat sich dieses Muster auf deine späteren einvernehmlichen sexuellen Beziehungen übertragen.

Mit dreizehn wusste ich unglaublich viel über Sex und Schwänze. Meine Freundinnen fragten mir Löcher in den Bauch und konnten kaum glauben, was ich alles wusste. Ich zog einen ganz merkwürdigen Stolz daraus, obwohl ich alles nur durch den Missbrauch wusste. Echt, alles was ich wusste, war, wie ich meinem Stiefvater einen zu blasen hatte, wie ich ihm geben konnte, was er wollte.
Laura

Ich wusste viel über den Körper meines Freundes, aber so gut wie nichts über meinen eigenen. Unser Sexleben war sehr unausgewogen. Meine Lust kam darin nicht wirklich vor.
Cindy

Als Überlebende möchtest du vielleicht noch einmal ganz von vorne anfangen, bei der sexuellen Anatomie. Schau dich selbst oder eine Freundin oder Partnerin wissbegierig an. Was ist das? Wie fühlt das sich an?

Was ist das? Eine Lektion in Sexueller Anatomie

Die Sexuelle Anatomie der Frau

Fangen wir mit der weiblichen Anatomie an. Während du diesen Abschnitt liest, schau dir an, wovon die Rede ist – entweder auf der Illustration oder hol dir einen Spiegel und guck dich selbst an. Als Frauen haben wir nicht oft Gelegenheit, unsere Genitalien zu sehen, da sie so zwischen unseren Beinen liegen, dass sie unserem Blick nur mit Hilfsmitteln zugänglich sind. Auch wenn du vielleicht an deinen Genitalien verletzt worden bist – es ist nichts »falsch« an ihnen. Sie sind so einzigartig wie deine ganze Person, ein gesunder und natürlicher Teil deines Körpers, genau wie deine Hand, dein Denken und dein Gesicht. Schau dich an. Was siehst du?

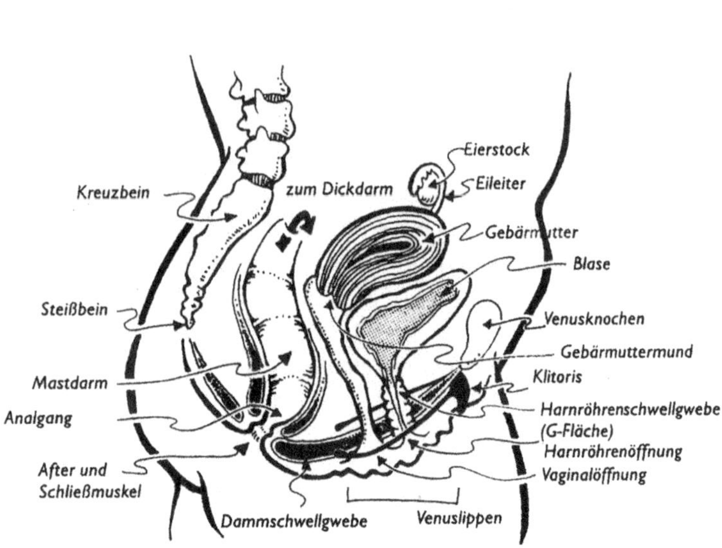

Illustration 1: Die weibliche Anatomie

Die Bezeichnung Vulva für den gesamten Bereich deiner Genitalien schließt die Klitoris, die kleinen und großen Venuslippen und die Vagina ein. Wenn du dich im Spiegel betrachtest, fallen dir vielleicht als erstes die großen und die kleinen Venuslippen auf. Das sind die äußeren bzw. inneren Vaginallippen. Die äußeren Lippen sind meist behaart, und ihre Haut ist von derselben Farbe und Struktur wie dein restlicher Körper. Die inneren Venuslippen sind nicht behaart; es sind zarte Hautfalten, die wie Schleimhäute beschaffen sind, wie das Innere von deinem Mund. In Form und Größe variieren sie stark. Bei manchen Frauen sind sie symmetrisch, bei anderen ist die eine Lippe länger als die andere. Bei manchen Frauen verstecken sich die inneren Venuslippen in den äußeren, bei anderen ragen sie über die äußeren heraus. Wie sehen deine Venuslippen aus? Welche Farbe haben sie, wie sind sie geformt? Viele Überlebende schämen sich für ihre Genitalien. Es gibt nicht einen einzigen Grund, dich deiner Vulva zu schämen. Sie ist ein natürlicher und wichtiger Bestandteil deines Körpers.

Klitoris

Im Spiegel kannst du auch deine Klitoris und ihre Kapuze sehen. Du findest sie am oberen Ende deiner inneren Venuslippen. Die Klitoris ist der sensibelste Bereich deiner Vulva. Du kannst sie auch dadurch aufspüren, dass du dich in diesem Bereich streichelst. Die Kapuze bedeckt die Klitoris. Vielleicht lugt deine Klitoris unter ihr hervor oder sie liegt darunter versteckt. Wenn du die Kapuze vorsichtig zurückziehst, kannst du die Perle der Klit sehen.

Von feministischen Forscherinnen veröffentlichte medizinische Untersuchungen haben dazu beigetragen, die Klitoris neu zu definieren. Wir wissen jetzt, dass die Klitoris nicht allein aus der Perle und dem Schaft besteht, sondern eine komplexe Struktur aus Schwellgewebe, Nerven und Blutgefässen ist, die sich über die gesamte Vulva erstreckt. Vielleicht hast du Illustrationen in Büchern wie *Frauenkörper – neu gesehen oder Unser Körper, unser Leben* gesehen, die zeigen, wie der Schaft der Klitoris in zwei Schenkel übergeht, die Crura, die sich durch die inneren Venuslippen und so rund um die Vagina ziehen. Wenn du eine deiner inneren Venuslippen mit etwas Druck zwischen zwei Fingern leicht hin und her reibst, fühlst du vielleicht einen sensiblen Kamm. Das ist einer der beiden Schenkel. Wenn du von der Spitze der Klitoris weiter nach oben tastest, kannst du den Schaft fühlen.

Klits können unterschiedlich groß und empfindsam sein. Eine Frau mag es, direkt an oder neben der Klitoris stimuliert zu werden, während eine andere es lieber hat, wenn ihre Klitoris überhaupt nicht direkt berührt wird. Viele Frauen sagen, ihre Klitoris sei in der Mitte der linken Seite am empfindlichsten. Wenn du dir eine Uhr so über der Klitoris vorstellst, dass die zwölf zum Schaft der Klitoris zeigt und die sechs zur Vagina, dann befände sich dieser Bereich bei drei Uhr. Wo ist deine Klitoris am sensibelsten?

Vagina

Mach weiter. Du siehst die Vaginalöffnung und die Vagina. Auch sie besteht aus sehr elastischem Gewebe. Wenn du nicht sexuell erregt bist, berühren sich die Wände deiner Vagina. Wenn du dich nach vorn beugst und die inneren Venuslippen mit den Fingern ein wenig auseinander ziehst, kannst du die Harnröhrenöffnung (hier kommt der Urin aus deinem Körper) direkt unterhalb der Klitoris sehen.

Die verschiedenen Bereiche der Vagina reagieren auf Berührung unterschiedlich. Meistens ist das vordere Drittel der Vagina am sensibelsten und reagiert auf Berührung oder Bewegung. Tiefer drinnen reagierst du stärker auf Druck und Fülle.

Am hinteren Ende der Vagina befindet sich der Gebärmutterhals, den du als kleine knaufähnliche Vorwölbung ertasten kannst. Durch den Muttermund, eine winzige Öffnung im Gebärmutterhals, können Flüssigkeiten ausgetauscht werden. Das Menstruationsblut tritt hier aus der Gebärmutter aus, und Sperma kann hineinschwimmen, um ein Ei zu befruchten. Während des Geburtsvorgangs weitet sich der Gebärmutterhals, damit das Baby aus der Gebärmutter durch die Vagina ans Licht dieser Welt gelangen kann. Manche Frauen mögen beim Sex Druck gegen den Gebärmutterhals. Das kann eine sehr spezielle und intensive Erfahrung sein. Probiere es aus und finde heraus, was dir gefällt.

Die Vagina reinigt sich selbst; dazu gehören die Scheidenflüssigkeiten und auch Ausfluss. Wenn dein Ausfluss merkwürdig riecht oder eine für dich ungewohnte Farbe annimmt, oder von einem Jucken im Bereich der Genitalien begleitet wird, solltest du eine Ärztin oder Heilpraktikerin aufsuchen. Ansonsten ist dein Ausfluss Ausdruck eines funktionierenden Selbstreinigungssystems. Vaginalduschen und andere Formen der Reinigung der Vagina können die gesunde Bakterienflora schädigen. Glyzerinhaltige Gleitmittel überfordern das Reinigungssystem der Vagina unter Umständen; sie könnten eine Infektion hervorrufen. Nimm lieber Gleitmittel auf Wasserbasis und vermeide kommerzielle Spülmittel oder Sprays.

Bei sexueller Erregung wird die Vagina feucht. In den Kanälen und Drüsen in den Wänden der Vagina wird Flüssigkeit produziert und abgesondert. Manche Frauen haben das Gefühl, »zu viel« Flüssigkeit zu produzieren. Nimm einfach ein Handtuch mit, wenn du dich zu sexuellen Abenteuern aufmachst; vielleicht ejakulierst du, ohne es zu wissen (siehe den folgenden Abschnitt über weibliche Ejakulation). Wie feucht du wirst, hängt auch davon ab, wo du dich in deinem Menstruationszyklus gerade befindest. Die meisten Frauen werden weniger feucht, wenn sie älter werden. Wenn dir Penetration nicht angenehm ist, weil du nicht feucht genug wirst, probier es mit einem wasserlöslichen Gleitmittel.

G-Punkt oder G-Fläche

In der Vagina befindet sich auch das Harnröhrenschwellgewebe, besser als G-Punkt oder G-Fläche bekannt – eine schwammartige Ansammlung von Blutgefässen, Schwellgewebe und Drüsen rings um die Harnröhre, jene schmale Röhre, durch welche der Urin aus der Blase abfließt. Die Bezeichnung G-Punkt geht auf den Gynäkologen und Geburtshelfer Ernst Gräfenberg zurück, der 1950 eine wissenschaftliche Untersuchung über die sensiblen Eigenschaften der Harnröhre veröffentlichte.

Der G-Punkt befindet sich an der vorderen Wand deiner Vagina (d. h. jener, die näher zum Venusknochen verläuft) und reagiert bei manchen Frauen besonders intensiv auf Berührung und Druck. Genau genommen handelt es sich auch nicht wirklich um einen »Punkt«, sondern um eine Fläche von etwa zwei bis fünf Zentimeter Länge. Beuge dich noch einmal nach vorne und spreize die inneren Venuslippen, so dass du deine G-Fläche ertasten kannst. Du erkennst sie daran, dass ihr Gewebe sich im Vergleich zur übrigen Vagina rauer anfühlt.

Jede Frau reagiert anders auf die Stimulierung ihrer G-Fläche. Manche genießt die Intensität der Berührung und findet es wahnsinnig geil, während es einer anderen unangenehm ist. Manche wiederum spürt in diesem Bereich keinen großen Unterschied in der Sensibilität. Finde heraus, was dir gefällt, entweder allein oder mit einer Partnerin oder einem Partner.

Wenn du auf dem Rücken liegst, kann dein Partner oder deine Partnerin deinen G-Punkt finden, indem er oder sie zwei Finger in deine Vagina einführen und die vordere Wand in einer Art Lockbewegung streicheln. Du selbst kannst deine G-Fläche natürlich mit den Fingern oder einem festen Dildo erreichen. Dildos mit einem angerauten Bereich oder einer Biegung oder Ausbuchtung im Schaft machen sich hier besonders gut. Wenn du schon erregt bist, kann deine G-Fläche auch von der Bauchseite aus durch Druck direkt über dem Venusknochen in Richtung Vaginalöffnung stimuliert werden.

Manche Frauen ejakulieren, wenn ihre G-Fläche stimuliert wird. Das Ejakulat ist wässrig und wird fälschlicherweise manchmal für Urin gehalten. Im Schwellgewebe der Harnröhre befinden sich Paraurethraldrüsen, in denen das Ejakulat wahrscheinlich produziert wird. Dem aktuellen Stand der Forschung zufolge produzieren diese Drüsen bei Druck und Stimulierung eine Flüssigkeit, die als Ejakulat abgesondert wird; das Ejakulat fließt, wie bei Männern auch, aus der Harnröhre. Obwohl der genaue Ursprung des Ejakulats nach wie vor umstritten ist, wird es in der Mehrheit der wissenschaftlichen Studien chemisch von Urin unterschieden. Nichtsdestotrotz ejakulieren nicht alle Frauen, wenn ihre G-Fläche stimuliert wird. Mehr zur Stimulation des G-Punkts findest du in Kapitel zehn.

Die sexuelle Anatomie des Mannes

Im Grunde genommen unterscheidet sich die männliche sexuelle Anatomie nicht drastisch von der weiblichen. Jeder Embryo ist von seinen Genitalien her zu Beginn weiblich. Erst zwischen der neunten und der zwölften Woche erfolgt die weitere Ausdifferenzierung. Aus der gleichen embryonalen Anlage entwickelt sich beim weiblichen Fötus die Klitoris und beim männlichen der Penis. Während sich beim weiblichen Fötus die Eierstöcke ausbilden, entwickeln sich beim männlichen die Hoden. Die einzelnen Bestandteile der weiblichen und männlichen sexuellen

Anatomie sind einander sehr ähnlich; sie sind lediglich unterschiedlich arrangiert.

Zur sexuellen Anatomie des Mannes gehören Penis (Schwanz) und Hodensack mit den Hoden, dem Samenbläschen und der Prostata. Penis und Hodensack, der die Hoden enthält (umgangssprachlich: Eier) sind die offensichtlichsten Teile der männlichen sexuellen Anatomie. Fangen wir also mit ihnen an.

Penis und Hoden

Der Penis ist aus Schwellkörpern und Blutgefäßen aufgebaut. Die beiden lateralen Schwellkörper, die sogenannten Corpora cavernosa, sind wie zwei langgezogene Zylinder. Wenn ein Mann sexuell erregt ist, fließt Blut in diese Zylinder und füllt das Hohlraumgewebe. Durch die vermehrte Blutzufuhr weitet sich das Gewebe aus, so dass die kleinen Venen, die normalerweise für den Blutabfluss aus den Schwellkörpern sorgen, zusammengedrückt und verschlossen werden. Der Penis erigiert, das heißt er wird steif.

Die Harnröhre, durch welche Urin und Samen fließen, verläuft durch den gesamten Penis bis hin zur Mündung an der Spitze. Sie ist von einem weiteren Schwellkörper umgeben, dem Corpus spongiosum.

An der vorderen Spitze des Penis befindet sich die Eichel. Dort ist der Penis am sensibelsten. Um den unteren Rand der Eichel verläuft ein zirkulärer Wulst, die Corona glandis, analog zur Klitoris der Frau. Hier finden sich jedoch weniger Nervenenden als an der Klitoris, wodurch der Bereich auch nicht so sensibel ist. Die Spitze des Penis reagiert in der Regel weniger empfindlich auf Druck und Stimulierung als die Perle der Klitoris. Das Frenulum, ein kleines Hautband, das an der Unterseite der Corona glandis die Eichel mit der Vorhaut verbindet, ist voller Nerven und bei vielen Männern sehr empfindlich.

Die Haut, die den Penis überzieht, lässt sich leicht vor und zurückschieben. Jeder Mann wird mit einer Vorhaut geboren; sie bedeckt die Eichel und lässt sich zurückziehen. Bei einer Beschneidung wird diese Vorhaut entfernt und die Eichel entblößt. Ein Mann mit intakter Vorhaut ist im Bereich der Eichel meist empfindlicher als ein beschnittener Mann.

Für viele sexuell missbrauchte Frauen ist der Penis ein furchterregender Teil der männlichen Anatomie. Fang an, den Penis zu entmystifizieren, indem du in einer sicheren Situation etwas über ihn lernst. Schau die Illustrationen in Anatomiebüchern an. Wenn du mit einem Mann eine Beziehung hast oder mit einem Mann wohnst, schau dir seinen Penis an, wenn er nicht erregt ist. Versuch mal, den Penis als neutralen Teil des männlichen Körpers zu betrachten. Der Träger des Penis, also der Mann und nicht der Penis selbst, entscheidet darüber, wozu er eingesetzt wird. Deine Täter haben schreckliche Entscheidungen getroffen.

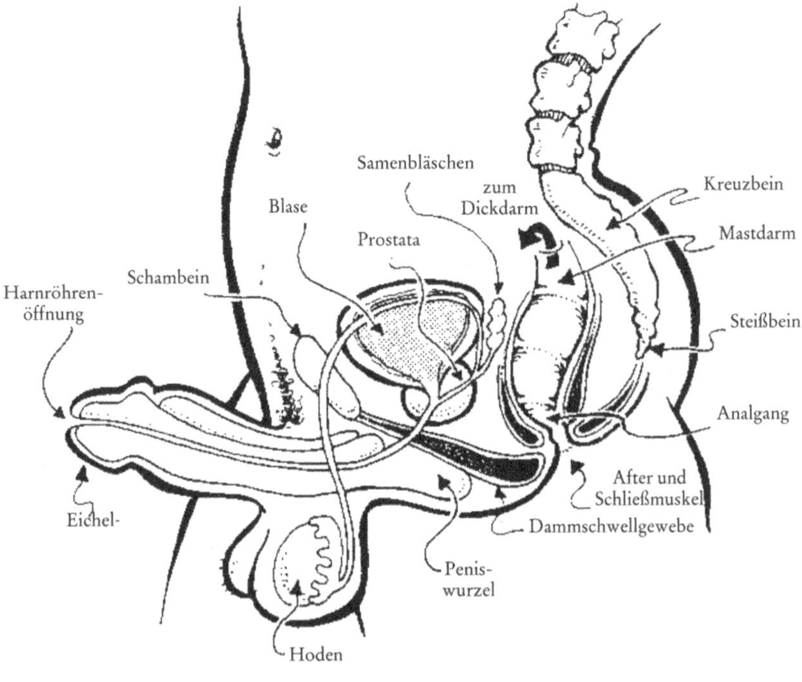

Illustration 2: Die männliche Anatomie

Wenn es dich sehr mitnimmt, dich mit der männlichen sexuellen Anatomie zu beschäftigen, solltest du vielleicht in diesem Bereich mit deinen Auslösern arbeiten (siehe auch Kapitel elf). Auch wenn du keinen sexuellen Kontakt zu Männern hast, wird es dir gut tun, deine Angst vor männlicher Sexualität zu überwinden. Es kann sich befreiend auf deine Beziehung zu deinem eigenen Körper und zu deiner Sexualität auswirken, und auf deine Beziehung zu Männern im allgemeinen. Ein emotionales Trauma, das mit der Anatomie der Hälfte der Bevölkerung dieser Erde in Verbindung steht, bindet viel Energie, die du besser zur Gestaltung deines Lebens brauchen kannst.

»Eier« ist der umgangssprachliche Ausdruck für den Hodensack und die Hoden. Der Hodensack ist der Beutel, welcher die Hoden umhüllt, die zwei Drüsen, in denen Sperma und Testosteron produziert werden. Die Größe der Hoden variiert, vom Umfang einer Traube bis zum Hühnerei. Meistens hängt einer etwas tiefer als der andere; wenn ein Mann friert oder sexuell erregt ist, ziehen die Hoden sich dichter zum Körper hin zusammen.

Prostata

Die Prostata ist ein inneres Organ zwischen Schambein und Blase. Die Harnröhre verläuft von der Blase zum Penis durch die Prostata hindurch. In der Prostata wird die Samenflüssigkeit produziert. Ich erwähne die Prostata, weil viele Männer auf die Stimulierung ihrer Prostata abfahren. Genau wie beim G-Punkt für Frauen, empfindet mancher Mann die Stimulierung der Prostata vielleicht als zu intensiv oder schmerzhaft. Du kannst die Prostata berühren, wenn du einen Finger oder ein Sexspielzeug ungefähr sieben bis acht Zentimeter tief in den After einführst und dort Druck in Richtung Vorderseite des Körpers ausübst. Wieder einmal geht es um besagte Lockbewegung. Wenn du mit der Prostata deines Partners spielen möchtest, benutze ein wasserlösliches Gleitmittel, da den After selbst keine Flüssigkeit produziert.

Weibliche und männliche Körper

Beckenbodenmuskulatur
Die Beckenbodenmuskulatur verläuft vom Venusknochen zum Steißbein und umringt die Genitalien wie eine Acht. Diese Muskeln setzt du ein, wenn du das Pinkeln willkürlich unterbrichst. Auch beim Orgasmus ziehen sie sich unwillkürlich zusammen. Deine Beckenbodenmuskulatur ist ein ganz wichtiger Faktor für deine Gesundheit und sexuelle Befriedigung. Ein gesunder und gut trainierter Beckenboden verhindert Inkontinenz, steigert deinen Genuss beim Orgasmus und lässt dich in deinem Becken und deinen Genitalien präsent sein. Bestimmte Bereiche dieser Muskulatur kannst du willkürlich zusammenziehen und so mit deiner sexuellen Lust spielen.

Beckenbodentraining ist ganz einfach. Übe, die Muskulatur anzuspannen, indem du Genitalien und After zehn mal hintereinander wie einen Fahrstuhl nach oben ziehst. Danach drücke sie zehn mal nach außen, von dir weg. Wiederhole diese nach dem Gynäkologen Arnold Kegel benannten Übungen drei mal täglich. So hältst du deinen Beckenboden fit und steigerst deine Sensibilität im Genitalbereich.

Zuerst haben die Kegel-Übungen viel Wut in mir ausgelöst. Ich wollte am liebsten knurren und um mich treten. Ich nehme an, sie haben das ganze Zeugs aufgewirbelt, das durch den Missbrauch in meinem Becken gespeichert war.
Jackie

Die Beckenbodenübungen geben mir das Gefühl, mehr Kontrolle über meinen Genitalbereich zu haben. Jetzt fühlt es sich nicht mehr so von mir abgetrennt an. Ich kriege mit, dass meine Genitalien zu mir gehören, ich kann sie bewegen und etwas mit ihnen tun. Es ist nicht mehr so, dass ihnen bloß Dinge angetan werden.
Kate

Brüste

Sowohl Frauen als auch Männer können die Berührung ihrer Brüste als lustvoll empfinden. Bei vielen Menschen richten sich die Brustwarzen bei sexueller Erregung auf oder werden hart. Manche mögen es, wenn die Brustwarzen fest zusammengedrückt oder auf eine andere Art stark stimuliert werden, während andere auf eine leichtere Berührung oder Liebkosung abfahren.

Viele Überlebende von sexuellem Missbrauch sagen, dass sie an ihren Brüsten oder Brustwarzen nicht viel spüren. Wenn das auch auf dich zutrifft, bist du aufgrund des Missbrauchs vielleicht wie taub für manche Empfindungen. Oder dein Körper reagiert einfach so. Willst du es genauer wissen? Atme in deine Brüste hinein. Lege deine Hände auf beide Brüste. Spüre, wie schwer deine Hände sind. Was fühlst du? Berühre deine Brüste mal mit mehr Druck und mal ganz leicht, so dass du verschiedene Empfindungen hervorrufst. Erregte Brustwarzen vertragen ganz schön viel Druck. Versuche es mit Kneifen oder presse sie fester zwischen deinen Fingern (oder bitte deinen Partner/deine Partnerin, das zu tun). Du kannst das nur mit der Brustwarze machen, aber auch mit dem Hof um den Nippel herum. Vielleicht nimmt deine Sensibilität zu. Und vielleicht kommt eine traumatische Erfahrung, die mit deinen Brüsten zusammenhängt, hoch.

> *An meinen Brüsten empfinde ich fast nichts. Ich glaube, das ist so wegen dem Inzest. Wenn mein Mann meine Brust berührt, spüre ich das gar nicht und fange an wegzudriften.*
>
> Sally

Analerotik

Der Anus ist gesellschaftlich stark tabuisiert, besonders wenn es um sexuelle Lust geht. Viele Menschen verbinden den After mit Schmutz oder Schmerz und sind dort sehr verkrampft. Egal, ob du Analerotik in dein Sexleben einbeziehst oder nicht, es tut deiner Gesundheit gut und verbessert die Sensibilität im gesamten Genitalbereich, wenn du den After entspannen kannst.

Genau wie Vulva und Penis, wird der After bei sexueller Erregung stärker durchblutet und zieht sich beim Orgasmus zusammen.

Der After wird von zwei Muskelringen begrenzt – den Schließmuskeln. Du kannst lernen, den äußeren Schließmuskel willkürlich anzuspannen und loszulassen; der innere Schließmuskel arbeitet unwillkürlich, wie die Augenlider beim Blinzeln. Hinter diesen Muskeln beginnt der Mastdarm, ein dehnbarer Kanal von fünfzehn bis dreiundzwanzig Zentimeter Länge, der mit sehr weichem Gewebe ausgekleidet ist. Die Innenseiten von After und Mastdarm sind besonders zart und können bei Penetration leicht einreißen. Umso wichtiger ist es, bei Analsex Safer Sex zu praktizieren.

Der Mastdarm endet in einer S-förmigen Biegung, dem rectosigmoidalen Übergang. Dahinter beginnt der Dickdarm, der mit

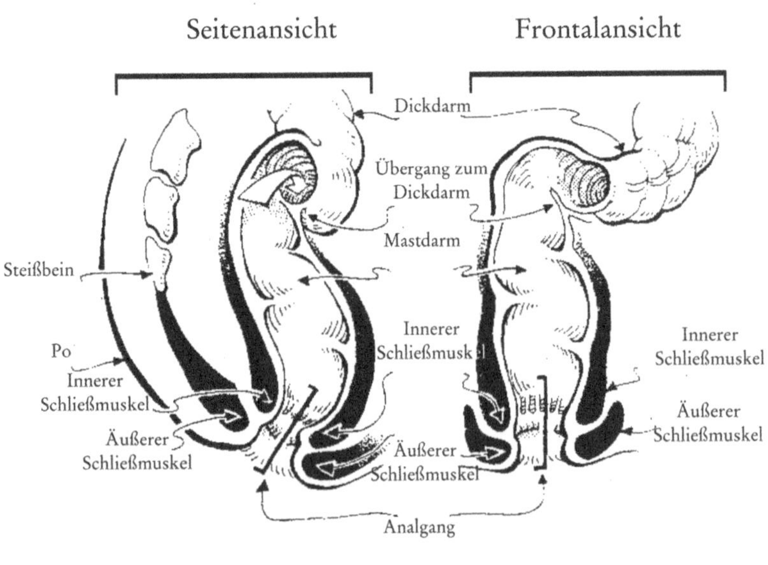

Illustration 3: Die anale Anatomie

Kot gefüllt ist. Das Gefühl, den Darm entleeren zu wollen, wird durch Druck auf den recto-sigmoidalen Übergang ausgelöst. Der Mastdarm scheidet Kot nur aus, lagert ihn aber nicht. Für gewöhnlich bleiben hier nur minimale Reste zurück.

Im Gegensatz zur Vagina geht der Anus direkt in die inneren Organe des Körpers über. Wenn du gerne Spielzeuge für die anale Penetration benutzen möchtest, dann müssen diese am unteren Ende unbedingt so breit sein, dass sie nicht in den Mastdarm hineinrutschen und von dort aus womöglich in den Dickdarm gelangen können. Gleitmittel ist ein *Muss* für jede anale Penetration. Weitere Informationen zu Analsex, Hygiene, Gleitmittel und analer Penetration findest du in Kapitel neun (Oralsex) und zehn (Penetration).

Und schließlich ist da noch der Damm, die weiche Haut zwischen weiblicher Vagina und After bzw. zwischen Hodensack und After beim Mann. Noch ein Bereich, wo Druck und Berührung Lust wecken und machen können.

Wie geht es dir im Augenblick?

Nimm dir ein bisschen Zeit, deine eigene Stimmung nachzuempfinden. Wie geht es dir jetzt, während du über Sex und sexuelle Anatomie liest? Was fühlst du in deinem Körper? Was für Gedanken gehen dir durch den Kopf, während du dieses Kapitel liest? Atme einmal tief ein und aus und mach, wenn nötig, eine Pause.

Der sexuelle Reaktionszyklus

Bei sexueller Erregung und während des Orgasmus durchläuft dein Körper viele physiologische Veränderungen. Masters und Johnson prägten den Begriff »sexueller Reaktionszyklus«. Sie differenzierten weibliche und männliche sexuelle Reaktionsmuster etwas beliebig nach vier Phasen: Erregungsphase, Plateauphase, Orgasmusphase und Rückbildungsphase.

In der Erregungsphase steigen Körpertemperatur und Durchblutung, und die Herzfrequenz nimmt zu. Infolge der stärkeren Durchblutung vergrößern sich Lippen, Brüste und Genitalien. Meist reagiert der Körper jetzt sensibler auf Stimulierung und weniger empfindlich auf Schmerzreize.

Während der Plateauphase nehmen Durchblutung als auch Körpertemperatur weiter zu. Venuslippen und Klitoris vergrößern sich, und die Gebärmutter wird höher gezogen, wodurch in der Vagina mehr Raum entsteht. Die Vagina wird feucht. Bei Männern bewirkt die Mehrdurchblutung eine Erektion, Hoden und Hodensack ziehen sich zum Körper hin zusammen. Vielleicht tritt etwas Flüssigkeit, der sogenannte »Sehnsuchtstropfen«, aus der Harnröhre aus. Bei Frauen wie bei Männern richten sich jetzt vielleicht auch die Brustwarzen auf.

Im Modell von Masters und Johnson folgt als nächstes der Orgasmus. Er wird definiert als eine Reihe rhythmischer Muskelkontraktionen, durch die sich die sexuelle Spannung entlädt. Durch den Orgasmus kann das Blut, das sich in den Genitalien angesammelt hat, schneller abfließen. Auf die Orgasmusphase folgt die Rückbildungsphase, in welcher der Körper in den nicht erregten Zustand zurückkehrt. Körpertemperatur und Herzfrequenz nehmen wieder ab, und das Blut fließt aus den Brüsten und Genitalien ab und versetzt sie so wieder in ihren Ruhezustand.

Ich erwähne dieses Modell, da es die physiologischen Veränderungen beschreibt, die bei sexueller Erregung auftreten. Keineswegs handelt es sich hier um eine Verordnung, etwa wie sexuelle Erregung sich abspielen *sollte* oder selbst, wie es sich in der *Realität* damit verhält; es ist nur eine mögliche Interpretation, wie die Dinge laufen könnten. Deine Erfahrung mag vielleicht manchmal mit diesem Modell übereinstimmen, manchmal aber auch nicht.

Andere SexualforscherInnen haben die Stufen der sexuellen Erregung in wieder anderen Kategorien zusammengefasst, wobei sie versuchten, subjektive Erfahrungen und gesellschaftliche und kulturelle Einflüsse auf sexuelles Erleben zu berücksichtigen. Ein Vorschlag ist, Begehren als eine Phase des sexuellen Erlebens mit aufzunehmen. Eine weitere beginnt ihr Modell mit Wollen. Cathy Winks und Anne Semans schreiben in *Good Vibrations. Sex, fun and safe* vom sexuellen Erleben, das ständig im Fluss bleibt: »Du kannst von Erregung zu Begehren übergehen, von Aufregung zu Gleichgültigkeit, von Langeweile zu Leidenschaft, vom Orgasmus zu Erregung und wieder zurück.«

Besonders für Überlebende möchte ich noch einmal auf eins hinweisen: bei sexueller Stimulierung treten diese physiologischen Reaktionen von Erregung auf, unabhängig davon, ob der Sex in beiderseitigem Einvernehmen stattfindet oder nicht. So viele Überlebende machen sich Vorwürfe oder hassen ihren Körper dafür, dass sie während des Missbrauchs erregt waren. Diese Reaktion ist unwillkürlich. Dein Körper reagiert so auf Stimulierung. Körperliche Lust macht die sexuelle Gewalt umso verwirrender. Vergiss nie: Dass du erregt warst, heißt nicht, dass du missbraucht werden wolltest, oder dass der Missbrauch deine Schuld war, oder dass dein Körper dich verraten hat.

Orgasmus

Ein Orgasmus ist eine Erfahrung, die anscheinend niemand ganz exakt beschreiben kann. Ich habe Leute sagen hören, »du weißt es, wenn du einen hast«, was vielleicht richtig ist, aber nicht gerade viel erklärt. Physiologisch gesehen ist ein Orgasmus eine unwillkürliche Kontraktion der Muskulatur des Beckens und des unteren Drittels der Vagina, ausgelöst durch sexuelle Stimulierung .

Manche Frauen unterscheiden zwischen klitoralem und vaginalem Orgasmus. Manchmal wird ein Orgasmus direkt an der Klit oder der Vagina gespürt, ein anderes Mal breitet er sich im ganzen Körper aus. Die weibliche Sexualität ist noch lange nicht vollständig erforscht, und selbst in maßgeblichen wissenschaftlichen Veröffentlichungen finden sich widersprüchliche Ansichten.

Es gibt eine Vielzahl von Büchern über den weiblichen

Orgasmus und Techniken, wie du deine Orgasmen intensivieren kannst. Je mehr du Becken und Genitalien entspannen kannst und darin präsent bist, desto empfänglicher bist du für Empfindungen. Du kannst deine Lust steigern, indem du dich auf deine Empfindungen konzentrierst und in dein Becken und deine Genitalien hinein atmest.

Orgasmus und Ejakulation

Entgegen einer weit verbreiteten Ansicht sind Ejakulation und Orgasmus zwei voneinander unabhängige physiologische Funktionen, die von unterschiedlichen Nervenzentren in der Wirbelsäule gesteuert werden. Das gilt für Männer wie für Frauen. Obwohl viele Menschen beides gleichzeitig erleben, hängt weder die G-Punkt-Ejakulation bei Frauen noch die Ejakulation bei Männern notwendigerweise mit einem Orgasmus zusammen. Mit etwas Übung kannst du beides voneinander getrennt erleben.

Multiple Orgasmen

Ja, multiple Orgasmen sind möglich. Multiple Orgasmen sind eine Kette von Orgasmen, bei der einer auf den anderen folgt. Meist liegt zwischen zwei Orgasmen eine kurze Erholungsphase, bevor der nächste kommt. Manche sprechen auch von einem anhaltenden oder ausgedehnten Orgasmus. In ihrem Übungsvideo *The Sluts and Goddesses Video Workshop* leitet Annie Sprinkle einen einstündigen Orgasmus an. Du kannst lernen, multiple wie ausgedehnte Orgasmen zu erreichen. Der erste Schritt besteht darin, die Intensität weiterer Stimulation auszuhalten, wenn du gerade einen Orgasmus hattest. Tiefe Atemzüge und schaukelnde Beckenbewegungen in Verbindung mit Stimulierung, die für dich lustvoll ist, zeigen dir den Weg.

Bist du präorgasmisch?

Manche Frauen hatten noch nie einen Orgasmus. Sexberaterinnen nennen dies »präorgasmisch«, weil wir davon ausgehen, dass jede Frau lernen kann, zum Orgasmus zu kommen. Viele

Frauen, die präorgasmisch sind, haben noch nie die Stimulierung erfahren, die für ihren Körper das Richtige ist.

Die meisten Frauen brauchen direkte klitorale Stimulierung, um zum Orgasmus zu kommen. Viele wollen anhaltende, ununterbrochene und manchmal auch schnelle Stimulierung, damit sie kommen. Vibratoren können sehr nützlich sein, wenn du lernen möchtest, zum Orgasmus zu kommen. Sie stimulieren schneller und intensiver, als es den meisten Menschen mit den Fingern möglich ist, und du kannst eine Vielzahl von Empfindungen mit ihnen ausloten.

Präorgasmisch zu sein kann mit einem sexuellen Trauma in Verbindung stehen. Vielleicht hältst du viel Spannung in deinem Becken und in deinen Geschlechtsorganen fest, und es fällt dir deshalb schwer, dich so weit zu entspannen, dass du einen Orgasmus haben kannst. Viele denken bei Orgasmus an eine Anspannung der Muskulatur, aber je entspannter du bist, desto besser, da es für die Muskeln schwierig sein kann, sich für den Orgasmus noch weiter zusammenzuziehen, wenn sie sowieso schon angespannt sind. Je mehr du atmest und deine Beckenbodenmuskeln entspannst, desto leichter kommst du zum Orgasmus.

> *Ich kriege keinen Orgasmus. Mein gesamtes Becken spannt sich an, und ich schlittere ewig am Rand des Orgasmus entlang. Ich schaffe es einfach nicht über den Berg.*
> Maria

Manche Überlebende kommen nicht zum Orgasmus, weil sie sich schämen oder Schuldgefühle haben, die mit ihrem sexuellen Trauma zusammenhängen. Vielleicht möchtest du keinen Orgasmus haben, um diesen Gefühlen auszuweichen. Die in Kapitel elf beschriebenen Techniken können dir dabei helfen, diese Auslöser und gespeicherten Verletzungen zu bearbeiten.

Wenn du präorgasmisch bist, gib dir Gelegenheit, mit dir alleine zu experimentieren, und nicht nur zusammen mit einem Partner oder einer Partnerin; nur so kannst du ohne Druck und

Erwartungshaltung alles mögliche ausprobieren. Ganz wichtig ist, dass du weiter atmest, wenn du dich anfasst. Nimm wahr, wenn du den Atem anhalten möchtest und entspanne dich wieder. Atme in dein Becken hinein, so als wolltest du den Beckenraum und deine Genitalien mit Sauerstoff versorgen. Lass deine Hüften sich bewegen. Bleibe nicht einfach still liegen (oder sitzen, etc.); bewege dein Becken vor und zurück, schwinge es von Seite zu Seite und lass es kreisen. Vielleicht kommst du dir zunächst etwas albern vor, mach aber trotzdem weiter. So lernst du *dich* kennen.

Kauf dir einen Vibrator. Du kannst damit spielen, den Vibrator direkt an verschiedene Stellen rund um deine Klit, deine Vagina, den Damm und den After zu halten. Wo bist du am sensibelsten? Wo möchtest du eher mehr Druck und wo weniger? Was ist die sensibelste Stelle deiner Klit? Wenn dir der direkte Kontakt mit dem Vibrator anfänglich zu intensiv ist, dann stimuliere dich durch ein Handtuch hindurch oder halte den Vibrator an die Außenseite der äußeren Venuslippen, und lass die Vibration durch die verschiedenen Hautschichten hindurch auf die Klitoris wirken. Oder du berührst deine Klit mit den Fingern und richtest den Vibrator auf deinen Handrücken. Wenn du deine empfindlichsten Stellen aufgespürt hast, dann bleib bei diesem Gefühl, atme weiter und hör nicht auf, dich zu bewegen. Richte deine Aufmerksamkeit immer wieder auf deinen Körper und deine Genitalien. Spür dich selbst. Bleib bei dir und deinen Empfindungen. Achte darauf, dass deine innere Kommunikation mit dir selbst dich unterstützt statt dich abzulenken. Sag dir, es ist toll, erregt zu sein, es ist völlig o.k., wenn du dich entspannst und Lust empfindest. Sag dir was Aufregendes, was dich anmacht!

Vielleicht kommen durch die Arbeit an deinem Orgasmus Gefühle und Bilder hoch, die mit dem sexuellen Missbrauch zusammenhängen. In unserem Körper können Teile des Missbrauchs gespeichert sein, die wir noch nicht in ihrer Gesamtheit fühlen oder bewältigen konnten. Es ist Teil deiner Heilung, dass diese Bruchstücke der Vergangenheit wieder auftauchen. Dein

Körper setzt das Trauma frei, das in diesem Körperteil festgehalten wurde. Begib dich in diese Gefühle, Auslöser und Erinnerungen hinein und arbeite dich durch. Vielleicht weinst du, wirst wütend oder beginnst zu zittern. Mach dir keine Sorgen. Das ist ein normaler Bestandteil deines Heilungsprozesses.

Es dauert zu lange

Obwohl sie nicht präorgasmisch sind, meinen manche Frauen, sie brauchen zu lang, um zum Orgasmus zu kommen. Aber »zu lang« ist relativ. Meine erste Frage ist: »Wem dauert das zu lang?«

Im Kino wird uns spontaner Sex wie aus dem Kochbuch vorgeführt: Zwei Menschen begegnen sich, fahren aufeinander ab, haben Sex, kommen gleichzeitig, und voilà! Vorbei. Im wirklichen Leben funktionieren Sex und Orgasmus nicht so. Eine realistischere sexuelle Begegnung schließt Gespräche mit ein, mehrere Male, in denen ihr die Position eurer Körper verändern müsst, Gelächter, mindestens einen peinlichen Moment, Furzen, oder den Versuch, es zu unterdrücken, und so weiter. Es tut mir leid, wenn ich deine rosa Seifenblase zum Platzen bringen muss, aber ich möchte Sex gerne zu etwas Normalen werden lassen. Ja, Sex kann tief und kraftvoll sein, genau wie andere Bereiche unseres Lebens auch, aber Sex ist auch ein normaler Bestandteil unserer menschlichen Erfahrung. Wir bringen unsere ganze Menschlichkeit mit ein in unsere sexuellen Kontakte.

So, zurück zum Orgasmus, der »zu lange« auf sich warten lässt. Was meinst du mit zu lange? Sind zehn Minuten zu lang? Eine halbe Stunde? Und wenn du drei Stunden lang versuchst, einen Orgasmus zu bekommen? Wenn sich deine Partnerin oder dein Partner drei Stunden lang auf deine Lust konzentriert? Wie wäre das? Ich finde die Zeitvorgaben der meisten Menschen in bezug auf einen Orgasmus nicht ausreichend, vor allem nicht für Frauen. Wie wäre es, wenn du dir einfach mehr Zeit lässt, als du gewohnt bist? Probier es aus.

Wenn du dir gerne die Option offen halten möchtest, schnell zu kommen, kannst du es mit einem Vibrator versuchen; die intensive Stimulierung bringt dich vielleicht schneller zum Orgasmus. Auch die oben beschriebenen Atem- und Bewegungsübungen können helfen. Für gewöhnlich wird ein Orgasmus durch Spannung im Becken und in den Genitalien verzögert. Bewege dich, entspanne und atme. Wenn deine Partnerin oder dein Partner dich nicht so anfassen, wie es für dich funktioniert, dann lass sie oder ihn das wissen. Teile mit, was du magst und zeig, wie das geht. Längerfristig geht es euch beiden besser so.

Und schließlich, wenn du das Gefühl hast, du kommst ganz dicht an den Orgasmus heran, schaffst aber den letzten Zentimeter nicht mehr, dann versuche, deinen inneren Fokus zu verändern. Konzentriere dich nicht ausschließlich auf deine Klitoris, sondern erweitere deinen Fokus und beziehe deine Empfindungen im ganzen Becken und überall im Körper ein. Oft lässt dich das so weit entspannen, dass du zum Orgasmus kommen kannst.

Thema: Gynäkologie

Inzest und sexueller Missbrauch in der Kindheit können auch eine Menge gesundheitlicher Probleme verursachen. Manche Überlebende tragen äußere oder innere Vernarbungen davon. Andere haben sich mit sexuell übertragbaren Krankheiten angesteckt oder leiden unter chronischen Pilzinfektionen. Wieder andere berichten über unregelmäßige Menstruationsblutungen und Schmerzen im Becken oder im Genitalbereich. Bei chronischen Infektionen, Auffälligkeiten bei der Menstruation, Schmerzen oder anderen Beschwerden, gehe bitte zu einer Frauenärztin. Auch Behandlungsmethoden wie z. B. Akupunktur können bei gynäkologischen Problemen nachweislich erfolgreich eingesetzt werden. Bevor du dich mit den emotionalen Aspekten dieser Arbeit auseinandersetzt, solltest du eine Heilpraktikerin oder Ärztin aufsuchen, um dich um eventuelle medizinische Probleme zu kümmern.

Ich hatte chronische Pilzinfektionen, seit ich sieben war und mein Stiefvater anfing, mich zu belästigen.
Kate

Bei vielen Überlebenden beobachte ich eine chronische Spannung im gesamten Beckenbereich. Anspannung und der Versuch, das Becken vom Missbrauch und der Zudringlichkeit wegzuhalten, ist eine natürliche Reaktion. Es ist der Versuch, dich zu schützen und zu entkommen. Diese Spannung kann zur Gewohnheit und damit chronisch werden und auf diese Weise andere Probleme verursachen. Ich habe Überlebende mit immer wiederkehrenden Pilzinfektionen und medizinisch nicht erklärbaren Schmerzen gesehen, die genau der Art entsprachen, wie sie missbraucht worden waren.

Chronische Spannung im Becken behindert die Durchblutung dieser Region. Ein im Körper gespeichertes Trauma kann außerdem die Empfindungsfähigkeit herabsetzen. Manche betrachten Trauma als im Becken blockierte oder eingesperrte Energie. Richte deine Aufmerksamkeit auf die Empfindungen in deinem Becken und beantworte dir folgende Fragen: Was kann ich in meinem Becken und in meinen Genitalien fühlen? Fühlt es sich warm oder kalt an? Fühlt sich mein Becken leer oder hohl an? Nehme ich irgendeinen Fluss oder eine Bewegung war? Welche Bilder oder Farben steigen in mir auf, wenn ich mich auf diesen Bereich meines Körpers konzentriere? Fühle ich eine Verbindung vom Becken zu meinen Beinen? Zum Brustkorb?

Als ich damit anfing, mich auf die Heilung meiner Sexualität zu konzentrieren, fühlten meine Vagina und mein Becken sich wie Stein an. Ich hatte dazu ein Bild von trockener, rissiger Erde, in der nichts wachsen konnte. In meiner Vorstellung gab ich dieser Erde Wasser, lockerte sie auf und machte sie beweglicher. Je mehr ich mich bewegte und versuchte, dort etwas von mir zu spüren, je mehr ich mich anfasste und versuchte, mir freundlich zu begegnen, desto mehr veränderte sich dieses Bild.
Stephanie

Dein Körper

Überlebende haben oft ein schwieriges Verhältnis zu ihrem Körper. Du lehnst deinen Körper ab, hast vielleicht das Gefühl, er habe dich verraten und im Stich gelassen und sei kein sicherer Ort für dich. Vielleicht ist es für dich ein Problem, überhaupt einen Körper zu haben. Du kämpfst mit Anorexie oder Bulimie, oder meinst, du seiest zu dick oder zu dünn. Viele Überlebende essen in allen nur erdenklichen Situationen, im Versuch, ihre Emotionen damit irgendwie in den Griff zu bekommen, während es anderen schwer fällt, überhaupt Nahrung zu sich zu nehmen. Weil beim Missbrauch dein Körper berührt oder benutzt wurde, ist eine schwierige Beziehung zu ihm oft eine der Langzeitfolgen.

Manchmal lehnen Überlebende ihren Körper ab, weil dort der Schmerz wohnt. Mit deinem Körper in Kontakt treten kann auch bedeuten, dich um das traumatische Erlebnis zu kümmern, das dort noch immer gespeichert ist.

> *Mir war immer so, als wäre mein Körper eigentlich seiner. Er gehörte nicht mir. Mein Körper hatte mich im Stich gelassen und war jetzt sein Verbündeter und mein Feind.*
> Maggie

Schau dir deine Beziehung zu deinem Körper an, besonders zu den Bereichen, die für dich zu Sex und Weiblichkeit gehören. Wer hat dir etwas über deinen Körper beigebracht? Woher hast du dein Wissen? Warum hältst du an dieser Ansicht fest?

Ich weiß, die Beziehung zu unserem eigenen Körper hat tiefreichende Wurzeln. Du kannst nicht einfach sagen, »Na gut, ich habe beschlossen, nun etwas anderes zu glauben als das, was mir beigebracht wurde, und schon fühle ich mich ab sofort anders.« Die Beziehung zu deinem Körper und deiner Sexualität zu verändern ist ein Prozess, der sich auf vielen Ebenen abspielt.

Zunächst geht es darum zu erkennen, von welchen Überzeugungen du ausgehst und wer sie dir vermittelt hat. Ist es eine Person, die das Sagen über deine Beziehung zu deinem eigenen Körper hat? Wenn du selbst bestimmen könntest, wie diese Beziehung aussehen soll, was würdest du dir wünschen?

Als nächstes kommen die Übungen, die dich unterstützen. Was hilft dir dabei, die Beziehung zu deinem Körper so herzustellen, wie du es dir wünschst? Was kannst du dir selbst immer wieder sagen? Was wäre ein kleiner Schritt in diese Richtung? Ein mittlerer und ein großer? Vielleicht fängst du damit an, deine Wunschvorstellung aufzuschreiben. Lies sie einer nahen Freundin vor. Klebe sie an den Badezimmerspiegel, damit du sie täglich vor Augen hast und lesen kannst. Erzähle den Menschen in deinem Umfeld, dass so die neue Beziehung zu deinem Körper aussieht. Bitte sie, dich ab jetzt in diesem neuen Licht zu sehen.

Die gleichen Übungen, die dir dabei geholfen haben, ein inneres Gefühl von Sicherheit aufzubauen (siehe Kapitel eins), unterstützen dich darin, eine neue, liebevollere Beziehung zu deinem Körper zu gestalten. Kampfkünste, Yoga, Tanz, Sport, Meditation und andere körperliche Betätigungen, bei denen du in deinem Körper bleibst und die deine Aufmerksamkeit auf die Empfindungen in deinem Körper lenken, sind deine wunderbaren Verbündeten, um das Trauma freizusetzen, das die negative Beziehung zu deinem Körper mit verursacht hat. Vielleicht läufst du durch Wellen von Scham und Schuld hindurch, bevor du deine Wut endlich auf deine Täter richtest, anstatt sie als internalisierte Selbstvorwürfe gegen dich zu wenden. Vielleicht fühlst du den Schmerz über das, was du verloren hast und wie du verraten wurdest, wenn der Hass auf deinen Körper dich nicht länger abschirmt. Vor welchem Gefühl hast du am meisten Angst? Stell dir vor, du baust eine starke Beziehung zu deinem Körper – einschließlich deiner Sexualität – auf, welche Emotionen kämen dann in dir hoch? Wie kannst du dich deinen Gefühlen nähern?

Deinen Körper umarmen

Diese Übung kann dir dabei helfen, bisher verhasste Bereiche deines Körpers kennenzulernen, anzunehmen und sogar ins Herz zu schließen. Wende sie an jedem Ort deines Körpers an, an dem du dich angegriffen fühlst, an dem du missbraucht wurdest oder den du nicht magst.

Suche dir einen ruhigen Ort, wo du dich hinsetzen oder hinlegen kannst. Entspanne dich und vertiefe deine Atmung, so dass sich dein Bauch und dein Brustkorb ausdehnen. Während du so liegst oder sitzt, richte deine Aufmerksamkeit auf deine Hände. Reibe sie aneinander, um sie zu wärmen und mit Energie aufzuladen. Lege Liebe und Anerkennung in deine Hände. Denke währenddessen an eine Person, die du liebst oder an eine Sache, die dir viel bedeutet und für die du Wärme empfindest. Lege dann die Hände auf den Körperteil, mit dem du arbeiten möchtest. Lass deine Hände sanft dort liegen, oder streichle diesen Teil von dir. Gehe liebevoll und freundlich mit dir um.

Dein Kopf wird wahrscheinlich verrückt spielen und all die Dinge abspulen, die mit diesem Bereich vermeintlich nicht stimmen: Du bist viel zu fett – schau dich doch mal an! – du bist zu dünn, du hast Schwangerschaftsstreifen, du bist schlaff, du hast Pickel und Cellulitis...

Am besten, du schreibst all diese Vorwürfe auf. Was für Gefühle liegen unter diesem ganzen Geschnatter? Welche Erinnerungen werden in diesem Körperteil aufgewühlt? Schreib auch das auf, und kehre wieder zu deiner Atmung und akzeptierenden Berührung zurück. Besinne dich immer wieder auf die Wärme und Fürsorge in deinen Händen. Mach diese Übung etwa fünf Minuten lang.

Es fällt mir wahnsinnig schwer, in meinem Körper zu sein und mich zu mögen. Ich hasse es, wenn Leute mir sagen, »Du musst deinen Körper einfach lieben«. Im Vergleich zu dem, womit ich mich hier auseinandersetze, hört sich das so abgedroschen an. Ich fange an, mich Schritt für Schritt zu akzeptieren und stückchenweise Gefallen an meinem Körper zu finden. Das fühlt sich toll an.
Danielle

Heute kannst du eine kraftvolle Beziehung zu deinem Körper entwickeln. Du wirst lernen zu schätzen, was vielleicht noch nie an dir geschätzt wurde und dir mit neuem Respekt entgegentreten.

Übungen

1. Welche drei Erfahrungen in deinem Leben haben deine Beziehung zu deinem Körper am stärksten geprägt? Das können positive oder negative Einflüsse sein. Denke an deine Familie und die Gemeinschaft, in der du lebst oder aufgewachsen bist, die sexuelle Gewalt, an soziale und kulturelle Einflüsse, Medien, Sport, Kunst und Performance.
2. Zu welchem Bereich deines Körpers hast du eine schwierige Beziehung? Dein Magen, deine Brüste, Hüften, Schenkel? Hol dir Papier, Buntstifte oder Filzschreiber und zeichne das Körperteil, um das es geht. Es muss keine wirklichkeitsgetreue Wiedergabe sein; zeichne einfach deinen Eindruck von diesem Bereich. Was will dieses Bild dir mitteilen? Was möchte oder braucht dieser Teil deines Körpers?
   Ich habe diese Übung mit einer Frau gemacht, die ihre Genitalien und ihr Becken zeichnete. Der Großteil ihrer ersten Zeichnung bestand aus schwarzen Schlan-

genlinien. Der Rest des Blattes war nahezu leer, als ob dieser Teil ihres Körpers nicht existierte. Im Verlauf unserer Arbeit zeichnete sie weitere Bilder ihres Beckens. Als sie sich die Verletzung, die ihr in dieser Region ihres Körpers angetan worden war, bewusst machte und ihr Becken wieder in ihr Leben einbezog, veränderten sich die Zeichnungen. Leuchtende Farben erschienen, und die Bilder wurden klarer, waren weniger chaotisch. Spätere Zeichnungen waren sehr lebendig und strahlten gleichzeitig Ruhe und Kraft aus.

3. Nimm dir einen Spiegel und suche dir einen bequemen Ort, an dem du ungestört bist. Schau dir deinen Genitalbereich an. Wie sieht er aus? Finde und benenne deine Venuslippen, die Klitoris mit ihrer Kapuze, die Öffnung der Vagina, den Damm und den After.
4. Was möchtest du noch gerne über deinen Körper wissen, über Orgasmus und den sexuellen Reaktionszyklus? Such dir einen Bereich aus und fang an, ihn zu erforschen.

Kapitel 6
Selbstbefriedigung und Selbstheilung

Dich selbst lieben

Sich selbst befriedigen bedeutet, sich selbst zärtlich oder sexuell zu streicheln und zu liebkosen – dabei kannst du einen Orgasmus haben, du kannst aber auch masturbieren, ohne zum Orgasmus zu kommen. Selbstbefriedigung ist für vieles gut. Indem du dich selbst berührst, kannst du herausfinden, was dich anmacht und was nicht. Du lernst dich selbst und deine eigene Lust besser kennen. Und je mehr du dich selbst kennst, desto eher kannst du auch deine eigene Sexualität genießen, und um so klarer kannst du deinen Geliebten mitteilen, was du magst und was nicht.

> *Selbstbefriedigung ist heute das Zentrum meiner Sexualität. Ich habe gelernt, dass ich mich selbst antörnen kann, dass ich selbst für mein Vergnügen verantwortlich bin. Das ist so befreiend für mich.*
> Anna

Selbstbefriedigung ist gesund. Untersuchungen haben gezeigt, dass du durch Selbstbefriedigung Stress vermeiden oder abbauen und besser entspannen kannst. Regelmäßiges Training der Schließmuskeln hält die Beckenbodenmuskulatur in Form. Das hilft nicht nur, das orgasmische Vergnügen zu erhöhen, sondern erleichtert auch Geburten, hilft Inkontinenz vorzubeugen und manchmal sogar Menstruationskrämpfe zu lindern.

Beim Masturbieren kannst du deine sexuellen Reaktionen erforschen, mit deinen Fantasien spielen, Sexspielzeuge und Safer-Sex-Methoden ausprobieren, dein erotisches Repertoire erweitern und eine positive Beziehung zu deinem eigenen Körper und zu deiner Sexualität aufbauen. Außerdem kann es auch einfach Spaß machen, deine Lust auszuleben!

Bei der Selbstbefriedigung können dir genau dieselben Erinnerungen und Gefühle begegnen, wie wenn du Sex mit einer Partnerin oder einem Partner hast. Beim Masturbieren kannst du üben, mit diesen Auslösern umzugehen. Selbstbefriedigung kann dir helfen, in deinem eigenen Bett und ganz für dich zu lernen, dass deine Sexualität dir gehört und dass du nicht »beschädigt« oder »schlecht« bist.

Ein schlechter Ruf

Masturbation hat keinen guten Leumund. Ihr wurde schon alles mögliche angehängt, zum Beispiel: Masturbieren führt zu Wahnsinn, Blindheit, Impotenz, Hysterie und anderen geistigen und körperlichen Symptomen. Noch 1995 wurde Dr. Joycelan Elders in den Vereinigten Staaten aufgefordert, als US-Stabsärztin zurückzutreten, weil sie Masturbation als eine Form von Safer Sex empfohlen hatte.

Den meisten von uns wurde schon im Kindesalter beigebracht, sich »da unten« anzufassen sei schmutzig. Scham hält uns davon ab, uns selbst zu erforschen. Uns wurde eine Sexualität-verneinende Vorstellung von Selbstbefriedigung übergestülpt, die uns davon abbringt, in und mit unserem eigenen Körper Freude zu erleben.

> *Es kam mir völlig krank vor, dass ich mich nicht selbst berühren durfte, mein Vater aber das Recht hatte, alles zu tun, was er wollte. Müsste es nicht umgekehrt sein?*
> Liz

Fast alle Menschen masturbieren. Das Kinsey Institut berichtete 1990, dass 94 Prozent der befragten Männer und 71 Prozent der befragten Frauen angaben, dass sie masturbieren, um zum Orgasmus zu kommen. Masturbieren ist ein gesunder Teil der sexuellen Entwicklung des Kindes und ein gesunder Teil des sexuellen Ausdrucks von Erwachsenen. Untersuchungen haben gezeigt, dass schon beim Fötus die Genitalien von Zeit zu Zeit anschwellen, und kleine Babys scheinen die Erfahrung zu machen, dass es sich gut anfühlt, wenn sie ihre Genitalien berühren. Bis zum Alter von zwei Jahren haben die meisten Kleinkinder gelernt zu masturbieren, und wenn sie älter werden, fangen sie an, auf die Körper anderer neugierig zu werden. All das gehört zur natürlichen kindgemäßen Entwicklung.

Was könnte für die sexuelle Entwicklung besser sein als Selbstbefriedigung? Selbstbefriedigung bietet dir einen großen Spielraum und ein ganzes Spektrum von Möglichkeiten, mit deinem Körper und deiner Sexualität umzugehen. Du kannst entscheiden, was du mit deinem eigenen Körper und deiner Sexualität machen willst. Damit liegt deine Sexualität wieder vollständig in deinen eigenen Händen.

Aber ich will nicht masturbieren

Nicht wenige Überlebende assoziieren mit Selbstbefriedigung immer auch sexuellen Missbrauch. Eine Frau, mit der ich arbeitete, wurde als Kind von ihrem Großvater beim Masturbieren entdeckt. Die Tatsache, dass sie sich selbst berührt hatte, benutzte er als Rechtfertigung, sie zu belästigen: dass es ihr Spaß machte, sich selbst zu befriedigen, nahm er als »Beweis« dafür, dass sie »es wollte«.

> *Er kam in mein Zimmer, als ich sechs war. Ich hatte mich ein bisschen gestreichelt und an meinen Fingern gerochen. Ich mochte den Geruch. Da hat er mich zum ersten Mal*

> *belästigt. Er sagte, Mädchen, die das mögen, sind dreckige Huren, also würde er mich auch behandeln wie eine Hure.*
>
> Daren

Manche Überlebende wollen gar nicht masturbieren, vielleicht aus kulturellen oder religiösen Gründen oder weil sie es einfach nicht mögen. Bei deiner Heilung geht es ausschließlich darum, was du möchtest und was nicht. Es geht immer um dein Einvernehmen und deine Entscheidung. Wenn du nicht masturbieren willst, laß es.

Bevor du dich aber dagegen entscheidest, möchte ich dich ermutigen, einmal die folgenden Fragen anzuschauen: Was für Gefühle kommen in dir auf, wenn du masturbierst oder wenn du dir vorstellst, du würdest masturbieren? Bekommst du ein schlechtes Gewissen, hast du ein Gefühl von Scham, Schuld, Wut oder Trauer? Sind das eben die Gefühle, die du mit dem Missbrauch verbindest? Ist es dein Gefühl zu Sex überhaupt? Mach eine Liste mit allen Gründen, warum du nicht masturbieren möchtest. Ist es deine eigene Entscheidung, oder entscheidet der Missbrauch an deiner Stelle?

Gefühle und Auslöser

Viele Überlebende sagen, beim Masturbieren kämen traumatische Gefühle hoch. Vielleicht hast du Angst, du wirst von deinen Emotionen überwältigt. Das Verquere bei der Heilung eines Traumas ist, dass du manchmal das Gefühl hast, du hältst es nicht aus, du wirst gleich sterben oder bei lebendigem Leibe von deinen Gefühlen verschlungen. Aber das wirst du nicht. Wenn du dir erlaubst, diese Gefühle zu erfahren, wird deine Bereitschaft, sie zuzulassen, zunehmen. Du wirst diese Gefühle durchleben, und dann werden sie vorbeigehen. Das ist ein ganz wichtiger Teil des Heilungsprozesses. Indem du so starke Emotionen zulässt und erlebst, wie sie wieder vorübergehen, heilst du dich von ihnen.

Sex ist für mich so unmittelbar mit dem Missbrauch verknüpft, dass ich nicht mal masturbieren kann. Ich schäme mich so und fühle mich entsetzlich schmutzig. Ich möchte mir nicht selbst antun, was meine Mutter mir angetan hat.
Carolyn

Wenn ich angefangen habe zu masturbieren, bin ich wie besessen davon, zum Orgasmus zu kommen. Ich bin dann ganz verkrampft und manisch. Ich will schnell kommen, und dann nur noch raus.
Naomie

Viele Überlebende kennen das Gefühl von Scham, das mit der sexuellen Lust hochkommt – Scham darüber, dass sie beim Missbrauch sexuelle Lust gespürt haben. Viele Überlebende wurden beim Missbrauch absichtlich zum Orgasmus gebracht.

Ich kriege Lust, ich fühle mich schuldig. Ich kriege Lust, ich fühle mich schuldig. Es ist wie ein Teufelskreis. Aber jetzt weiß ich: Wenn ich durch diese Schuldgefühle hindurchgehe – bis auf die andere Seite – dann lösen sie sich irgendwann auf. Ich verspüre wieder Lust. Und allmählich mache ich die Erfahrung, dass es für mich o.k. ist, Lust zu haben.
Liz

Auch Wut und Trauer sind Gefühle, die viele Überlebende beim Masturbieren erleben. Vielleicht kommt jedes Mal, wenn du Lust verspürst, ein Gefühl von Wut oder Traurigkeit in dir auf. Ist dir beim Masturbieren danach zu Weinen oder zornig zu werden? Mach das. Worüber bist du traurig? Worüber bist du wütend? Trauere über deine Verluste. Werde wütend auf deine Missbraucher. Und halte dich selbst dabei zärtlich fest.

Wenn ich masturbiere und wenn ich da so richtig reinkomme, kann es sein, dass ich so wütend werde, dass ich irgendwo reintreten will.
Pam

Ich weine, wenn ich mich selbst befriedige. Ich weine, wenn ich einen Orgasmus habe.
Danielle

Es kann auch passieren, dass beim Masturbieren tief verborgene Erinnerungen oder Bilder an die Oberfläche drängen.

Viele meiner Erinnerungen kommen mir beim Masturbieren. Ich nehme an, ich fühle mich sicherer, wenn ich für mich alleine und entspannt bin – dann kommen sie eher hoch.
Debbie

Ich wollte meinen Vater ein für alle mal aus meinem Kopf rausschmeißen, ich wollte, dass er nicht mehr in meinem Kopf auftaucht, wenn ich masturbiere. Und da war er wieder, sein Gesicht und sein Schwanz. Einmal bin ich aufgestanden und habe ihn angebrüllt. Ich habe geschrieen: »Es reicht! Raus hier! Verdammt noch mal, verschwinde, du hast kein Recht, hier zu sein. Raus!« Danach ist er nur noch einmal wiedergekommen, schon mit sehr viel weniger Kraft. Und heute kann ich ihn mit einem klaren »Nein!« an der Tür aufhalten.
Janet

Du kannst davon ausgehen, dass du irgendwann tiefen Gefühlen oder Erinnerungen an den Missbrauch begegnen wirst, wenn du masturbierst. Denk daran, dass du heilst, wenn das passiert. In den folgenden Kapiteln findest du eine Menge Werkzeuge und Möglichkeiten, wie du mit deinen Erinnerungen und Gefühlen, die beim Masturbieren oder beim Sex mit PartnerInnen auftauchen, umgehen kannst. Und jetzt zum schönen Teil!

Fünf Schritte zur himmlischen Selbstbefriedigung

Vielleicht gehst du davon aus, Selbstbefriedigung sei eine selbstverständliche Angelegenheit? Masturbieren will gelernt sein – wie alles andere auch. Es ist eine Kunst, sich selbst zu befriedigen, und es gibt ein paar grundlegende Techniken, mithilfe derer du dir noch mehr Vergnügen bereiten kannst.

1. Atme und entspanne dich

Denke immer daran zu atmen, während du dich selbst erotisch berührst. Wenn du über deine Brüste oder über deinen Bauch streichst, versuche immer, in den Teil deines Körpers hineinzuatmen, den du gerade berührst. Dein Atem hilft dir, die Gefühle und Empfindungen in deinem Körper wahrzunehmen. Wenn du über deine Vulva oder deine Klit streichst, bringe deinen Atem bis hinunter in den Venushügel. Stell dir vor, du könntest direkt in deine Vulva hineinatmen. Dein Atmen hilft dir, loszulassen und deinen Körper zu entspannen. Dadurch kannst du Gefühle und Empfindungen besser wahrnehmen und dir bewusst anschauen, was in dir vorgeht.

Für dich als Überlebende ist das Atmen besonders wichtig. Oft halten wir unwillkürlich die Luft an und spannen unsere Muskeln an, wenn wir Angst haben. Wie du weißt, ist das ein sehr wirkungsvoller Selbstschutz und eine gute Technik, um Gefühle zu betäuben. Bei vielen Überlebenden ist Sexualität und Selbstbefriedigung immer noch automatisch an diese Reaktion gekoppelt.

Vielleicht merkst du, dass du aufhörst zu atmen oder deine Muskel anspannst, wenn du dich selbst befriedigst oder mit jemandem sexuell zusammen bist.

Meine Kiefer werden unglaublich fest, wenn ich masturbiere. Es ist so, als ob ich immer fester werde, je mehr ich erregt bin.

Marianne

Atme und lass los, wenn du merkst, dass du dich verspannst. Komm mit deiner Aufmerksamkeit in deinen Körper zurück.

Wenn du beim Masturbieren atmest und dich entspannst, teilst du deinem Körper etwas Neues mit: Es ist sicher, sexuell erregt zu sein, es ist schön, Erregung und Lust zu genießen. Die Entspannung gibt deinem Körper auf einer sehr tiefen Ebene ein Gefühl von Sicherheit.

Wenn ich davon spreche, dass du dich entspannst, meine ich damit nicht, dass du vollkommen passiv oder regungslos wirst. Du kannst dich entspannen und gleichzeitig aktiv sein. Du kannst einen Orgasmus haben, wenn du entspannt bist. Du kannst sogar viel intensivere Orgasmen haben, wenn du vollkommen entspannt bist.

2. Bewege dich

Das zweite, was beim Masturbieren ganz wichtig ist: Bewege deinen Körper. Bewege deine Hüften, wiege deinen Venushügel, biege deinen Rücken und drück ihn nach unten, bewege deine Arme, deine Beine, deinen Kopf. Bring deinen Körper in Bewegung und deine Empfindungen und deine Gefühle zum Ausdruck. Das mag sich am Anfang etwas seltsam anfühlen, ist aber ganz wichtig für deine sexuelle Lust und deine Heilung.

Wenn du dich bewegst, hilft es dir, deinen Körper nicht erstarren zu lassen, außerdem werden deine Empfindungen stärker und können sich in deinem ganzen Körper verteilen. Wenn du noch nie einen Orgasmus hattest, kann es dir helfen, deinen Orgasmus zu befreien, wenn du dich bewegst.

Durch die Bewegung können auch schlechte Erinnerungen aufgewühlt werden. Weil viele von uns beim Missbrauch festgehalten oder runtergedrückt wurden, kann es gut sein, dass sich die zurückgehaltene Erinnerung löst, wenn du anfängst, dich zu bewegen. Indem du dich bewegst, teilst du deinem Körper mit, dass du jetzt das Sagen hast, dass du nicht mehr erstarrt oder gelähmt bist. Du kannst in eigener Verantwortung handeln.

Ich bin jetzt an dem Punkt, wo ich es absolut genieße, mich zu bewegen. Ich liebe es mich, zu bewegen, gemeinsam mit meinem Liebhaber oder auch alleine mit mir selbst. Das gibt mir das Gefühl, frei zu sein.
Jennifer

3. Sei laut

Der dritte große Trick bei der Masturbation heißt: Sei laut. Du kannst damit beginnen, dass du heftig atmest und vor allem laut ausatmest. Lass es raus, mach »ooh« und »aaah«. Stöhnen und jauchzen tut dir gut! Deine Stimme ist Teil deiner Sexualität und deiner Lust. Wenn du deine Kehle öffnest und Laute aus dir herauslässt, hilft dir das auch, deinen Körper offen und zu halten und zu entspannen. Dein Atem bleibt in Bewegung. Wenn du Bedenken hast, deine MitbewohnerInnen oder deine Nachbarn könnten dich hören, versuche dein Zimmer – so gut es geht – schalldicht abzudämmen. Mach Musik an. Manchmal reicht es, eine Decke oder ein Handtuch vor die Tür zu legen, damit weniger Geräusche durch die Türritzen dringen können. Oder du machst es unter der Dusche, vielleicht hast du im Bad die Intimsphäre, die du brauchst, um deine Stimme frei heraus zu lassen.

4. Berühre deinen ganzen Körper

Oft denken wir bei Masturbieren gleich an Orgasmus – und konzentrieren uns dann bei der Selbstbefriedigung sehr auf die Genitalien. Schenke deinem ganzen Körper Aufmerksamkeit, wenn du dich selbst berührst. Was für Berührungen magst du auf deinen Beinen, was an deinem Bauch? Magst du es, deine Haare und dein Gesicht zu berühren? Sexuelle Energie fließt durch deinen ganzen Körper, nicht nur durch deine Genitalien. Versuche sie zu spüren, erforsche dich selbst.

Vor allem, berühre dich an den Stellen, die sich am besten anfühlen, *aber auch* dort, wo du dich am liebsten gar nicht rantasten magst. Meistens sind die Stellen, die wir lieber übergehen möchten, besonders wichtig für die Heilung und voller wertvoller Informationen. Streichle dein Gesicht, deine Füße, deine Waden, deinen Rücken, deinen Bauch, deine Vulva, deine Brüste, deinen Anus, deinen Po, die Innenwände deiner Vagina, deine G-Fläche, den Gebärmutterhals, deine Schenkel, die Rückseiten deiner Oberschenkel. Lerne deinen Körper kennen. Lerne deinen Körper so kennen, wie du dir wünschen würdest, dass deine größte Liebe deinen Körper kennt.

> *Zuerst war es mir angenehm, meine Vulva zu berühren, dann kamen meine Arme und mein Bauch. Bei meinen Brüsten hat es viel länger gedauert; da bin ich richtig traurig geworden. Langsam habe ich mir immer mehr Teile meines Körpers zurückgenommen.*
> Angela

5. Bleib bei dir (und in deinem Körper)

Wenn du beim Masturbieren bei dir bleibst, wirst du auch bei dir bleiben, wenn du mit eine Partnerin oder einem Partner sexuell zusammen bist. Viele Überlebende sprechen davon, dass sie beim Sex dissoziieren und ihren Körper und ihre Gefühle verlassen.

In Kapitel drei beschreibe ich Techniken, wie du mit dem Problem Dissoziieren umgehen kannst. Verwende diese Techniken beim Masturbieren. Konzentriere dich auf die Gefühle in deinem Körper, während du dich selbst befriedigst. Beobachte dich, achte darauf, wie du dich anfühlst, warm, kalt, entspannt, angespannt, voller Energie oder taub, vielleicht pulsiert dein Körper an manchen Stellen und andere fühlen sich ganz leer an.

Wie fühlen sich deine Füße an? Was für ein Gefühl hast du im unteren Rücken?

Du kannst auch üben, präsent und bei dir zu bleiben. Sprich laut aus, was du gerade fühlst oder denkst: »Ich bewege meine Arme, es fühlt sich gut an, wenn ich meine Hüften bewege, ich schäme mich, ich habe Angst, dass meine Oma mich sehen kann, ich spüre, wie meine Vagina feucht wird und das fühlt sich aufregend an, das verunsichert mich, ich habe Angst, dass ich das eigentlich nicht tun darf …« Du kannst auch üben, bei dir zu sein, indem du an deinen Empfindungen und Erfahrungen dranbleibst.

Bring dich wieder zurück, wenn du merkst, dass du wegdriftest, z. B. Einkaufslisten machst. Atme, beobachte die Empfindungen in deinem Körper und nimm den Raum, in dem du dich befindest, wahr. Erinnere dich, warum du masturbierst und was du damit erreichen willst.

Experimentiere mit diesen »fünf Schritten zur himmlischen Selbstbefriedigung«. Probiere auch einmal aus, wie es ist, wenn du beim Masturbieren ganz still bleibst und flach atmest. Dann gib erneut Laute von dir. Mach eine Pause. Schau dir an, was für Unterschiede du bemerkst.

Dich berühren

Probier aus, was dir gefällt: dich streicheln, kitzeln, fest zugreifen, drücken und quetschen. Vielleicht stellst du fest, dass dein Körper intensivere und kräftigere Berührungen mag, wenn du erregter wirst. Spiel damit.

Ein paar Anregungen, wie du dir selbst Vergnügen bereiten kannst:

- Massiere dich mit angewärmtem Öl – vergiss Kopf und Füße nicht!

- Streichle abwechselnd leicht und fest über deinen ganzen Körper.
- Ziehe ganz sanft an deinem Schamhaar oder lege deine Hand mit leichtem Druck auf deinen Venusknochen.
- Streiche mit einer Feder oder einem weichen Stoff über deinen Körper.
- Zwick dich mit den Fingern in die Nippel oder drücke deine Brüste mit deiner ganzen Hand gegen deinen Brustkorb.
- Fasse den Hof um deine Nippel fest an, zieh daran, spiel mit ihnen und dreh sie ein. Leck an deinen Fingern und streiche mit deinen feuchten Fingern über deine Nippel und Brüste.
- Berühre deine Vulva, indem du deine ganze Hand auf sie legst, probiere dabei verschiedene Druckstärken aus.
- Spüre den Damm, die zarte Haut zwischen deiner Vagina und deinem Anus.
- Massiere deine äußeren Venuslippen mit Daumen und Zeigefinger. Und dann deine inneren Venuslippen.
- Zieh die Kapuze von deiner Klit zurück, um die Perle zu fühlen, berühre deine Klit an der empfindlichsten Stelle in kleinen Kreisbewegungen oder auf- und abwärts. Probiere aus, ob du sie lieber mit der ganzen Fläche deiner Finger berührst oder mit den Fingerspitzen oder mit deinem Daumen reibst.
- Geh in die Dusche oder in die Badewanne und masturbiere mit dem Wasserstrahl aus der Brause, um deine Klit zu stimulieren.
- Lass deine Finger oder einen Dildo in deine Vagina hineingleiten. Wie fühlt sich das an? Was ist, wenn du dich an unterschiedlichen Stellen in deiner Vagina berührst, wenn du mal ganz vorne bleibst und wenn du dich dann tiefer im Inneren berührst?
- Stimuliere deine G-Fläche, indem du mit deinen Fingern oder einem festen, leicht gebogenen Dildo gegen deine G-Fläche drückst.

- Wie fühlt es sich an, wenn du einen Vibrator an deine Vulva, deine Klit oder deinen Anus hältst, oder wenn du einen Dildovibrator in deine Vagina stößt und rausziehst, während du deine Klit berührst?
- Masturbiere, indem du dich an deiner Matratze, an einem Kissen oder an einem Stuhl reibst, oder indem du deine Beine zusammendrückst.
- Berühre dein After an der Außenwand. Ertaste die Nerven und erforsche diesen Bereich. Tu etwas wasserlösliches Gleitmittel auf deine Finger oder ein Sextoy für Analspiele und erforsche das Innere deines Afters.
- Probiere Nippelklemmen, Dildos, Analkugeln, Analstöpsel oder Freudenperlen aus.
- Reibe deine Arme und Hände.
- Küsse deine Arme und deine Knie.

Ein Rendezvous mit dir selbst

Richte dir einen regelmäßigen Termin ein, an dem du dir Zeit nimmst, nur für dich da zu sein und zu masturbieren. Ich würde dir vorschlagen, dass du dich zweimal im Monat mit dir selbst verabredest, um die Wonnen deiner Sexualität und deiner Heilung zu erforschen.

Dein erotisches Rendezvous könnte in etwa so aussehen:

Bereite dir deine Lieblingsspeise zu – achte ein bisschen darauf, dass du dir nicht etwas aussuchst, was dich total müde macht. Oder stell dir ein paar leckere Häppchen, Obst, Brot und Käsewürfel bereit, damit du etwas zu knabbern hast, während du dich mit dir vergnügst.

Richte dir den Raum schön ein, so wie du es für einen Geliebten oder eine Geliebte tun würdest. Schenk dir Blumen, mach Musik an, zünde ein paar Kerzen an. Sieh zu, dass es angenehm warm ist in dem Raum. Leg dir dein Sexspielzeug (wenn du welches hast) und wasserlösliches Gleitmittel bereit, oder auch irgendwelche Erotika, die du gerne magst.

Besinne dich darauf, warum du heute masturbieren willst. Vielleicht ist es heute deine Absicht, ausschließlich dir selbst Vergnügen zu bereiten oder ein neues Spielzeug auszuprobieren. An einem anderen Abend möchtest du dich vielleicht darauf konzentrieren, einen bestimmten Auslöser zu heilen.

Beginne damit, dass du deinen ganzen Körper streichelst, und achte auf deinen Atem. Benutze deine Hände, Samt oder eine Feder. Streiche über deinen Kopf, deine Füße, Fußgelenke und Waden. Berühre dich erst sanft, dann fester. Reibe deinen Körper mit einer zartflüssigen Creme oder mit Duftöl ein.

Lies eine erotische Geschichte oder ein Gedicht, das du magst. Schiebe dein Lieblingsvideo in den Videorecorder.

Bewege dein Becken und spüre die Empfindungen, die deinen ganzen Körper durchströmen. Drück deinen Rücken in das Bett oder in die Couch. Beweg dich. Lass dich spüren, wie dein gesamter Körper lebendig wird.

Und nun berühre deine Vulva. Streich mit deiner Hand von deiner Vagina aufwärts zu deiner Klitoris. Zupfe leicht an deinem Schamhaar, und drücke deine Finger in deinen Damm. Berühre mit deiner einen Hand deine Venuslippen, während deine andere Hand über deinen Bauch streicht.

Reibe deine Arme. Atme tief und gleichmäßig, und lass so Lust und Entspannung in deinem Körper langsam anwachsen.

Sag dir, dass dir dieses Vergnügen zusteht. Gib dir die Erlaubnis dafür. Erinnere dich daran, dass du geliebt wirst und dass du dich liebst. Sag dir, wie aufregend du bist!

Nimm deinen Vibrator oder deinen Dildo. Befeuchte den Dildo mit wasserlöslichem Gleitmittel und umkreise mit leichtem Druck deine Vulva mit der Spitze des Dildos. Lege den Vibrator in der Nähe der Öffnung deiner Vagina an und bewege ihn langsam hoch zu deiner Klitoris …

Jetzt mach *du* weiter …

Wenn du soweit bist, dass du aufhören willst, *hör auf.*

Auch wenn du Angst gekriegt hast, du nicht gekommen bist, dir albern vorkamst, oder dir dein neues superteures Sexspielzeug nicht gefallen hat, sei nachsichtig mit dir. Du hast es getan! Nimm wahr, dass es dir gut geht und dass dir nichts Schlimmes widerfahren ist. Gib dir ein bisschen Anerkennung!

Sicher gibt es ebenso viele Arten, sich selbst zu befriedigen wie es Frauen gibt. Vielleicht gestaltest du dir dein Rendezvous ja viel sinnlicher oder ganz ohne Berührungen deiner Genitalien. Oder du inszenierst ein raffiniertes S/M-Solo mit intensiven Empfindungsspielen, zahlreichen Accessoires und Fantasien. Das liegt ganz bei dir. Tu das, was *deine* sexuelle Heilung unterstützt.

Sexspielzeug, Fantasien und Pornos

Viele Leute benutzen zur Selbstbefriedigung gerne Sexspielzeug, lesen Erotika oder schauen sich Pornos (Bilder oder Videos) an. Viele Menschen fantasieren, während sie masturbieren. Manche haben Fantasien mit Menschen, die sie kennen, andere mit ganz Fremden oder Bekannten.

> *Wie ich masturbiere, hat sich im Lauf der Zeit ziemlich verändert. Früher habe ich gar nicht masturbiert. Dann hatte ich viele Fantasien mit Fremden oder Filmstars. Das mache ich immer noch gerne, und jetzt lasse ich mich auch gerne von diesen ganzen Empfindungen treiben. Manchmal fantasiere ich auch über meine Freundin.*
>
> Jane

Achte darauf, wie du Fantasien und Erotika einsetzt. Erweiterst du deinen Erfahrungsraum, wirst du dadurch präsenter in deinem Körper? Tragen dich deine Fantasien aus deinem Körper hinaus? Schlüpfst du mit deinen Fantasien aus deinem Körper heraus? Ist es eine Art, vor dir selbst zu fliehen? Du brauchst nicht aufzuhören, zu fantasieren, um die Art, wie du mit Fantasien arbeitest, zu verändern. Mehr zum Thema Fantasien findest du in Kapitel zwölf.

Fantasien haben in meinem Leben immer eine große Rolle gespielt. Meine Fantasie bringt mich aus meinen abdriftenden Gedanken heraus und hilft mir, die Blockaden meiner sexuellen Reaktion zu überwinden.
Terri

Zwanghafte Selbstbefriedigung

Manche Überlebende masturbieren zwanghaft, um Bedürfnisse zu befriedigen, die nicht unbedingt sexueller Natur sind. Vielleicht masturbierst du, um dich zu beruhigen oder um mit starken Gefühlen umzugehen. Vielleicht masturbierst du, wenn du wütend bist oder ängstlich, oder wenn du dich einem anderen Menschen unangenehm nah fühlst. Zwanghafte Selbstbefriedigung kann eine Art sein, um Gefühle, die mit dem Missbrauch verbunden sind, zu mildern oder abzustellen.

Manchmal ist unaufhörliches Masturbieren ein natürliches Stadium der Heilung. Wenn du mehr masturbierst, als dir angenehm ist, schau genau hin, was gerade los ist bei dir. Gibt es irgendetwas, was du gerne hättest, damit es dir gut geht? Wenn du genau das haben könntest, was du brauchst, was wäre das? Willst du masturbieren? Willst du im Arm gehalten werden? Hast du Hunger? Hast du Angst? Wenn du masturbieren willst, dann tu das. Wenn du etwas anderes brauchst, dann gib dir das.

In einer Phase meiner Heilung habe ich ständig masturbiert. Ich masturbierte zu Erinnerungen und Bildern von

dem Missbrauch. Als ich dann soweit war, hat das aufgehört. Ich fühlte mich nicht mehr davon besessen und die Missbrauchsfantasien verloren ihre Anziehungskraft.
Rosa

Masturbation zu zweit

Masturbation zu zweit ist Selbstbefriedigung im Zusammensein mit einer anderen Person. Eine/einer von euch kann masturbieren, während die/der andere zuschaut, oder ihr masturbiert beide zusammen. Selbstbefriedigung zu zweit hat viele Vorteile. Es ist eine gute Möglichkeit, deiner Partnerin oder deinem Partner zu zeigen, wie du gerne berührt werden möchtest. Manches lässt sich leichter zeigen als mit Worten erklären. Du kannst herausfinden, was deinen Partner oder deine Partnerin anmacht. Beim gemeinsamen Masturbieren kannst du auch ein bisschen Voyeurin oder Exhibitionistin spielen, und es ist die absolut sicherste Form von Safer Sex.

Für viele ist der Gedanke, mit jemand anderem zusammen zu masturbieren, unvorstellbar. Selbst Menschen, die schon lange Jahre in einer Ehe oder Beziehung zusammen leben, wissen oft nicht voneinander, wie oft ihr Partner oder ihre Partnerin masturbiert.

Für mich ist Selbstbefriedigung etwas sehr Privates. Es wäre mir unangenehm, so viel von mir selbst zu offenbaren.
Evelyn

Mir gibt es ein Gefühl von Sicherheit, wenn ich mit einem neuen Liebhaber zuerst masturbiere, bevor wir miteinander schlafen. Früher habe ich mit jedem gefickt, der irgendein Interesse daran zeigte, egal ob ich es wollte oder nicht. Heute ist das schon anders. Dadurch, dass ich mit

einem neuen Sexpartner jetzt immer erst masturbiere, bin ich gezwungen, mit ihm zu kommunizieren und ihn etwas besser kennen zu lernen. So kann ich dann sehen, ob ich wirklich mit ihm schlafen will oder nicht.
Marty

Gemeinsames Masturbieren ist eine wunderbare Möglichkeit, sexuell intim zu sein, wenn eine/einer von euch beiden gerade keinen Partnersex will, ihr einander aber trotzdem nah sein wollt.

Meine Freundin und ich sind beide Inzest-Überlebende. Wir waren – was unsere Heilung und Sexualität angeht – nicht immer auf derselben Ebene. Eine Sache, die wir irgendwann entdeckt haben, wenn eine von uns eine Zeitlang keinen Sex wollte, war, die andere zu halten, während sie masturbierte. Für uns wurde das ein Weg, auch in den härteren Zeiten unserer Heilung Sexualität in unserer Beziehung zu behalten.
JR

Viele Menschen, auch viele Überlebende, finden es absolut anmachend, zuzuschauen oder angeschaut zu werden. Es kann sehr aufregend sein, deiner Partnerin oder deinem Partner zuzuschauen, wie er oder sie sich vor dir selbst befriedigt, oder zu sehen, wie es deine Partnerin/deinen Partner anmacht, dich anzuschauen.

Ich liebe es, meinen Liebhaber so anzumachen, dass ich ihn zuschauen lasse, wie ich masturbiere. Er darf mich so lange nicht berühren, bis ich es ihm erlaube, egal wie geil er ist. Das ist ein tolles Spiel.
Aurora

Übungen

1. Schau dir deine Einstellung zur Masturbation an. Was hat man dir über Selbstbefriedigung beigebracht? Wer hat dir das erzählt oder woher weißt du das? Wenn du für dich entscheiden könntest, was Selbstbefriedigung für dich ist, was würdest du sagen?
2. Mach eine Liste: Was sind für dich die zehn wichtigsten Gründe zu masturbieren? Inwiefern könnte Selbstbefriedigung für dich und für deine sexuelle Heilung gut sein?
3. Was kommt hoch, wenn du masturbierst? Wie fühlst du dich in deinem Körper? Masturbierst du ganz bewusst, um zu heilen? Wie setzt du Selbstbefriedigung in deinem Heilungsprozess ein?

Kapitel 7
Einvernehmen und Grenzen

Das »Ja«, das »Nein« und das »Vielleicht« deiner Sexualität

> *Das mit den Grenzen beim Sex ist so verwirrend. Ich bin mir nie ganz sicher, wann ich »ja« und wann ich »nein« sagen soll. Meist folge ich einfach der anderen Person. Vielleicht weiß die ja wenigstens, was sie will.*
> Jackie

> *Mir wurde schmerzlich bewusst, dass das für mich der schnellste Weg der sexuellen Heilung ist: Ich muss meine eigenen Grenzen auch selbst respektieren, d. h. ich muss »nein« sagen, wenn ich keinen Sex will und ich kann Sex selbst initiieren, wenn ich welchen will.*
> Rebecca

Was ist Einvernehmen?

Einvernehmen ist die Fähigkeit, auf der Grundlage deiner eigenen inneren Erfahrung zu entscheiden, was du körperlich, emotional, geistig, spirituell und sexuell willst, und diese Wünsche dann auch zu äußern. Einvernehmen ist ein permanenter Prozess, bei dem du immer wieder neu Entscheidungen triffst. Es ist das, was Therapeutinnen meinen, wenn sie sagen, dass du »die Wahl hast«. Du entscheidest für dich, immer wieder neu. In einer sexuellen Begegnung kannst du zum Beispiel einer Sache zustimmen, eine andere aber ablehnen. Im Laufe der sexuellen Begegnung kannst du deine Meinung zu jedem Zeitpunkt ändern. Zwischen

»ja« und »nein« gibt es ein riesig großes Feld, das ich das Land des »Vielleicht« nenne. Auf diesem Gebiet wirst du am meisten an deinen Grenzen arbeiten.

Um Einvernehmen üben zu können, musst du mit deinen körperlichen Empfindungen, die dir zeigen, was du willst und was du nicht willst, in Kontakt sein. Du musst wissen, was du sexuell magst. Du brauchst ausreichend Informationen, um eine Entscheidung treffen zu können, die deinen Interessen entspricht. Und schließlich musst du wissen, wie du deiner Partnerin oder deinem Partner dein Einvernehmen mitteilen kannst.

Zum Beispiel kann es so sein, dass du wild mit jemandem herumknutschst und an irgendeinem Moment feststellst, dass es dir jetzt reicht, und dich dafür entscheiden aufzuhören. Du kannst mitten beim Oralsex sein und irgendwann beschließen, dass du jetzt nicht weitermachen willst. Du kannst zuerst »vielleicht« sagen zu Penetration, und dich dann später dafür entscheiden, es jetzt doch zu versuchen. Du kannst so oft, wie du willst, »ja« sagen. Du kannst deine Partnerin/deinen Partner darum bitten, deinen Bauch zu berühren, aber nicht deine Hüften. Wenn du letztes Mal zu irgendetwas »nein« gesagt hast, sagst du diesmal vielleicht »ja« – oder umgekehrt. Für die meisten Menschen ist das ein sehr radikales Konzept, besonders für Überlebende von sexuellem Missbrauch.

Ich hatte keine Ahnung, dass ich beim Sex überhaupt »nein« sagen kann. Ich dachte immer, wenn ich erst damit angefangen habe, jemand zu küssen, dann war's das, dann muss ich alles tun, was sie wollen, sonst bin ich eine falsche Schlange, die nicht hält, was sie verspricht. Ich habe viele Sachen mitgemacht, die ich gar nicht wollte.

Marty

Ich hatte früher immer Bedenken, dass es meiner Freundin gegenüber zu hart wäre, wenn ich mittendrin plötzlich meine Meinung ändere. Dann fing ich an zu üben, ihr beim Sex immer genau zu sagen, was ich will und was ich nicht

will. Und sie fuhr darauf ab! Manchmal lief dadurch alles wie in Zeitlupe, aber andererseits konnten wir auf diese Weise viel mehr ausprobieren. Unser Sexleben ist jetzt viel intensiver und interessanter, und ich habe das Gefühl, von meiner Geliebten gekannt und verstanden zu werden.
Kate

Wenn du das Sagen über deinen eigenen Körper hast, heißt das nicht, dass du die Gefühle anderer missachtest. Es bedeutet lediglich, dass du das Sagen über *dich* selbst hast, während andere das Sagen über *ihren* Körper und über ihre Sexualität haben. Für manche Überlebende ist es so ungewohnt, die Kontrolle über die eigene Sexualität zu haben, dass sie ihre neue Entscheidungsfreiheit für Egoismus halten. Sie fragen »Und was ist mit den Wünschen der anderen Person?« Die Wünsche der anderen Person sind genau so gültig und genau so viel Wert wie deine – bloß nicht *mehr* als deine. Stürzt euch in sexuelle Abenteuer, die euch beiden Vergnügen bereiten, oder lasst es ganz.

Sexueller Missbrauch und ungewollter Sex

Fast alle Überlebenden, mit denen ich gearbeitet habe, haben mir von Begegnungen erzählt, wo sie Sex hatten, obwohl sie es selbst nicht wollten. Es scheint fast so, als wäre das ganz selbstverständlich. Für viele Überlebende ist ungewollter Sex zu so einer Selbstverständlichkeit geworden, dass sie es gar nicht mehr merken.

Die Erfahrung der sexuellen Gewalt hat dich gelehrt, dein Gefühl für deine eigenen Grenzen zu missachten und dein Leben nach den Regeln eines anderen Menschen auszurichten. Als man dich missbrauchte, wurde dir keine Gelegenheit gegeben, nach deinem inneren Gefühl für Einvernehmlichkeit zu handeln. Man hat dich nicht ermutigt, deine Grenzen zu zeigen, und falls es dir dennoch gelungen ist, deine Gefühle auszudrücken, wurdest du nicht erhört, jedenfalls nicht respektiert.

Beim sexuellen Missbrauch wird Einvernehmen häufig sogar auf den Kopf gestellt. Zustimmung oder Ablehnung werden ins Gegenteil verkehrt oder verdreht. Und Einvernehmen wurde für dich vielleicht zu einer Widersprüchlichkeit. »Nein« hieß »ja« und »ja« hieß »nein«. Es hatte keine Wirkung, wenn du »nein« gesagt hast, oder es hatte für dich vielleicht noch schlimmere Gewalt zur Folge. Vielleicht wurdest du sogar dazu gebracht, um Sex zu bitten. Möglicherweise war der sexuelle Kontakt für dich die einzige Quelle für Trost, Zuwendung oder Verbundenheit.

> *»Nein« war für meinen Vater eindeutig keine annehmbare Antwort. Das letzte Mal, als ich versuchte, »nein« zu sagen, war ich neun. Ich sagte »nein« und mein Körper erstarrte, weigerte sich mitzumachen. Er wurde so wütend, dass er mich schlug. Er trat mich in den Rücken und brach mir eine Rippe. Eine Möglichkeit »nein« zu sagen, gab es für mich danach nicht mehr.*
>
> Laura

> *Als ich sieben war, fragte ich meinen Opa, ob wir unser »Spiel« spielen wollen, das er mir beigebracht hatte. Es war ein Streichelspiel. Das Spiel ging so, dass er meinen Rücken kitzelte und ich seinen. Aber dieses Mal fing er an, meine Beine und meine Brust anzufassen. Er belästigte mich. Ich habe immer gedacht, es ist meine Schuld.*
>
> Marianne

Es ist lebensnotwendig für dich, dass du die Erfahrung, eigenständig Entscheidungen zu treffen und die Erfahrung von Einvernehmlichkeit wieder in dein Sexleben integrierst. Du bist es jetzt, die über deinen Körper und deine Seele entscheidet. Du hast jetzt das erste, das zweite und das letzte Wort darüber, was in Sachen Sex geschieht.

Oft höre ich, dass Leute an diesem Punkt Ausnahmen machen. »Du meinst, ich könnte zu Sex mit meinem Mann, mit dem ich seit achtzehn Jahren verheiratet bin, ›nein‹ sagen?« Ja, du kannst »nein« sagen. Jedes Mal, wenn du keinen Sex haben möchtest, kannst du »nein« sagen. Während du als Kind keine Wahl hattest und gegen deinen Willen sexuellen Kontakt erfahren musstest, kannst du heute ganz allein für dich entscheiden: welche Art von Sex willst du haben, wann willst du Sex haben, wo und mit wem?

In einem Workshop beschrieb es eine Überlebende so: »In den letzten Jahren habe ich meine eigene Sexualität für mich entdeckt. Aber in dem Maße, wie ich meine sexuellen Wünsche für mich erschloss, verurteilte mein Partner meine Sexualität und meine Vorlieben. Mit mir würde etwas nicht stimmen, sagte er, weil er sich mit meiner Sexualität unwohl fühlt. Mir geht's gut. Mit meiner Lust ist alles in Ordnung. Er braucht ja nichts zu machen, was er nicht will, aber ich muss mich auch nicht einschränken, nur weil er andere Vorstellungen hat als ich.«

Es gibt eine ganze Reihe von unausgesprochenen Regeln über Sexualität und Einvernehmen, wie etwa : »Du kannst nicht zu oft hintereinander ein sexuelles Angebot ausschlagen, bevor du endlich zustimmst.« Oder: »Du musst warten, bis du aufgefordert wirst. Wenn du die Initiative immer selbst ergreifst, halten dich die Leute noch für eine Nymphomanin«, oder: »Was du einmal angefangen hast, musst du auch zu Ende bringen.«

Nimm dir einen Moment Zeit, um die Regeln zum Einvernehmen, die du aus dem Missbrauch und aus der Kultur ganz allgemein gelernt hast, zu überdenken. Wann darfst du nicht »nein« sagen? Wann darfst du nicht »ja« sagen oder von dir aus die Initiative ergreifen?

Du musst nie wieder Sex haben, den du nicht willst. Du brauchst nie wieder Sex zu haben, der sich nur nach den Bedürfnissen und Wünschen eines anderen Menschen richtet – egal wie überzeugend dein Partner auch sein mag, egal wie sehr du ihn liebst, nicht einmal, wenn er droht, dich zu verlassen. Von jetzt an gehören dein Körper und deine Sexualität ganz allein *dir*.

Selbst wenn …

Selbst wenn … du seit zwanzig Jahren verheiratet bist, kannst du es ablehnen, mit deinem Mann zu schlafen, wann immer und so oft du willst.

Selbst wenn … du schon einmal oder öfters mit einer bestimmten Person Sex hattest, kannst du jedes Mal neu entscheiden, ob du wieder mit ihr oder ihm Sex haben möchtest.

Selbst wenn … du heute schon zwei Mal Sex initiiert hast, kannst du jetzt noch einmal Sex initiieren.

Selbst wenn … du schon nackt und erregt bist, kannst du die begonnene sexuelle Aktivität jederzeit beenden.

Selbst wenn … deine Partnerin oder dein Partner nicht das ausprobieren möchte, was du gerne möchtest, kannst du darüber verhandeln, wie du deine Sexualität auf deine Art ausdrücken kannst.

Selbst wenn … deine Partnerin oder dein Partner dir androht, dich zu verlassen, kannst du dich dafür entscheiden, nicht mit ihr oder ihm zu schlafen.

Selbst wenn … andere der Meinung sind, das, was du begehrst, sei seltsam, kannst du dich für die Form von sexuellem Ausdruck entscheiden, die für dich stimmt.

Selbst wenn … (schreib du jetzt weiter)

Verkörpertes Einvernehmen

Die Informationen, die dein Körper dir in Form von Empfindungen, Gefühlen und Intuition gibt, sind der Schlüssel für deinen Entscheidungsfindungsprozess. Überlebende haben sich angewöhnen müssen, ihre Gefühle zu übergehen und sich den Wünschen anderer zu fügen. Ich möchte dich jetzt einladen, zurück in deinen Körper zu kommen. Aus der Tiefe deines Körpers heraus kannst du – ausgehend von deinen eigenen Bedürfnissen, Wünschen und Werten – entscheiden, was du sexuell willst. Das nenne ich verkörpertes Einvernehmen.

> *Die Idee mit dem Einvernehmen gefiel mir. Es leuchtete mir ein, aber ich hatte nicht die geringste Vorstellung, wie das in der Praxis konkret aussehen sollte.*
> Pam

Der erste Schritt auf dem Weg zu verkörpertem Einvernehmen besteht darin, dass du die Empfindungen und Signale deines eigenen Körpers wahrnimmst. Was fühlst du in deiner Brust, in deinem Becken, in deinem Bauch? Wenn du etwas tust, was du tun willst, wenn dein Innerstes dir »ja« sagt, woran merkst du das? Eine Überlebende, mit der ich arbeitete, sagte zum Beispiel, dass ihr Bauch sich entspannt und sie ein warmes Gefühl in der Magengegend bekommt, wenn sie weiß, dass es für sie okay ist, weiter zu machen. Eine andere berichtete, sie fühle eine Offenheit und Wärme in ihrem Becken und eine Verbindung zu ihrer Stimme und Kehle, wenn sie ein »Ja« fühlt. Probier es für dich aus. Woran erkennst du, dass dein Körper »ja« sagt?

Umgekehrt, welche Signale und Empfindungen tauchen in deinem Körper auf, wenn du eine bestimmte sexuelle Erfahrung nicht machen möchtest? Woran merkst du, dass es sich nicht mehr richtig anfühlt? Eine Überlebende beschrieb ihr Gefühl so: »In meiner Brust steigt ein Gefühl von Panik hoch, und ich will mich körperlich entziehen. Meistens versuche ich, mich in den sexuellen Kontakt hineinzureden, indem ich mir sage: ›Was soll denn schon sein? Es passiert schon nichts Schlimmes.‹ Wenn ich dann nicht auf meinen Körper höre, steige ich in der Regel aus und habe Sex, ohne da zu sein.«

Vielleicht bemerkst du, dass dein Atem kurz oder flach wird und dein Bauch fest, oder dass dein Körper weg möchte, wenn du in irgendeiner Weise nicht sexuell sein willst. Achte mal darauf. Da teilst *du* dich dir mit. Welche Empfindungen in deinem Körper teilen dir ein »Nein« mit?

Und was ist mit »vielleicht«? Manchmal hast du in deinem Körper plötzlich eine ganze Reihe anscheinend widersprüchlicher Gefühle. Vielleicht bist du in deinem Becken und deiner Vulva sexuell erregt und fühlst dich in deiner Brust gleichzeitig wie weggezogen. Vielleicht fühlst du eine Wärme in deinem Solarplexus, die dir sagt, mach weiter, während du gleichzeitig das Gefühl hast, deine Kehle schnürt sich vor Angst zusammen. Was machst du dann?

Die meisten Überlebenden wissen nur zu gut, was es heißt, widersprüchliche Gefühle zu empfinden. Um zu einem Einvernehmen kommen zu können, musst du jetzt lernen, zwischen den verschiedenen Empfindungen zu unterscheiden. Eine Workshop-Teilnehmerin stellte fest: »Das Gefühl von sexuellem Einvernehmen spüre ich in meinem Bauch. Es ist ein gewisses, ein sicheres Gefühl, gleichzeitig kann ich dabei in meiner Brust Angst verspüren. Ich bekomme Angst, wenn ich jemandem zu nahe komme. Ich kann mich darauf verlassen, dass das passiert. Das soll nicht heißen, dass ich nicht sexuell sein will. Es heißt nur, dass ich während dem Sex ängstlich bin.« Eine andere Überlebende meinte: »Wenn mein Bauch fest wird, höre ich eigentlich sofort auf. Allerdings weiß ich mittlerweile auch noch etwas anderes: Wenn mein Bauch fest wird, zeigt das, dass es mich stresst, angetörnt zu sein. Es war so schrecklich für mich, während der sexuellen Belästigung erregt zu sein, dass mein Körper sich heute immer noch dagegen wehrt, in Erregung zu geraten. Wenn ich mich einfach entspanne und meinen Bauch und die Angst darin wahrnehme, kann ich fortfahren, Sex zu haben. Dass mein Bauch angespannt ist, bedeutet nicht, dass ich keinen Sex haben will.«

Manchmal treffen wir Entscheidungen über unsere Sexualität in unserem Kopf. Wir glauben, das sei eine gute Idee, und es scheint Sinn zu machen, während wir in unserem Körper vielleicht gleichzeitig etwas ganz anderes fühlen.

> *Ich hatte fast immer Sex, wenn ich der Meinung war, jetzt ist es richtig so, alles ist an seinem rechten Platz ... Ich habe nie daran gedacht, darauf zu achten, was mein Körper mir sagt, ob ich Sex will oder nicht.*
>
> Barb

> *Mir war nicht klar, dass ich einen Körper habe, also traf ich fast alle meine Entscheidungen vom Kopf her. Ich ignorierte meinen Körper genauso wie damals, als ich missbraucht wurde. Mein Körper war für mich nur ein Morast voller Emotionen und Gefühl, womit ich nichts zu tun haben wollte.*
>
> Rose

Wenn du eine solche Kopfentscheidung getroffen hast, fühlst du dich anschließend möglicherweise benutzt, bist wütend oder ekelst dich vor dir selbst.

Einvernehmen *fühlt* sich nicht immer angenehm, leicht und fröhlich an. Eine einvernehmliche sexuelle Erfahrung kann manchmal Traurigkeit, Wut oder ein Gefühl von Verlassenheit hochbringen. Es ist wichtig, dass du lernst zu differenzieren und zu erkennen, wo deine Grenzen liegen. Es ist etwas anderes, ob du ein Gefühl wahrnimmst oder ob du aufhören willst, das zu tun, was du gerade tust. Das kannst du üben, indem du auf deinen Körper achtest und lernst, die Sprache deines Körpers zu verstehen.

Einvernehmen basiert auf Wissen

Um Einvernehmen praktizieren zu können, benötigst du auch Informationen von außen – und zwar *alle* Informationen, die du brauchst, um eine Entscheidung treffen zu können. Vielleicht musst du wissen, dass dein Partner willens ist, Safer Sex zu praktizieren, oder du musst wissen, dass deine Partnerin bereit ist, sich auf die Art von Beziehung, die du dir wünschst, einzulassen. Vielleicht musst du wissen, dass sie auch durch die härteren Phasen deines Heilungsprozesses hindurch bei dir bleibt. Was sind *deine* Kriterien? Was musst du wissen, um entscheiden zu können, ob du mit jemandem Sex haben willst?

> *Ich habe endlich gelernt, die Jungs, die mir gefallen, auf Safer Sex abzuklopfen, bevor ich mit ihnen was anfange. Das ist ein riesiger Schritt für mich!*
> Jackie

Ein paar Fragen, die du deiner Partnerin oder deinem Partner stellen kannst:

- Praktizierst du Safer Sex? Hast du dich auf sexuell übertragbare Krankheiten untersuchen lassen? Wann? Wie waren die Ergebnisse?
- Ich möchte nicht monogam (bzw. ich möchte monogam) leben. Wie stehst du dazu?
- Ich bin auf der Suche nach einer festen Beziehung (bzw. nach einem Sommerflirt). Und du?
- Was für sexuelle Vorlieben hast du? Ich mag Oralsex (oder viel Kuscheln oder anale Penetration). Stehst du auf so etwas?

Diese Fragen kommen dir vielleicht ziemlich gewagt vor. Du kannst jedoch dir selbst und auch anderen viel Herz- und

Kopfschmerz ersparen, wenn du lernst, über Sex zu sprechen. Du kannst ein solches Gespräch führen, bevor du dich auf eine sexuelle Begegnung einlässt, am Anfang einer sexuellen Beziehung, aber auch, wenn du schon seit Jahren in einer Ehe oder Beziehung lebst.

Die Vorstellung, über Sex tatsächlich zu reden, fand ich schockierend. All das laut aussprechen? Glücklicherweise hatte ich Vertrauen zu der Freundin, die mich immer wieder dazu ermutigte. Ich dachte darüber nach, was ich wohl gerne sagen würde und stellte fest, dass es so einiges gab, was mir am Sex wichtig war und worüber ich gerne sprechen wollte.
Evelyn

Wissen, was du willst

Natürlich musst du erst selbst wissen, was du willst, bevor du es einem anderen Menschen mitteilen kannst. Aber deine Wünsche verändern sich auch, es geht nicht darum, die ultimative Liste deiner sexuellen Lieblingsaktivitäten aufzustellen. Zu wissen, was du willst bedeutet eher, dass du weißt, was sich für dich angenehm oder lustvoll anfühlt, was du ausprobieren oder weiter erforschen möchtest, und was für dich vielleicht beängstigend ist, dich aber trotzdem reizt.

Rechne damit, dass du auch Fehler machst, wenn du deine Wünsche aussprichst. Du wirst bestimmt irgendwann »nein« sagen zu etwas, was du im nachhinein eigentlich doch gerne mal ausprobiert hättest, und du wirst höchstwahrscheinlich »ja« zu etwas sagen, von dem du dann merkst, dass du es eigentlich doch nicht wolltest.

Ganz am Anfang, als ich begann, mir Sex zu erlauben, hatte ich keine Ahnung, wo meine Grenzen waren. Wenn

es schief ging und ich hatte Sex, den ich gar nicht wollte, fühlte ich mich schrecklich – so, als ob ich mich jetzt selbst betrügen würde. Aber ich versuchte es weiter, trotzdem, und nach einer Weile war ich nachsichtiger mit mir. Wie sollte ich denn gut im Grenzen setzen sein, wenn mir das immer verwehrt gewesen war? Ich musste es lernen.
Naomi

Sei deine stärkste Verteidigerin und sei sanft zu dir selbst. Respektiere deine eigenen Gefühle, respektiere dein Einvernehmen und deine Grenzen – genauso, wie du wollen würdest, dass die Person, die du am meisten liebst, geachtet wird. Gib dir selbst Raum, um deine Wünsche und Grenzen zu erforschen – und um Fehler zu machen.

Einverständnis mitteilen

Mein neues Sex-Mantra lautet: Wenn du etwas willst, sag es. Wenn du etwas nicht willst, sag es. Es liegt jetzt an mir, mich um mich selbst zu kümmern.
Rebecca

Vielleicht findest du es beängstigend, über Sex zu sprechen – *besonders* mit der Person, mit der du Sex haben willst. Und doch ist eine gute Kommunikation über Sex das allerwichtigste Werkzeug, um dein Sexleben zu verändern und auf deine eigenen Wünsche und Bedürfnisse abzustimmen. Kommunikation ist die Art *wie* du dein Einvernehmen zeigst.

Nimm dir jetzt einen Moment Zeit und übe, laut zu sagen: »Ich möchte gern mit dir schlafen.« Du kannst den Wortlaut auch ändern, wenn du willst, aber stell dir vor, du lädst jemand ein, mit dir Sex zu haben. Jetzt versuche: »Ich könnte mir vorstellen, mit dir Sex zu haben. Vielleicht werde ich darauf zurückkommen.« Und jetzt: »Ich möchte keinen Sex mit dir.« Ersetze jetzt in allen drei Sätzen »Sex haben« durch eine bestimmte sexuelle Aktivität und wiederhole die drei Aussagen noch einmal: »Ich möchte dich gerne küssen.« »Ich könnte mir vorstellen, dich zu berühren.« »Ich möchte keinen Geschlechtsverkehr mit dir.«

Sag diese Sätze jetzt noch einmal und schau dabei in einen Spiegel. Da bist du, eine Frau, die lernt über Sex zu sprechen! Mit der Zeit wirst du dich wohl dabei fühlen, wenn du über Sex sprichst. Als ich bei Good Vibrations arbeitete, kamen – ich weiß nicht wie oft – Leute zu mir, um sich zu bedanken, dass sie gelernt haben, über Sex als einen normalen und natürlichen Teil ihres Lebens zu sprechen. Sie waren total erleichtert zu hören, wie ich »Vulva« sagte, oder »Klitoris«, »Penis«, »Anus« und »Hoden« – ohne dabei zu lachen und ohne dass meine Stimme sich dabei überschlug. Dass Sexualität und sexuelle Begriffe für mich zu etwas Selbstverständlichem wurden, kam mit der Übung. Glaub mir, während meiner Ausbildung habe ich aber erst mal ganz schön rumgekichert!

Nachdem ich erst einmal kapiert hatte, dass ich es verdiene, Sexualität zu leben, wann ich es will und keinen Sex zu haben, wenn ich es nicht will, musste ich lernen, das auch zu formulieren. Das war ganz schön seltsam und schwieriger, als ich gedacht hatte. Ich wurde ganz unsicher und schüchtern und wollte irgendwann gar nichts mehr sagen. Ich kam aber gar nicht mehr drumherum, denn eins stand fest für mich: Ich werde nie mehr etwas tun, was ich gar nicht will. Und ich war es leid, nicht zu sagen, was ich wirklich will.

Jo

Überraschenderweise war ich viel nervöser, wenn es darum ging, meine sexuellen Wünsche auszusprechen, als wenn es um ein »Nein« ging. Ich dachte mir: »Wer bin ich denn, dass ich mir herausnehme, zu sagen, was für eine Art von Sex ich haben will?« Ich hatte das Gefühl, ich verdie-

ne das nicht. Manchmal kam es mir so vor, als sei ich eine Schlampe, und ich schämte mich, dass ich so dreist war. Das war alles noch der Müll von dem Missbrauch, durch den ich mich durcharbeiten musste.
Sheila

»Ja«, »Nein« und »Vielleicht«

Ich möchte dir jetzt drei Beispiele für Einvernehmen geben. Alle drei sind Erlebnisse, die mir im Laufe meiner Arbeit mit Überlebenden und mit sexueller Heilung erzählt wurden. Ich stelle sie hier vor als Beispiele für verkörpertes Einvernehmen und Kommunikation.

Das »Ja«

»Ich fing an, mich mit meiner Sexualität allmählich wohler zu fühlen und hatte gelernt, mich selbst zu befriedigen. Irgendwann kam mir die Idee, dass ich meinen Mann gern einladen würde, mir beim Masturbieren zuzuschauen. Also fragte ich ihn. Er war überrascht und erfreut. Ich schaute ihn an, wie er mich anschaute, ich fühlte mich mit ihm verbunden. Es war noch viel aufregender, als ich erwartet hatte. Ich bat ihn, mich zu küssen, aber mich nicht zu berühren, während ich weiter masturbierte. So kam ich, während ich ihn küsste. Es war ein bisschen unheimlich, und gleichzeitig so gut für mich.«

Das »Vielleicht«

»Meine Freundin ging zum Studium in eine andere Stadt, und ich blieb wegen meiner Arbeit am Ort. Wir konnten uns nur ab und zu sehen, und zwischendurch wurde es ganz schön einsam. Eines Tages kam sie auf die Idee, wir könnten doch Telefonsex ausprobieren. Sie meinte, wir könnten uns beide einen Vibrator oder einen Dildo besorgen und dann gemeinsam masturbieren, während wir uns am Telefon anmachten. Als sie mich das fragte, war mir das total unangenehm. Trotzdem sagte ich nicht »nein«, sondern: ›Velleicht. Lass mir ein paar Tage Zeit.‹Ich versuchte herauszukriegen, was mir daran so unangenehm war. Mir wurde klar, dass ich Angst hatte, ich würde albern klingen oder ich könnte das vielleicht nicht besonders gut. Irgendwie reichte mir das aber nicht als Grund, es nicht zu probieren, und so nahm ich es wie eine neue Herausforderung an. Zuerst war ich etwas unbeholfen, aber mit der Zeit machte es richtig Spaß. Ich habe total viel über uns beide und über unsere Sexualität gelernt, und durch unseren Sextalk am Telefon wurde ich mir mit der Zeit viel sicherer, ich wurde insgesamt sicherer darin, über Sex zu sprechen.«

Das »Nein«

»Ein langjähriger Arbeitskollege lud mich zum Essen ein und machte mir eindeutige Anträge. Er übte ziemlichen Druck auf mich aus, und bedrängte mich, mit ihm ins Bett zu gehen. Ich erklärte ihm klar und deutlich, dass ich kein Interesse habe. Beim dritten Mal hat er es dann verstanden.«

»Ich war gerade dabei, mit meinem Liebhaber herumzuspielen. Wir waren erst seit ein paar Monaten zusammen, und ich hatte mit ihm noch nicht viel über den Inzest gesprochen. Er fing an, seinen Mund auf meine Brust zu legen, auf eine Art, die mich genau an den Missbrauch erinnerte. Im ersten Moment wusste ich nicht, was tun. Dann atmete ich tief durch, und sagte ihm, dass ich es sehr mag, wie er mich berührt, aber dass es mir nicht angenehm ist, wenn er so an meinen Brüsten saugt. Ich sagte ihm, dass ich es lieber mag, wenn er vorsichtig knabbert. Ich hatte viel an meiner sexuelle Heilung arbeiten müssen, bis ich soweit war, so etwas sagen zu können. Ich war so stolz auf mich, und er konnte damit gut umgehen.«

Vor dem Sex: Erst verhandeln

In der S/M-Szene ist es üblich, dass vor jedem S/M-Spiel oder vor jeder sexuellen Inszenierung verhandelt und abgesprochen wird. Hinter dieser Praxis steht das Konzept, dass die Partner immer erst miteinander über ihre sexuellen Wünsche, Grenzen, Bedürfnisse, Sicherheitsbelange und über Safer-Sex-Praktiken sprechen, bevor sie beginnen. Solcherart Absprachen sind für Menschen jeglichen sexuellen Genres sinnvoll und befreiend. Wenn du über Sex erst sprichst, und es dann tust, schaffst du dir einen Spielraum, der deinen Vorstellungen entspricht. Du kannst die Begegnung auf deine Bedürfnisse, Wünsche und Grenzen abstimmen.

Ob du dich auf eine neue Sexpartnerin oder einen neuen Partner einlässt, oder ob du mit jemandem Sex haben willst, mit der oder dem du schon lange zusammen bist – sprecht über eure sexuellen Wünsche und Vorstellungen, bevor ihr anfangt, miteinander zu spielen. Sucht euch eine entspannte Umgebung aus, nicht das Schlafzimmer oder den Ort, wo ihr meistens Sex habt. Setzt euch an den Küchentisch. Geht zusammen spazieren, oder fahrt eine Runde mit dem Auto. Sprich mit deiner Partnerin oder deinem Partner über das, was du willst, was du nicht willst und wo du das Gefühl hast, dass du für neue Erfahrungen aufgeschlossen bist. Jetzt ist der Moment, über deine Safer Sex-Kriterien zu sprechen. Du kannst die Gelegenheit auch nutzen, um etwas anzusprechen, was du an eurem Sexleben verändern möchtest. Stell alle Fragen, die dir wichtig sind, und finde etwas über die Bedürfnisse, Grenzen und Wünsche deiner Partnerin oder deines Partners heraus. Im gemeinsamen Gespräch könnt ihr euch auf sexuelle Begegnungen einigen, die für euch beide befriedigend sind.

Es war mir unangenehm, vorher über meine Grenzen zu sprechen und Fragen zu stellen. Ich hatte das Gefühl, das

würde der Spontaneität unserer Lust einen Dämpfer verpassen. Das Reden stellte sich dann aber eher als anregend heraus, und nach dem Gespräch fühlte ich mich auch wohler dabei, während dem Sex mal etwas zu sagen.
Tracy

Je nachdem, wie sehr du mit deiner Partnerin/deinem Partner vertraut bist, kannst du dich auch dafür entscheiden, mit ihr/ihm darüber zu sprechen, wie ihr damit umgehen wollt, wenn beim Sex irgendwelche Erinnerungen hochkommen. Du kannst ihr/ihm sagen, wie das für dich ist, wie du bist, wenn du dissoziierst, und welche Art von Unterstützung dir in dem Moment helfen kann. In Kapitel elf werde ich noch darauf eingehen, wie du einen Plan für den Umgang mit Auslösern beim Sex entwickeln kannst. Diesen Plan kannst du auch als Grundlage für dieses Gespräch benutzen.

PartnerInnen, die in einer langjährigen Beziehung miteinander leben, glauben vielleicht, sie kennen einander gut genug und können auf solche Gespräche verzichten. Meine Erfahrung ist allerdings, dass dies meistens nicht der Fall ist. Auch langjährige PartnerInnen können erstaunlich viel neues über einander erfahren. Wenn du in einer langjährigen Beziehung oder Ehe lebst, überleg dir mal, was du deiner Partnerin oder deinem Partner alles nicht über Sex erzählt hast. Wie würdest du dein Sexleben gerne verändern oder weiterentwickeln? Was könntest du über deine Partnerin oder deinen Partner herausfinden wollen?

Rückmeldung von anderen

Ob deine Partnerin/dein Partner mit deinen sexuellen Grenzen glücklich ist oder nicht, ob sie /er deine sexuellen Entscheidungen und Vorlieben nachvollziehen kann oder nicht – es sind deine Bedürfnisse, deine Wünsche und deine Grenzen. Und du brauchst dafür keine Erlaubnis, von niemandem. Für viele

Überlebende ist das ein sehr schwieriges Konzept.

> *Das geht bei mir ganz automatisch. Ich habe eine Grenze, sie gefällt meinem Geliebten nicht – und schon fange ich an zu überlegen, wie ich sie verändern kann, wie ich mich doch an das anpassen kann, was er will.*
>
> Janet

Als Überlebende bist du es vielleicht nicht gewohnt, dass deine sexuellen Grenzen bemerkt, geschweige denn, dass sie respektiert werden. Eine Workshop-Teilnehmerin sagte einmal: »Ich glaube, ich kämpfe oft mehr, als ich eigentlich müsste. Oft gehe ich davon aus, mein Freund will irgendetwas von mir, was ich aber nicht will. Wenn ich es dann anspreche, stelle ich fest, dass es eigentlich gar nicht stimmt.«

Egal wie jemand reagiert, dir steht es immer frei, deine eigene Entscheidung zu treffen und die nötigen Schritte zu unternehmen, um sie durchzusetzen. Als Erwachsene kannst du eigenverantwortlich handeln, auf eine Art, wie du es als Kind nicht konntest. Damals warst du machtlos und konntest den Missbrauch nicht stoppen.

Heute ist das anders. Wenn deine Sexpartnerin oder dein Partner deine Grenzen nicht respektiert, kannst du etwas unternehmen, um dich selbst zu schützen. Du hast eine Reihe von Möglichkeiten.

Du kannst noch einmal deutlich machen, wo deine Grenze ist, und darauf hinweisen, dass es Konsequenzen haben wird, wenn sie nicht respektiert wird: »Ich will, dass wir ein Kondom benutzen. Wenn du das nicht willst, werde ich nicht mit dir schlafen.«

Du kannst die sexuelle Situation verlassen, um in einer nichtsexuellen Umgebung weiterzusprechen: »Ich will noch etwas dazu sagen, aber nicht im Bett. Ich ziehe mich jetzt an, und dann treffen wir uns in der Küche.«

Du kannst die Situation auch ganz verlassen: »Das ist nicht in Ordnung für mich. Ich gehe jetzt.«

Wenn dein Partner/deine Partnerin sich mit deinen sexuellen Vorlieben unwohl fühlt, wird er/sie möglicherweise versuchen, dich dazu zu bringen, dass du dich mit deinen Wünschen schlecht fühlst. Du musst deswegen nicht in dich zusammenfallen und dich der Meinung deiner Partnerin oder deines Partners anschließen, oder dich selbst ummodeln, um dich seinen oder ihren Wertvorstellungen anzupassen. Auch hier gilt wieder: du hast verschiedene Möglichkeiten zu handeln.

Du kannst deiner Partnerin oder deinem Partner vorschlagen, ein bestimmtes Sexbuch zu lesen oder sich ein Video anzuschauen, um mehr über den Sex zu erfahren, der dich interessiert. Du kannst deine Partnerin oder deinen Partner einladen, gemeinsam Neuland zu betreten.

Du kannst dich auch dafür entscheiden, eure Beziehung zu verändern und mit einer anderen Person, die dieselben sexuellen Interessen hat wie du, eine sexuelle Beziehung einzugehen. Kreiere dir das Sexleben, das für dich stimmt.

Wenn du Sexpartnerinnen oder Sexpartner auswählst, achte darauf, ob sie wohl bereit sind, deine Grenzen zu unterstützen. Sind sie in der Lage, dich sexuell zu ermutigen, selbst wenn deine Wünsche gar nicht ihre sind? Vergiss nicht: Taten sagen mehr als Worte.

Respektierst du selbst deine eigenen Grenzen und deine sexuellen Wünsche? Stutzt du deine Bedürfnisse zurecht? Denkst du, du bist schlecht, weil du deine Wünsche hast? Übe, dich selbst so zu respektieren, wie du von anderen respektiert werden willst.

Heilsame Risiken

Heilsame Risiken einzugehen bedeutet, dass du dich neuen Erfahrungen öffnest, bei denen es sowohl um dein Wohlergehen als auch um deinen Wunsch zu wachsen geht. Es ist ganz wichtig für deine sexuelle Heilung, dass du deine Grenzen erweiterst, um dir mehr Raum zu geben und zu ermöglichen, dass mehr Freude und mehr Wahlmöglichkeiten in dein Sexleben Eingang finden. Wenn du gesunde Risiken eingehst, erweiterst du deinen Spielraum, den Raum, in dem du dich wohl fühlst, forderst dich aber nur soweit heraus, wie du damit umgehen kannst.

Für mich ist sexuelle Heilung ein ständiger Prozess, in dem ich Schritt für Schritt vorankomme. Ich drücke eine Schranke beiseite und habe dabei meistens schreckliche Angst, ich gelange auf eine neue Ebene und durchbreche dann wieder eine Schranke. Das erinnert mich immer an den Hasen und den Igel; mit List und Beharrlichkeit gewinnt der Igel das Rennen.
Laurie

Viele Überlebende sagen, sie wollen bloß, dass Sex sich sicher anfühlt. Leider wirst du mit deiner Heilung kein Stück vorankommen, wenn das dein Ziel ist: nicht bedrohlicher und angenehmer Sex. Aufgrund der Natur der sexuellen Gewalt und des Traumas wirst du im Laufe deiner Heilung unweigerlich Zeiten durchmachen müssen, in denen du dich unwohl fühlst und Ängste hast. Wenn du heilsame Risiken eingehst, die dein Vergnügen und deinen Spielraum erweitern, wirst du dabei die ganze alte Angst, die Verlustgefühle und die Wut wieder spüren. Das ist normal. Mit jedem neuen Gefühl, das du dir zugestehst, befreist du deine Sexualität von der Kontrolle durch den sexuellen Missbrauch.

Ich denke immer, Heilen bedeutet, sich gut zu fühlen. Wenn es mir schlecht geht, glaube ich einen Rückfall zu haben. Die anderen in meiner Gruppe sagen, es sei genau andersrum – dass es mir besonders schlecht geht, wenn ich heile. Das ist wie beim Säubern einer Wunde.
Marianne

Was ist dein übliches Verhaltensmuster? Sagst du automatisch »nein« zu Sex? Oder sagst du ganz schnell »ja«, ohne dich selbst zu fragen, ob du überhaupt willst?

Wenn du eher »nein« sagst zu Sex oder zu neuen sexuellen Erfahrungen, kann es ein heilsames Risiko für dich sein, über deine jetzigen Grenzen hinauszugehen. Was für ein klar eingegrenztes Risiko kannst du in sexueller Hinsicht eingehen, um mehr Freiheit und Wahlmöglichkeiten in dein Sexleben zu bringen? Du könntest vielleicht riskieren, sexy Klamotten zu kaufen und diese vielleicht sogar bei einer Verabredung anzuziehen. Vielleicht wagst du es, ein sexuelles Abenteuer nach deinem Geschmack zu initiieren, oder sogar mit deiner oder deinem Geliebten ein Gespräch über Sex anzufangen. Was könntest du wagen? Wie könntest du die Begrenzungen, die dich in deinem sexuellen Ausdruck einschränken, ausdehnen, ohne über das hinauszugehen, was du gut verkraften kannst?

Wenn du eher »ja« sagst, und es für dich schwieriger ist, »nein« zu sagen, kann es für dich ein gesundes Risiko sein, eine sexuelle Grenze aufzustellen. Du könntest es riskieren, keinen Sex zu haben, wenn du es nicht willst – in einer Situation, in der du dich sonst hineingeredet hättest. Du könntest »nein« sagen zu einer neuen sexuellen Erfahrung, die dich zu weit treiben würde. Vielleicht könntest du mit deiner oder deinem Geliebten über deine Grenzen sprechen. Wozu würdest du gerne »nein« sagen, wenn du ohne irgendwelche negativen Folgen zu allem »nein« sagen könntest?

Übungen

1. Denke an zwei einvernehmliche sexuelle Erfahrungen, die du hattest. An welchen Empfindungen und Signalen deines Körpers, deiner Emotionen und in deinem Gedankenprozess erkennst du, dass es einvernehmliche Erfahrungen waren?

2. Denke an zwei nicht einvernehmliche sexuelle Erfahrungen. Welche Empfindungen und Signale deines Körpers, deiner Emotionen und in deinem Gedankenprozess sagen dir, dass es kein einvernehmlicher Sex war? Bist du weggedriftet? Wann und wie?
3. Übe, laut auszusprechen, zu welcher Form von Sex du »ja«, »nein« und »vielleicht« sagst:
   »Ich würde gerne ________.«
   »Ich würde vielleicht gerne einmal ________. Ich weiß nicht, ob ich ________will.«
   »Nein, ich möchte nicht ______________.«
   In die Lücken kannst du deine eigenen sexuellen Wünsche und Grenzen einsetzen. Fange so an, dass du die Sätze laut zu dir selbst sagst, und versuche dann, sie zusammen mit einer Freundin oder einem Freund zu üben. Mit ein bisschen Übung wird es dir schon bald leichter fallen.
4. Denk dir zwei gesunde sexuelle Risiken aus. Inwiefern werden diese Risiken deiner sexuellen Heilung nützlich sein? Wer kann dich dabei unterstützen, wenn du diese Risiken eingehst? Wie kannst du dich währenddessen gut um dich selbst kümmern?
5. Was für Safer-Sex-Techniken benutzt du? Wo ist deine absolute Grenze in bezug auf sexuell übertragbare Krankheiten? Was sind deine üblichen Safer-Sex-Praktiken?

Kapitel 8
Partnersex

Sex mit meinem Geliebten kann die lustvollste, aber auch die furchterregendste Sache sein.
Aurora

Sex mit einer Partnerin oder einem Partner kann ein Weg sein, sich einem anderen Menschen nah zu fühlen, es kann ein Weg sein, Lust zu erleben, oder auch albern oder verspielt zu sein. Sex kann sogar eine Form der Heilung sein. Der Sinn und Zweck von Sex heißt weder Penetration noch Orgasmus. Du kannst auch ohne Penetration tollen Sex haben und du kannst wunderschönen Sex haben, ohne zum Orgasmus zu kommen. Sex ist auch mehr als die vaginale Penetration einer Frau durch einen Mann – so schön das auch sein mag. Sex ist so unendlich vieles: Küssen, Streicheln, Oralsex, Analsex, umarmen, S/M – und alles, was oben schon erwähnt wurde. Sex ist wirklich das, was es für dich sein soll. Was Sex für dich ist, bestimmst du – mit deinen eigenen Wünschen und deiner Kreativität.

Genau wie Selbstbefriedigung will auch guter Partnersex geübt und gelernt sein. Die meisten von uns haben wenig Gutes über Sex mitbekommen, und gleichzeitig gehen wir davon aus, dass wir auf magische Weise wissen müssten, wie es geht. Mit den richtigen Infos und der nötigen Bereitschaft zum Ausprobieren kannst du dir ein Sexleben schaffen, wie du es dir wünschst.

Ich habe verdammt viel gelernt, als ich mit der sex-positiven Community zu tun hatte. Meine Vorstellung von Sexualität war plötzlich ganz klar. Ich habe jetzt Worte, die ich aussprechen und Ideen, die ich ausprobieren kann.
Terri

Natürlich kann Sex mit einer Partnerin oder einem Partner alte Gefühle, Empfindungen und Erinnerungen an deinen sexuellen Missbrauch hochbringen. Das kann sehr schmerzhaft und frustrierend sein, es kann aber auch eine ganz wunderbare Möglichkeit sein zu heilen.

> *Durch diese Art, an meiner Heilung zu arbeiten, hat sich mein Sexleben erweitert. Früher war Sex für mich nur Geschlechtsverkehr und fertig. Heute mag ich Sachen, von denen ich gar nicht wusste, dass sie mir gefallen könnten, zum Beispiel Oral- und Analsex. Zur Zeit bin ich voll bei Tantra, Telefonsex habe ich auch schon ausprobiert.*
> Naomi

Das Gute, das Schlechte, und … das Angenehme?

Ich habe die Erfahrung gemacht, dass die meisten Überlebenden von sexuellem Kindesmissbrauch – egal was ihre sexuellen Vorlieben oder Orientierungen waren – oft das Gefühl haben, dass das, was sie sexuell tun, irgendwie falsch ist, unzulänglich, pervers oder ganz einfach schlecht. Kommt dir das irgendwie bekannt vor? Viele Überlebende, mit denen ich gearbeitet habe, waren in Sorge, dass sie sich infolge des Missbrauchs sexuell zu stark ausdrücken, oder dass sie ihre Sexualität zu wenig ausdrücken, oder dass sie zu konventionell oder dass sie homosexuell sind.

Zwischen der Erfahrung des sexuellen Missbrauchs in deiner Kindheit und deinen sexuellen Vorlieben und Problemen heute gibt es viele Verbindungslinien. Am problematischsten ist vielleicht dein Gefühl, dass du – egal, was du willst oder nicht willst – schlecht bist. Deine Überzeugung, dass du schlecht bist, ist ein Ergebnis des Missbrauchs: er hat dich dazu gebracht, Scham, Schuldgefühle und Selbstvorwürfe zu verinnerlichen. Viele

Überlebende gestatten sich aus diesem Grunde nicht, ihre eigene Sexualität auszuloten. Nun zu deiner eingebildeten Überzeugung: Deine Sexualität ist an keinem Punkt schlecht, und du hast nichts falsch gemacht.

> *Jedes Mal, wenn ich mich dem Risiko aussetzte, mich sexuell zu vergnügen, hatte ich hinterher das Gefühl, ich war zu wild oder zu ausdrucksvoll. Ich war dann versucht, alles herunterzuspielen. Ich bin wirklich ziemlich konventionell, was Sex angeht, deswegen weiß ich gar nicht, wie ich bloß das Gefühl haben konnte, dass etwas so falsch gewesen sein sollte – abgesehen von der Tatsache, dass es Spaß machte.*
>
> Janie

> *Ich drücke meine Sexualität sehr unterschiedlich und häufig in unkonventioneller Form aus. Ich stehe auf S/M und ich bin bisexuell. Ich habe mich deswegen oft schlecht gefühlt, ich hatte das Gefühl, ich bin verdorben, oder mit mir stimmt was nicht. Ich habe lange daran gearbeitet, mich einfach so anzunehmen wie ich bin – das zu akzeptieren, was ist: was mich anmacht, macht mich an, und was ich mag, mag ich.*
>
> Janie

> *Ich rede die ganze Zeit darüber, dass ich unbedingt Freude und Sex in meinem Leben haben will; und wenn ich es dann kriege, drehe ich mich rum und renne schreiend in die andere Richtung.*
>
> Maria

Deine Checkliste – Die Basis für guten Sex

Woran kannst du erkennen, ob Sex dir gut tut? Ist Sex für dich gut, wenn du deinen eigenen Wünschen folgst? Hast du für dich Kriterien festgelegt, mit wem du Sex haben darfst und mit wem nicht? Es gibt ein paar grundlegende Prinzipien, die dir helfen können, dein Sexleben auf eine gesunde Grundlage zu betten. Nimm diese Checkliste als Hilfsmittel; anhand der sechs Punkte kannst du abchecken, ob eine sexuelle Erfahrung gesund für dich ist, war oder sein wird. Sie kann dir auch als Kompass dienen, dich durch verwirrende Windungen und Auslöser in einer sexuellen Begegnung hindurchzusteuern.

1. Atme
Atmest du? Ist dein Atem flach oder füllt er deinen Bauch- und deinen Brustraum? Achte darauf, dass du ruhig und gleichmäßig weiteratmest, während du über Sex sprichst, oder wenn du einfach nur an Sex denkst. Dadurch kannst du deinen Atem und dein Wahrnehmung schulen und dich daran gewöhnen, auch beim Sex entspannt und präsent zu sein.

2. Bleib in deinem Körper
Spürst du etwas in deiner Brust, deinen Armen und Beinen? Beweg dich, wenn dir das hilft. Das Gefühl für deinen Körper ist dein Bezugspunkt. An deinem Gefühl erkennst du, was du willst und wo deine Grenzen sind.

3. Sei präsent
Bist du in dem Raum gegenwärtig? Achte auf die Dinge, die dich umgeben. Bist du bei dir? In welcher Stimmung bist du? Welche Gedanken gehen dir durch den Kopf? Vergegenwärtige dir: Hier bin ich, ich bin hier. Bist du bei deiner Partnerin/deinem Partner? Nimm deine Partnerin/deinen Partner wahr. Schau sie an, oder ihn. Deine Partnerin/dein Partner ist hier bei dir.

4. Praktiziere einvernehmlichen Sex
Ist der Sex für alle Beteiligten einvernehmlich? Willst du das tun, was du gerade tust? Erinnere dich daran, du kannst Angst haben und dich trotzdem auf Sex einlassen wollen. Es kann auch sein, dass du körperlich erregt bist, obwohl du gerade etwas tust, was du nicht tun willst. Frage dich selbst, ob deine Entscheidung,

diesen Sex zu haben, auf deinen eigenen Bedürfnissen und Wünschen beruht. Du kannst »ja« sagen. Vergiss nicht: Du hast in jeder sexuellen Situation die Wahl, »ja«, »nein« und »vielleicht« zu sagen. Alle drei Antworten sind absolut gleichwertig.

5. Sorge für deine Sicherheit
Achte auf deine körperliche, geistige und emotionale Sicherheit. Bist du nüchtern und clean, also ohne irgendwelche Drogen? Ist deine Partnerin oder dein Partner nüchtern und clean? Bist du an einem Ort, an dem du sicher bist? Vielleicht fühlst du dich ängstlich, wenn deine Erinnerungen hochkommen, oder wenn du ein sexuelles Risiko eingehst. Das ist aber etwas anderes, als wenn du nicht in Sicherheit bist. Bist du in der Situation, in der du dich jetzt gerade befindest, in der Lage, auf dich selbst aufzupassen, für dich zu sorgen und dein körperliches, emotionales und sexuelles Wohlergehen sicherzustellen? Wenn deine Antwort »ja« ist, dann bist du aller Wahrscheinlichkeit nach in einer sicheren Situation.

6. Praktiziere Safer Sex
Hast du dich vergewissert, dass du dich bei deiner Partnerin oder deinem Partner nicht mit einer sexuell übertragbaren Krankheit ansteckst? Bist du auf Safer Sex vorbereitet? Wenn deine Partnerin oder dein Partner sich weigert, Safer Sex zu praktizieren, wird ihm oder ihr die wunderbare Gelegenheit entgehen, mit dir Sex zu haben. Punkt.

Wie du sehen kannst, geht es bei dieser Checkliste nicht darum, zu beurteilen, ob es in Ordnung ist, dass du Bondage magst, oder Küssen oder Sex mit mehr als einer Person auf einmal. Du entscheidest selbst, was für dich annehmbar und schön ist. Wer sonst könnte das wissen? Diese Checkliste kann dir helfen, eine verkörperte, selbstbezogene Sexualität aufzubauen, eine Sexualität, bei der du in deinem Körper bist, bei der du präsent bist und deine Erfahrungen wahrnimmst. Und sie kann dir helfen, auf der Grundlage deiner eigenen Bedürfnisse das zu tun, was du liebst, was dir gefällt, was du magst und willst. Umwerfende Vorstellung, was?

Fehler

Vielleicht bist du in deinem Körper und atmest zum allerersten Mal beim Sex tief durch. Das kann eine seltsame und ungewohnte Erfahrung sein. Du wirst auf deinem Weg sicherlich Fehler machen und sogar Dinge tun, von denen du später merkst, dass du sie gar nicht tun wolltest. Wie bei allem, was du neu lernst, wirst du auch hier mit der Übung besser werden. Fehler sind ein ganz wichtiger Teil von Lernprozessen.

> *Ich hatte mal Sex mit einer Frau, als ich es nicht wollte. Sie hat auf eine Art an meinen Brüsten herumgenuckelt, die Erinnerungen an den Missbrauch in mir auslöste, aber ich habe ihr nicht gesagt, dass sie aufhören soll. Ich ging den »Steh es durch, bis es vorbei ist«-Weg. Tagelang habe ich mich schrecklich gefühlt. Ich hatte das Gefühl, mich selbst, mein kleines Mädchen betrogen zu haben, und zwar auf eine Weise, wie ich versprochen hatte, dass ich mich nie betrügen würde. Schließlich löste ich mein Problem so, dass ich mich bei mir selbst entschuldigte und meine Brüste zärtlich festhielt und so die unangenehme Erfahrung aus ihnen hinausspülte. Mir wurde klar, dass ich dabei bin zu lernen. Obwohl ich dermaßen sexualisiert gewesen war, hatte ich selten Sex gehabt, bei dem es um mich ging und der für mich war.*
>
> Kathy

Die Wahl deiner Sexpartnerin oder deines Sexpartners

Wähle dir deine Partnerinnen und Partner auf der Grundlage deiner Wünsche, Bedürfnisse und Werte aus. Kann dir deine künftige Partnerin beziehungsweise dein Partner das geben, was du in einer sexuellen Partnerschaft suchst? Willst du einen Flirt, eine Affäre, eine Liebhaberin/einen Liebhaber, eine Geliebte/einen Geliebten oder eine Lebenspartnerin/einen Lebenspartner? Spielt es für dich eine Rolle, ob deine Partnerin oder dein Partner auch zu anderen sexuelle Beziehungen hat? Und du? Willst du selbst mit mehreren gleichzeitig Sex? Willst du eine emotional sehr nahe Beziehung? Ist deine potenzielle PartnerIn in der Lage, so eine Beziehung einzugehen? Mag sie oder er Tantra, S/M, Quickies in der Mittagspause, zärtliche Abende verspielter Liebe, oder irgendeine Form von Sex, auf die du besonders abfährst? Wirst du ihr oder ihm von deinem Missbrauch erzählen? All das sind Fragen, die du zuerst dir selbst stellen und über die du dann mit deiner Partnerin/deinem Partner sprechen solltest.

> *Ich habe mir nie groß Gedanken gemacht, was ich von einem Liebhaber will. Ich fühlte mich einfach zu jemandem hingezogen, oder, was häufiger vorkam, irgendwer fragte mich, ob wir was zusammen machen wollen, und ich ging mit. Dann hatten wir Sex, solange bis ich vielleicht irgendwann merkte, dass ich es gar nicht unbedingt mag – oder bis es einfach irgendwie von alleine zu Ende ging.*
> Marie

> *Was ich von einem Liebhaber will? Gute Frage. Ich war mit einer Menge Leuten zusammen, mit denen ich in sexueller Hinsicht nicht kompatibel war. Ich kann nur sagen, jetzt hat das Priorität für mich.*
> Rain

Wenn du eine neue sexuelle Beziehung eingehst, achte darauf, ob das Verhalten deiner Partnerin/deines Partners mit ihren/seinen Worten übereinstimmt. Das Verhalten sagt letzlich mehr als alle Worte. Was soll das heißen? Es bedeutet, dass du für dich weißt, was du willst und dass du darauf schaust, ob die andere Person dir das geben kann. Das ist kein Test, es ist eher eine Art, aufmerksam zu sein, um das Potenzial *(und die Grenzen)* der Beziehung abschätzen zu können.

Sprich über das, was du willst, sprecht über das, was deine Partnerin/dein Partner will, und achte darauf, wie deine Partnerin/dein Partner reagiert und wie du reagierst. Eure Absichten, füreinander zu sorgen, in allen Ehren, euer Verhalten aber wird zeigen, was ihr – du und sie oder er – einander jetzt in diesem Moment tatsächlich geben und was ihr nehmen könnt.

Viele Überlebende bauen ihre Beziehungen auf Hoffnungen und Projektionen auf, und geben sich dann mit einem Bruchteil von dem zufrieden, was sie eigentlich wollen, weil das wenigstens etwas ist. Wenn du es gewohnt bist, misshandelt zu werden, oder nicht gewohnt bist, geliebt und umsorgt zu werden, kann dir ein bisschen so erscheinen als wäre es schon viel. Kehre immer wieder zu deinen Herzenswünschen zurück. Hab keine Angst, zu hoffen, dass deine wildesten Träume wahr werden. Vielleicht werden deine Träume nicht genau in der Form wahr, wie du es erwartest, aber sie sind wichtig für dich, um bessere Entscheidungen zu treffen. Je mehr Gutes du für dich selbst erwartest, um so eher kannst du dein Tun mit deinen Träumen in Einklang bringen. Und um so wahrscheinlicher wird es, dass du bekommst, was du willst.

> *Ich habe gelernt und ich habe gut gelernt, herauszufinden was ich will, und mich darum zu bemühen, dass ich es kriege. Trotzdem ist es immer noch so eine heikle Sache, es anzunehmen, wenn es dann kommt. Es ist mir dann total unangenehm, und ich fange an zu zweifeln, ob ich es verdiene oder nicht. Ich möchte mich entziehen.*
>
> Anna

Ich scheine mich immer nur in Leute zu verlieben, die nicht frei sind. Eine war verheiratet, eine andere war emotional nicht frei. Anscheinend fühle ich mich zu Menschen, die offen sind für eine Beziehung, weniger hingezogen.
Jo

VERTRAUEN

Für diejenigen, die in ihrer Kindheit sexuell missbraucht worden sind, ist Vertrauen eine ganz schwierige Angelegenheit, da ja ihr Vertrauen missachtet und zerstört wurde. Manche Überlebende schenken anderen Leuten Vertrauen, lange bevor sie es verdient haben, und andere vertrauen noch nicht einmal dem Menschen, der seine Vertrauenswürdigkeit unter Beweis gestellt hat. Wenn du dich anschickst, jemandem zu vertrauen, achte auf drei Dinge: Kompetenz, Beständigkeit und Übereinstimmung zwischen Reden und Tun.

Ich dachte, Vertrauen sei etwas Objektives und grundsätzlich sei es immer »gut«, zu vertrauen. Also vertraute ich einfach jedem Menschen. Das war natürliche keine so gute Idee, denn es gibt Leute da draußen, die nicht besonders vertrauenswürdig sind, oder denen ich nicht so nah sein möchte.
Melanie

Frage dich, ob du die betreffende Person für kompetent hältst, oder anders gesagt, ob sie die Fähigkeiten und Kenntnisse hat, die du suchst. Schau, ob sie auf den Gebieten Fähigkeiten hat, die für dich wichtig sind. Eine Person kann zum Beispiel sehr kompetent sein, was Klavierspielen angeht, aber in Sachen Sexualität und Heilung so inkompetent sein, dass sie nicht weiß, wie sie mit dir darüber sprechen soll. Natürlich kann deine Partnerin/dein Partner dazulernen und sich neue Fähigkeiten aneignen, wenn er oder sie sich darum bemüht. Dann kannst du in dem

Maße, wie sie oder er darin besser wird, zunehmend Vertrauen zu ihr oder ihm entwickeln.

Vertrauen

1. Kompetenz
2. Beständigkeit
3. Übereinstimmung von Reden und Tun

Der Grad der Vertrauenswürdigkeit lässt sich auch daran ablesen, ob jemand über längere Zeit hinweg beständig ist. Wenn jemand dir verspricht, deine Grenzen zu respektieren und das über einen langen Zeitraum hinweg auch kontinuierlich tut, kann er sich dein Vertrauen verdienen.

Und schließlich kann sich Vertrauen entwickeln, wenn du siehst, dass das Reden und das Tun einer Person übereinstimmen. Tut sie das, was sie gesagt hat? Wenn hingegen jemand ständig eine Sache sagt und eine andere tut, gibt es wenig Raum, in dem Vertrauen entstehen könnte.

Über Sex reden

Um über Sex zu sprechen musst du nicht warten, bis ihr in Bettnähe seid. Im Gegenteil, bitte warte nicht so lange. Wenn du das tust, verpasst du die Gelegenheit, das wichtigste Werkzeug zum Einsatz zu bringen, mit dem du dir das Sexleben schaffen kannst, das du dir wünschst: Kommunikation.

Wenn du lernst, über Sex zu reden, wird deine Zufriedenheit mit deinem Sexleben mehr steigen als bei jeder anderen Technik. Wenn du dich im nächsten Jahr nur darauf konzentrierst, über Sex und sexuelle Heilung reden zu lernen, wirst du dein Sexleben um einen riesigen Schub voranbringen.

Zum Kommunizieren gehört ein bisschen Selbstkenntnis und die Bereitschaft, das auch mit jemandem zu teilen. Je vertrauter dir deine eigenen Wünsche sind, je genauer du weißt, wie du gerne berührt wirst, je mehr Erfahrung du mit deinem eigenen Genesungsprozess, deinen Auslösern und deiner Heilung hast, um so leichter wird auch deine Kommunikation und Interaktion mit anderen sein.

Über Sex sprechen zu können, das hat mich so weit gebracht wie nichts anderes. Ich kann meinen Partnern jetzt sagen, was ich mag und was ich will. Ich kann die Verantwortung für mein eigenes Vergnügen übernehmen, eben weil ich kommuniziere.
Anna

Eine Szene mit meinem Geliebten abzusprechen, das ist so toll. Ich habe jetzt das Sagen darüber, was geschieht, wie ich mich anmachen lasse, und wie ich will, dass jemand mit mir umgeht, wenn bei mir Erinnerungen hochkommen. Ich sage meinen Geliebten ganz deutlich, an was für Zeichen sie merken können, dass ich einen Auslöser habe, und wie weit ich meine Grenzen an der Stelle ausdehnen kann.
Rebecca

Es gibt ein paar einfache Regeln, die sich als sinnvoll in Gesprächen über Sex mit (potenziellen) Partnern erwiesen haben:

Erstens: Wo? Sprecht an einem anderen Ort über Sex, als dort wo ihr Sex haben werdet. Setzt euch an den Küchentisch, redet bei einer Tasse Tee oder in einem Café oder bei einem Spaziergang. Das wird dir helfen, dich wohler dabei zu fühlen, ein Gespräch über Sexualität in eine alltägliche Umgebung und Situation zu integrieren; zum andern bist du dann nicht so verletzbar, als wenn du nackt bist und dich schon halbwegs auf irgendetwas eingelassen hast. Auch Gespräche über Safer Sex solltest du grundsätzlich führen, bevor ihr Sex habt.

Zweitens: Wie? Sprich positiv über Sex, deine Wünsche, über

dich und deine Partnerin oder deinen Partner. Wir ähneln uns alle darin, Äußerungen über unsere Sexualität zunächst sehr persönlich zu nehmen. Wenn du möchtest, dass dein Geliebter etwas neues ausprobiert oder etwas verändert an dem, was er tut, lass ihn zuerst wissen, wie sehr du es magst, wenn er dich berührt. Dann füge hinzu, dass du gerne etwas neues ausprobieren würdest – oder dass du möchtest, dass er die Art der Berührung verändert.

Drittens: Wie konkret? Sei so präzise wie möglich. Die meisten Menschen haben, was das angeht, einen großen Nachholbedarf. Benutze spezifische sexuelle Bezeichnungen, wie Penis, Arsch, Vulva, Möse, Klit, Brüste, Nippel, After, Schwanz, G-Fläche, Zunge, Vagina und Prostata. Übe jetzt, diese Worte laut auszusprechen. Mach weiter, sag sie einfach. Und füge auch deine eigenen Worte hinzu. Sei nicht so streng mit dir, du darfst dabei auch lachen. Die meisten von uns fühlen sich immer noch komisch, wenn sie lernen, über Sex zu sprechen.

Wenn du über deine Wünsche oder Fantasien sprichst, oder deine Partnerin um eine bestimmte Berührung bittest, sei konkret und klar. Zum Beispiel könntest du sagen, dass du es magst, wenn deine Klit auf der linken Seite in einer Kreisbewegung gestreichelt wird, oder dass du keine direkten Berührungen auf deiner Klit magst, sondern lieber weiter unten, unterhalb der Klit. Wenn du es magst, penetriert zu werden und dann einen Vibrator zu benutzen, um dich selbst zum Höhepunkt zu bringen, sprich es aus. Je mehr du kommunizierst, um so schöner werden deine sexuellen Erlebnisse sein. Und um so wahrscheinlicher ist es, dass deine Partnerin/dein Partner sich entspannen und Verbindung halten kann.

Schließlich atmete ich tief durch und sagte ihr: »Ich liebe es, wenn du mit deinen Zähnen meine Brustwarzen berührst und wenn du meine Brustspitze zwischen deinen Fingern rollst; das ist unheimlich schön. Was ich nicht mag, ist, wenn du meine ganze Brust in deinen Mund einsaugst. Das ist mir unangenehm.« Ich dachte, sie würde ausflip-

> *pen, aber das tat sie nicht. Sie war froh, zu wissen, was ich mag und was ich nicht abkann.*
> Jeannie

Wenn du deiner Partnerin mitteilen willst, was du magst, kann es auch hilfreich sein, es ihr zu zeigen. Jemandes Anatomie zu ergründen, ist nicht so leicht, wie du vielleicht glaubst. Zeige deiner Partnerin, wie du gerne berührt wirst. Lass sie ihre Hand auf deine legen, damit sie deinem Rhythmus folgen oder den Druck aufgreifen kann.

> *Ich finde es manchmal schwierig zu erklären, wie ich an der Klit berührt werden mag. Ich mag ein bisschen Druck, aber nicht zu viel, und ich mag so einen leichten Druck auf die Seite meiner Klit, nicht direkt darauf. Ich habe ein lustvolles Spiel daraus gemacht, meinem Geliebten zu zeigen, wo und wie ich von ihm berührt werden möchte.*
> Cheryl

In der S/M-Szene ist es üblich, Sexszenen erst auszuhandeln, und dann erst mit dem Spiel zu beginnen. Die SexpartnerInnen sprechen miteinander darüber, was sie wollen, teilen einander vielleicht auch Fantasien mit oder sagen sich, was sie zu heilen hoffen. Ob du an S/M interessiert bist oder nicht, in jedem Fall kannst du diese Herangehensweise übernehmen. Versuche, dir zusammen mit deinem Partner oder deiner Partnerin eine sexuelle Begegnung auszumalen, bevor ihr damit anfangt. Wie sehen deine sexuellen Fantasien aus? Wie könnte daraus ein toller Liebesakt werden?

Auch über Safer Sex gilt es zu kommunizieren. Es ist wichtig, dass du dein Risiko einschätzt und dass ihr euch überlegt, welche Safer Sex-Techniken ihr anwenden wollt und was ihr dafür braucht, bevor ihr loslegt. Dies gibt dir auch die Möglichkeit, eventuelle Meinungsverschiedenheiten im Vorfeld abzuklären und die nötigen Sachen schon beieinander zu haben – und nicht erst, wenn ihr mittendrin seid. Wenn du dann während eures Liebesspiels merkst, dass du dein Sicherheitsrisiko noch einmal neu einschätzen musst, dann tu das bitte.

Angst, über Sex zu sprechen

Wenn es dich ganz kirre macht, mit deiner Sexpartnerin oder deinem Sexpartner über Sex zu sprechen, bist du nicht die einzige. Die meisten Menschen, egal ob sie sexuelle Gewalt erfahren haben oder nicht, sind sich sehr unsicher darin, wie sie über Sex sprechen sollen. Über Sex gut kommunizieren zu können, ist eine Fähigkeit, die man lernen kann. Eine gute Methode sich heranzutasten, sind zum Beispiel sexpädagogische Bücher und Erotika. Da kannst du sehen, dass es tatsächlich Leute gibt, die ganz offen über Sex reden. Du kannst dich damit befassen, was für Worte und Ausdrücke andere benutzen, und wie viele verschiedene Stilformen es gibt, über Sex zu reden. Dann geht es darum, es selbst auszuprobieren.

Du kannst damit anfangen, dass du eine Liste der sexuellen Wörter schreibst, bei denen du dich unwohl fühlst oder die dir peinlich sind, und dann in aller Ruhe zu Hause üben, sie laut auszusprechen. Probiere Wörter aus, die du nicht unbedingt benutzen würdest, oder Worte, die du für zu gewagt hältst, wie *Möse oder Schwanz*. Als nächstes übe zu sagen, was du willst: »Ich fände es schön, wenn du meine Brüste streichelst und meine Nippel fest zusammenhältst«, oder »Ich hätte gern, dass du deine Hüften in mich hineindrückst.« Es mag dir am Anfang furchtbar vorkommen, aber du wirst erstaunt sein, wie schnell du dich daran gewöhnst. Wenn du über Sex sprichst, kannst du mehr von dem bekommen, was du magst, und du weißt eher, was deiner Partnerin oder deinem Partner gefällt und kannst ihr oder ihm das auch geben. Du kannst nur gewinnen!

Sex ist so viel schöner, seit ich gelernt habe, meinen Mund aufzumachen. Früher habe ich immer versucht, mich still und leise zurechtzurücken, damit ich mehr von einer Be-

rührung hatte – was nicht immer geklappt hat. Dann las ich ein paar Bücher über Sex. Das hat mir echt ein ganzes Stück weitergeholfen, zum Beispiel dass andere Leute darüber sprechen können. Also dachte ich mir, wenn die das können, kann ich das ja vielleicht auch.
Maria

Sich öffnen: Sag ich's oder sag ich's nicht?

Überlebenden stellt sich irgendwann die Frage: Soll ich meinem Sexpartner/meiner Sexpartnerin von meiner Missbrauchserfahrung erzählen oder nicht? Wenn du in einer festen Beziehung lebst, möchte ich dich dazu ermutigen. Wenn es dir unangenehm ist, oder wenn du es nicht willst, dann schau dir vielleicht deine Angst und deine Beziehung einmal ganz genau an. Eine enge Partnerschaft kann ein sehr stützender und liebevoller Raum für deine Heilung sein. Und wenn du jetzt über deine Erfahrungen sprichst, wirst du mit allem, was du bist, und mit der Wahrheit über deine Geschichte, geschätzt und geliebt. Du brauchst dich nicht länger vor den Menschen zu verstecken, die dir nahe stehen.

Inzwischen fällt es mir leicht, über den Inzest zu sprechen, aber ich brauche viel länger und viel mehr Vertrauen, bis ich bereit bin, über meine rituellen Missbrauchserfahrungen zu sprechen. Ich war ein Jahr lang mit meiner Freundin zusammen, bevor ich ihr etwas davon erzählt habe.
Rose

Aufgrund der Erfahrung der Heimlichkeit des sexuellen Missbrauchs und der Zerstörung der gesunden Grenzen, neigen Überlebende dazu, sich entweder extrem zurückzuziehen oder sich sehr stark zu exponieren. Manche Überlebende sagen niemals und niemandem, was ihnen passiert ist und verbergen diese Erfahrung vollständig vor ihrem heutigen Leben. Dadurch bleibst du isoliert und trägst die Scham weiter in dir. Andere Überlebende erzählen jeder und jedem von ihrem Missbrauch, oder sie lassen viel mehr heraus, als die Beziehung in dem Moment verkraften kann. Für viele Überlebende, die sich extrem exponieren, ist es schwer, enge Freundschaften und Beziehungen zu halten.

Wann sagst du es? Ein guter Zeitpunkt, es deiner Partnerin oder deinem Partner zu erzählen ist, wenn du bereits ein bisschen Vertrauen zu ihr oder ihm entwickelt hast. Wenn du dich gerade neu verliebt hast und auf jeden Fall im Vorhinein wissen willst, ob deine potenzielle Partnerin oder dein Partner damit umgehen kann, mit einer Überlebenden, die sich im Heilungsprozess befindet, zusammen zu sein, wirst du ihm/ihr wahrscheinlich lieber früher als später etwas sagen wollen. Sei auf alles mögliche vorbereitet. Kein Mensch ist wie der andere, und du weißt nicht, inwieweit der/die Betreffende in der Lage ist, damit umzugehen, etwas über deinen sexuellen Missbrauch zu erfahren.

Wie finde ich einen Sexpartner oder eine Sexpartnerin?

Wenn du dir überlegst, wo und wie du sexuellen oder intimen PartnerInnen begegnen kannst, wirst du dich zunächst einmal fragen müssen, was du eigentlich suchst. Überlege dir, was für dich an einem Menschen, mit dem du Sex haben willst, am wichtigsten ist. Je klarer du deine Vorstellung für dich hast, um so einfacher wird sich auch die Suche gestalten.

Die meisten Menschen treffen ihre SexualpartnerInnen in der Schule oder bei der Arbeit, im Freundeskreis oder in irgendeiner Gruppe. Wenn es dir ernst ist, sag deinen Freundinnen und Freunden oder auch den Leuten in deinem sozialen Umfeld Bescheid. Sag ihnen, was du willst und warum. Viele Leute lieben es, andere zu verkuppeln.

Schau dich dort nach SexpartnernInnen um, wo du etwas tust, was du sowieso schon gerne magst. Wo hast du das Gefühl, dass du am meisten du selbst bist? Wo fühlst du dich besonders stark? Fang dort an. Du könntest eine potenzielle Partnerin oder einen Partner also auf einer Fortbildung treffen oder in einem Volkshochschulkurs zu einem Thema, das dich persönlich interessiert, in einem Verein, in deiner Sportgruppe, auf einer Wander- oder Ski-Gruppenreise, in Online-Chatrooms, oder bei einer sozialen Aktivität. Du kannst auch eine Kontaktanzeige aufgeben oder dich an einen sonstigen professionellen Vermittlungsservice wenden.

Wenn du an einer explizit sexuellen Begegnung interessiert bist, und gezielt jemanden suchst, mit dem oder der du Sex haben kannst, könntest du es auch mit einer Sexhotline, einer sexorientierten Newsgroup, Sexparties, oder in einem Club oder sexorientierten politischen Community versuchen. Playparties und sexorientierte Communities wirst du in erster Linie in größeren Städten finden, aber Newsgroups und Sexhotlines kannst du von überall erreichen.

Flirten und Küssen

Flirten und Küssen gehören zu den schönsten Dingen im Leben. Flirten kannst du per Blickkontakt oder mit einem kleinen Gespräch, oder durch einen sekundenschnellen Energieaustausch mit jemandem, der dich anzieht. Deine Küsse können freundlich und zärtlich sein und vor Erotik sprühen.

Ich kann stundenlang küssen. Ich mag es, meine ganze Aufmerksamkeit in meine Lippen zu bringen und ihren Mund mit meinem zu berühren. Manchmal spielen wir ein Spiel, bei dem wir den ganzen Abend nichts anderes machen dürfen, als uns küssen. Es ist erstaunlich, wie viele unterschiedliche Arten zu küssen es zu entdecken

gibt, wenn du keine Eile hast, zu etwas anderem überzugehen.
Pamela

Küssen und Flirten sind wie auch alles andere beim Sex erlernte Fähigkeiten. Erinnere dich an deinen ersten einvernehmlichen Zungenkuss? Wusstest du da, wie es geht? Die meisten von uns hatten keine Ahnung.

Ich hatte meinen ersten Zungenkuss mit einem Jungen, als ich in der sechsten Klasse war. Ich wollte das unbedingt. Ich begann gerade, mein eigenes Begehren zu entdecken. Es war ziemlich nass und schlabbrig; ich wusste nicht, wie ich meinen Speichel runterkriegen sollte. Es war alles ziemlich ungeschickt, aber auch erotisch.
Roslyn

Du kannst unendlich viele angenehme Arten zu küssen entdecken. Versuch mal, mit etwas mehr oder etwas weniger Druck zu küssen. Probiere, die Art wie du deine Zunge benutzt zu verändern, mach sie mal spitz und mal rund, mal weich und mal fester. Versuch mal, deine Zähne einzusetzen, und an den Lippen deiner Partnerin zu knabbern. Frag deinen Partner, wie er geküsst werden will. Probier es aus. Lass deine Partnerin wissen, was du an ihren Küssen magst und wie du gerne geküsst werden würdest.

Es war nicht leicht für mich, es endlich anzusprechen. Ich habe es gehasst, wie mein Freund mich küsste, aber ich habe nie was gesagt. Es hatte gar nichts Inniges, es war eher wie etwas, wo ich weglaufen wollte. Mein Freund war wütend und gleichzeitig beschämt, als ich ihm schließlich sagte, dass ich es nicht mag, wie wir uns küssen. Wir haben dann schließlich verschiedene Arten von Küssen ausprobiert, bis das Gefühl kam, dass ich Lust habe, da zu sein.
Debbie

Auf geht's! ... und viel Spass!

Sex spielt ganz viele unterschiedliche Rollen in unserem Leben. Es ist eine Möglichkeit, jemand anderem unglaublich nah zu sein, zu entspannen und loszulassen, Lust zu genießen und sich gut zu fühlen und zu heilen. Vergiss nicht, rauszugehen und auch ein bisschen Spaß am Sex zu haben, während du an deiner sexuellen Heilung arbeitest. Sex kann Spaß machen, lustig sein, albern, einnehmend und erweiternd. Während du mehr über Sex lernst, kannst du in deinem Körper zu verstehen beginnen, dass Sex nicht länger eine Waffe ist, die gegen dich eingesetzt wird. Sex kann schön sein und dein Wohlergehen unterstützen.

Übungen

1. Was suchst du in einer sexuellen Partnerschaft? Hättest du gerne eine Affäre? Suchst du eine feste Beziehung? Willst du unterschiedliche sexuelle Spielarten in deiner derzeitigen Beziehung haben? Was für verschiedene Möglichkeiten fallen dir ein? Wenn du genau das haben könntest, was dein Herz begehrt, was wäre das? Nimm dir mindestens fünfzehn Minuten Zeit, um in dein Heft zu schreiben, was dir alles dazu einfällt.
2. Unterhalte dich in einer neutralen, nichtsexuellen Umgebung mit deiner Partnerin/deinem Partner oder mit einer Freundin darüber, was für sexuelle Erfahrungen du gerne machen würdest oder willst.
3. Vereinbare mit deinem Sexpartner/deiner Partnerin eine sexuelle Begegnung ohne Penetration oder Oralsex. Nutze die Gelegenheit, andere Arten von Berührungen und andere Wege, zusammen sexuell zu sein, zu erforschen.

4. Wenn du mit einem Partner oder einer Geliebten sexuell zusammen bist, achte darauf, in deinem eigenen Körper präsent zu sein. Achte auf die Empfindungen in deinem ganzen Körper, von den Armen bis zu den Beinen, vom Kopf bis zu den Füßen. Wo spürst du etwas? Wo hast du ein Gefühl von Leere? Wo fühlt es sich angenehm an? Wo möchtest du deiner Empfindung entfliehen? Kannst du die Gefühle in deinem Körper aufmerksam wahrnehmen und gleichzeitig bei deiner Partnerin oder deinem Partner sein?
5. Schreib deine Erfahrungen auf. Schreib in einem Heft auf, was dir auffällt, was du bemerkst und was du gelernt hast. Übe weiter.

Kapitel 9
Oralsex

Obwohl ich während meinem Missbrauch zu Oralsex gezwungen wurde, liebe ich es heute. Es gehört heute mit zu meinen Lieblingspraktiken.
Aurora

Ich kann es immer noch nicht haben, wenn jemand mich leckt. So hat mich mein Stiefvater immer in Erregung gebracht, und ich klinke noch heute jedes Mal aus, wenn ich es versuche.
Barb

Sex zwischen Mund und Genitalien oder Mund und After heißt Oralsex. Das kann Küssen, Saugen, Lutschen, Lecken oder Knabbern an Penis, Klitoris, Vulva oder After deines Partners oder deiner Partnerin sein – und umgekehrt. Der wissenschaftliche Terminus für Mund-zu-Penis-Sex ist *Fellatio*, umgangssprachliche Bezeichnungen sind *Schwanzlutschen* oder *einen blasen*. Sex zwischen Mund, Vulva und Klitoris heißt Cunnilingus, gängigere Bezeichnungen hierfür sind *Möse küssen, Lecken, sie mit dem Mund nehmen, an ihr runtergehen*. Rimming oder *Arschlecken* sind umgangssprachliche Bezeichnungen für *Anilingus* oder Mund-zu-Anus-Sex.

Oralsex ist in vielen westlichen Kulturen tabu. In manchen Bundesstaaten der USA ist es sogar für verheiratete Paare in ihrem eigenen Bett strafbar, sich gegenseitig oral zu befriedigen. Zu ihrem Sexualverhalten in wissenschaftlichen Untersuchungen befragt, geben jedoch die meisten Menschen an, dass sie Oralsex praktizieren. Viele bezeichnen Oralsex als eine ihrer Lieblingspraktiken.

Manche haben im Zusammenhang mit Oralsex Bedenken, es

wäre nicht sauber genug, würde irgendwie schlecht riechen oder schmecken. Hier kannst du leicht vorbeugen: Reinige dich vor dem Oralsex sorgfältig und benutze Latexschutz.

Es gibt viele Möglichkeiten, etwas über Oralsex zu lernen. In den letzten Jahren sind viele Bücher herausgekommen, die sehr interessante Informationen bieten und zudem gut geschrieben sind. Es gibt auch Anleitungsvideos zu dem Thema. Die beste Art, etwas darüber zu erfahren, wie deine Partnerin oder dein Partner es mag oder nicht mag, ist natürlich, sie zu fragen. Bitte ihn/sie, dir genau zu beschreiben, was er/sie besonders mag. Wenn er/sie das nicht genau sagen kann, probiert es aus: versucht verschiedene Arten von Berührungen und bitte sie, dir Feedback zu geben.

Cunnilingus

So, Freundinnen, kommen wir zum Cunnilingus. Ich kann mich noch genau erinnern, als ich als Kind zum ersten Mal etwas von Cunnilingus hörte, da hatte ich das Gefühl, das müsste so ziemlich das Unanständigste sein, was ich mir vorstellen konnte. Schon komisch, dass das alles ein bisschen anders aussieht, wenn man erst erwachsen ist.

Als Cunnilingus wird es bezeichnet, wenn die Klitoris, die Venuslippen oder die ganze Vulva einer Partnerin geleckt, gelutscht, gesaugt oder geknabbert werden. Viele Frauen mögen es, gleichzeitig mit einem Finger oder Dildo penetriert zu werden, während sie geküsst werden. Die Zunge kann auch zum penetrieren eingesetzt werden, aber sie kommt natürlich nicht so weit.

Es gibt viele Arten, eine Frau mit dem Mund zu verwöhnen. Jede Frau mag eine andere Art von Druck, eine andere Art von Berührung mit der Zunge, einen anderen Rhythmus. Frag deine Partnerin, was sie am liebsten mag. Sag deinem Geliebten, was für dich am besten ist. Magst du es, wenn deine ganze Vulva geleckt wird? Magst du es, wenn die Zunge flach aufliegt oder wirst du lieber mit der Zungenspitze berührt? Wirst du gerne direkt auf der Klitoris berührt oder lieber auf einer Seite oder am Schaft? Den meisten Frauen ist es am liebsten, wenn die Qualität der Berührung und Rhythmus kurz vor und während dem Orgasmus gleich bleiben. Es ist meistens nicht besonders günstig, die Art der Berührung in dem Moment zu verändern, wo eine Frau gerade kommen will.

> *Ich kann mit einer Partnerin nur zum Orgasmus kommen, wenn ich einen geblasen kriege (das ist mein Ausdruck für geleckt werden).*
> Daren

> *Ich finde es gleichzeitig sehr entspannend und es macht mich total scharf, wenn mein Mann an mir runtergeht. Ich liebe es!*
> Sally

Nicht alle Frauen mögen Cunnilingus. Manche haben das Gefühl, das »da unten« sei schmutzig, und es müsse bestimmt unangenehm sein, diese Stelle mit dem Mund zu berühren. Das Vorurteil, die Vulva sei schmutzig, hält sich in unserer Kultur noch immer hartnäckig, obwohl es sich in der Realität so verhält, dass im Mund viel mehr Bakterien sind als in der Vulva. Bei manchen löst Cunnilingus aber auch Erinnerungen an den Missbrauch aus, und wieder andere mögen es einfach nicht.

> *So hat mein Missbraucher mich immer zum Orgasmus gebracht. Danach hat er dann immer gesagt, dass es mir ja gefallen hat und dass alles meine Schuld sei. Das ist so beschissen. Wie sollte es meine Schuld sein, dass er mich und meinen Körper manipuliert? Trotzdem ist es mir immer noch unangenehm, wenn jemand an mir runtergeht. Ich verliere dann den Bezug, wo ich bin und mit wem.*
> Liz

Ich genieße es, geleckt zu werden, mache es ihr aber nicht gerne. Das geht nicht immer gut mit meiner Freundin.

Cunnilingus ist mit einer bestimmten Art von Hingabe verbunden. Deine Partnerin oder dein Partner konzentriert sich ganz auf dich und deine Lust. Für dich als Überlebende kann es eine ziemliche Herausforderung sein, das anzunehmen.

Wenn mein Verlobter an mir runterging, wurde ich immer ganz unruhig. Ich dachte, er langweilt sich bestimmt, oder ich nehme viel zu viel Zeit in Anspruch. Allmählich geht es in meinen Kopf, dass er enttäuscht ist, wenn ich ihn davon abhalte. Einmal hat er zu mir gesagt, er könnte einen ganzen Tag damit verbringen, meine Möse zu küssen. Ich war erstaunt.
Aurora

Cunnilingus: Das kleine Einmaleins

Vielleicht hast du Lust, gleich direkt ins Vergnügen abzutauchen. Höchstwahrscheinlich wird es dir aber auch gefallen, wenn deinem ganzen Körper orale Aufmerksamkeit zuteil wird, oder du wirst Spaß daran haben, ihren ganzen Körper mit deinem Mund zu verwöhnen. Probiere es aus! Wenn du sehr erregt bist, kannst du wahrscheinlich auch eine intensivere und direkte Stimulation deiner Klit genießen.

Ob du nun die orale Aufmerksamkeiten deines Liebhabers genießen, oder ob du an deiner Freundin runtergehen willst, hier sind ein paar Tipps für einen guten Anfang. Gib sie an deine Partnerin oder deinen Partner weiter oder probiere sie einfach selbst aus:

- Küsse und streichle ihre Nippel. Sauge sanft daran, bis sie sich aufstellen.

- Küsse und lecke den Bauch, den Rücken, den unteren Rücken und dann die Schenkelinnenseiten. Lass dir Zeit; genieße jede Zuwendung für sich.
- Knabbere an ihren Achselhöhlen.
- Blase sanft warme Luft über ihre Vulva (Blase niemals direkt in die Vagina hinein).
- Streichle ihre ganze Vulva mit deinen Händen und deinem Gesicht.
- Wickle sie in Frischhaltefolie ein, wie ein riesiges Geschenk.
- Nimm dir ein Lecklãppchen, gib ein bisschen Gleitgel auf deine Seite der Folie und lege es über deine Partnerin.
- Lutsche sanft an ihrer Klit.
- Öffne ihre äußeren Venuslippen mit deinen Fingern und lecke das Innere ihrer Vulva von der Öffnung ihrer Vagina bis hoch zum Venusknochen.
- Drücke deine Zunge flach auf ihre Klit. Bewege sie langsam hin und her.
- Bitte ihn, deine Klit mit seiner Zunge zu umkreisen.
- Lass deine Zunge über Perle, Kapuze und Schaft ihrer Klitoris schnellen.
- Sei vorsichtig mit deinen Zähnen – frag sie, ob sie das Gefühl mag, wenn du vorsichtig an ihren inneren Schenkeln, Venuslippen, Nippel oder sogar an der Klitoriskapuze knabberst.
- Dring mit deiner Zunge in ihre Vagina ein.
- Gib ihrer Klit einen winzigen Klaps: Saug das Latexläppchen in deinen Mund und lass es dann los.

Cunnilingus und Auslöser

Wenn du Cunnilingus zwar magst, es aber Erinnerungen in dir auslöst, oder wenn du es noch nicht magst, aber gerne lernen würdest, möchte ich dir hier ein paar praktische Vorschläge anbieten. Als allererstes, mach du dich mit deinen eigenen Genitalien vertraut. Letztlich ist Cunnilingus so etwas wie eine Nahaufnahme der Vulva. Nimm dir einen Spiegel, um dich selbst anzuschauen. Welche Farbe haben deine Venuslippen und deine Klitoris? Wie sieht dein Haar aus? Zieh die Kapuze deiner Klitoris zurück und schau dich an. Rieche an deinen eigenen Vaginalsekreten und koste sie. Du wirst bemerken, dass sich im Laufe deines Menstruationszyklus sowohl die Konsistenz als auch der Geschmack verändern. Auch deine Ernährung hat einen Einfluss auf den Geschmack deiner Vaginalflüssigkeiten. Sich selbst regelmäßig zu untersuchen ist auch eine gute Methode, um den eigenen Gesundheitszustand zu überprüfen. Wenn du zum Beispiel Pilze oder eine andere Infektion hast, wirst du das an der Veränderung von Sekret und Geruch bemerken.

Als nächstes mache deine Partnerin oder deinen Partner mit deinen Genitalien bekannt. Lass deinen Partner deine Vulva sehen, ohne dass er dich berührt. Zeige ihm deine Klit, die Kapuze, deine Venuslippen, dein Vagina und Damm. Zeig ihr, wie und wo du berührt werden magst, indem du dich berührst. Wenn du soweit bist, lass deinen Partner seinen Kopf nah an deine Vulva heran. Und auch hier gilt: nur schauen – noch nicht berühren. Denk daran, zu atmen. Übe, in deinem Körper zu bleiben, indem du wahrnimmst, was du gerade empfindest. Es hilft auch, wenn du dabei die ganze Zeit in Augenkontakt und in Kommunikation mit deinem Partner bleibst. Sprich darüber, wie sich das für dich anfühlt, und nimm auch wahr, wie dein Partner dir seine Erfahrungen mitteilt. Die Übung kann dir helfen, eine neue Beziehung zu deiner eigenen Vulva zu entwickeln und eine neue Beziehung zu dem Gefühl, eine Partnerin oder einen Partner deine Vulva berühren zu lassen.

Wenn du soweit bist, dass du mit Oralsex beginnen willst, suche dir eine Position aus, in der du dich stark oder wohl fühlst. Viele Überlebende finden es hilfreich, in einer Position zu sein, in der sie Augenkontakt behalten können. Dein Partner oder deine Partnerin kann zwischen deinen Beinen knien oder liegen. Oder du kniest über ihrem/seinem Gesicht, in der Position kannst du den Kontakt besser kontrollieren und dich auch etwas freier bewegen. Versuche, deine Augen offen zu lassen. Das kann dir helfen, dich in Zeit und Raum zu orientieren und präsent zu bleiben. Denk ans Atmen. Wenn du aufhören willst, hör auf. Oder mach eine Pause und mach dann weiter, wenn du so weit bist.

Wenn du Cunnilingus noch nie ausprobiert hast, oder wenn du es nicht ausprobieren willst, versuche herauszufinden, warum nicht. Was törnt dich daran ab? Was für Ängste oder Bedenken hast du? Gibt es irgendwelche Erinnerungen oder ein Trauma, das du mit Cunnilingus verbindest? Nutze die Vorschläge zur Arbeit mit Auslösern in Kapitel elf, um Cunnilingus für dich zunächst zu befreien. Vielleicht stellst du am Ende fest, dass du Cunnilingus einfach nicht magst – oder du findest heraus, dass es ganz wunderbar für dich ist. Das Wichtigste ist, dass du selbst entscheidest, ob es dir gefällt oder nicht.

Fellatio

Viele Männer mögen es, Oral befriedigt zu werden und viele Frauen und Männer befriedigen gerne oral. Du wirst feststellen, dass die Spitze des Penis, die Eichel, und der gewölbte Rand der Eichel meistens am empfindlichsten sind. Die Naht an der Unterseite des Penis ist der empfindlichste Teil des Schafts. Abgesehen davon reagiert der Schaft nicht besonders empfindlich auf Berührungen der Zunge. Es kann für deinen Partner angenehm sein, wenn der Penisschaft mit der Hand mehr oder weniger fest oder in einer Auf- und Ab-Bewegung gestreichelt wird. Viele Männer haben es auch gern, wenn an ihren Eiern gelutscht wird. Die meisten Männer sind sich darüber einig, dass es besser ist, die Zähne bei der Fellatio nicht ins Spiel zu bringen; das tut weh.

> *Ich liebe es, meinem Mann einen zu blasen. Es gefällt mir, dass ich ihn so nehmen kann. Er schmilzt dahin.*
> Rona

Wenn ihr Sexspielzeug benutzt, kannst du auch den Dildo deiner Partnerin lutschen oder umgekehrt. Viele Frauen haben Spaß an der erotischen Fantasie, sich einen Dildo umzuschnallen und sich auf gekonnte Art einen blasen zu lassen, egal, welchem Geschlecht die andere Person angehört.

> *Eine meiner tollsten Fantasien ist, mir vorzustellen wie meine Freundin mir einen bläst. Natürlich habe ich keinen Penis, aber wenn wir laut darüber herumfantasieren, kann man wirklich glauben, ich hätte einen.*
> JR

Manche Überlebende mögen Fellatio, andere nicht. Fellatio wird oft als ein entwürdigender Akt dargestellt, zu dem eine Frau gezwungen wird. Tatsächlich sind viele Überlebende von ihren Missbrauchern dazu gezwungen worden. Vielleicht glaubst du daher, dass alle, die in dieser Form missbraucht wurden, als Erwachsene keine Freude an Oralsex haben werden. Das stimmt aber nicht. Viele Überlebende, die als Kind oral missbraucht wurden, sind als Erwachsene jedoch sehr wohl in der Lage, Oralsex zu genießen.

Fellatio: Das kleine Einmaleins

Nimm dir Zeit, den Körper und die Genitalien deines Partners zu erforschen und zu entdecken, wie du dir und deinem Partner Vergnügen bereiten kannst. Du kannst ihn küssen, lecken, lutschen, saugen und streicheln. Du kannst den Penis deines Partners so weit in deinen Mund nehmen, *wie es dir angenehm ist.* Du kannst seinen Penis aus deinem Mund herausziehen, bevor er ejakuliert, wenn dir das lieber ist. Hier sind ein Paar Ideen, wie du Fellatio entdecken kannst:

- Küsse und streichle seine Brust und seine Brustwarzen.
- Lutsche sanft an seinen Nippeln, bis sie sich aufstellen.
- Lecke seinen Bauch, Rücken, Hintern, und die inneren Oberschenkel. Zeig ihm, wie sehr er dir gefällt.
- Knabbere an seinen Achselhöhlen.
- Streichle seine Eier und die Innenseite seiner Oberschenkel mit deinen Händen und mit deinem Gesicht.
- Nimm ein unbefeuchtetes Kondom in den Mund und roll es mit Zunge und Lippen über die Spitze von seinem Penis (das kannst du vorher auch mit einem Dildo oder einer Zucchini üben) und nimm dann deine Finger dazu, um es über seinen ganzen Schaft zu streifen.
- Lecke seinen Penis vom Ansatz des Schafts hoch bis zur Eichel und umkreise die Penisspitze mit deiner Zunge.
- Lutsche fest an der Penisspitze.
- Halte den Penis am Ansatz unten fest, entspanne deine Kehle und nimm deinen Partner tiefer in deinen Mund auf. Das kannst du auch mit einem Dildo machen.
- Drücke deine Zunge flach gegen seinen Damm (den Bereich zwischen After und Hoden).
- Knabbere sanft an der losen Haut seines Hodensacks. Du kannst auch behutsam an seinen Eiern lutschen und sie vorsichtig in deinen Mund nehmen.

Fellatio und Auslöser

Wenn du es gerne magst zu blasen, dann aber Erinnerungen in dir hochkommen, oder wenn du es nicht magst, es aber gerne lernen würdest, will ich dir hier ein paar Tipps geben. Mach dich mit dem Penis und den Hoden deines Partners vertraut. Lass dir Zeit. Bitte ihn, dir seine Genitalien zu zeigen, wenn sein Penis nicht erregt ist. Schau dir die Farben und die verschiedenen Hautoberflächen an. Lerne seine Genitalien auf eine Art kennen, die es dir ermöglicht, sich mit ihnen anzufreunden. Beginne, einen neuen Bezug zu männlichen Genitalien aufzubauen. Das ist der Körper von jemandem, mit dem du als erwachsene Frau Sex haben willst. Du hast dich dafür entschieden, mit diesem Menschen intim zu werden, und das ist sein Körper. Bringe seine Genitalien mit ihm in Verbindung und mit dem, was du an ihm magst, liebst oder was dir an ihm wichtig ist. Dieser Penis ist nicht da, um dir weh zu tun. Er ist ein Teil seines Körpers, durch den ihr beide Angenehmes erfahren könnt. Denke daran zu atmen, während du seinen Körper erforschst, und übe, in deinem Körper zu bleiben, indem du deine Empfindungen und Gefühle wahrnimmst.

Denke erst mal nicht an Oralsex. Benutze deine Hände, um zu spüren, wie sich seine Haut an den verschiedenen Stellen anfühlt. Geh mit deinem Kopf nah an ihn heran und mach dich mit seinem Geruch bekannt. Du kannst seine Genitalien küssen und kosten, wie sie schmecken. Atme. Erinnere dich daran, dass seine Genitalien ein Teil von dem sind, was du an ihm magst.

Wenn du soweit bist, dass du anfangen willst, such dir eine Position, in der du dich stark oder wohl fühlst. Viele Überlebende finden es hilfreich, in einer Position zu sein, in der sie Augenkontakt haben können. Versuche zum Beispiel, dich neben ihn zu knien, während er auf dem Rücken liegt. Oder knie dich zwischen seine Beine. Halte deine Augen offen. Das kann dir helfen, dich in Zeit und Raum zu orientieren und präsent zu bleiben. Umgreife seinen Penis unten am Ansatz, so kannst du die Bewegung und die Geschwindigkeit der Bewegung verändern. Atme weiter. Wenn du aufhören willst, hör auf. Oder leg eine Pause ein und mach dann weiter, wenn du so weit bist. Es ist in Ordnung, wenn du deinen Mund zurückziehst, bevor dein Partner kommt, egal ob ihr Kondome benutzt oder nicht.

Benutze die Hinweise in Kapitel elf zum Umgang mit Auslösern, wenn du weiter daran arbeiten willst, Fellatio für dich zu befreien. Vielleicht entscheidest du dich schließlich dafür, dass du Fellatio nicht magst – oder du findest heraus, dass du richtig darauf abfährst. Das Wichtigste ist, dass du selbst entscheidest, ob es dir gefällt oder nicht. *Du* bestimmst jetzt dein Sexleben – nicht der Missbrauch und auch nicht die Auslöser.

Rimming

> *Ich weiß nicht, ob es viele Leute gibt, denen ich das sagen würde, aber ich finde es so lustvoll, den Mund meines Partners auf meinem Arsch zu spüren, dass ich es kaum aushalten kann.*
>
> Naomi

Anilingus, Rimming oder Arschlecken ist eine sexuelle Praxis, die viele nicht zulassen. Und doch ist der Analbereich voll von Nervenendungen, und viele Menschen finden Anilingus ebenso aufregend wie andere Formen von oralem Sex.

Bei dieser Praxis quält die meisten Menschen die Sorge, sie seien nicht sauber genug. Wenn du Interesse daran hast, deine Partnerin oder deinen Partner zu rimmen – oder umgekehrt – wasch dich einfach vorher gründlich mit Wasser und Seife. Wenn du einen Latexschutz oder Plastikfolie verwendest, schützt dich das außerdem vor Bakterien und sexuell übertragbaren Krankheiten. Viele, die Analsex praktizieren, reinigen sich auch innerlich, indem sie vorsichtig mit Seife und Wasser spülen oder sich einen Einlauf machen. Denk daran, dass sich aufgrund der Anatomie der unteren Gedärme im Mastdarm und im Analkanal Fäkalienpartikel befinden können (vergleiche Kapitel fünf). Achte darauf, dass du kein Gleitgel oder Spucke vom Analbereich in den Vaginalbereich gleiten lässt. Bakterien aus dem Anus können Vaginalinfektionen verursachen.

Rimming: Das kleine Einmaleins

Der After ist ein sehr empfindsamer Teil deines Körpers. Es ist sehr reich an Nervenendungen und reagiert äußerst sensibel auf Berührungen. Du kannst küssen, lecken und streicheln. Du kannst an der Haut rund um den Anus knabbern. Bei zunehmender Erregung öffnet sich der Anus und du kannst deine Zunge weiter hineinbringen. Wenn du eine Partnerin hast, achte darauf, dass du nicht von ihrem Anus zu ihrer Vagina wanderst! Du könntest dabei Bakterien vom After in die Vagina übertragen und eine Infektion verursachen.

- Küsse und lecke den unteren Bauch, Rücken, Po und die inneren Oberschenkel. Gönne deiner Partnerin/deinem Partner die Vorfreude auf das Vergnügen, das sie/ihn erwartet.
- Knabbere an der Haut rund um den After.
- Blase sanft warme Luft über den Anus.
- Nimm dir ein Latexläppchen oder eine andere Schutzfolie und gib einen Klacks Gleitgel auf die Seite der Folie, die du deiner Partnerin/deinem Partner zuwenden wirst.
- Umkreise den Anus mit deiner Zungenspitze.
- Drücke deine Zunge flach auf den Anus und lass deine Partnerin/deinen Partner die Wärme und den Druck genießen.
- Führe deine Zungenspitze sehr sanft in den After ein.

- Nimm dir einen Latexhandschuh und etwas Gleitgel. Wenn du Sex mit einer Frau hast, kannst du gleichzeitig mit einem Finger in ihre Vagina eindringen, während du mit der Zunge ihren Anus penetrierst. Wenn du einen Partner hast, kannst du dabei sanft seinen Penis streicheln.

Geschützter Oralsex

Beim Oralsex können viele Körperflüssigkeiten ausgetauscht werden. Sperma einschließlich dem Präejakulat sowie Menstruationsblut sind die beiden Körperflüssigkeiten mit der höchsten Konzentration von HIV. Der Kontakt mit Vaginalsekret (ohne Blut) birgt relativ wenig Risiko. Das Gewebe von Anus, Mund, Gaumen und Vagina kann winzige Risse haben, durch welche beim Sex Infektionen übertragen werden können.

Schätze dein Infektionsrisiko ein: Betrachte dein eigenes Sexualverhalten und das deines Partners/deiner Partnerin sowie deinen und ihren/seinen Gesundheitszustand. Wenn du geschützte Fellatio praktizieren willst, nimm ein Kondom. Gib einen Klecks Gleitgel in die Spitze des Kondoms; dann rutscht es besser und macht deinen Partner noch erregter. Für Menschen, die gegen Latex allergisch sind, gibt es auch Kondome aus anderen Materialien. Kondome aus Tierhaut bieten keinen Schutz gegen HIV.

Wenn du geschützten Cunnilingus praktizieren willst, nimm Latexläppchen oder »Dental dams«, das sind kleine quadratische Latextücher, ursprünglich aus dem zahnmedizinischen Bereich. Oder du schneidest eine Kondom oder einen Latexhandschuh auf und benutzt das als Schutzfolie. Wie du ein Kondom umfunktionierst? Schneide die Spitze ab und schlitze es dann an einer Seite auf. Jetzt kannst du es auseinander klappen und hast eine Stück Latexfolie. Genauso kannst du auch einen Handschuh aufschneiden, indem du die Finger ganz abschneidest und den restlichen

Handschuh an einer Seite aufschlitzt. Wenn du Latexläppchen oder aufgeschnittene Kondome oder Handschuhe benutzt, markiere immer eine Seite mit einem Stift, damit du auch später noch weißt, welche Seite wohin gehört, wenn die Folie verrutscht. Ich selbst mag am liebsten Frischhaltefolie. Wenn du solche Folie verwenden willst, reiß ein großes Stück von der Rolle ab, und wickle dich oder sie damit ein. Plastikfolie ist auch ein guter Ersatz für alle, die gegen Latex empfindlich sind. Du kannst die Sensitivität erhöhen, indem du einen Klecks wasserlösliches Gleitgel auf die Seite der Empfangenden gibst.

Denk daran, auch beim Mund-zu-Anus-Kontakt Latexschutz zu verwenden. Und auch hier: Ein Tropfen Gleitgel auf die der empfangenden Person zugewandte Seite der Folie, und das Vergnügen kann losgehen.

Übungen

1. Wie fühlst du dich, nachdem du dieses Kapitel gelesen hast? Was fällt dir an deinen Gedanken, Gefühlen und Empfindungen auf?
2. Nimm dir einen Spiegel und sieh dir deine Genitalien an, den Teil von dir, den deine Partnerin oder dein Partner beim Oralsex ganz nah vor sich haben und wo sie oder er dir ganz nah sein wird. Schau dir deine Farben an, spüre, wie du dich anfühlst. Dies ist ein ganzer und gesunder Teil von dir. Was gefällt dir an deinen Genitalien? Schreibe eine Liste mit zehn Punkten.
3. Was gefällt dir am Oralsex, und was gefällt dir nicht daran? Was magst du am liebsten und was am wenigsten? Wie ist es mit Fellatio? Wie mit Rimming? Sprich mit jemandem über das, was du magst und was du nicht magst.
4. Was hast du an dir selbst entdeckt oder über dich erfahren, als du dieses Kapitel gelesen hast?

Kapitel 10
Penetration

Penetration kannst du auf viele verschiedene Arten genießen. Du kannst zwischen vaginaler und analer Penetration wählen – mit Penis oder Dildo. Du kannst auch die Finger, einen Vibrator oder sogar die ganze Hand deines Partners oder deiner Partnerin in dir genießen.

Penetration muss sich nicht auf die Vagina beschränken. Viele Frauen (und Männer) mögen anale Penetration – mit Vibrator, Analstöpsel oder Dildo, einem Finger oder der ganzen Hand.

Die wenigsten Frauen kommen allein durch vaginale oder anale Penetration zum Orgasmus, sondern wollen zusätzlich an der Klitoris stimuliert werden. Das gleiche gilt auch für Männer; die wenigsten Männer kommen bei analer Penetration ohne die Stimulierung ihres Penis zum Orgasmus. Penetration kannst du auf alle möglichen Arten genießen, sowohl wenn du penetriert wirst als auch wenn du deine Partnerin/deinen Partner penetrierst. In diesem Kapitel geht es um einige dieser Möglichkeiten.

Vaginale Penetration

Vaginale Penetration ist unglaublich vielfältig. Vielleicht magst du es, deine eigenen Finger oder die deines Partners in dir zu spüren, oder einen Dildo, den du oder deine Partnerin in der Hand hält oder umgeschnallt trägt. Vielleicht ist dir der Penis deines Partners am liebsten. Oder du möchtest gerne mit den Fingern oder der Hand penetriert werden, weil so Stellen stimuliert werden können, an die ein Penis nicht heranreicht, wie zum Beispiel die G-Fläche.

Du wirst feststellen, dass deine Vagina unterschiedlich empfindsam ist. Die Nerven nahe des Eingangs reagieren meist stärker auf Bewegung, während die tieferen Bereiche eher durch Druck stimuliert werden wollen. Viele Frauen reagieren sehr sensibel, wenn ihr Gebärmutterhals berührt wird oder Druck erfährt; manche mögen es, andere nicht. Wo spürst du am meisten Lust in deiner Vagina? Kannst du differenzieren, welche Empfindungen und Tiefen du magst?

Der G-Punkt/Die G-Fläche

TantrikerInnen (siehe Kapitel fünfzehn) sprechen vom G-Punkt als dem »heiligen Ort« oder einem Zentrum konzentrierter sexueller Energie. Ihrer Ansicht nach sind gerade auch im Bereich des G-Punkts traumatische sexuelle Erfahrungen gespeichert. Ich habe von vielen Überlebenden gehört, dass die Arbeit mit dem G-Punkt bei ihnen wesentliches bewirkt hat, was das Freisetzen und Heilen traumatischer sexueller Erlebnisse anbelangt. Manche Überlebende berichten von einem starken Gefühl der Verwundbarkeit, von Tränen- oder Wutausbrüchen, wenn ihre G-Fläche stimuliert wird.

> *Ich fühlte mich so verletzlich und offen. Ich hatte keine Ahnung, dass sie meinen G-Punkt stimulierte. Damals kannte ich mich noch nicht so aus. Es hat mich echt in eine andere Welt versetzt. Ich weinte und zitterte und fühlte mich dann irgendwie gereinigt.*
>
> Akaya

Wie du schon in Kapitel fünf über Anatomie lesen konntest, ejakulieren manche Frauen, wenn ihre G-Fläche stimuliert wird. Obwohl das nicht bei allen Frauen so ist, kannst du es durch bestimmte Techniken lernen, wenn du möchtest. Nimm dir viel Zeit, dich mit deinem G-Punkt vertraut zu machen. Du findest heraus, was dich erregt. Entleere deine Blase, bevor du anfängst. Kurz vor dem Ejakulieren hast du vielleicht das Gefühl, pinkeln zu müssen; wenn du weißt, dass du gerade erst warst, kannst du dir diese Sorge nehmen. Die Stimulierung des G-Punkts kann unter Umständen eine Blaseninfektion hervorrufen; dem kannst du vorbeugen, indem du vorher und hinterher die Blase entleerst. Wenn du das Gefühl hast, pinkeln zu müssen, wenn du kommst, dann konzentriere dich darauf, es fließen zu lassen. Das Ejakulat kann eine recht feuchte Angelegenheit sein. Leg dir ein Handtuch bereit.

Du kannst deinen G-Punkt mit den eigenen Fingern oder einem festen Dildo stimulieren. Manche Dildos sind entsprechend geformt. Auch deine Partnerin oder dein Partner können deinen G-Punkt mit der Hand oder einem Dildo stimulieren. Sag ihnen, wo du am sensibelsten bist und welche Berührung du möchtest. Viele Frauen mögen es, wenn ihre Klit gleichzeitig stimuliert wird. Liebkose deine Klit, bitte deinen Partner/deine Partnerin darum, oder nimm einen Vibrator, während deine G-Fläche stimuliert wird.

> *Ich habe gelernt, zu ejakulieren. Es hat Geduld und Zeit erfordert und war übrigens eine tolle Art, meine Geschlechtsorgane und mein sexuelles Erleben kennenzulernen. Es ist feucht und es macht Spaß … mal eine ganz andere Intensität.*
>
> Daren

Vaginales Fisten

Die meisten schrecken beim bloßen Gedanken an Fisten zurück. Aus dem Zusammenhang gerissen, kann der Begriff fisten aggressiv oder brutal klingen. Er steht jedoch nur für das Einführen der ganzen Hand in die Vagina. Fisten hat nichts damit zu tun, der Vagina etwa derbe Stösse zu versetzen. Die Bezeichnung rührt daher, dass die Hand, sobald sie vollständig in die Vagina eingeführt ist, sich automatisch zur Faust schließt, um sich so den Platzverhältnissen anzupassen.

Beruhigt? Nun, du kannst es dir vielleicht besser vorstellen, wenn du dich in der weiblichen Anatomie gut auskennst. Das Gewebe der Vagina ist äußerst robust und dehnbar. Schließlich passt ein ganzes Baby hindurch. Erinnere dich an die Infos zum sexuellen Erregungszyklus der Frau in Kapitel fünf. Bei sexueller Erregung dehnen sich die Wände der Vagina aus und werden feucht, die Gebärmutter hebt sich, wodurch sich die obere Passage der Vagina unterhalb des Muttermunds ballonartig erweitert. Dort ist Platz genug für eine Hand (natürlich immer abhängig von der Größe der Hand und den anatomischen Gegebenheiten der Frau).

Fisten braucht Entspannung und Vertrauen von der Empfangenden – und ein hohes Maß an sexueller Erregung. Meist ist es hilfreich, die Klit auch beim Fisten weiter zu stimulieren. Erfahrungsberichten zufolge ist Fisten für die meisten ein sehr intensives Erlebnis. Viele Überlebende beschreiben ähnliche Reaktionen wie bei der G-Punkt-Stimulierung, wo traumatische Erfahrungen und heftige Gefühle freigesetzt werden.

> *Als meine Freundin mich das erste Mal fistete, habe ich nur noch geheult. Nicht etwa, dass es wehgetan hätte oder irgendeinen emotionalen Schmerz auslöste. Es fühlte sich so erleichternd an, fast befreiend.*
> Stephanie

Und so wird's gemacht: Nehmt ein Gleitmittel auf Wasserbasis (benutze niemals glycerinhaltiges Gleitmittel in der Vagina) und macht euch an, bis ihr sehr erregt seid. Führe einen Finger nach dem anderen ein, bis genug Platz ist für alle vier. Schlag den Daumen in die Handfläche ein und versuche, deine Hand so schmal wie möglich zu machen. Deine Fingerknöchel sollten zur hinteren Wand der Vagina zeigen.

Die Partnerin, die gefistet wird, bestimmt, was passiert. Achte auf ihre Worte und ihren Körper. Wenn du gefistet wirst, dann kommuniziere und – ganz wichtig – entspanne dich. Atme in dein Becken hinein und erlaube ihm, sich zu lösen und zu öffnen. Lass dir Zeit. Wenn du fistest, lass deine Partnerin sich langsam deiner Hand entgegenschmiegen.

An der Stelle, wo die breiteste Stelle der Hand, etwa in Höhe der Fingerknöchel, ihren Weg durch den Eingang zwischen den Beckenknochen finden muss, kehren die meisten Anfängerinnen um. *Nimm viel Gleitmittel.* Ich könnte das jetzt pausenlos sagen. Wenn du soweit bist, kann deine Partnerin oder dein Partner die Hand in dich einführen, indem sie sie mit leicht kreisenden Bewegungen am Venusknochen vorbeischieben. Atme tief ein und dann aus, während die Hand in dich eindringt. Das kann schmerzhaft sein, solange ihr den richtigen Weg noch nicht gefunden habt. Manche dringen mit einer Drehbewegung ein und bringen die Hand in der Vagina in die richtige Position, bei der die Handfläche nach oben zeigt. Die Hand schließt sich zu einer Art Faust – daher der Name. Hört auf, wenn auch nur irgendetwas weh tut. In der Vagina kannst du die Hand langsam hin und her drehen, oder vorsichtig hoch und runter oder rein und raus bewegen.

> *Ich habe entdeckt, dass ich auf Fisten stehe. Ich liebe es, meine Hand in der Vagina einer anderen Frau zu spüren, all das zu fühlen, was sie fühlt. Ich liebe es, sie in mich aufzunehmen. Gefüllt zu sein, überwältigt vom Ficken.*
> Max

Fisten kann unglaublich intim sein; vielleicht empfindet ihr euch beide als sehr verletzlich. Berücksichtigt das in eurem Spiel.

Vaginale Penetration: Das kleine Einmaleins

Zu vaginaler Penetration gehört so viel mehr als das sportive Rein-Raus, obwohl viele Frauen tiefe und feste Penetration mögen, wenn sie total erregt sind. Sage deinem Partner/deiner

Partnerin, was für dich gut ist, oder frag sie, was sie mag. Vergesst nicht, in Kommunikation zu bleiben und diese neue Spielart zu genießen.

Ob du einen Penis oder einen Dildo in dir hast oder ob du deine Partnerin penetrierst – hier sind einige Vorschläge, wie ihr euer Spiel beginnen könnt. Schaut sie euch gemeinsam an, oder probiert sie einfach selbst aus:

- Zupfe sanft am Schamhaar.
- Lege die ganze Hand auf ihre Vulva; spür die Hitze und den Druck.
- Klopfe oder klatsche leicht mit deiner Hand auf die Vulva.
- Zieh einen Handschuh über, trag Gleitmittel auf und umrande den Eingang ihrer Vagina mit deinen Fingern.
- Streife ein Kondom über den Penis deines Partners – oder lass deine Partnerin deinem Dildo ein Kondom aufsetzen.
- Streife mit der Spitze des Penis oder des Dildos über die gesamte Vulva, ohne in deine Partnerin einzudringen.
- Dringe nur wenige Zentimeter in die Vagina ein und bewege dich rein und raus.
- Bewege deine Hüften gleichmäßig vor und zurück, und dann lass sie kreisen.
- Lass deine Partnerin/deinen Partner zwei oder drei Finger in deine Vagina einführen und die Hand hin und her drehen, während sie in dich stoßen.
- Dringe flach in die Vagina ein, und dann tief.

Führe deine Finger in ihre Vagina ein und stimuliere ihre G-Fläche mit einer Lockbewegung.

- Schaut euch an.
- Bewege deinen Körper, atme, entspanne dich.

Anale Penetration

Heutzutage kann Analsex zeigen, was in ihm steckt. Früher eher als dekadentes Treiben verschrien, ist Analsex inzwischen auf dem besten Wege, sexueller Mainstream zu werden. Im Sexladen Good Vibrations war ich anfangs erstaunt, wie viel Leute sich über Analsex informieren oder entsprechendes Spielzeug kaufen wollten. Männer wie Frauen auf dem Trip »Spaß am Hintern«.

Ich finde Analsex warm und intensiv. Es ist mir peinlich, darüber zu sprechen, weil es nach wie vor stigmatisiert wird, aber ich werde schon mutiger.
MB

Ich habe Fantasien über analen Sex und Liebe, wenn ich in diesem Bereich angefasst werde. Noch kann ich aber nicht darum bitten. Es ist mir zu peinlich, und außerdem ruft es Erinnerungen an meinen Stiefvater hoch.
Laura

Der After ist ein sensibler Bereich mit vielen Nervenenden, der eine willkommene Ergänzung deiner sexuellen Freuden sein kann. Du musst dazu unbedingt einige Dinge beachten. Verwende bei Analspielen immer Gleitmittel auf Wasserbasis. Im Gegensatz zur Vagina sondert der After kein Feuchtsekret ab. Um die empfindliche Schleimhaut des Analkanals zu schützen und es für die empfangende Person angenehm zu gestalten, musst du immer viel Gleitmittel benutzen. Entspanne dich. Analsex kann nicht funktionieren, wenn du dich verkrampfst. Entspanne die Muskeln um Po und Becken.

Bei analem Sex sollte ausschließlich die empfangende Person das Tempo und die Tiefe der Penetration bestimmen. Sprecht miteinander, kommuniziert, wie es euch geht.

Du kannst anale Penetration mit Fingern und Händen, mit

einem Penis oder mit Sexspielzeugen wie einem Dildo oder einem Analstöpsel genießen. Tristan Taormino schreibt in The *Ultimate Guide to Anal Sex for Women*: »Stoße niemals gegen den After; streichle vielmehr die Öffnung mit deiner Fingerkuppe.« Suche dir einen Weg in den After, indem du den Eingang mit deinem Finger liebkost. Die Schließmuskeln werden sich automatisch anspannen, wenn du etwa versuchst, direkt in den After hineinzustoßen.

Wenn du den After mit etwas penetrierst, das nicht zu deinem Körper gehört – z. B. einem Dildo oder einem Analstöpsel – vergewissere dich, dass der Gegenstand sich nach unten hin verbreitert. Das bedeutet, dass sich an der Unterseite des Sextoys eine Art Sockel befinden muss, der verhindert, dass das Spielzeug in den Mastdarm bzw. noch weiter in den Körper hineinrutschen kann. Im Gegensatz zur Vagina führt der After ja übergangslos ins Körperinnere. Ein Spielzeug ohne Sockel könnte im Dickdarm verschwinden. Das ist sehr schmerzhaft und gefährlich, zudem nicht ohne eine gewisse Peinlichkeit, und kann auf der nächsten Erste-Hilfe-Station enden.

Viele haben Angst, sie seien vielleicht nicht sauber genug für Analspiele. Du kannst dich mit Seifenwasser waschen oder dir einen Einlauf machen, um den Analkanal zu säubern. Wenn du vorhast, analen Sex zu haben, sei vorsichtig mit dem, was du isst. Vermeide scharf gewürzte Speisen und Lebensmittel, die kleine Samen enthalten, wie z. B. Erdbeeren oder Kiwis. Sie werden nicht verdaut und können die empfindliche Schleimhaut des Mastdarms dann aufschürfen.

Manche praktizieren auch anales Fisten, was großer Vorsicht bedarf, weil das Gewebe des Analkanals sehr empfindlich ist. Der Ablauf ist ähnlich wie beim vaginalen Fisten. Wenn du dich für anales Fisten interessierst, informiere dich zunächst über Analsex und anale Anatomie. Am besten lernst du es von jemandem, die oder der schon Erfahrung darin hat.

Männliche Prostata

Bei Männern kann die Prostata durch anale Penetration stimuliert werden (in Kapitel fünf findest du mehr Infos über die Prostata). Viele Männer erleben die Stimulierung ihrer Prostata als lustvoll; manchen ist es, genau wie die G-Punkt-Stimulierung für manche Frauen, zu intensiv oder schmerzhaft. Du erreichst die Prostata, wenn du den Finger oder ein Spielzeug etwa sieben bis acht Zentimeter tief in den After schiebst und dort die dir schon vertraute Lockbewegung in Richtung Vorderseite des Körpers machst.

Anale Penetration: Das kleine Einmaleins

Anale Penetration erfordert mehr Kommunikation als andere Sexspiele. After und Mastdarm sind sehr sensibel und verletzlich. Geh sorgsam damit um. Wenn du lieber ein Spielzeug anstelle von Fingern oder Penis ausprobieren möchtest, dann nimm zunächst einen schmalen Dildo. Vergiss nicht, Unmengen von Gleitmittel zu benutzen. Und achte darauf, dass keine Bakterien aus dem After in die Vagina gelangen. Du kannst ein zusammengeknülltes Laken oder Handtuch über die Vagina legen, um eventuell tropfendes Gleitmittel aufzufangen, wenn du von hinten penetriert wirst.

Ob du deinen Partner/deine Partnerin penetrierst oder selbst einen Penis oder Dildo in dir aufnimmst – hier findest du ein paar Anregungen. Lies sie gemeinsam mit deiner Partnerin/deinem Partner, oder probier sie einfach selbst aus:

- Zupfe sanft an seinem oder ihrem Schamhaar.
- Liebkose die Genitalien, die Schenkel und den Po deines Partners/deiner Partnerin.
- Lerne den Körper deines Partners/deiner Partnerin mit deinen Händen kennen.

- Zieh dir einen Handschuh über, trage Gleitmittel auf und zeichne die Öffnung des Afters mit deinen Fingern nach.
- Massiere sanft die Öffnung des Afters.
- Vergewissere dich, dass deine Partnerin/dein Partner sehr erregt ist, bevor du einen Finger oder ein Spielzeug in sie schiebst.
- Dring mit einer runden Bewegung ein; vermeide Herumgestochere.
- Stimuliere gleichzeitig die Klit bzw. den Penis.
- Streife ein Kondom über den Penis oder Dildo deines Partners/deiner Partnerin.
- Umfahre die Öffnung des Afters mit der Spitze deines Penis oder Dildos, ohne einzudringen.
- Dring langsam ein; überlass deiner Partnerin/deinem Partner die Führung.
- Bewege dich zunächst langsam. Verständigt euch über die Tiefe und das Tempo.
- Entspanne dich, bleib in Bewegung und atme.

Safer penetrieren

Genau wie bei Oralsex können bei Penetration Körperflüssigkeiten ausgetauscht werden. Sperma, und dazu gehört auch die Flüssigkeit vor der Ejakulation, und Menstruationsblut gehören zu den Körperflüssigkeiten mit der höchsten Konzentration an HIV. Der Risikofaktor beim Kontakt mit Vaginalsekret (ohne Blut) ist recht niedrig. Bei analer Penetration kommt es nicht selten zu feinen Rissen im empfindlichen Gewebe des Mastdarms, wodurch Blut und andere Körperflüssigkeiten ausgetauscht werden können. Wenn du Analsex haben willst, dann praktiziere auf jeden Fall Safer Sex mit Latex.

Was ist Safer Sex bei vaginaler Penetration? Du streifst ein Kondom über den Penis oder Dildo, beziehungsweise trägst Latexhandschuhe. Zur Erinnerung: Ein Tropfen Gleitgel in der

Spitze des Kondoms lässt es besser rutschen und steigert die Stimulierung. Vergiss nicht, die Spitze des Kondoms festzuhalten, während du es überziehst, um zu verhindern, dass sich dort Luft ansammelt, die das Kondom platzen lassen kann. Für LatexallergikerInnen gibt es Kondome, die aus anderen Materialien gefertigt sind. Kondome aus Tierhaut bieten keinen Schutz vor HIV.

Kauf dir Latexhandschuhe genau in deiner Größe, das erhöht die Empfindsamkeit. Verteile großzügig Gleitgel darauf und hinein ins Vergnügen.

Nur zur Erinnerung: Wenn du mit einem Sexspielzeug oder deinen Fingern den After liebkost, dann wasche alles gründlich, bevor es in Kontakt mit der Vulva kommt, oder nimm ein neues Kondom oder einen frischen Handschuh. Bakterien aus dem After können in der Vagina eine Infektion verursachen.

Penetration und Auslöser

Penetration kann bei vielen Überlebenden Auslöser hervorrufen. Wenn du während des Missbrauchs vaginal oder anal penetriert wurdest, ist vaginaler oder analer Sex für dich heute vielleicht schmerzhaft oder aufwühlend.

Bei manchen Überlebenden verursacht Penetration Schmerzen, weil in der Region des Beckens Spannungen und traumatische Erfahrungen gespeichert sind. Vielleicht liegt aber auch eine Infektion oder ein anderes medizinisches Problem vor. Wenn dir vaginale oder anale Penetration weh tut, lass dich von einer erfahrenen Ärztin oder einem Arzt untersuchen. Einige Überlebende haben sich beim Missbrauch oder bei ungeschütztem Sex mit sexuell übertragbaren Krankheiten angesteckt. Vaginismus, Fibrome und Vaginalinfektionen können Schmerzen bei der Penetration verursachen. Bei manchen Überlebenden hat die Vagina aufgrund von schwerer Gewaltanwendung sogar Narben davongetragen.

Ein Trauma, das sexueller Missbrauch in Verbindung mit Penetration verursacht hat, ist möglicherweise als Spannung, Schmerz und/oder Taubheit in der Beckenregion gespeichert. Wenn du mit diesem Bereich deines Körpers arbeitest und den Schmerz, die Erinnerungen und das Trauma freisetzt, werden sich deine Empfindungen verändern. Diese Erfahrung haben viele Überlebende machen können.

> *Das Gefühl in meinen Hüften und meinen Genitalien veränderte sich, als ich heilte. Ich hatte immer Schmerzen beim Sex und fühlte mich verkrampft, oder ich spürte fast gar nichts, so als ob in diesem Bereich meines Körpers überhaupt keine Nervenendungen wären. Als ich diesen Teil von mir aufzutauen begann, kam viel Schmerz, Angst und Wut in mir hoch. Als ob diese Gefühle unter einer Eisschicht begraben gewesen wären, bis ich sie spüren konnte.*
> Jenifer

Wenn du mit Auslösern arbeitest, die mit Penetration zusammenhängen, dann geh langsam vor. Achte auf alles, was durch die Konzentration auf dein Becken in dir hochkommt. Es kann der aufgeladenste Bereich des Körpers sein und gleichzeitig das größte Potenzial für Heilung in sich bergen.

Vielleicht hilft es dir, wenn du beim Sex die Tiefe und das Tempo der Penetration bestimmst. Kommuniziere während der gesamten sexuellen Begegnung mit deiner Partnerin/deinem Partner, sag ihr oder ihm, wann sie langsamer bzw. schneller werden sollen und wie tief du es willst. Wenn du oben liegst, kannst du die Tiefe und das Tempo besser kontrollieren. Manchen ist es peinlich, beim Sex die ganze Zeit über miteinander zu sprechen, doch das kann auch lustvoll sein und euer Gefühl der Verbundenheit stärken.

Verständigt euch auch mit den Augen. Wie geht es dir damit, deinen Partner/deine Partnerin während der Penetration anzuschauen? Die Augen offen zu halten, kann dir auch dabei helfen, in der Gegenwart zu bleiben und nicht in die Vergangenheit abzurutschen. Nimm deine Partnerin/deinen Partner und deine Umgebung wahr, atme und spüre deine Empfindungen und deinen Körper. So kannst du mit dir in Verbindung bleiben, deine Reserven fühlen und entscheiden, wie du mit einem Auslöser umgehst.

Vielleicht ist es hilfreich, die Stellung zu wechseln, wenn du bei Penetration einen Auslöser erlebst. Für manche ruft es Erinnerungen hervor, wenn sie in Bauchlage von hinten penetriert werden, während oben liegen keine Auslöser verursacht. Ihr könnt auch einander gegenüber liegen oder die Löffelchenstellung ausprobieren. Eine weitere Variante wäre, euch gegenüber zu sitzen, während ihr die Beine umeinander schlingt. Probiert alles mögliche aus. Bei welchen Stellungen kannst du in deinem Körper bleiben? In welcher Stellung fühlst du dich stark und flexibel?

Penetration muss nicht auf ewig ein Auslöser bleiben. Wenn du dir eine bestimmte sexuelle Option offen halten möchtest, kannst du mit dem Auslöser arbeiten, indem du nach den Infos und Übungen in diesem Buch vorgehst. Such dir selbst aus, was für einen Sex du gerne hättest. Das folgende Kapitel zeigt dir, wie du deine Auslöser heilen kannst.

Übungen

1. Wie geht es dir, nachdem du dieses Kapitel gelesen hast? Was fällt dir an deinen Gedanken, deinen Gefühlen und deinen Wahrnehmungen auf?
2. Was magst du in bezug auf Penetration am meisten, was am wenigsten? Was gefällt dir an vaginaler Penetration, was gefällt dir daran nicht? An analer Penetration? An Penetration mit Sexspielzeugen? Mit den Fingern und der Hand? Sprich mit einer anderen Person über das, was du magst und was du nicht magst.
3. Was hast du in diesem Kapitel über dich selbst erfahren?

Kapitel 11
Auslöser annehmen

Wenn du dein Sexleben danach ausrichtest, Auslösern aus dem Weg zu gehen, dann bleibt bald nichts mehr davon übrig.
Stephanie

Viele Überlebende sind verständlicherweise frustriert, wenn es um Auslöser geht. Vielleicht befindest du dich in einer Phase deiner sexuellen Heilung, in der du ständig auf sie triffst. Vielleicht begegnest du ihnen so oft, dass du am liebsten überhaupt keinen Sex mehr hättest. Die meisten Überlebenden wollen Auslöser einfach nur loswerden.

Ich möchte dir in diesem Kapitel eine andere Sichtweise nahe bringen. Wie wäre es, wenn du Auslösern nicht aus dem Weg gehst, sondern dich näher mit ihnen befasst, sie fühlst und heilst? Wenn sie wie wehende Fahnen wären, die dir signalisieren, »Hallo, hierher, hier ist etwas, das deine Aufmerksamkeit braucht und geheilt werden möchte«? Auslöser sind heilbar. Du brauchst nicht zu denken, dass zum Beispiel Oralsex immer ein Auslöser für dich sein wird, nur weil es jetzt so ist. Wenn du erst einmal das Trauma aus dem Bereich deines Körpers, wo der Auslöser gespeichert ist, freigesetzt und die Erfahrung emotional verarbeitet hast, wird der Auslöser langsam verschwinden.

In dieser Arbeit geht es darum, deine Sexualität so weit zu heilen, dass du in Bezug auf Sex völlig freie Entscheidungen treffen kannst. Du wirst dir deine Sexualität nach deinen eigenen Bedürfnissen und Wünschen gestalten, und nicht auf der Grundlage der Beschränkungen und Verletzungen, die der Missbrauch dir zugefügt hat. In diesem Kapitel erfährst du, wie du über die Arbeit mit deinen Auslöser dahin kommen kannst.

Was ist ein Auslöser?

Auslöser sind automatische Reaktionen, die mit dem sexuellen Missbrauch zusammenhängen und ganz plötzlich in der Gegenwart auftauchen können. Bestimmte Handlungen, Gerüche, ein Wort – vielleicht sogar der Klang einer Stimme – können als Auslöser fungieren, der die Bilder und Gefühle der Vergangenheit hochholt. Während du einen Auslöser erlebst, fällt es dir vielleicht schwer, zwischen Vergangenheit und Gegenwart zu unterscheiden.

> *Ich gehörte nie zu denen, die Auslöser im Supermarkt erleben. Meine Auslöser hängen fast immer mit Menschen und Nähe zusammen. Die meisten Auslöser erlebe ich beim Sex. Ganz ganz oft, wenn ich Sex habe, tauchen Bilder von meinem Vater auf und ich kann nicht mehr zwischen ihm und meinem Freund unterscheiden. Ich gerate in Panik und verschließe mich, und versuche dann, mich zu beeilen und den Sex schnell hinter mich zu bringen. Es ist schrecklich.*
>
> Carla

Auslöser kommen unerwartet. Sie rufen Bilder oder Erinnerungen an den Missbrauch wach oder lösen Gefühle in deinem Körper aus. Viele Überlebende berichten von einem kaum bezähmbaren Wunsch, nicht angefasst zu werden oder sich einer körperlichen oder sexuellen Berührung zu entziehen – aus einer unwillkürlichen Angst heraus, verletzt oder verraten zu werden.

> *Manchmal streckt meine Freundin die Hand aus, um mich zu berühren, und ich möchte sie von mir wegstoßen. Ich kann ihre Nähe nicht ertragen, mir wird ganz schlecht davon.*
>
> Kathy

Auch Stimmungen, die scheinbar aus dem Nichts über dich kommen, können Auslöser sein. Du flirtest gerade ganz verliebt mit deiner Partnerin oder versuchst, sie anzumachen, und plötzlich bist du wütend und sauer, oder todtraurig. Das ist eine typische Erfahrung von Frauen, die sexuelle Gewalt erfahren haben.

> *Mir tut mein Mann leid, weil ich immer so wütend werde. Wir albern herum, flirten miteinander und fangen an, uns anzufassen, und dann wende ich alles gegen ihn. Wie wenn in mir ein Schalter umgelegt wird. Plötzlich bin ich empört und verärgert. Alles was er tut, geht mir auf die Nerven.*
> Rona

Der bloße Kontakt mit bestimmten sexuellen Praktiken, mit Gerüchen, Geräuschen und Farben kann für Überlebende ein Auslöser sein. Auch ein Orgasmus oder die Tatsache, dass dir bestimmte sexuelle Dinge Spaß machen, kann als Auslöser dienen.

> *Oralsex ... das kriege ich einfach noch nicht hin. Ich tue mein Bestes und versuche es, aber dann fange ich an zu würgen und fühle mich wieder wie das kleine Mädchen, dem mein Onkel seinen Schwanz in den Hals schiebt.*
> Tracy

> *Früher habe ich jedes Mal geweint, wenn ich einen Orgasmus hatte. Ich habe das gar nicht verstanden, bis Erinnerungen an den Inzest in mir aufstiegen. Die Tränen waren eine Mischung aus Erleichterung, Schuld und Scham. Es wühlt in mir den Teil des Missbrauchs auf, der mir körperlich angenehm war, und die Scham, weil ich denke, es war meine Schuld.*
> Roslyn

Auslöser sind wie Geschichte, die in deine Gegenwart hineinsickert, Bruchstücke von Erinnerungen aus der Vergangenheit. Auch wenn es so aussieht, als ob der Schmerz, die Wut oder die Verwirrung eine Reaktion auf etwas darstellen, was heute geschieht, handelt es sich tatsächlich jeweils um das Fragment einer visuellen, emotionalen oder körperlichen Erinnerung, die sich ihren Weg an die Oberfläche sucht. Auslöser sind wie Risse in der gegenwärtigen Realität, und hinter ihnen erscheinen ungelöste Traumata aus der Vergangenheit.

Der Weg zur Genesung

Oft tritt der gleiche oder ähnliche Auslöser immer wieder auf, bis du diesen Teil deiner Erinnerung oder Verletzung bewältigt hast. Auf diese Weise wirkt ein Auslöser wie ein Warnsignal, das dich auf Aspekte deiner Heilung hinweist, denen du dich widmen solltest. Auslöser können dir zur Orientierung auf deinem Weg zur Genesung und sexuellen Heilung dienen. Indem du dich um deine Auslöser kümmerst und *durch* sie heilst, kannst du deine Sexualität vom Ballast des sexuellen Missbrauchs befreien.

> *Wenn meine Freundin mich auf eine bestimmte Art küsste, war das immer ein Auslöser für mich; ich wollte sie wegschieben oder mich völlig abspalten. Dann erinnerte ich mich daran, dass mein Bruder mich genau so geküsst hatte, wenn er mich missbrauchte. Ich weinte und wurde wütend und ich arbeitete mit dieser Erinnerung, und nun hat diesen Auslöser endlich die ewige Ruhe ereilt.*
>
> Kay

Also, welche Auslöser kennst du bei dir? Welcher Anblick, welche Gerüche, Orte, sexuelle Stellungen oder Geräusche lösen Erinnerungen in dir aus? Welche sexuelle Spielart löst in dir den

Wunsch aus wegzulaufen, dich abzuspalten, zu erstarren oder wütend oder traurig zu werden? Wie ist es, wenn Sex und Nähe zusammenkommen? Was passiert dann bei dir? Deine Auslöser zu finden, ist wie wichtige Hinweise bei der Schnitzeljagd zu entdecken. Sie sind eine wesentliche Information in deinem sexuellen Heilungsprozess.

Genau wie du in Kapitel drei herausgefunden hast, nach welchem Muster deine Abspaltungsprozesse verlaufen, kannst du bei deinen Auslösern Muster ausmachen. Welche Auslöser erlebst du in der Sexualität? Deine eigene Intensität? Dass du auf Analsex, S/M oder andere »unanständige« Spielarten stehst?

> *Ich habe herausgefunden, dass einer meiner größten Auslöser ist, wie gierig ich beim Sex werden kann. Ich möchte ficken und beißen und grapschen. Alles ist einvernehmlich, wir sind erwachsen und immer noch löst das Schamgefühle in mir aus.*
>
> Jeanie

Achte darauf, wie sich dein Körper verändert, wenn du einen Auslöser erlebst. Welche Empfindungen nimmst du wahr? Was spielt sich in deinem Körper ab? Hältst du den Atem an, beißt du die Zähne aufeinander, verspannst du deine Genitalien oder deinen Schließmuskel? Was ist mit deiner Stimmung und deinen Gefühlen?

Was für Bilder, Geräusche, Erinnerungen, Gefühle oder körperliche Empfindungen sind es, die immer wieder auftauchen, wenn du einen Auslöser erlebst? Erforsche deine Auslöser; du kannst eine ganze Welt an Informationen gewinnen.

> *Keinen Sex zu haben löst einiges in mir aus. Mir wird ganz seltsam, so als sei ich nichts wert und würde nicht geliebt. Mir ist, als müsste ich losgehen und ein Abenteuer oder einen One-Night-Stand auftun, um mich wieder zu beweisen.*
>
> Lourdes

»Nein« zu sagen ist ein unglaublicher Auslöser für mich. Entweder bringe ich es überhaupt nicht heraus, oder ich fange an zu zittern und zu stammeln … ich fühle mich, als sei ich wieder fünf Jahre alt. Der Inzest hat mir mein »Nein« ausgetrieben.

Mimi

Auslöser integrieren: Hier geht's lang

Die Vorstellung, deine Auslöser in dein Leben aufzunehmen, geht vielleicht auf den ersten Blick total gegen dein Gefühl. Vielleicht ist dir unbehaglich, so mit deinen Auslösern umzugehen, doch ich habe die Wirksamkeit dieser Vorgehensweise immer wieder beobachten können. Anstatt Auslöser zu vermeiden und ihnen aus dem Weg gehen zu wollen, kannst du auf sie zugehen und dich in sie hineinbegeben. Wenn du einen Auslöser erlebst, kannst du sagen, »Super, gute Nachrichten, ich habe einen Auslöser gefunden. Ich kann mich wieder ein Stück weiter befreien!« Wenn du direkt auf einen Auslöser zugehst und dich in ihn hineinbegibst, gibt dir das die Chance, das darin enthaltene Material zu verarbeiten und hinter dir zu lassen. Dadurch kannst du den Auslöser aus deinem Körper, deinen Gefühlen und deinem Denken freisetzen und mit ihm abschließen. Auslöser können zu Hinweisschildern werden, die dir sagen, was geheilt werden muss. Sie zeigen dir deinen Weg auf der Straße zur Freiheit.

Die meisten von uns hassen es, Auslöser zu erleben. Sie sind schmerzlich, ärgerlich und niederschmetternd, und sie zerstören angenehme und schöne Erlebnisse. Viele Überlebende versuchen daher, Auslöser zu gut wie möglich zu vermeiden. Sie versuchen, die unangenehmen und schmerzlichen Gefühle, die Auslöser hervorrufen können, aus ihrem Leben, und vor allem aus ihrem Sexleben, herauszuhalten. Das kann zu einem Leben auf engstem Raum führen, das nur darauf ausgerichtet ist, auslösende Momente zu vermeiden.

> *Sex hat so viel in mir ausgelöst, dass ich all dem irgendwann völlig aus dem Weg gegangen bin. Ich versuchte, asexuell zu werden und jegliche Lust auf Erotik in mir loszuwerden. Das hat mich eine Menge Spaß in meinen Leben gekostet.*
> Mimi

> *Weißt du, als ich mich dazu entschlossen habe, mich mit diesem ganzen Kram zu befassen, ist mir plötzlich klar geworden, dass ich mich seit Jahren nicht mehr angefasst hatte. Ich finde das so traurig. Sie haben mir vor meinem eigenen Körper Angst gemacht.*
> Maria

Auslöser sind seltsame Wesen. Wenn du versuchst, ihnen aus dem Weg zu gehen, werden sie größer und mächtiger, und der Raum, der dir bleibt, wird immer kleiner. Auslösern aus dem Weg zu gehen heißt auch, all die Tretminen des sexuellen Missbrauchs an Ort und Stelle zu belassen, so dass sich das Terrain deines Lebens weiterhin gefährlich und unzuverlässig anfühlt. Wenn Auslöser angenommen, gefühlt und verarbeitet werden, dann schrumpfen sie oder sie verwandeln sich vollständig. Was einmal ein Auslöser war, ist jetzt ein verarbeiteter Teil deiner Geschichte. Vielleicht nimmst du ihn hin und wieder noch wahr, aber er bestimmt nicht länger über dich.

> *Ich hätte nie gedacht, dass ich jemals Spaß an Sex haben könnte, ohne Auslöser zu erleben. Ich bin wirklich erstaunt, dass ich es geschafft habe. Von Zeit zu Zeit muss ich mich immer noch mit einem Auslöser herumschlagen, doch meistens bin ich präsent und lasse es mir gut gehen. Es ist fantastisch!*
> Lee

Auslöser aufspüren

A. Ich habe Auslöser, wenn (Anblick, Geräusch, Geruch, Stellung, Ort) ...

... ich mich wirklich gehen lasse und Sex genieße. Wenn mir Sex gefällt, dann muss ich den Missbrauch gewollt haben.
... mein Mann sich mir von hinten nähert.
... ich mitten in der Nacht geweckt werde, um Sex zu haben. Ich weiß nicht, wo ich bin oder wer mein Freund ist.
... die Innenseite meines rechten Schenkels wiederholt gestreichelt wird. Ich möchte um mich treten.
... meine Arme oder Beine festgehalten werden.
... meine Brustwarzen sanft berührt werden. Es zermürbt mich; ich möchte fester angefasst werden.
... ich Männer sehe, die meinem Onkel ähnlich sehen.

B. Was dann in meinem Körper geschieht, ist dass (Empfindungen) ...

... ich mich zwischen den Schulterblättern total verkrampfe.
... meine Atmung ganz flach wird.
... meine Füße und der untere Teil meines Körpers so weit entfernt scheinen, so als gehörten sie nicht mehr zu mir.
... meine Genitalien und mein After sich verkrampfen.
... ich aus meinem Körper wegdrifte.
... meine Kehle sich zuschnürt und ich das Gefühl habe, keinen Ton mehr herausbringen zu können.

C. Wiederkehrende Bilder, Gerüche, Geräusche, Gefühle und körperliche Erinnerungen sind ...

... dieses Bild von meinem Vater, wie er in mein Zimmer tritt und auf mich zukommt.
... ein Bild von meinem Opa mit einem Steifen.

... von hinten penetriert werden; das lässt meinen Körper und meine Sinne nicht los.
... der Geruch seines Deodorants.
... wie sein Atem nach Alkohol riecht.
... Gewicht auf mir zu spüren, da bekomme ich Panik und fühle mich wie in einer Falle.
... das Geräusch ihrer Stimmen; ich weiß nicht, wohin ich mich retten soll.

Indem du Auslösern aus dem Weg zu gehen versuchst, drückst du aus, dass der Auslöser stärker ist als du. Das stimmt natürlich nicht. Du bist stärker als das, was dir angetan wurde. Manchmal spürst du das vielleicht nicht, aber ich versichere dir, es ist wahr. Du bist stärker als das, was dir angetan wurde, sonst hättest du es nicht überstanden.

Als ich mich das erste Mal dazu durchgerungen hatte, bei einem Auslöser zu bleiben, in dem Versuch, ihn zu bewältigen, bekam ich panische Angst. Ich meinte, ich müsste verrückt sein, in dieser Situation zu verharren. Es tat so weh, und ich habe geweint und mich an weitere Sachen erinnert. Ich fand's furchtbar, und ich habe es überstanden. Dieser Auslöser und die damit verknüpften Erinnerungen waren danach nie wieder so beängstigend.
Melanie

Ich war nur noch ein einziges Zittern, wenn ich versuchte, mit der Berührung zu bleiben, die am meisten in mir ausgelöst hat. Aber ich habe gelernt, weiterzuatmen und meinen Körper einfach zittern zu lassen. Es war so, als könnten jetzt all die Angst und der ganze Schrecken des Missbrauchs, all meine Tränen aus mir herausströmen, wie es nie zuvor möglich gewesen war. Ich empfinde jetzt viel Dankbarkeit und Mitgefühl mit mir selbst.
Stephanie

Seitdem ich meine Auslöser wirklich annehme und sie wie Boten behandle, die mir wichtige Nachrichten überbringen, habe ich mich verändert. Ich kann mich nun selbst befriedigen, ohne auszusteigen oder mich schuldig zu fühlen. Nein, noch besser, ich kann mich selbst befriedigen, mich sexy fühlen und Spaß haben.

Hally

Mit Auslösern umgehen: Konzept und Methoden

Also, wie sollst du denn nun mit Auslösern umgehen? Was machst du, wenn du mitten beim Sex in anderen Sphären verschwindest? Wie kannst du Auslöser dazu nutzen, dich zu heilen? Ich schlage vor, dass du dir zuerst dein soziales Umfeld anschaust. Für den Heilungsprozess brauchst du Menschen, mit denen du sprechen, deine Ideen ausprobieren und bei denen du dich ausweinen kannst. Wenn du dir noch kein Netz von Vertrauten aufgebaut hast, dann ist jetzt der richtige Zeitpunkt dafür. Schau noch einmal in Kapitel eins nach, da steht, wie es geht.

Im folgenden findest du einfache Vorschläge, wie du dich verhalten kannst, wenn du in einer sexuellen Situation einen Auslöser erlebst. Die Vorschläge gelten für Sex mit einer Partnerin/einem Partner und für Selbstbefriedigung. Ich schlage vor, du gehst sie zunächst in einer nicht sexuellen Situation durch. Mach einen Probelauf. Sprich sie mit einer Freundin, deinem Partner oder deiner Therapeutin durch, oder schreibe in deinem Tagebuch über sie. Einzelne Schritte in einer neutralen Atmosphäre zu üben, macht ihre Anwendung beim Sex wesentlich einfacher. Es ist schwer, eine neue Herangehensweise auszuprobieren, wenn du mitten beim Sex einen Auslöser erlebst. Wenn du sie schon eingeübt hast, stehen sie dir in einer solchen Situation unterstützend zur Seite.

Die einzelnen Schritte findest du im Abschnitt »Konzept zum Umgang mit Auslösern«, weiter unten in diesem Kapitel. Im folgenden eine einfache Ausführung, die du zur Vorbereitung nutzen kannst.

Nimm es wahr

Zunächst: Nimm wahr, wenn du einen Auslöser erlebst. Das kann der schwierigste Schritt von allen sein. Worin genau besteht der Auslöser? Was spürst du in deinem Körper? Atmest du noch? Oft geben wir unseren PartnerInnen die Schuld an dem Unbehagen, der Gereiztheit und der Abwehr, die mit einem Auslöser hochkommen. Bemühe dich, die Ursache dafür herauszufinden, wenn du dich mit deinem Partner/deiner Partnerin unwohl fühlst. Hast du einen Auslöser? Wie können dein Partner/deine Partnerin jetzt zu Verbündeten anstatt zu Feinden werden? Genau wie beim Dissoziieren kann dir deine Partnerin/dein Partner helfen wahrzunehmen, dass du einen Auslöser erlebst.

Unterbrich und atme

Unterbrich, was du gerade tust, mach eine Pause und atme. Mach eine Bestandsaufnahme der Situation. Was fühlst du? Was passiert gerade? Was brauchst du? Es ist völlig in Ordnung, mitten beim Sex eine Pause einzulegen. Aufzuhören und den Auslöser anzugehen wird dein sexuelles Erleben schlussendlich befriedigender, sicherer und heilsamer gestalten. Komm auf deine Empfindungen von innerer Sicherheit oder deinen emotionalen Rückhalt (siehe Kapitel eins) zurück.

Wähle aus

Jetzt bist du am Zuge. Sobald du den Auslöser bemerkt und eine Pause eingelegt hast, gibt es zahlreiche Möglichkeiten, mit der Situation umzugehen. Einige habe ich weiter unten unter »Große Auswahl« aufgeführt. Stimme deine Entscheidung darauf ab, was du jetzt gerade brauchst und was das Beste für den Heilungsprozess ist, in dem du dich befindest. Wenn du dich bisher immer dazu entschlossen hattest, den Sex abzubrechen, dann probiere jetzt mal etwas anderes. Mach eine Pause und wende dich dann wieder dem Sex zu. Oder verändere, was du tust, aber bleib in Körperkontakt mit dir oder deiner Partnerin/deinem Partner. Wenn du bisher immer versucht hast, trotz Auslöser weiterzumachen und dich so durch sie durchzuboxen, dann versuche jetzt einmal, aufzuhören. Kümmere dich um das Kind in dir. Oder nähere dich dem Auslöser an, um mit ihm zu arbeiten. Wichtig ist, ein neues Wagnis einzugehen. So erweitert sich das Spektrum deiner Möglichkeiten und du lernst, Dinge zu tun, die dir vorher nicht möglich waren.

Lass dich ein

Bleib weiter bei dir und deinem Partner oder deiner Partnerin. Teile mit, wofür du dich entschieden hast, und besprich es mit ihr oder ihm. Dann lass dich ein. Bleib mit deiner ganzen Person dabei, egal ob du dich dazu entschlossen hast, dich in den Auslöser hineinzubegeben, weiter Sex zu haben oder aufzustehen und spazieren zu gehen. Bleib so gut du kannst mit dir, mit deinem Körper und mit deinem Partner/deiner Partnerin in Verbindung. So kannst du deinen Körper umpolen. Du kannst mit dir und einer anderen Person in Kontakt bleiben, selbst wenn du einen Auslöser erlebst. Du musst nicht weggehen oder dich auflösen. Du kannst in deinem Körper bleiben und Entscheidungen treffen. Wenn deine erste Wahl für dich nicht befriedigend funktioniert, dann nimm dir die Freiheit, deine Meinung zu ändern und eine andere Entscheidung zu treffen.

Fang noch mal von vorne an

Gehe zurück zum Anfang und starte, wenn nötig, noch mal von vorn.

GROSSE AUSWAHL

Wenn du dir ein breites Repertoire aneignest, kannst du unter vielen verschiedenen Optionen wählen, wenn du einen Auslöser hast. Das gibt dir auch die Möglichkeit, dich zu unterschiedlichen Zeiten individuell zu entscheiden. Vielleicht wird es deinen Heilungsprozess in der einen Situation unterstützen, wenn du die sexuelle Begegnung abbrichst, während es in einer anderen das Beste ist, weiterzumachen. Es gibt keinerlei bindende Regeln für dich, wenn du einen Auslöser erlebst. Achte darauf, ob du im Umgang mit Auslösern Muster entwickelst. Wenn du dich immer gleich verhältst, wenn du z. B. immer mit dem Sex aufhörst oder immer einen Weg um den Auslöser herum suchst, dann probiere andere Ansätze aus. Mit Wahlmöglichkeiten und Entscheidungsfreiheit bringst du das in deine Sexualität zurück, was ihr durch den Missbrauch geraubt wurde.

Im folgenden findest du eine Reihe von Optionen. Natürlich ist es nur eine begrenzte Auswahl; schreib weitere Möglichkeiten hinzu, die für dich funktionieren.

Begib dich in den Auslöser hinein

Du kannst dich dafür entscheiden, dich in den Auslöser hineinzubegeben, indem du dich auf die visuellen, akustischen und körperlichen Empfindungen konzentrierst, die bei dir ausgelöst wurden. Hör nicht auf zu atmen und bleib offen für deine Gefühle und die Wahrnehmungen in deinem Körper. Du kannst weiter machen mit dem, was den Auslöser verursacht hat, um dich noch tiefer in ihn hineinzubegeben. Sei behutsam. Du tust das, um dich der gespeicherten Erinnerung oder der traumatischen Erfahrung zu nähern, um sie zu fühlen, in dein Bewusstsein zu holen, freizusetzen und mit ihr abzuschließen. Vielleicht wirst du ganz traurig, oder wütend, oder ängstlich, oder du durchlebst andere Gefühle, die mit dem Missbrauch zusammenhängen. Lass diese Gefühle ruhig hochkommen und gib ihnen Raum. Wenn du dich in einen Auslöser hineinbegibst, kann es eine stärkende Erfahrung sein, das Gefühl, das in dir hochkommt, körperlich auszudrücken; so arbeitest du dich auch schneller durch den Auslöser hindurch.

Wenn du mit deiner Partnerin/deinem Partner zusammen bist, dann sage ihr/ihm, was bei dir los ist und wie du dich fühlst. Lass deinen Gefühlen und deinem Körper freien Lauf. Egal, ob du zitterst, weinst oder lachst, tu es voll und ganz. Schrei in ein Kissen, um deine Wut rauszulassen, schlage auf das Bett ein oder verwringe ein Handtuch, so fest du nur kannst. (Mehr dazu, wie du traumatischen Gefühlen auf sichere Art Ausdruck verleihen kannst, findest du in Kapitel zwölf).

Wenn Erinnerungen an den Missbrauch in dir hochkommen, erzähle deiner Partnerin oder deinem Partner so viel wie möglich davon. Wenn du sie währenddessen ansehen kannst, tue das. Verbinde dich mit seiner/ihrer Unterstützung im Hier und Jetzt.

Die einzige Regel, die für das Ausleben intensiver Gefühle gilt, ist: Verletze weder dich noch jemand anderen. Mach nichts kaputt, was dir oder jemand anderem wichtig ist. Obwohl die meisten Überlebenden Angst haben, sie könnten jemandem weh tun oder die Kontrolle verlieren, wenn sie ihren Schmerz zeigen, neigen sie meiner Erfahrung nach eher dazu, ihre Gefühle zurückzuhalten. Für die meisten Überlebenden war es als Kind gefährlich, Gefühle zu haben, besonders wenn sie mit dem Missbrauch zusammenhingen. Doch jetzt kannst du das fühlen und ausdrücken, wozu du früher nicht die Gelegenheit hattest. Trauer, Wut, Panik und Verwirrung sind völlig angemessene Reaktionen auf sexuellen Missbrauch.

Wenn du dich dazu entscheidest, dich in den Auslöser hineinzubegeben und du in dieser Situation nicht alleine bist, dann vergewissere dich erst, ob ihr beide dazu bereit seid. Auch für deinen Partner/deine Partnerin kann es eine intensive Erfahrung werden. Sag ihm/ihr, was du brauchst, wenn du deinem Konzept zum Umgang mit Auslösern folgst oder dich dazu entschließt, dich in einen Auslöser hineinzubegeben. Möchtest du im Arm gehalten werden? Soll deine Partnerin/dein Partner sich zurückziehen, wenn du wütend wirst? Teile deine Bedürfnisse so klar wie möglich mit, damit ihr beide die Situation möglichst reibungslos übersteht.

Wenn du allein bist und dich dazu entscheidest, dich in einen Auslöser hineinzubegeben, nimm danach Kontakt mit einer anderen Person auf; du kannst einen dir vertrauten Mensch anrufen oder besuchen. Erzähle, was du durchgemacht hast. Sag, wie es dir geht. Nimm wieder Verbindung auf zu einem anderen Menschen. Das ist ein wichtiger Schritt, um deine Isolation aufzubrechen und Verbindungen und Beziehungen zu anderen aufzubauen.

Wenn du diesem Gefühl Ausdruck gegeben hast, dann überlege, was du brauchst, um wieder ein Gefühl von Wohlbehagen aufzubauen. Wie in Kapitel eins besprochen, kannst du dir durch Techniken der Körperarbeit ein Gefühl für innere Sicherheit aufbauen. In Kapitel zwölf erfährst du mehr darüber, wie du dir innere Reserven anlegen kannst. Nimm für diesen Moment bewusst wahr, dass mit dir alles in Ordnung ist, auch wenn dir etwas sehr weh tut. Es ist nichts Schlimmes passiert. Du heilst.

Schau aus einiger Entfernung zu

Ein anderer Ansatz, mit einem Auslöser umzugehen, besteht darin, ihn aus der Entfernung zu betrachten, während du fest in der Gegenwart verwurzelt bleibst. Das kann nützlich sein bei einem Auslöser, den du schon verarbeitet hast oder einem, an dem du arbeitest, dem du aber in dieser Situation nicht bis ins Letzte gewachsen bist. Nimm die Gegenstände im Raum wahr, die Farbe der Wände, die Geräusche der Umgebung; all das hilft dir, in der Gegenwart zu bleiben. Wenn nötig, sprich deine Beobachtungen laut vor dich hin. Spür deinen Körper – dein Gewicht auf dem Bett oder deine Gestalt, die den Sessel füllt. Vergegenwärtige dir die Jahreszeit, das aktuelle Datum, und dass du real hier bist. Atme. Kümmere dich aus der Gegenwart heraus um den Auslöser oder die Erinnerung, sprich laut darüber oder schreibe etwas zu deiner Erfahrung auf. Mit einem solchen Umgang erkennst du den Auslöser an, ohne dich voll in ihn hineinzubegeben. Vielleicht möchtest du mit diesem Auslöser irgendwann in einer nicht-sexuellen Situation arbeiten.

Bewege dich

Eine gute Art und Weise mit Auslösern umzugehen, ist aufzustehen und dir Bewegung zu verschaffen. Geh durchs Zimmer, dehne dich, atme und entspanne deinen Körper. Du kannst auch Geräusche machen oder deinen Körper schütteln, um den Auslöser »abzuschütteln«. Bewegung kann dich an einen sicheren Ort in die Gegenwart zurückzuholen, wo du weiter Sex haben kannst.

Sorge für das Kind

Du kannst einen Auslöser behandeln wie ein ängstliches und aufgeregtes kleines Kind. Geh mit ihm um, wie du es mit einem wirklichen Kind tun würdest, das ins Zimmer kommt, während du Sex hast. Hör einen Moment auf und kümmere dich um das kleine Mädchen oder das innere Kind. Was braucht sie? Nimm sie in den Arm und tröste sie; setz dich mit ihr und wiege sie in deinem Schoß. Wenn dir das die Sache leichter macht, nimm dazu eine Puppe oder ein Stofftier. Erkläre ihr, dass Sex für Erwachsene und nicht für Kinder ist. Nachdem du sie beruhigt hast, bring sie zurück in ihr Bett. Dann wende dich wieder dem Sex zu, wenn du möchtest.

Verhandle

Ein weiterer Ansatz besteht darin, mit einem Auslöser in eine innere Verhandlung zu treten. Du kannst mit dem Auslöser »sprechen«, als sei er ein Teil von dir, das die Fähigkeit zur Kommunikation hat. Frage den Bereich deines Körpers, der einen Auslöser erlebt, was er braucht und wie du es ihm geben kannst. Du wirst feststellen, dass der Auslöser oft ein Ruf nach Liebe und Aufmerksamkeit ist. Du kannst aushandeln, dich zu einem späteren Zeitpunkt um diesen Bereich zu kümmern. Wenn es dir annehmbar erscheint, vereinbare einen genauen Termin, zu dem du dich auf dich konzentrierst und dich um den Auslöser kümmerst. Halte diese Abmachung ein.

Verändere die sexuelle Betätigung

Verändert die Stellung eurer Körper oder die sexuelle Aktivität, mach das Licht an oder ändere irgendetwas in deiner Umgebung, und schon kannst du einen Auslöser verlagern. Wenn dir unbehaglich oder nicht wohl ist bei dem, was du gerade tust, sag es deinem Partner/deiner Partnerin und ändere etwas. Das kann euren Sex bereichern und muss keine endgültige Ablenkung oder Unterbrechung sein.

Du kannst unter zahllosen sexuellen Aktivitäten wählen. Wenn das, was ihr gerade macht, einen Auslöser verursacht, macht etwas anderes. Wenn es das Gewicht deiner Partnerin/deines Partners auf dir ist, dann geh du nach oben. Probiert es im Sitzen, oder legt euch Seite an Seite. Wenn dein Partner/deine Partnerin auf eine Art an deinen Brüsten saugt, dass es einen Auslöser in dir verursacht, dann bitte sie, statt dessen deinen Bauch zu küssen. Oder dreh dich auf den Bauch und lass ihn auf deinem Rücken liegen. Deiner Kreativität sind keine Grenzen gesetzt. Guter Sex funktioniert eigentlich nie so, dass ein Rezept Punkt für Punkt abgehakt wird.

Wenn es dir schwer fällt, bei deiner Partnerin/deinem Partner zu bleiben, dann öffne die Augen und schau ihn/sie an. Geht in ein anderes Zimmer, wenn nötig, oder hol dir etwas in den Raum, was dich an deine Sicherheit und deine Kraft erinnert.

Geh ins Kino

Du kannst dich auch für etwas ganz anderes entscheiden. Vielleicht möchtest du in der sinnlichen oder erotischen Stimmung bleiben und schlägst vor, euch gegenseitig (ohne Sex) zu massieren, mit Leckerbissen zu füttern oder gemeinsam zu baden. Oder du tust etwas ganz anderes. Geh spazieren, höre Musik, zeichne, geh ins Kino, streichle dein Haustier – was immer du möchtest. Egal, wofür du dich entscheidest, übe präsent zu sein – in deinem Körper und für dich und deinen Partner/deine Partnerin.

Kehr zur Gegenwart zurück

Mach eine Pause und atme. Orientiere dich in der Gegenwart, indem du Gegenstände, Geräusche, Gerüche, die Temperatur und andere Empfindungen wahrnimmst. Vergegenwärtige dir, wo du bist, mit wem du zusammen bist und dass ihr das, was ihr tut, einvernehmlich tut. Erinnere dich daran, wie stark du jetzt bist und dass du frei über dich entscheiden kannst. Geh noch mal deine Gründe durch, warum du deine Sexualität leben möchtest und inwiefern dir das gut tut. Kehr zur Gegenwart und zum Sex zurück.

Schreib die Geschichte neu

Wenn du es geschafft hast, deine Auslöser anzuerkennen, sie zu fühlen und Informationen aus ihnen zu ziehen, kannst du daran arbeiten, die Geschichte zu verändern. Wenn ein Bild oder eine körperliche Empfindung hochkommt, kannst du eingreifen und dir einen anderen, einen neuen Verlauf ausmalen.

Nehmen wir an, die Erinnerung, wie du auf dem Bett festgehalten worden bist, steigt in dir auf. Halte inne, atme und stell dir vor, wie du die Person wegschiebst, die dich festhält. Dann stell dir vor, wie du Hilfe holst. Dein jetziges erwachsenes Selbst stürmt herein, packt den Missbraucher und schleudert ihn durch das Zimmer, während es das verängstigte Kind, das du warst, mit einem Zauberspruch in Sicherheit bringt. Du kannst dir vorstellen, wie eine verbündete Person hereinkommt, dich rettet und dir sagt, dass so etwas nie wieder vorkommen wird.

Lass deiner Kreativität freien Lauf. Schreib die Geschichte auf jede erdenkliche Art, die dir gefällt, neu. Jetzt, als Erwachsene, bist du in der Lage, auf den Auslöser zu reagieren, Kontrolle über die Situation zu erlangen und dir deine Macht und Unschuld zurückzuholen. Achte darauf, dass ihr (du und dein kleines Mädchen) am Ende deiner Geschichte an einem sicheren Ort seid, wo euch geholfen wird.

Sag »Nein«

Und wenn der Auslöser immer noch da ist, nachdem du ihn emotional verarbeitet hast? Manche Auslöser scheinen mehr aus Gewohnheit als aus anderen Gründen immer wieder aufzutauchen. Wenn ein immer wiederkehrendes Bild oder ein solcher Auslöser auftaucht, kannst du sagen: »Nein, ihr seid hier nicht länger erwünscht! Ich möchte nicht, dass ihr wiederkommt!« Du entscheidest darüber, wer oder was in deiner persönlichen Sphäre erlaubt ist und was dort geschehen soll. Du bestimmst über deine inneren Grenzen. Schicke das Bild oder den Auslöser jedes Mal weg, wenn sie auftauchen, bis sie nicht mehr wiederkommen.

> *Ich habe dieses immer wiederkehrende Bild von meinem Vater gehabt, das jedes Mal erschien, wenn ich richtig erregt war. Sein Gesicht tauchte vor mir auf und wollte irgendwie an der Erregung beteiligt sein. Schließlich habe ich ihn einfach angeschrieen: Er solle verschwinden, er habe hier nichts verloren! Ich schickte das Bild immer weiter von mir weg in den Raum hinein, so dass es kleiner und kleiner wurde, bis es ganz verschwand. Das machte ich jedes Mal, wenn sein Gesicht auftauchte, bis es nicht mehr vorkam. Kaum zu glauben, ich habe mir meinen eigenen Raum zurückerobert.*
>
> Anne

Eigene Bilder

Nimm dir Zeit, und denk dir eigene Möglichkeiten aus, wie du mit Auslösern umgehen und mit ihrer Hilfe heilen kannst. Mit Übung und zunehmender Erfahrung wirst du immer leichter mit deinen Auslösern umgehen können und der Prozess wird schneller ablaufen. All die beschriebenen Methoden kannst du anwenden, wenn du masturbierst sowie auch wenn du Sex mit einem Partner oder einer Partnerin hast.

Konzept für den Umgang mit Auslösern

Ein Konzept für den Umgang mit Auslösern zu entwickeln, ähnelt den Vorbereitungen, die du für eine längere Wanderung triffst. Du wählst dir eine Route aus und besorgst die entsprechenden Landkarten, bevor du dein Ticket zum Ausgangsort kaufst. Hier gehst du entsprechend vor: Bereite dein Konzept für den Umgang mit Auslösern vor, bevor du dich in einer sexuellen Situation befindest. Du kannst dir einen Plan ganz für dich alleine ausarbeiten, ohne deinen SexpartnerInnen davon zu erzählen. Es kann aber auch eine Herausforderung, die dir Kraft gibt und unterstützend bei deiner sexuellen Heilung sein, wenn du deine PartnerInnen in dein Vorhaben einweihst. Geh nach diesem Plan vor, egal ob du Sex mit jemand anderem hast oder mit dir allein, denn Selbstbefriedigung kann ebenso viele Auslöser in sich bergen.

1. Nimm es wahr

Was sind deine momentanen Auslöser? Was geschieht, wenn du einen Auslöser hast? Woran kannst du (oder deine Partnerin/dein Partner) erkennen, dass du gerade einen Auslöser erlebst? Beschreibe dein Verhalten genau. Benenne mindestens drei Signale oder Zeichen, an denen du merkst, dass du einen Auslöser hast. Zum Beispiel: Ich werde wütend, und wenn meine Partnerin mich berührt, stört mich das. Ich halte den Atem an. Ich möchte etwas sagen, aber ich habe das Gefühl, keinen Ton rauszubringen. Ich habe Angst, die Gefühle meiner Partnerin zu verletzen. Dann verkrampfe ich mich am ganzen Körper und weiß, jetzt »halte ich es nur noch aus« und warte darauf, dass die ganze Sache endlich vorüber ist.

2. Hör auf

Atme tief ein und aus. Hör mit der sexuellen Aktivität auf.

Du kannst hierfür ein zuvor vereinbartes Codewort benutzen oder mit einer Bewegung vermitteln, dass du aufhören musst, oder du stehst auf, um auf die Toilette zu gehen. Atme wieder tief ein und aus. Zähle drei Dinge auf, die du tun kannst, um die sexuelle Aktivität zu beenden, wenn du einen Auslöser hast. Erinnere dich an dein Gefühl von innerer Sicherheit und deine Kraftreserven.

3. Wähle aus

Du bestimmst, wie es weitergehen soll. Atme weiter. Entspanne deinen Körper. Dieser Schritt wird dir leichter fallen, wenn du schon eine Liste mit Optionen ausgearbeitet hast, die dir für dich passend erscheinen. Wähle jetzt aus, was deinen momentanen Bedürfnissen entspricht und deine Heilung unterstützt.

4. Lass dich ein

Engagiere dich in der Strategie, für die du dich entschieden hast, anstatt wegzudriften. Erweitere deine Fähigkeit, präsent zu sein und die Empfindungen und Gefühle zu ertragen, die zu deinem Heilungsprozess gehören. Nur zur Erinnerung: Du kannst deine Meinung jederzeit ändern und dich immer wieder neu entscheiden. Wenn du den Eindruck hast, du triffst ständig die gleiche Wahl, dann versuche, dich zu etwas anderem zu entschließen. Wenn du zum Beispiel in der Regel den Auslöser beruhigst und dann weiter Sex hast, versuche stattdessen, dich in den Auslöser hineinzubegeben. Wenn du dich jedes Mal dafür entscheidest, die sexuelle Betätigung abzubrechen, dann versuche jetzt einmal, langsam weiterzumachen. Geh bis an die Grenze, wo du dich gerade noch wohlfühlst, so dass du deine Möglichkeiten erweitern und den Missbrauch verarbeiten kannst.

5. Fang von vorne an

Geh zurück zum Anfang, wann immer du möchtest.

Sprich darüber: Kommunikation und Auslöser

Auslöser bieten dir eine hervorragende Gelegenheit, klar und deutlich zu kommunizieren. Obwohl es dir anfangs vielleicht schwer fällt, über Auslöser, deine Bedürfnisse oder über Sex zu sprechen, wird diese Fähigkeit dein Sexleben doch enorm verschönern, dir zu mehr Befreidigung verhelfen und deine Heilung unterstützen. Das Kommunizieren wird sich leichter gestalten, wenn du es zunächst außerhalb des fragilen und aufgeladenen Kontext einer sexuellen Begegnung übst. Sprich über Sex und dein Konzept zum Umgang mit Auslösern, wenn ihr zusammen in der Küche sitzt, auf einer Autofahrt oder einem Spaziergang.

Wie vielen anderen auch, fällt es deiner Partnerin/deinem Partner vielleicht nicht leicht, über Sex zu sprechen. Das Konzept zum Umgang mit Auslösern ist eine gute Gelegenheit, miteinander über Sex, deine Entscheidungen und deine Bedürfnisse zu sprechen. Je nachdem, wie vertraut ihr miteinander seid, kannst du ihm/ihr dein Konzept zeigen, ihr könnt es auch zusammen ausarbeiten oder euch über bestimmte Teile austauschen, während du andere für dich behältst.

Je offener du mit deinen SexpartnerInnen sprechen kannst, desto erfolgreicher wird euer Verhalten bei Auslösern, beim Dissoziieren und/oder Erinnerungen an den sexuellen Missbrauch sein, wenn die Situation dann eintritt. Oft kann schon das bloße Aussprechen, was geschieht, die Erfahrung vollkommen verändern. Du kannst deinen Partner/deine Partnerin um das bitten, was du brauchst – vielleicht aufhören, oder das, was er oder sie gerade tut, verändern. PartnerInnen von Überlebenden betonen durchweg, ihnen sei lieber zu wissen, was los ist, anstatt nur zu spüren, dass irgendetwas »daneben« ist, oder überhaupt nichts davon mitzubekommen. Kommunikation gibt dir die Möglichkeit, dich um dich und um deine Partnerin/deinen Partner zu kümmern und euch beiden mit Respekt zu begegnen.

Ich sage meiner Freundin nichts, wenn ich einen Auslöser habe. Es ist mir zu peinlich; ich will bloß, dass es wieder verschwindet. Und dann verschwinde ich stattdessen. Meistens bin ich einfach weggetreten.
Debbie

Inzwischen bin ich mit meinem Geliebten ganz offen, wenn ich einen Auslöser habe. Oft merkt er sogar noch vor mir, wenn ich wegdrifte. Wir haben uns beide darauf verständigt, Sex nur miteinander zu haben, wenn wir wirklich anwesend sind. Also sagt entweder er oder ich etwas, und dann habe ich die Chance, wieder zurückzukommen. Wir sagen immer: »Ach, du bist es. Du bist's.« Von ihm lerne ich, dass es bei Sex nicht um Empfindungen geht. Es geht um Verbindung.
Aurora

Codeworte

Wenn du mit einer Partnerin oder einem Partner über Sex und Auslöser sprichst, kann es nützlich sein, euch ein Codewort auszudenken, mit dem du so etwas wie »Stopp, ich habe einen Auslöser,« oder »Warte, wir müssen noch mal darüber sprechen, was wir tun« ausdrücken kannst. Sucht euch ein einfaches Wort, das ihr beim Sex sonst nicht sagt. Ziemlich beliebt ist der Farbencode von Verkehrsampeln: »Gelb« bedeutet mehr Aufmerksamkeit dafür, wie es dir geht oder langsamer machen, und »rot« heißt aufhören. Wenn eine/r von euch das Codewort sagt, unterbrecht sofort, was ihr gerade tut, und tauscht euch darüber aus, wie es euch geht. Wichtig ist, dass ihr beide dieser Verhaltensregel zustimmt. Denkt euch ein Wort aus, das für euch beide funktioniert.

Vielen Überlebenden fällt das Sprechen schwer, wenn sie einen Auslöser haben. Trifft das auch auf dich zu? Du kannst eine bestimmte Position oder eine Handbewegung vereinbaren, dich zum Beispiel aufsetzen oder mit der rechten Hand winken. Lass deiner Fantasie freien Lauf und denk dir etwas aus, was du leicht tun kannst. Wenn du dein Codewort oder Codesignal angewandt hast, mach eine Pause und sammle dich. Jetzt kommt dein Plan zum Umgang mit Auslösern zum Einsatz, und du entscheidest, wie du weiter vorgehst.

Vergiss nicht, in einem sexuellen Kontext bist du sehr verletzlich, deine Partnerin/dein Partner aber auch, vor allem wenn es um sexuelle Heilung und den Umgang mit Auslösern geht. Begegne dir und deiner Partnerin/deinen Partner mit Respekt. Kümmere dich um deine eigenen Bedürfnisse, aber denk daran, auch dein Gegenüber hat Gefühle. Das heißt nicht, dass du etwa deine eigenen Bedürfnisse ignorieren sollst, um dich um die Bedürfnisse einer anderen Person zu kümmern; kommuniziere so deutlich wie möglich, um euch beide zu respektieren.

Wenn dich dein Begehren beunruhigt

Manche Überlebende haben sexuelle Wünsche, die ihnen unangenehm sind. Vielleicht hast du den Eindruck, dein Begehren sei selbstzerstörerisch. Selbstzerstörerisches sexuelles Begehren kann sein: nicht einvernehmlicher Sex, oder Sex, bei dem du nicht in deinem Körper bist, bei dem du so sehr unter Drogen stehst, dass dein Urteilsvermögen beeinträchtigt ist, oder Sex, bei dem du dich ohnmächtig und benutzt fühlst. Vielleicht hast du sexuelle Wünsche, die einer Wiederholung des Missbrauchs gleichkommen. Du fühlst dich sexuell zu Kindern hingezogen oder bringst dich in gefährliche sexuelle Situationen.

> *Es ist mir so schwergefallen, meiner Therapeutin schließlich zu gestehen, dass ich mich ein stückweit zu Kindern hingezogen fühle. Ich würde niemals ein Kind anfassen, aber ich musste mich wirklich damit auseinandersetzen.*
> Rose

Besonders problematisch scheinen die Wünsche zu sein, die mit Selbstverachtung und selbstzerstörerischen Tendenzen einhergehen. Du fühlst dich von Menschen angezogen, die dich weiterhin sexuell oder körperlich misshandeln oder du legst es darauf an, verletzt zu werden. Einige Überlebende fühlen nur dann Erregung, wenn sie gedemütigt werden. Bei solchen beunruhigenden Wünschen ist es wichtig, zwischen dem Missbrauch und deiner Erregung unterscheiden zu lernen.

> *Es schien, als ob ich mich nur zu Männern hingezogen fühlte, die gleich in den ersten Monaten gewalttätig wurden. Einer meiner Lover hat mich vergewaltigt, und ich habe nicht die Beziehung zu ihm abgebrochen. Mich schaudert, wenn ich heute daran denke. Ich kannte nur das, ich bin immer nur so behandelt worden. Mir war, als hätte ich nichts anderes verdient.*
>
> Tracy

Geh mit einem so beunruhigenden oder selbstzerstörerischen Wunsch wie mit einem Auslöser um. Was möchte geheilt oder gesehen werden? Wie kannst du dich in den Schmerz hineinbegeben, um ihn zu verwandeln?

Heile deine Auslöser ausserhalb einer sexuellen Beziehung

Wenn du außerhalb einer sexuellen Begegnung aktiv mit deinen Auslösern arbeitest, bringst du deine sexuelle Heilung einen großen Schritt voran. Arbeite regelmäßig alleine an ihnen und/ oder in Gesprächen mit Freundinnen, deiner Therapeutin, deiner Selbsthilfegruppe oder anderen Vertrauten. Mit sexuellen Auslösern ausschließlich beim Sex umzugehen, tut deinem Sexleben unrecht und belastet es unnötigerweise.

Um Auslöser zu heilen, brauchst du keine SexpartnerInnen.

Viele Überlebende setzen sich mit ihrer Sexualität und Auslösern hauptsächlich außerhalb einer sexuellen Begegnung auseinander. Alle Übungen in diesem Kapitel kannst du auch alleine ausführen.

Mit Selbstbefriedigung kannst du deine Auslöser kennenlernen und dir gleichzeitig Lust bereiten. Fast alle Auslöser, die beim Sex mit einem Partner/einer Partnerin auftauchen, werden dir auch begegnen, wenn du dich selbst befriedigst. Übe, in deinem Körper zu sein und mit deinen Auslösern zu arbeiten, während du masturbierst. Finde heraus, welche Strategien für dich funktionieren. So gewinnst du wichtige Erkenntnisse, auf die du beim Sex mit PartnerInnen zurückkommen kannst.

Ich habe gemerkt, dass ich mich in nicht-sexuellen Situationen mit meiner Sexualität auseinandersetzen musste, um sie zurückzukriegen. Ich habe viel dazu aufgeschrieben und bin schließlich zu einer Beratungsstelle gegangen, zunächst wiederstrebend. Etwas später habe ich mit einer Freundin, die auch Überlebende ist, unsere eigene Kleingruppe gegründet und wir haben ausschließlich über Sex und sexuelles Heilen gesprochen. Wir haben viel neues zusammen gelernt, wir haben Übungen gemacht und uns Hausaufgaben gegeben. Mit ihrer Unterstützung ist alles leichter geworden.

Stephanie

Füttere deine Auslöser, bis sie satt sind

Dies ist eine starke und wirksame Übung, wie du Auslösern begegnen und sie heilen kannst. Obwohl sie dir zunächst schwierig erscheinen mag, wirst du merken, wie einfach sie in Wirklichkeit ist, wenn du den Dreh erst raus hast. Du kannst sie allein oder mit einem Freund, deiner Partnerin oder einer Therapeutin machen. Ihre Rolle besteht darin, dir den Ablauf zu erleichtern oder zuzuschauen und dich mit ihrer Anwesenheit zu begleiten.

1. Lege zwei Kissen (oder stelle zwei Stühle) so hin, dass sie sich einander gegenüber befinden. Setz dich auf eines der beiden Kissen. Schließe die Augen und konzentriere dich auf den Auslöser, mit dem du arbeiten möchtest. Wo in deinem Körper befindet er sich? Wie fühlt er sich an? (z. B. *Ich spüre eine Enge im Brustkorb und im Rücken*, oder *Mein Magen verkrampft sich, und ich fühle Panik in mir aufsteigen.*) Versuche, den Auslöser vollständig zu fühlen und ihn in deinem Körper genau zu lokalisieren.

2. Als nächstes lasse den Auslöser aus dir herausfließen und auf dem Kissen, das dir gegenüberliegt, Platz nehmen. Erlaube ihm, Form anzunehmen. Vielleicht sieht er wie ein Monster aus, oder wie ein kleines Mädchen, eine Farbe oder eine Form. Lass ihn einfach Form annehmen. Ein Bild oder ein Eindruck wird entstehen. Dann beschreibe das Wesen, das dir gegenübersitzt, so detailliert wie möglich. Welche Farbe hat es? Wie groß ist es? Hat es ein Gesicht, welcher Ausdruck liegt in seinen Augen?

3. Wenn du dir einen genauen Eindruck von der Verkörperung des Auslösers verschafft hast, frage ihn laut: »Was brauchst du?«

4. Tausche den Platz, so dass du jetzt auf dem Platz der Kreatur oder des Symbols sitzt. Nimm dir einen Moment Zeit, dich in es hineinzuversetzen. Wie fühlt es sich an, dieses Wesen zu sein? Dann antworte in seiner Gestalt. Sage »dir« auf dem anderen Kissen oder Stuhl, was du brauchst. Sprich in Aussagesätzen, die mit »ich« anfangen: »Ich brauche«, »ich möchte«.

5. Wenn der Auslöser zum Beispiel möchte, dass du stirbst, dass du aufhörst, ihn zu ignorieren, oder dass du alles Essbare im Haus in dich hineinschlingst, frage ihn (oder lass ihn durch deine Begleiterin fragen), zu was das gut

sein soll: »Wenn ich sterben würde, wenn ich aufhörte, dich zu ignorieren, wenn ich all das essen würde, wie würdest du dich dann fühlen?« Es geht darum, das Bedürfnis unter dem Bedürfnis entdecken. Stelle weiter diese Fragen, bis du den Bedürfnissen des Auslösers auf den Grund gekommen bist. Meistens ist es an diesem Punkt ein Bedürfnis nach Liebe, Sicherheit, Akzeptanz und Vergeben.

6. Wenn du das Bedürfnis des Auslösers, mit dem du arbeitest, herausgefunden hast, wechsle erneut den Platz und werde wieder du selbst. Dann beschwöre – wie von Zauberhand – ein schier grenzenloses Ausmaß an Liebe, Sicherheit, Akzeptanz und Vergeben herauf, oder was auch immer das Symbol für den Auslöser braucht. Füttere das Wesen damit, bis es voll und ganz satt ist. Wenn du dir nicht vorstellen kannst, wie du das Wesen zu seiner Zufriedenheit füttern sollst, dann stell dir einfach vor, wie es satt ist. Du musst wissen, dass alle Auslöser zufriedengestellt werden können. Die einzelnen Auslöser nehmen ihre Nahrung auf unterschiedlichem Weg zu sich: manche essen sie, andere atmen sie ein oder absorbieren sie mit ihrem Körper. Wieder andere nehmen sie am ehesten als Geräusch oder Farbe zu sich. Sei kreativ und wende die Methode an, die für deinen Auslöser die beste ist.

7. Wenn der Auslöser voll und ganz zufriedengestellt ist, oder du dir das vorgestellt hast, bleib ruhig sitzen. Sitze in dieser Leere oder dieser Vollständigkeit. Fülle sie nicht mit dem nächsten Problem oder Auslöser; sitz einfach ein paar Minuten ruhig da. An diesem Punkt werden viele Auslöser ihre Form und Größe verändern. Nimm einfach nur wahr, was mit deinem Auslöser vor sich geht. Wenn du soweit bist, beende die Übung, indem du dich bei der Kreatur und dir selbst bedankst.

8. Wiederhole diese Übung je nach Bedarf mit demselben oder mit verschiedenen Auslösern. Weil sexuelle Gewalt an einem Kind so tiefe Spuren hinterlässt, wollen viele Auslöser mehr als einmal gefüttert werden. Wenn du sie öfter wiederholst, kannst du mit dieser Methode, Auslöser zu heilen, erstaunliche Erfolge erzielen. Mit etwas Übung kannst du sie auch in deiner Vorstellung anwenden. Sie kann dich als nützliches Hilfsmittel überallhin begleiten.

Verzichte eine Weile auf Sex

Es kann eine starke Erfahrung sein, eine Zeit lang auf Sex zu verzichten, vor allem wenn du denkst, du seiest nur zum Sex gut und wirst nur dafür geliebt. Wie wäre es mit einer Sexpause? Wie wäre es zu erfahren, dass Menschen dich um deiner selbst willen lieben und schätzen und nicht nur wegen Sex?

Vielleicht solltest du darüber nachdenken, eine Zeit lang auf Sex zu verzichten, wenn eine der folgenden Situationen auf dich zutrifft:

- Wenn du merkst, du hast ständig Sex, um nicht-sexuelle Bedürfnisse nach Nähe und Intimität zu befriedigen: *Wenn ich mit ihm/ihr schlafe, dann hält er oder sie mich im Arm.* Und wenn du einfach darum bittest, in den Arm genommen zu werden?
- Wenn du zum wiederholten Mal Sex »wegen meiner Partnerin/meinem Partner« hast, obwohl du eigentlich nicht möchtest.
- Wenn du auf irgendeine Art Sex hast, obwohl du nicht möchtest.
- Wenn du Sex hast, bei dem du dissoziierst, aussteigst oder nicht wirklich »da« bist.

- Wenn du deinen Körper nur beim Sex spüren kannst.
- Wenn du nur beim Sex ein positives Selbstwertgefühl hast.
- Wenn du Sex hast, weil du befürchtest, sonst verlassen zu werden.

Wenn du aus einem dieser Gründe Sex hast, vermittelst du deinem Körper, du bist nicht sicher, du wirst missbraucht und taugst nur zum Sex. Sexueller Missbrauch erzählt dir die gleiche Geschichte; heute willst du in deinem Sexleben etwas anderes erfahren. Du kannst dir und deinem Körper eine andere Botschaft geben. Das bedeutet, dein Verhalten zu ändern.

Sex mit deiner Partnerin oder deinem Partner, obwohl du keine Lust dazu hast, oder weil du denkst, du würdest nur dann geachtet und geliebt, ist nicht dasselbe wie sexueller Missbrauch, und deine SexpartnerInnen sind auch nicht deine TäterInnen. Doch diese Form von Sex bestärkt dich in dem Glauben, du könntest nicht über deine Sexualität bestimmen und seiest nicht wert, um deiner ganzen Person willen geliebt zu werden. Das Muster setzt sich immer weiter fort.

An einem Punkt war ich in bezug auf Sex zwanghaft. Ich beschloss, mir eine viermonatige Auszeit für jede sexuelle Betätigung zu geben. Nach zwei Wochen glaubte ich schier zu sterben. Ich war tatsächlich davon überzeugt, der sexuelle Höhepunkt meines Lebens sei für diese zwei Wochen bestimmt gewesen, und nun hätte ich ihn verpasst. In dieser Auszeit entdeckte ich, dass ich meine Erregung an Demütigung gekoppelt hatte – das war der Missbrauch.
Aurora

Heute trägst du die Verantwortung für dein Wohlbefinden, für deinen Körper und deine Sexualität. Welche Botschaften möchtest du dir selbst vermitteln? Mit welchen neuen Erfahrungen und Möglichkeiten möchtest du deinen Körper vertraut machen?

Wenn du innerhalb einer Beziehung eine Zeit lang auf Sex verzichten möchtest, sprich mit deinem Partner/deiner Partnerin darüber. Sag, was du brauchst und warum du es brauchst. Lass deine Geliebte oder deinen Freund wissen, was du dir von dieser Auszeit versprichst. Es hilft, wenn du anerkennst, dass Sex ein wichtiger Bestandteil jeder Beziehung ist, dass du dich um diesen Bereich bei dir und ebenso auch in eurer Beziehung kümmern willst.

Wenn ihr euch auf eine sexuelle Pause einigt, legt einen genauen Zeitraum fest. Das kann ein Monat sein oder zwei, das kann auch ein ganzes Jahr sein, je nachdem, was für euch passend ist.

Was möchtest du in dieser Zeit erreichen, woran möchtest du arbeiten, allein oder in deiner Beziehung? Wie kannst du Nähe und Intimität mit deiner/deinem Geliebten genießen, jetzt, wo ihr keinen Sex habt? Sprecht über die sexuellen Bedürfnisse deines oder deiner Geliebten. Welche anderen Möglichkeiten gibt es für sie oder ihn, sexuelle Energie ausdrücken? Selbstbefriedigung, erotische Literatur lesen oder sogar schreiben sind einen Versuch wert. Seid kreativ.

Meiner Erfahrung nach ist dies kein guter Zeitpunkt, SexpartnerInnen von außen in eure Beziehung einzubeziehen. Es kann die Angelegenheit komplizieren und viele andere Themen aufwühlen, die dich von der Arbeit, die vor dir liegt, abhalten. Eine Zeitlang innerhalb der Beziehung auf Sex zu verzichten, kann euren Austausch und das Vertrauen zueinander vertiefen. Es kann eure Beziehung weiterbringen und wachsen lassen.

Wenn ihr diese Pause vereinbart, setzt etwa zur Halbzeit einen Termin fest, wo ihr darüber sprecht, wie es euch geht. Verabredet ebenfalls ein Gespräch nach Ablauf der Frist, um euch auszutauschen und die Phase nach Bedarf zu verlängern oder andere Bedingungen abzusprechen. Was hat dir diese Zeit gebracht? Was hast du gelernt? Fühlst du dich jetzt bereit zu Sex? Möchtest du Sex? Womit kannst du deine Heilung weiter unterstützen?

Mein Freund und ich haben eine Zeit von drei Monaten ohne Sex vereinbart, und es dann auf sechs Monate verlängert. Ihn darum zu bitten, ist mir wirklich sehr schwer gefallen. Ich war mir nicht sicher, ob er mich noch lieben würde, wenn wir keinen Sex hätten. Wir haben in dieser Zeit viel an unserer Beziehung gearbeitet, und ich finde, es hat uns stärker gemacht.

Hannah

Viele Überlebende machen das nie, weil sie Angst haben vor der Reaktion ihrer PartnerInnen. Aus Angst haben sie weiter Sex. Doch die meisten PartnerInnen reagieren positiv. Sie sind froh, etwas zum Thema Sex tun zu können und lernen in dieser Zeit selbst sehr viel. Wenn deine Partnerin/dein Partner sich nicht auf eine Zeit ohne Sex einlassen möchte – sei froh über so viel Eindeutigkeit. Es ist eine wichtige Information über deinen Partner/deine Partnerin. Ihr könnt darüber nachdenken, ob ihr in diesem Heilungsprozess zueinander passt. Vielleicht ist dem nicht so. Das kann sehr schmerzlich sein – aber möchtest du wirklich mit einem Menschen Sex haben, der dich im Moment nicht unterstützen kann?

Du kannst die sexuelle Pause mit deiner Partnerin/deinem Partner auch dazu nutzen, deine Sexualität alleine zu erforschen. Du kannst mit deinen Auslösern arbeiten und ein neues Verhältnis zu deinem eigenen Körper und deiner eigenen Sexualität aufbauen, wenn du dich selbst befriedigst. Vielleicht willst du auch eine Zeit lang auf Sex mit dir selbst verzichten. Wenn ja, dann folge den gleichen Richtlinien, die gelten, wenn du eine Pause mit deiner Partnerin/deinem Partner vereinbarst. Was möchtest du in dieser Zeit erreichen? Woran möchtest du arbeiten? Wie kannst du Intimität mit dir erleben? Wenn du eine Pause einlegst, geh bewusst damit um. Setze dir einen Termin, an dem du überlegst, wie es wäre, wieder sexuell zu sein.

Als ich eine Zeit lang keinen Sex mit anderen hatte, habe ich echt Verantwortung für meine eigene Sexualität über-

nommen. Ich hatte schon gelernt, mich soweit zu respektieren, dass ich »nein« sagen konnte, und dann sagte ich »ja« zum Sex mit mir selbst. Ich habe Sex kennengelernt, der sich nach meinem Timing und meinen Vorlieben richtete.

Anita

Diese Arbeit verlangt von dir, sanft und mutig zugleich zu sein. Du bist stark und hast die Fähigkeit, sexuell zu heilen. Manchmal ist es schwierig und auch beängstigend, aber die Vorzüge, deinen Körper und deine Sexualität zurückzugewinnen, sind immens.

Übungen

1. Wann erlebst du Auslöser? Welche Handlungen, Gemütszustände oder Gefühle bewirken Auslöser? Beschreibe sie genau. Was geschieht in deinem Körper, wenn du einen Auslöser erlebst? Welche wiederkehrenden Bilder, Geräusche oder Erinnerungen tauchen bei Auslösern auf?
2. Wie kannst du außerhalb eines sexuellen Kontextes aktiv an deinen sexuellen Auslösern arbeiten?
3. Arbeite entweder alleine oder mit einer Freundin, einem Partner, etc. ein Konzept zum Umgang mit Auslösern aus. Besprich es mit deiner Partnerin/deinem Partner, deinen Vertrauten oder einer Therapeutin. Füge der Aufzählung unter »Große Auswahl« deine eigenen Ideen hinzu.

Kapitel 12
Die emotionale Seite des Heilens: Da musst du dich durchfühlen

Erst als ich zulassen konnte, mich beim Sex schuldig, einsam und wütend zu fühlen, fing ich an, mich mit all dem auseinanderzusetzen, was der Missbrauch meiner Sexualität angetan hat.
Carla

Viele Überlebende haben Angst vor Gefühlen. Du fürchtest vielleicht, du würdest nie mehr zu weinen aufhören, wenn du es zulässt, das wahre Ausmaß deines Verlustes zu fühlen. Oder du könntest dich oder eine andere Person verletzen, wenn du deine ganze Wut erst einmal wirklich empfindest. Ich habe jedoch noch nie erlebt, dass jemand in einer Emotion für immer steckengeblieben ist – wenn die Person gewillt war, sie zu empfinden. Meistens ist die Angst vor der Emotion schlimmer als das eigentliche Gefühl.

Gefühle begleiten dich auf deinem Weg der sexuellen Heilung. Du kannst nicht heilen, wenn du nichts fühlen kannst. Die Freuden intimer Sexualität sind dir ganz bestimmt verschlossen, wenn du nicht zu allen deinen Gefühlen Zugang hast.

Die meisten von uns haben den Missbrauch überlebt, indem wir unsere Gefühle abgespalten haben. Wir dissoziierten und entkamen so den Emotionen, die damals so unerträglich waren, so dass wir sie nicht zulassen konnten. Diese ungefühlten Emotionen oder nicht verarbeiteten traumatischen Erfahrungen sind in Körper und Geist gespeichert und warten auf Heilung. Jede Überlebende, die ich kenne, hat sich irgendwann einmal gewünscht, dieser Schmerz würde wie von Zauberhand verschwinden, doch so scheint das nicht zu funktionieren. Zu fühlen und emotional zu heilen, wird dir den Ausweg zeigen.

> *Ich hatte gedacht, Sex heißt, die ganze Zeit glücklich und zufrieden zu sein, aber ich war danach oft stocksauer und habe mich einsam gefühlt. Ich dachte, ich mache wahrscheinlich irgendetwas falsch.*
> Cindy

Du denkst vielleicht, wenn du dich schlecht fühlst, dann heißt das, du kommst in deiner Heilung nicht voran. Das stimmt nicht. Wir alle hoffen, dass Heilen sich gut anfühlt, aber meistens ist es nicht so. Heilen fühlt sich manchmal an wie Sterben – Sterben und ein Umwandlungsprozess, und danach merkst du, du hast dich zum Guten verändert und besitzt nun ein eigenes Leben.

Um zu heilen, musst du fühlen

Emotionen sind unsere Antwort auf das Leben. Wenn wir durchs Leben gehen, erleben wir die Fülle von Liebe und Freude, die Leere von Verlust und die Glut von Hingabe und Wut. Wir nehmen Emotionen als Empfindungen in unserem Körper wahr. Auch in diesem Bereich der Heilung kommt es dir zugute, wenn du dich wirklich verkörperst. Je mehr du dir der Empfindungen in deinem Körper bewusst wirst, desto zugänglicher werden dir die Feinheiten und die Komplexität deiner Gefühle.

Es geht darum, dir eine emotionale Flexibilität zu schaffen, mit der du leicht von einem emotionalen Zustand in den nächsten übergehen kannst, von Traurigkeit zu Sehnsucht, von Gereiztheit zu Freude und Lust, und so weiter. Mit jeder neuen Emotion vergrößerst du dein emotionales Spektrum. Je größer dieses Spektrum, desto leichter wird es für dich sein, von einer Emotion zur nächsten überzugehen. Die Wahrscheinlichkeit, in einer emotionalen Schleife zu hängen, in der du das gleiche Gefühl, zum Beispiel Angst, immer wieder durchmachst, bis es dein Leben fest in der Zange hält, verringert sich.

Vielfalt von Emotionen und Stimmungen

Wie sieht deine Gefühlspalette aus? Wie nimmst du diese Gefühle in deinem Körper wahr?

Begeisterung
Aufregung
Traurigkeit
Kummer
Freude
Frieden
Unbeschwertheit
Verlustgefühle
Ärger
Gereiztheit
Ruhe
geerdet sein
Verwirrung
Erwartung
Überraschung
Furcht
Panik
Ehrgeiz
Liebe
sich geliebt fühlen
Spirituelle Sehnsucht
sich sexy fühlen
Langeweile

Gefühle treten natürlich und automatisch auf und sind dazu da, dir Ausdruck zu verleihen und zu heilen. Nicht gefühlte oder »gehaltene« Gefühle verbleiben so lange in deinem System, bis du sie anerkennst. Wenn du dich ihnen nie zuwendest, können sie irgendwann Amok laufen und deine körperliche, geistige und spirituelle Gesundheit gefährden. Nicht bewältigte traumatische Erlebnisse und Gefühle beeinflussen deinen Blick auf deine Realität. Zum Beispiel empfinden viele Überlebende auch als Erwachsene ein tiefes Gefühl von Ohnmacht, selbst wenn sie schon lange nicht mehr wirklich machtlos sind.

Ich betrachte unsere Gefühle als einen Selbstheilungsmechanismus, der uns dabei hilft, unsere geistige und spirituelle Gesundheit zu erhalten. Trauer und Wut sind natürliche Reaktionen auf eine Verletzung und ein Trauma, sie dienen als natürliches Heilmittel für unsere Wunden. Wenn wir an die Tiefe dieser Gefühle kommen, erleben wir einen Prozess der Verwandlung und Entspannung. Diese Metamorphose und Rückkehr zu selbstbestimmtem Leben ist die eigentliche Bedeutung von *heilen*.

Vielleicht hast du dich schon einmal gefragt, wie es kommt, dass du so widerstreitende Gefühle, wie zum Beispiel Traurigkeit und Erleichterung oder Wut und Mitgefühl zur gleichen Zeit empfinden kannst. Ich habe mit vielen Überlebenden gearbeitet, die darauf bestehen: »Meine Gefühle ergeben keinen Sinn!« Doch Gefühle folgen ihren eigenen Gesetzen. Emotionale Logik funktioniert ganz anders als kognitive Logik; unsere emotionalen Systeme sind so weitläufig, dass sie Widersprüche in sich vereinen können, die unserem Verstand nach keinen Sinn ergeben. Vielleicht empfindest du sowohl Liebe als auch Hass für deinen Täter – fast allen Überlebenden geht das so. Du fürchtest dich davor, den Gefühlen, die der Missbrauch in dir ausgelöst hat, ins Auge zu sehen, und doch sehnst du dich danach. Solche Widersprüche sind in der Logik der Gefühle ganz natürlich. Der Trick bei der Sache ist, wir müssen im *Kopf* Raum für diese eventuellen Widersprüche schaffen.

Die fünf Stadien der Gefühle

Gefühle und ihr Ausdruck folgen einem vorgegebenen Ablauf. Der Zyklus der Gefühle ist wie eine Welle, die zu ihrer vollen Höhe anwächst und sich am Strand bricht, nur um sich im Meer wieder zu sammeln und erneut ans Ufer zu branden.

Ich habe diesen Ablauf in fünf Stadien unterteilt:

Zuerst zeigt sich das Gefühl als Wahrnehmung oder Empfindung. Es ist eine Reaktion auf eine momentane oder eine zurückliegende Erfahrung. Natürlich werden im Verlauf deiner Heilung Gefühle aus der Vergangenheit auftauchen.

Du hast die Wahl. Du kannst dich von der Emotion abwenden oder du kannst dich ihr öffnen. Es gibt Zeiten, wo du zu deinem eigenen Besten einem Gefühl Einhalt gebietest. Gefühle zu unterdrücken kann jedoch kein Dauerzustand sein. Je mehr du dich gegen Gefühle sperrst, besonders gegen die, die der Missbrauch in dir verursacht hat, desto länger werden sie dein Leben bestimmen.

Anstatt dich den Gefühlen zu verschließen, kannst du dich entscheiden, sie willkommen zu heißen. In Phase Zwei des Gefühlszyklus wendest du dich dem Gefühl direkt zu, du suchst dir einen Weg *in* das Gefühl hinein. Es wird dadurch wahrscheinlich stärker und klarer werden. Diese Phase löst oft die stärksten Ängste aus. Deine Gefühle wirklich wahrzunehmen bedeutet, genau wie bei der Heilung von Dissoziieren, diese Empfindungen in deinem Körper zuzulassen und auszuhalten.

In Phase Drei erlangen die Gefühle ihr volles Ausmaß. Sie steigern ihre Intensität und werden ganz deutlich spürbar. Vielleicht meinst du, in Tränen ausbrechen zu müssen. Deine Brust quillt über vor Freude und Lust. Du willst in einen riesigen Tobsuchtsanfall ausbrechen.

Die fünf Stadien der Gefühle

1. Empfindungen und Gefühle entstehen.
2. Sobald du dich den Gefühlen zuwendest, werden sie intensiver und nehmen mehr Raum ein.
3. Die Gefühle wachsen zu ihrem vollen Ausmaß an, wie Wasser in einem Gefäß, das kurz vor dem Überlaufen ist.
4. Die Gefühle werden freigesetzt oder körperlich ausgedrückt.
5. Schließe den Zyklus bewusst ab. Nutze deine inneren emotionalen Ressourcen dafür.

Phase Vier bringt Erleichterung. Je nach Gefühl gestaltet sich diese Phase sanft oder auch heftig. Du schwitzt oder errötest, schluchzt, zitterst, bebst, trittst um dich, lachst, schreist, dir wird heiß oder du fröstelst. Dieser Ausdruck ist die Freisetzung des Gefühls. Erstaunlicherweise hält der Ausdruck selbst der stärksten und beängstigendsten Emotionen selten länger als zwanzig Minuten an.

Wenn du das Gefühl vollständig zum Ausdruck gebracht hast, empfindest du vielleicht Erleichterung, ein Gefühl von Frieden, neue Energie und eine Ahnung von Heilen oder Transformation. Das ist die Vollendung des Zyklus, oder das, was manche *Integration* nennen. Nimm dir Zeit für dich. Atme. Halte Rücksprache mit deinem inneren Gefühl für Sicherheit und Wohlbefinden (siehe Kapitel eins). Nimm wahr, dass du wohlbehalten bist, dass dir in dem Prozess der Heilung nichts zugestoßen ist. Erkenne an, dass du dieses Stück deiner Heilung abgeschlossen hast; es kann hilfreich sein, das laut auszusprechen. Mach dir diesen Abschnitt des Prozesses wirklich bewusst.

Orgasmen folgen dem selben Zyklus. Überrascht dich das?

Achte darauf, den Prozess abzuschließen. Vielleicht verströmst du dich vor Gefühlen, ohne eine Veränderung oder eine Integration zu erfahren. Womöglich durchläufst du das Trauma erneut, anstatt es zu heilen. Mir ist das nicht oft begegnet – die meisten Menschen, die noch nicht zur Heilung bereit sind, versuchen die mit dem Missbrauch verbundenen Gefühle zu unterdrücken. Aber wenn dir so etwas geschieht, frage dich: »Was wäre dazu nötig, dieses Gefühl zum Ende zu bringen?« Wenn du die Antwort darauf nicht weißt, dann denk dir einfach eine aus. Stell dir vor, du wüsstest, wie diese Vollendung sich anfühlt. Probiere, ob sie für dich passt.

Wenn du dich traumatischen Emotionen stellen kannst, sie fühlst, freisetzt und zum Ende bringst, bist du frei für intime sexuelle Beziehungen. Anstatt von der Last deiner Vergangenheit niedergedrückt zu werden, brauchst du nur genug Vertrauen und Mut mit dir zu tragen, um den Ängsten und Wagnissen zu begegnen, die Liebe uns allen abverlangt.

Nimm dir einen Moment Zeit und überlege, welche Phasen im Zyklus der Emotionen dir leicht fallen und welche du üben musst. Kannst du deine Gefühle ausdrücken oder neigst du dazu, sie festzuhalten oder zu unterdrücken? Kannst du einen Zyklus der Emotion abschließen und zur Integration übergehen? Wo brauchst du noch Unterstützung oder Information?

Emotionales Zentrieren

Wahrnehmungen bilden die Grundlage von Emotionen. Denke an deine Lieblingsfarbe oder ein Musikstück, das dir gut gefällt oder einen Ort, an dem du Frieden oder Schönheit erfahren hast. Nimm wahr, was mit deinen Empfindungen geschieht. Vielleicht entspannt sich dein Brustkorb und weitet sich, dein Bauch löst sich oder du fühlst ein angenehmes Strömen in deinen Beinen. Woran merkst du, dass du glücklich oder aufgelöst bist? Wo in deinem Körper spürst du das?

Deine Gefühle als Empfindungen wahrzunehmen ermöglicht dir, emotional flexibler zu werden, dich leichter zwischen emotionalen Zuständen zu bewegen und innerlich genug Raum zu haben, deine Gefühle sowohl zu erleben als auch zu interpretieren, sobald sie auftreten.

Dasselbe meine ich mit *emotional zentriert* sein. Wenn du emotional zentriert bist, kannst du bei deinen Gefühlen bleiben, sie wahrnehmen und dich ihnen zuwenden, ohne dass sie über dich bestimmen. Du kannst deine Gefühle voll und ganz erleben und dich gleichzeitig um dich kümmern. Mit einiger Übung kannst du lernen, dass dir deine Gefühle vollständig präsent sind und du entscheidest, wie du mit ihnen umgehst. Diese Art von emotionalem Zentrum zu entwickeln ist eine Fähigkeit, die du brauchst, wenn du Intimität und Sex miteinander verbindest. Du wirst sie auch im Prozess deiner sexuellen Heilung einsetzen.

Wir gewöhnen uns daran, bestimmte Empfindungen als bestimmte Gefühle zu interpretieren. Die Empfindung von Furcht fühlt sich womöglich ähnlich an wie die Empfindung von Aufregung oder Erregung. Die Empfindung, gut geerdet zu sein, mag der von Langeweile oder Festsitzen gleichen. Sei neugierig! Verspürst du Angst? Oder öffnest du dich? Sobald du zwischen Empfindung und Gefühl unterscheiden kannst, kommen Feinheiten ins Spiel.

Ich hatte eine Fantasie mit diesem Typ, zu dem ich mich schon lange hingezogen fühlte. Ich befriedigte mich selbst und kam an den Punkt, den ich schon lange kenne und der sich wie die alte Angst vor dem Missbrauch anfühlt. Anstatt auszusteigen oder zu versuchen, das Gefühl loszuwerden, blieb ich dieses Mal dabei. Etwas Unglaubliches ist passiert. Nach eingehender Betrachtung erwies sich die vermeintliche Angst als sexuelle Erregung. Das Gefühl entfaltete sich und wurde sehr angenehm und lebendig.
Danielle

Sei sehr vorsichtig, wenn du deine Gefühle interpretierst. Es wird dir nicht helfen, wenn du Panik als Erregung »uminterpretierst«, wenn es sich in Wirklichkeit doch um Panik handelt. Den Schrecken allmählich zuzulassen und zu fühlen, wird ihn für dich heilen.

Emotionale Quellen

Stell dir vor, in deinem Innern befindet sich ein Brunnen voller emotionaler Reserven, aus dem du in schweren Zeiten schöpfen kannst. Deinen Gefühlen ins Augen zu sehen, ist vielleicht weniger beängstigend, wenn du weißt, dass die emotionale Unterstützung, die du brauchst, direkt in dir liegt. Das Schöpfen aus deinen emotionalen Quellen hilft dir, positive und angenehme Bereiche in dir aufzubauen und von dort aus deine Heilung anzugehen.

Um dir emotionale Quellen zu schaffen, richte deine Aufmerksamkeit auf irgendeine angenehme, friedvolle oder ruhige Empfindung in deinem Körper in diesem Moment. Fühlst du einen Ort in dir, an dem sich Wärme ausbreitet? Ein Gefühl von Entspannung? Wenn du kein Gefühl von Wohlbefinden in deinem Körper finden kannst, versuche an eine Sache zu denken, die dir Freude bereitet – das wunderschöne Hemd, das du gerade trägst, eine Muschel oder ein Stein, den du gefunden hast oder ein besonderes Geschenk von einer guten Freundin. Vielleicht ist ein Ort draußen in der Natur deine Quelle. Wenn du merkst, dass du lächelst, dann hast du etwas gefunden! Begib dich jetzt ganz in diese Empfindung hinein. Nimm wahr, wo sich das Wohlbehagen in deinem Körper zeigt. Mach dich mit diesen Empfindungen vertraut.

Immer wenn du bei deiner Heilung an einem schwierigen Punkt anlangst, wenn du glaubst, du wirst einfach nicht überleben, kannst du zu deiner emotionalen Quelle zurückkehren. Nutze diese innere Unterstützung, um dich zu zentrieren und dir eine andere Perspektive auf deinen Heilungsprozess zu ermöglichen. Das wird es dir erleichtern, dich durch schwierige Gefühle und traumatische Erfahrungen hindurchzuarbeiten.

Emotionales Heilen

Ich fürchte, wenn ich einmal anfange zu weinen, werde ich nie wieder damit aufhören.
Sheila

Während du heilst, wirst du wahrscheinlich auf Wut, Kummer, ein Gefühl von Verrat, Selbstvorwürfe treffen, du wirst den Täter verantwortlich machen, und Scham, Panik, ein Gefühl für deine eigene innere Kraft und deinen Mut, Sehnsucht und Mitgefühl und Verständnis für dich selbst empfinden. Meiner Erfahrung nach entwickeln Überlebende, die diese Gefühle zulassen, sowohl Mut als auch Ruhe.

Wut und Ärger

Ich habe panische Angst vor meiner Wut. Ich habe Angst, dass sie Besitz ergreift von meinem Leben, wenn ich sie einmal wirklich rauslasse. Ich werde dann eine dieser verrückten, tobenden Frauen, die die ganze Zeit nur rumschreien.
Chris

Meine Wut hat mir das Leben gerettet. Meine Wut war der Saft, der mir gezeigt hat, dass ich etwas wert bin.
Daren

Wenn es darum geht, deinen Ärger und deine Wut darüber auszudrücken, als Mädchen sexuell missbraucht worden zu sein, gibt es nur eine einzige Regel:

Verletze weder dich selbst noch eine andere Person, und mach nichts kaputt, was dir oder einer anderen Person wichtig ist.

Ansonsten hast du völlige Freiheit, all deine Wut rauszulassen, bis du alles, was du möchtest, zum Ausdruck gebracht hast.

Die meisten Überlebenden, mit denen ich gearbeitet habe, sind so darauf bedacht, *nicht* wütend zu werden, dass sie lange lernen müssen, Ärger überhaupt auszudrücken. Vielleicht kannst du sagen, »ich bin ärgerlich«, aber deine Wut *wirklich* rauszulassen, all den Zorn zu zeigen, den du als Kind nicht ausdrücken konntest, das ist womöglich etwas völlig anderes.

Wut ist eine Energie, die du dazu nutzen kannst, dich zu schützen und für deine Rechte und deine Würde einzustehen. Heute hast du die Möglichkeit, von deinem Zorn zu profitieren, wie du es nie konntest als Kind.

> *Nach einigen Jahren habe ich endlich diese tolle Therapeutin gefunden. Sie hat mir beigebracht, mit einem Tennisschläger auf riesige Kissen einzudreschen. Mir war, als erlebte ich eine verspätete Reaktion. Jetzt konnte ich auf all die Arten körperlich reagieren, die für mich als Mädchen nicht sicher waren.*
>
> Stephanie

Bei vielen Überlebenden löst Sex Wut aus. Vielleicht bist du wütend, dass eine Erinnerung oder ein Auslöser sich in dein Sexleben einmischen oder bist sauer über deine eigenen Gefühle, Empfindungen, deine Erregung oder deinen Körper. Vielleicht ärgerst du dich auch über deinen Partner. Plötzlich ist nichts von dem, was deine Geliebte tut richtig, und du kannst die Berührung kaum ertragen, die dich vorher noch in den siebten Himmel versetzt hat. Dieser Auslöser ist nicht zu verkennen. Die Vergangenheit steigt hoch und deine Verletzung, Angst und Wut richten sich auf das naheliegendste Ziel.

> *Es ist so viel leichter, auf meinen Freund wütend zu sein, wegen allem und jedem auf ihm herumzureiten, als meinen Zorn auf das zu richten, wo er hingehört. Es jagt mir viel mehr Angst ein, auf die wütend zu werden, die mich verletzt haben.*
> Debbie

Nun, es ist an der Zeit, auf diejenigen wütend zu sein, die dich verletzt haben. Geh direkt bis an den Ursprung. Richte deinen Zorn auf die Menschen, die diesen Schmerz in dir verursacht haben. Sei wütend auf diejenigen, die dich nicht beschützt haben. Verleihe dieser Wut auf eine Art Ausdruck, die für dich funktioniert – schrei dein Kissen an, halte der Wand eine Standpauke, schreibe einen Brief. Sag alles, was du vor langer Zeit sagen wolltest, aber nicht konntest. Erlaube dir, auszudrücken, was du all diese Jahre ausdrücken wolltest.

Wenn du beim Sex wütend wirst, mach eine Pause, atme, und erkenne die Wut auf irgendeine Weise an. Vielleicht ist es für dich stimmig, das still im Innern zu tun, vielleicht musst du sie laut aussprechen. Vielleicht entschließt du dich in diesem Moment, deine Wut anzuerkennen, oder du sparst sie dir auf für deine Selbsthilfegruppe, einen Anruf bei deiner besten Freundin oder einen anderen unterstützenden Kontext auf. Wut zu empfinden ist ein gesunder Bestandteil des Lebens. Heftige Wut ist *wirklich* eine gesunde Reaktion auf sexuellen Missbrauch.

Wenn du deine Wut spürst und sie ausdrückst, vergiss nicht zu atmen und in deinem Körper zu bleiben. Wie möchte dein Körper diese Wut ausdrücken? Du kommst dir vielleicht albern vor, doch lass deinen Körper das tun, was er möchte. Viele Überlebende wurden festgehalten, vom Gewicht ihrer Missbraucher aufs Bett gedrückt und durch Scham oder Drohungen zum Schweigen gebracht. Vielleicht möchtest du etwas wegschieben oder dich schlagen, schreien, fluchen oder um dich treten. Alles, was niemand verletzt, ist in Ordnung.

So viele Möglichkeiten, deine Wut auf sichere Art auszudrücken

Such dir einen sicheren Ort, an dem du laut werden und deine Stimme benutzen kannst: Dein Schlafzimmer, die Dusche, eine abgeschiedene Stelle im Wald oder dein Auto sind gut. Sei laut, knurre, schreie. Sag dem Missbraucher alles, was du ihm schon immer sagen wolltest. Sei laut, wenn du ... (siehe unten)

Drück deine Wut körperlich aus. Hol dir einen Tennisschläger oder einen Baseballschläger aus Plastik und schlag auf Kissen, dein Bett oder ein Sofa ein. Atme. Halte die Knie ein bisschen gebeugt, um deinen Rücken zu schonen.

Verwringe ein großes Handtuch mit den Händen, leg all deine Wut hinein.

Zerreiß alte Telefonbücher. Zerfetze sie mit deiner Wut.

Leg dich auf eine Matratze oder einen Futon. Balle deine Hände zu Fäusten und tritt mit den Beinen gegen die Unterlage. Drücke gegen einen festen Widerstand.

Lege Kissen gegen die Vorderseite eines Sofas oder reihe sie an einer Wand auf. Wenn du eine Wand benutzt, vergewissere dich, dass das Polster dick genug ist und du nicht Gefahr läufst, dir die Zehen zu brechen oder die Wand einzutreten. Um dich zu treten, kann eine erstaunliche Erleichterung bedeuten. Die Bein- und Pomuskeln gehören zu den stärksten Muskeln unseres Körpers. Sie ermöglichen kraftvolle und energiegeladene Bewegungen.

Versuche, deine Wut vor ZeugInnen auszudrücken, wenn du soweit bist. Das kann eine gute Freundin sein, eine andere Überlebende, eine Unterstützungsgruppe oder deine Therapeutin. Es kann schwierig sein, alleine zu lernen, deiner Wut Ausdruck zu verleihen. Vielleicht ist es eine sehr starke Erfahrung für dich, wenn eine andere Person bei deinem Wutausbruch anwesend ist. Es ist toll, wenn dich in Zeiten, in denen du dich klein und verletzlich fühlst, jemand daran erinnern kann, wie du für deine Belange eingetreten bist.

Wut hilft dir dabei, Selbstwert, Würde und den Respekt vor dir selbst wieder für dich zu beanspruchen. Wut sagt: »Nein, das ist nicht o.k. Das kann nicht angehen!« Du fühlst dich unter Umständen erleichtert und friedlich, nachdem du deine Wut über das, was dir angetan wurde, gezeigt hast. Ich habe viele Überlebende gesehen, die Selbstvertrauen und Mitgefühl mit sich selbst entwickelten, während sie lernten, ihre Wut voll und ganz auszudrücken.

Kummer und Verlust

Die Frage ist nicht, ob ich beim Sex oder danach geweint habe, sondern wie viele hundert Mal habe ich geweint?
Stephanie

Unter dieser ganzen Wut wirst du ein Gefühl von Verlust und Kummer finden. Wir sind wütend, weil man uns nicht respektiert hat, weil wir verraten und verletzt wurden – und eben dieser Schmerz macht uns traurig. Überlebende haben ihren Körper verloren, ihre Kindheit, ihre Liebe, ihre Sicherheit und die grundlegende Fähigkeit, sich selbst, anderen Menschen, der Welt, und oft auch ihren Müttern, Vätern, Geschwistern und anderen Familienmitgliedern zu trauen. Sexueller Kindesmissbrauch ist für manche der schlimmsten Verluste, die ein Mensch durchmachen kann, verantwortlich. Traurigkeit und das Gefühl von Verlust kommen auch beim Sex hoch – auch bei Selbstbefriedigung. Viele Überlebende berichten, dass sie beim Orgasmus weinen.

Jahrelang habe ich jedes Mal geweint, wenn ich einen Orgasmus hatte. Ich fand das merkwürdig und habe versucht, damit aufzuhören. Als ich mich daran erinnerte, belästigt worden zu sein, machte es Sinn.
Cheryl

Ich kann geradezu schluchzen, wenn ich komme. Es ist, als ob der Kummer über den Inzest sich Bahn bricht und auch die Erleichterung darüber, meinen Körper und mein Leben zurückgewonnen zu haben.
Sally

Sex haben erinnert mich auf eine seltsame Art daran, dass ich erwachsen bin. Das bringt mich in Kontakt mit einer Kindheit, die ich nie hatte. Wo bin ich hingegangen? Das Thema macht mich sehr traurig.
Pamela

Gefühle von Traurigkeit und Kummer beim Sex gehören zum Heilungsprozess und können in unregelmäßigen Abständen dein ganzes Leben über auftauchen. Sex bedeutet, uns für alle Gefühle zu öffnen, die in uns gegenwärtig sind. In einer gesunden sexuellen Beziehung gibt es Raum für deine Tränen und deine Traurigkeit über einen erlittenen Verlust. Vergiss nicht, die Intensität dieser Gefühle hält nicht ewig an. Je eher du dir erlaubst, ein Gefühl zu fühlen und auszudrücken, desto schneller wirst du darüber hinwegkommen.

Kummer kann sich verschieden äußern. Du zitterst, schwitzt, schluchzt, jammerst oder lachst, bis du in Tränen ausbrichst. Deine Brust schmerzt. Du möchtest dich zu einer kleinen Kugel zusammenrollen oder dich unter der Bettdecke verkriechen. Tue, was immer dich der Empfindung näher bringt und das Gefühl des Verlusts aus deinem Innern freisetzt. Vielleicht möchtest du hin und her schaukeln, dich in eine Decke wickeln und weinen, oder laut die Dinge aufzählen, die du verloren hast. Du kannst dein Gefühl in einem Kunstwerk umsetzen und anderen zeigen oder es loslassen, indem du es vergräbst oder verbrennst. Ein Ritual für den von dir erlittenen Verlust kann eine starke Erfahrung sein. Denk dir ein Ritual aus, das für dich stimmig ist, um deinen Kummer und das, was du verloren hast, symbolisch anzuerkennen und zu betrauern.

Wut und Trauer: Ein Wechselspiel

Traurigkeit und Wut können so miteinander verwoben sein, dass du einem der beiden Gefühle aus dem Weg gehen kannst. Die meisten Überlebenden, mit denen ich gearbeitet habe, neigen dazu, einer der beiden Emotionen den Vorrang zu geben. Diejenigen, denen Wut vertrauter ist, werden automatisch in Wut ausbrechen, selbst wenn sie einen Verlust empfinden. Andere, denen Tränen und Traurigkeit näher sind, werden anfangen zu weinen, um ihre Wut nicht zu spüren. Oder sie weinen, wenn sie wütend werden.

Für deine Gesundheit sind beide Gefühle wichtig. Wut lehrt dich, dich zu behaupten, eine klare Grenze zu ziehen zwischen dem, was für dich annehmbar beziehungsweise nicht akzeptabel ist. Wut belebt dich. Das Gefühl von Verlust oder Kummer erinnert dich daran, dass du weich bist, ein menschliches Wesen und berührbar. Solche Gefühle zeigen dir, dass auch du in anderen etwas auslöst. Und in dem Maße, in dem wir einen Verlust spüren können, können wir Liebe empfinden und starken Überzeugungen anhängen. Auch in dieser Weichheit und Verletzlichkeit sind wir stark.

Trauer hilft uns dabei, uns weiterzuentwickeln. Wenn wir trauern, beginnen wir loszulassen. In diesem Loslassen können wir Veränderung und Vollendung finden. Du wirst dich eines Tages an die Traurigkeit und dein Gefühl von Verlust und Verlassenheit, das vom sexuellen Missbrauch herrührt, erinnern und wissen, dass du mit diesen Gefühlen abgeschlossen hast. Es ist nicht mehr der Kummer, der dein Herz regiert, Verlassenheit steht nicht länger im Zentrum deiner Ängste, und das Gefühl von Verlust bestimmt nicht mehr dein Leben.

Neigst du eher zu Wut oder zu Traurigkeit? Mit welchem Gefühl hast du weniger Schwierigkeiten? Versuche, das andere Gefühl in dein Leben einzubeziehen. Wenn du immer mit Wut reagierst, frage dich: *Was liegt unter meiner Wut verborgen? Über welchen Verlust bin ich wütend?* Meistens sind wir wütend, weil wir verletzt wurden oder uns etwas genommen wurde. Wenn du immer mit Tränen und Traurigkeit reagierst, frage dich: *Wo bleibt meine Wut? Wie kann ich anfangen, mich zu behaupten? Wie würde es sich anfühlen, wütend zu sein?*

Angst

Sexueller Kindesmissbrauch ist gefährlich. Wenn du missbraucht wurdest, hattest du vielleicht das Gefühl, um dein Leben zu kämpfen. Egal, ob dieser Überlebenskampf buchstäblich oder in metaphorischem Sinne stattgefunden hat, Angst, Schrecken und die reale bzw. empfundene Bedrohung deines eigenen Lebens sind eine Erfahrung, die du mit den meisten Überlebenden teilst. Diese Angst und dieser Schrecken können dich über Jahre hinweg begleiten. Vielleicht verharrt dein Körper in ständiger Alarmbereitschaft, weil dir nicht auf allen Ebenen bewusst ist, dass der Missbrauch längst hinter dir liegt. Diese Angst kann sich auch beim Sex zeigen. Vielleicht spürst du, dass du Angst empfindest, die scheinbar nichts mit dem zu tun hat, was gerade geschieht. Du hast Angst, dich selbst zu befriedigen oder hast überhaupt Angst vor Sex. Mitten beim Sex erfasst dich eine Panikwelle.

> *Manchmal habe ich einfach Angst. Ohne dass ich eine Erinnerung oder einen Auslöser benennen könnte…ich werde einfach panisch. Bisweilen frage ich mich, ob ich immer noch all die Angst rauslasse, die sich in mir angestaut hat.*
> Rosa

Angst ist besonders schwer zu handhaben, wenn du mit einer Partnerin/einem Partner intim bist. Vielleicht projizierst du früheren Missbrauch und vergangene Reaktionen auf deine momentane SexpartnerIn. All das gehört zur Heilung, und doch kann es deine sexuellen Beziehungen unter Umständen belasten. Dein Partner/deine Partnerin erinnert dich beim Sex vielleicht an einen deiner Täter. Du denkst, er oder sie will dich verraten – wie dein Missbraucher.

Beim Sex kommt mein Freund mir manchmal genau wie mein Vater vor. Ich werde dann zu dem verängstigten Kind und er scheint so groß. Ich bin dann ganz sicher, dass er mir etwas wegnehmen will.
Jenifer

Wenn du in Panik gerätst, fängst du vielleicht an zu zittern, du hustest oder bekommst einen Schweißausbruch. Vielleicht erstarrst du und bringst kein Wort mehr heraus. Das sind alles normale Reaktionen, die vermutlich dem ähneln, wie es für dich als Kind war. Finde heraus, ob deine Angst ihren Ursprung in der Gegenwart hat, oder ob du auf den Missbrauch, den du in deiner Kindheit erlebt hast, reagierst. Was geschieht in deinem Leben? Gibt es eine Gefahr in deiner jetzigen Situation, die du aus dem Weg räumen musst?

Wenn du spürst, wie vergangene Ängste in dir hochkommen, zieh dein Konzept zum Umgang mit Auslösern zu Hilfe. Unterbrich deine Aktivität, atme, spüre deinen Körper, steh auf und beweg dich. Allein dich zu trösten kann schon ausreichen. Erinnere dich daran, du bist in Sicherheit, die Vergangenheit war *wirklich* beängstigend, aber jetzt droht dir keine Gefahr. Beschwöre dein inneres Gefühl für Sicherheit herauf und denke an deine emotionale Quelle. Gib deiner Angst körperlichen Ausdruck und erlaube so deinem Körper, sich durch die Gefühle hindurchzubewegen.

Ich stelle mich meiner Angst hundertprozentig. Ich sage: »Ich habe Angst, ich habe solche Angst, und ich tue es trotzdem.« Das ist jedes mal heilsam.
Akaya

Sehnsucht

Zwischen Furcht und Trauer sind meist Sehnsüchte versteckt. Du kannst dich nach etwas sehnen, das du gerne hättest, oder nach den Aspekten der Beziehung zu deinem Missbraucher, die dir fehlen. Vielleicht sehnst du dich – wie viele Überlebende – nach deiner Mutter oder einem Menschen, der dich beschützen kann. Du hast Sehnsucht nach einer Kindheit, in der du dich geliebt und sicher fühltest.

> *Mein Vater hat mich auf Wanderungen und zum Zelten mitgenommen. Da fühlte ich mich stark und unbesiegbar. In diesen Situationen fühlte ich mich auch sicher mit ihm, so beschützt. Ich sehne mich nach solchen Erfahrungen.*
> Carla

Erkenne deine Sehnsüchte an. Während Trauer und Wut über etwas, was dir fehlt, oft mit diesem Mangel einhergehen, sagen deine Sehnsüchte dir, was du brauchst und was dir wichtig ist. Wenn du dich nach Liebe sehnst, kannst du versuchen, mehr Liebe in dein Leben zu bringen. Wenn du dich nach dem Gefühl sehnst, irgendwo hinzugehören oder Teil einer Gemeinschaft zu sein, kannst du etwas tun , um dir diese Erfahrungen zu ermöglichen.

Sehnsüchte beinhalten oft Widersprüche, die dich deine Sehnsucht nur widerstrebend anerkennen lassen. »Wie kann ich mich nach dem Menschen sehnen, der mich am meisten verletzt hat in meinem Leben?« Vielleicht liebst du die Person, die dich sexuell missbraucht hat. Außer dass es dein Täter/deine Täterin war, war dieser Mensch auch noch dein Vater, dein Bruder, deine Tante, dein Großvater oder dein Lehrer. So unangenehm es dir auch sein mag, erlaube dir, deine Sehnsucht zu fühlen. Sie öffnet dein Herz, und es tut dir gut, dein Herz zu öffnen. Es ist das, was du jetzt für dein Leben brauchst.

Nach allem, was mein Vater mir angetan hat, liebe ich ihn immer noch. Ich merke, dass ich einen Teil meines Herzens verschliesse, wenn ich so tue als liebte ich ihn nicht. Wenn ich diesen Ort in meinem Herz verschließe, kann nichts mehr dorthin vordringen.
Danielle

Scham und Schuld

Noch nie habe ich eine Überlebende getroffen, die nicht auf irgendeiner Ebene davon überzeugt war, dass der Missbrauch ihre Schuld war. Noch nie habe ich eine Überlebende getroffen, die sich nicht deswegen schämte und schuldig fühlte.

Der sexuelle Missbrauch war nicht deine Schuld. Ich kann das fünf Mal oder fünfhundert Mal sagen und hätte es doch noch nicht oft genug gesagt. Der sexuelle Missbrauch war nicht deine Schuld. Selbst wenn du deinen Missbraucher ausdrücklich darum gebeten hast, dich zu berühren, war es nicht deine Schuld. Die ältere oder stärkere Person war für dich und dein Wohlergehen verantwortlich. Sexueller Missbrauch ist genau das Gegenteil.

Ich habe sehr sehr lange dazu gebraucht, mir wirklich klar zu machen, dass es nicht meine Schuld war. Ich musste erst dazu bereit sein, zu fühlen, wie überaus hilflos und schwach ich damals war. Dass ich verletzlich und abhängig war, dass ich den Missbrauch nicht abwenden konnte.
Kassie

Scham geht für Überlebende sehr tief. Irgendwie ist es einfacher zu glauben, du seiest für den Missbrauch verantwortlich, als das Ausmaß deiner Hilflosigkeit zu fühlen. Es scheint unvorstellbar, dass ein Mensch, den du liebst, dir absichtlich so wehtut. »Es muss an mir liegen,« denkst du, »warum würden sie so etwas sonst tun?«

Überlebende glauben aus vielen verschiedenen Gründen,

ihre Scham und ihre Schuld zu Recht zu empfinden. Hier ein paar gängige Theorien: Viele Überlebende glauben, der Missbrauch sei ihre Schuld, weil sie sich nicht gewehrt haben, weil sie beim Missbrauch einen Orgasmus hatten, weil sie eine Episode des Missbrauchs selbst initiiert hatten, weil sie schlau oder erfindungsreich genug hätten sein sollen, dem Missbrauch ein Ende zu setzen. Andere Überlebende erleben es als einen Makel, sie fühlen sich schmutzig und schämen sich, das erwählte Opfer gewesen zu sein.

Manche Überlebende haben andere Kinder missbraucht, um auszuagieren, was ihnen angetan wurde. Das zieht eine unvorstellbare Kette an Schuld- und Schamgefühlen nach sich. Du musst dich nicht bestrafen, du kannst aber Verantwortung für deine Handlungen übernehmen. Je nachdem, in welcher Situation du dich befindest, möchtest du vielleicht versuchen, es wieder gutzumachen, wenn das deiner Heilung und der Heilung der anderen Person zugute kommt.

Einige Kinder werden dazu gezwungen, andere Kinder zu missbrauchen; bei rituellem Missbrauch ist das häufig der Fall. Wenn du hättest wählen müssen zwischen der Möglichkeit, mit deinen FreundInnen im Hof zu spielen, dir ein Eis zu holen oder ein anderes Kind zu missbrauchen, was hättest du dir ausgesucht? Im Hof spielen oder das Eis. Kinder werden dazu manipuliert, andere zu missbrauchen. Während du als Erwachsene für deine Handlungen verantwortlich bist, ist eine Situation, in der ein Kind ein anderes Kind missbraucht, von Erwachsenen geschaffen.

Vielleicht schämst du dich für deine Lust oder dass du Sex magst. Das geht vielen Überlebenden so. Wenn du Sex magst, dann muss dir der Missbrauch gefallen haben, nicht wahr? Auf gar keinen Fall! Jedem Menschen steht es zu, sexuelle Lust zu empfinden. An sexueller Lust ist nichts verkehrt, sie ist gut und vollkommen akzeptabel.

Heile deine Gefühle von Scham und Schuld: Verzeihe dir immer wieder selbst und gib dir regelmäßig riesige Portionen an Anerkennung.

ZeugInnen für deine Gefühle

Andere Personen inmitten deiner Gefühlswelt zuzulassen ist eine starke Erfahrung. ZeugInnen zu haben bedeutet, dass jemand anwesend ist, während du deine Gefühle empfindest. Dein Freund, deine Geliebte oder deine Unterstützerin muss deine Gefühle nicht ändern oder reparieren. Sie oder er können einfach als ZeugInnen anwesend sein. Dass andere deine Gefühle akzeptieren, kann dir zeigen, dass du wirklich in Ordnung bist. In den Workshops, die ich für Überlebende anbiete, habe ich immer wieder erlebt, wie erleichtert und glücklich Überlebende sind, wenn eine von ihnen endlich ihrer Wut, ihrem Kummer oder ihren Sehnsüchten Ausdruck verleiht. Ein Seufzer der Erleichterung scheint dann durch den Raum zu gehen.

Du kannst die Person, die sich dir als Zeugin oder Zeuge zur Verfügung stellt, um spezifische Unterstützung bitten. Vielleicht möchtest du in den Arm genommen werden, oder zwanzig Minuten lang toben und schreien. Du kannst sie bitten, auf ihre bzw. seine eigenen Bedürfnisse und Grenzen zu achten. Wenn ihnen die Erfahrung zu intensiv wird, können sie eine Pause vorschlagen.

In manchen Menschen lösen bestimmte Gefühle mehr aus als andere. Deiner Freundin/deinem Freund geht es vielleicht sehr gut damit, dich im Arm zu halten, wenn du weinst, aber sie oder er können überhaupt nicht damit umgehen, wenn du wirklich wütend wirst. Deine Gefühle sind nicht »zu viel« oder »zu intensiv«. Deiner Wut, deinem Gefühl von Verlust oder Scham in welchem Umfang auch immer *auf sichere* Art Ausdruck zu verleihen, ist vollkommen in Ordnung. Deine Partnerin oder dein Partner sind einfach noch nicht dazu in der Lage, so intensive Gefühle auszuhalten. Lass sie oder ihn sich um ihre eigenen Bedürfnisse und Grenzen kümmern. Such dir einen Menschen zur Unterstützung, der dich dorthin begleiten kann, wohin du gehen musst.

Mein Partner hat mit der Zeit gelernt. Früher hat ihm meine Wut immer Angst gemacht; jetzt ist er dabei, wenn ich – so fest ich kann – auf das Bett einschlage und meinen Vater anschreie, mich endlich in Ruhe zu lassen.
Jeanie

Vielleicht merkst du, dass du Bestätigung brauchst. Bitte einfach darum. Schau deinen Partner/deine Partnerin an. Nimm wahr, dass jemand da ist. Frage einfach: »Denkst du, das ist schlecht?« »Tue ich dir weh?« »Wie ist das für dich?« Du musst dich vielleicht immer wieder kurz der Realität vergewissern, während du lernst, Gefühle dieser Intensität auszudrücken.

Übungen

1. Übe, dich emotional zu zentrieren und mit deinen emotionalen Ressourcen in Kontakt zu treten. Wie wirkt sich das auf deinen Umgang mit Auslösern und dein sexuelles Heilen aus?
2. Suche dir drei verschiedene Gefühle, die mit deinem sexuellen Heilen in Verbindung stehen (z. B. Schuld, Wut und Trauer). Beantworte für jedes Gefühl die folgenden Fragen schriftlich:
   a. An welchen körperlichen Empfindungen merke ich, dass ich dieses Gefühl habe?
   b. Wie ist es für mich, bei diesem Gefühl in meinem Körper zu sein und meine Wahrnehmungen spüren? Wie viel Toleranz bringe ich für dieses Gefühl auf?
   c. Lies dir noch einmal »Die fünf Stadien der Gefühle« in diesem Kapitel durch. Bleibst du oft in einem bestimmten Stadium stecken? Geht dir das bei anderen Gefühlen auch so?
   d. Wie kann ich dieses Gefühl empfinden und ausdrücken? Wie kann ich üben, es vollständig werden zu lassen?

Kapitel 13
S/M, Rollenspiele und Fantasien

Sex ist komplex. Vielleicht lässt sich dein Begehren nicht zu einem ordentlichen Päckchen schnüren oder folgt nicht der Mainstreamversion von Sex. Für die meisten Menschen, und vor allem für Überlebende, steckt Sex voller Widersprüche. Sex kann ruhig und aggressiv, kann Nahrung und Herausforderung sein – alles zur gleichen Zeit. S/M, Rollenspiele und Fantasien sind Möglichkeiten, Sexualität zu erforschen und auszudrücken.

S/M-Basics: Einvernehmen, Macht, Empfindung

S/M ist die Abkürzung von Sadomasochismus, einer von der Psychologie geprägten Bezeichnung für sadistisches und masochistisches Verhalten. Menschen, die S/M praktizieren, benutzen den Begriff selbstbewusst und identifizieren sich damit. S/M steht für sexuelle Vorlieben, zu denen Spiele mit Macht und Rollen, intensive Empfindungen, Schmerz und Bondage gehören.

Die meisten Menschen denken bei S/M an schwarzes Lederoutfit, Fesseln, Rohrstock und Peitsche. Als in den frühen 90ern Madonnas Fotoband Sex erschien, wurde S/M quasi über Nacht schick. Der Mainstream übernahm die entsprechende Bilderwelt und schickte sich an, S/M einer breiten Öffentlichkeit vorzuführen.

Für diejenigen, die S/M praktizieren, einschließlich Überlebender von sexueller Gewalt in der Kindheit, kann dies ein starkes sinnliches Feld für sexuelle Erkundungen sein. Vielen

S/M-AnhängerInnen geht es bei ihren Spielen um ein Vertrauensbündnis, um die Macht, sexuelle Spiele auszuhandeln und das Potenzial, dadurch sexuell zu heilen und verantwortlich und stark zu sein.

Die Grundregeln von S/M sind praktisch dieselben wie beim Blümchensex (so bezeichnen S/M-AnhängerInnen Sex ohne S/M). S/M spielt sich im Einvernehmen zwischen zwei oder mehr PartnerInnen ab. Gegenseitiges Einvernehmewn wird bei S/M explizit benannt und geäußert. Bevor S/M-Spiele beginnen, verständigen sich die PartnerInnen über ihre Wünsche, Interessen und Grenzen, um eine Inszenierung zu gestalten, die für alle erotisch ist und in der sich alle sicher bewegen können. Abgesprochen werden muss unter anderem, wer mitmacht und was wo, wann und wie geschehen wird. Wer ist Top (aktiv)? Wer Bottom (passiv)? Wenn du S/M als einen gewollten Austausch von Macht im Einvernehmen zwischen erwachsenen Menschen betrachtest, dann ist die Top die Person, die Macht ausübt und den Ablauf bestimmt. Die Bottom unterwirft sich der Macht einer Top im Rahmen sorgfältig abgesprochener Bedingungen. Die PartnerInnen einigen sich auf ein Codewort, mit dem jede Aktivität unterbrochen beziehungsweise beendet werden kann. Genitaler Kontakt oder Orgasmus sind nicht notwendigerweise Teil einer S/M-Inszenierung.

Zu einer Inszenierung gehören vielleicht Fantasierollen oder -charaktere, Bondage, Schmerz und/oder Machtspiele. Manche spielen die ausgefeiltesten Fantasien nach, in denen sie von Kopf bis Fuß verkleidet auftreten. Magd und Herr, ältere Frau und junger Mann, Krankenschwester und Patientin, Polizistin und Autofahrer sind gängige Rollen, mit denen gespielt wird. Die Dynamik liegt im starken Machtgefälle. Du kannst dir zu jedem Machtunterschied, den du erregend findest, eine S/M-Inszenierung ausdenken. S/M schließt oft Fesseln, Augenbinden oder einen anderen Entzug von Sinneswahrnehmungen ein, sowie die Einschränkung der Bewegungsfreiheit, des Verhaltens und sprachlicher Äußerungen. Zum Spiel mit Empfindungen gehören Schläge mit mehrschwänzigen Peitschen aus weichem

Hirschleder, mit dem Rohrstock, der Klatsche sowie Schläge mit der Hand auf den (nackten) Hintern, Nippelspiele mit Klemmen oder Wäscheklammern und Spiele mit heißem, flüssigem Wachs – um nur einige aufzuzählen.

S/M-AnhängerInnen sprechen von intensiven Erfahrungen statt von Schmerz *per se*. Bei sexueller Erregung – egal ob bei S/M oder Blümchensex – werden Endorphine im Körper freigesetzt, das sind hormonähnliche chemische Stoffe. Bei zunehmender Ausschüttung von Endorphinen wird die Reizschwelle für Stimulierung und Schmerz heraufgesetzt. S/M spielt mit diesem Phänomen auf eine Art, die viele Menschen lustvoll finden. Was aussieht, als ob es wehtun könnte (und was wahrscheinlich auch schmerzt, wenn du nicht erregt bist), kann im entsprechenden Kontext zu einem wahren Vergnügen werden!

Die Grenzen erkunden

Manche Menschen werden dir sagen, S/M sei gewalttätig, pervers oder schlicht falsch – eine »schlechte« Art, deine Erotik auszuleben. Viele der Vorurteile gegenüber jenen Menschen, die Machtspiele erotisch aufladen, werden auch gegenüber Schwulen, Lesben und Bisexuellen geäußert. Auch Frauen, die ihre Sexualität selbstbestimmt leben, sehen sich mit dieser Vorwurfsschablone konfrontiert, wie auch Sex als solcher.

Wenn du es genießt, Top oder Bottom zu sein und das Spiel mit Macht und/oder andere erotische S/M-Praktiken lustvoll findest, bist du nicht allein. Viele Überlebende genießen Machtspiele als heiß und erotisch. Die Randbereiche deiner eigenen Grenzen auszuloten und deine PartnerInnen herauszufordern, kann einen festen Platz in einem von dir selbst bestimmten Sexleben einnehmen.

> *Den schärfsten Sex habe ich in S/M-Szenen. Das Tabu unserer Inszenierungen und die Bereiche, die sich in mir auf-*

tun, sind unglaublich. Als Bottom kann ich mich hingeben, wie es mir nie zuvor möglich war.
Rey

S/M ist mir sehr wichtig. Was Sex angeht, möchte ich keine Gewalt mehr erleben, ich möchte nicht, dass Kindern oder Erwachsenen sexuelle Gewalt angetan wird. S/M ist etwas ganz anderes. Machtspiele, Bondage und Peitschen erregen mich. Es sind intime Erfahrungen, die meinen Partner und mich sehr tief berühren. Es geht nicht darum, sich gegenseitig zu verletzen … ich kann einen sehr tiefen Teil meines Selbst ausleben.
Kassie

Viele Überlebende spielen mit Scham, Kontrolle und Bestrafung. Das ist ein heißes Eisen für viele von uns; schließlich dienten Scham und Strafe dazu, uns als Kinder unter Kontrolle zu halten. Du kannst eine Inszenierung entwerfen, bei der eine Top der Bottom »droht«, sie für ihr »schlechtes Benehmen« zu bestrafen. Bei S/M gibt es dafür den Begriff »Spiel mit emotionalen Grenzerfahrungen«.

Als S/M-Top fühle ich mich, als sei ich endlich zu Hause angekommen. Anfangs habe ich mich nur widerwillig auf S/M eingelassen. Ich hatte Angst, jemanden zu verletzen oder meine Wut an der falschen Adresse abzulassen. Doch es scheint genau umgekehrt zu sein. Ich fühle mich meinen Partnerinnen näher, ich kümmere mich um sie und bin mehr ich selbst.
Melanie

Vergewaltigungsszenen, in denen du auf die eine oder andere Art »genommen« wirst, ist eine beliebte S/M-Fantasie. Dabei kannst du mit der Dynamik, sexuell überwältigt zu werden (oder Kontrolle über deine Partnerin auszuüben) in einem einvernehmlichen und sicheren Rahmen spielen.

Ich finde Vergewaltigungsszenen sehr aufregend. Wenn ich »nein« sage, neckt mich mein Partner und sagt mir, wie sehr ich es in Wirklichkeit doch möchte. Das wirkt wie eine Katharsis und nimmt meiner Auseinandersetzung mit dem Missbrauch einiges an Bedrohlichkeit. Ich habe eher das Gefühl, die Sache im Griff zu haben.

Jenifer

Überlebende und S/M

In der Kindheit missbraucht worden zu sein, zeigt sich bei S/M genauso wie bei jedem anderen Sex. Manche Überlebende, die auf S/M abfahren, arbeiten in ihren Inszenierungen mit ihrer Missbrauchsgeschichte. Das kann auf verschiedene Art und Weise geschehen. Du kannst mit sexuellen Handlungen und Stellungen experimentieren, in denen du missbraucht wurdest. Vielleicht vermittelt es dir ein Gefühl von Macht, wenn du Missbrauchsszenen darstellst und ihnen einen neuen Ausgang verpasst. Indem du dieses Terrain an einem sicheren Ort mit einer vertrauenswürdigen Partnerin oder einem Partner betrittst, kannst du deine Erfahrung des Missbrauchs verändern.

Ich habe Missbrauchsszenarien nachgespielt. Die meisten Überlebenden kriegen einen Schreck, wenn sie das hören, aber mir hat das verdammt viel Kraft gegeben. Ich musste weinen und habe die Erkenntnis verarbeitet, dass der Missbrauch mich auf eine Art erregt hat. Auch ist mir klargeworden, wie stark ich heute bin und wie klein ich damals war. Ich empfand Mitgefühl für mich und wusste, er würde mich nie wieder kriegen.

Rebecca

Manche spielen mit Altersunterschieden und schlüpfen in die Rollen von Lehrer(in)/Schüler(in) oder anderen altersspezifischen Charakteren. Andere verbinden das mit dem Spiel mit Geschlechterrollen; einige Konstrukte können bei S/M auf eine lange Geschichte zurückblicken. Diese Rollen machen es möglich, mit dem Spannungsfeld von Zuwendung, Autorität, Kontrolle und Abhängigkeit zu spielen.

Für Überlebende kann das eine sehr intensive Erfahrung sein. Wenn du dich entschließt, an einem Rollenspiel teilzunehmen, das deinem Missbrauch irgendwie ähnelt, dann bereite dich und deinen Partner/deine Partnerin gut darauf vor. Dein Gegenüber muss sich der möglichen Auslöser oder Gefühlsausbrüche bewusst sein, die eine solche Szene in dir hervorrufen kann. Wählt ein Codewort, das dir auch dann noch präsent ist, wenn du einen Auslöser erlebst. Ich rate dir, mit deiner Partnerin/deinem Partner eine gute Vertrauensbasis zu schaffen, bevor du dich auf eine derartige Szene einlässt.

Obwohl du viel über dich erfahren wirst, kann diese Art von S/M keine Therapie oder eine andere Art von fokussierter Arbeit an der Heilung von deinem Missbrauch ersetzen. Einige Überlebende nutzen S/M dazu, die Auswirkungen der sexuellen Gewalt auf sehr direktem Wege zu erforschen. Genau wie die, die auf Blümchensex stehen, werden Überlebende, die auf S/M abfahren, merken, dass sich ihr Sexleben verbessert und jede Inszenierung befriedigender ist, wenn sie in ihrem Körper sind und von ihrem Missbrauch heilen.

»Ausagieren« des Missbrauchs durch S/M

In Organisationen von Überlebenden ist S/M umstritten und löst in der Regel hitzige Debatten aus. Nahezu jede Person positioniert sich auf irgendeine Weise in Bezug auf S/M. Weil es sich um eine sexuelle Spielart handelt, die gesellschaftlich an den Rand gedrängt wird, wissen die wenigsten, wie S/M wirklich funktioniert. Ihnen widerstrebt, Sex mit etwas in Verbindung zu bringen, was nach Gewalt aussieht.

Die am häufigsten diskutierte Frage ist, ob S/M-Anhängerinnen früheren Missbrauch »ausagieren«. Meine Antwort darauf lautet, »ja und nein, es kommt darauf an«. Ich habe viele Überlebende befragt, die S/M praktizieren, und eine noch größere Zahl mit ganzheitlicher Körperarbeit behandelt. Als ich im Sexshop Good Vibrations arbeitete, habe ich mit Hunderten von Kundinnen über ihre S/M-Spielarten gesprochen. Ich habe Überlebende getroffen, die S/M dazu nutzen, zu dissoziieren und den Missbrauch auf eine unglückliche und nicht erfolgreiche Art zu verarbeiten. Natürlich steigen Überlebende auch bei Blümchensex aus und setzen ihn dazu ein, ihren Gefühlen auszuweichen. Den Versuch, ein nicht bewältigtes Trauma zu einem Abschluss zu bringen, indem du es unbewusst ständig wiederholst, findest du bei S/M wie in jeder anderen Form von Sex.

> *Ich hatte Mühe, mich in der S/M-Szene zurechtzufinden. Ich habe extreme Dinge getan, weil ich – was Sex angeht – Extreme gewohnt war. Ich kannte nichts anderes. Ich wusste nicht, wie ich in meinem Körper sein konnte, und fühlte so auch keine Grenzen. Ich war daran gewöhnt, alles mit mir machen zu lassen.*
> Marty

> *Selbstaufgabe und Sich-Ergeben sind nicht das Gleiche. Ich gebe in keiner Weise meine Fähigkeit, über mich selbst zu bestimmen auf, sondern ich entscheide frei, mich zu ergeben.*
> Aurora

Sexuelle Energie als solche ist neutral. Du kannst auf eine Art Sex haben, die kreativ ist und dich heilt, und auf eine Art, die dich deinem Körper fernhält und dir schaden kann.

Für Außenstehende ist besonders schwierig, Sex mit etwas in Verbindung zu sehen, das nach Gewalt aussieht. Wir sind von sexueller Gewalt umgeben. Wir hören über Kinder, die belästigt werden, über Frauen, die geschlagen und ermordet wurden und über Vergewaltigungen, die zu Kriegszwecken eingesetzt werden. Glücklicherweise setzen sich die meisten von uns dafür ein, sexueller Gewalt ein Ende zu bereiten. S/M jedoch ist *keine* sexuelle Gewalt. Zunächst einmal handelt es sich bei S/M um ein einvernehmliches Spiel zwischen Erwachsenen. Zweitens verständigen sich die Beteiligten gleichberechtigt über jede Inszenierung. Und drittens wird ein Codewort vereinbart, mit dem das Spiel, falls nötig, sofort beendet werden kann. individuelle Entscheidungsfreiheit und Kontrolle bleiben unangetastet. Die Passive ist nicht wirklich abhängig, und die Geschichte sieht von außen vielleicht heftiger aus, als sie in Wirklichkeit ist. Gewalt hingegen schließt Entscheidungsfreiheit und Selbstbestimmung aus.

Und *doch* bewegt S/M sich in einem Grenzbereich sexueller Ausdrucksformen. Überall, ob in der Wirtschaft oder im therapeutischen Bereich, gibt es Menschen, die es wagen, an eine Grenze zu gehen, ein Risiko einzugehen und zu erkunden, was neue Erfahrungen ihnen zu bieten haben. Innovationen haben ihren Ursprung in der Regel in Grenzbereichen und finden dann erst Eingang in die breite Gesellschaft. Ganz egal wie du zu S/M stehst, das Gute an extremen Praktiken ist, dass sie uns herausfordern, unsere Vorstellungen über das hinaus zu erweitern, was uns angenehm erscheint.

Überlebende haben die unterschiedlichsten Erfahrungen mit S/M. Manchen kommt es so vor, als »agierten« sie den Missbrauch aus, für andere ist S/M das Terrain, auf dem sie ihren Missbrauch heilen und ihre Sexualität endlich voll und ganz für sich in Anspruch nehmen können.

Teile der S/M-Szene behaupten, ein Spiel mit Macht findet in jeder sexuellen Beziehung statt. S/M deckt dieses Spannungsfeld auf, es wird vereinbart, anstatt dass es unterschwellig und nicht einvernehmlich abläuft.

Wenn mir eine Überlebende erzählen will, sie habe in ihrem Leben und in ihrer Beziehung zu Sex nichts mit Macht zu laufen, bin ich fest davon überzeugt, dass sie lügt.
Jenifer

Deiner Erotik auf eine Art Ausdruck zu verleihen, die dein Selbstwertgefühl stärkt, hilft dir, dich selbst zu verkörpern und ermutigt dich, in deinem Leben mehr Lust zu genießen. Damit steht und fällt jede sexuelle Entscheidung.

Ob du dich zu S/M hingezogen fühlst oder von der Vorstellung eher abgeschreckt bist, du kannst dich durch Bücher, die von S/M-AnhängerInnen geschrieben wurden, weiter informieren. Eine Bibliographie findest du im Service-Teil.

Blümchen-Rollenspiele

Auch Leute, die kein S/M praktizieren, finden unter Umständen Gefallen daran, auf erotische Art mit Rollen und Charakteren zu spielen. Deiner Fantasie sind keine Grenzen gesetzt. Wahrscheinlich kristallisieren sich im Laufe der Zeit bestimmte Dynamiken und Charaktere heraus. Vielleicht möchtest du mit Geschlechterrollen oder sexueller Orientierung spielen. Du kannst einen Teil von dir ausleben, der sich normalerweise nicht zeigt. Du kannst Filmstar, Vamp, Göttin oder Domina sein. Rollenspiele eröffnen neue Möglichkeiten und erlauben dir ein größeres Maß an Flexibilität im Ausdruck deiner Sexualität.

> *Mein Liebster und ich verkleiden uns gerne. Tatsächlich zieht er sich wie die Frau an und ich wie der Mann. Indem wir die Geschlechterrollen tauschen, verstärken wir sie gleichzeitig. Es ist super erregend und sehr intim, da wir uns beide auf nicht vertrautem Terrain befinden.*
> Halli

Fantasien

Fantasien sind eine gute Quelle für deine Wünsche. Mit Fantasien kannst du deinem Sexleben einheizen. Du kannst eine neue sexuelle Idee in deiner Fantasie durchspielen, bevor du sie real in Szene setzt. Du erfreust dich an neuen Geliebten, machst an gefährlichen Orten Liebe oder nimmst eine neue Rolle beim Sex ein – alles in der ganz privaten Welt deiner Vorstellung. Je abwechslungsreicher und flexibler deine Gedanken und Fantasien in Bezug auf Sex, desto besser für dein Sexleben.

> *Ich erzähle meinem Freund gerne eine Fantasie, während wir uns lieben. Ich finde das köstlich. Ich beziehe uns beide in die Fantasie ein und lasse durch meine Worte Sexszenen und erotische Gefilde entstehen. Manchmal mache ich ihn zum Prinzen eines benachbarten Königreichs und mich zur Prinzessin, die Anspruch auf den Thron hat. Einmal habe ich ihn in einen Frosch verwandelt. Das hat uns beide zum Lachen gebracht.*
>
> Jeanie

Überlebende schämen sich oft, wenn sie Fantasien mit Gewalt, Vergewaltigung, Inzest oder anderen Formen sexueller Aggression haben. Irgendwie hat sich die Vorstellung in unseren Köpfen festgesetzt, unsere Fantasien sollten sich inmitten einer Blumenwiese, untermalt von sanfter Musik abspielen. Viele Überlebende haben Fantasien über Vergewaltigungen oder andere Szenarien, die die eine oder andere Form von Machtaustausch einschließen. Manche Vergewaltigungsfantasien sind brutal, andere romantisch verbrämt. Manche Überlebende erregen sich jahrelang mit solchen Fantasien, während andere sich dadurch belästigt fühlen.

Keine Fantasie ist in sich »schlecht«. Es gibt keine »richtigen« oder »falschen« Fantasien. Anstatt deine Fantasie abzustempeln, finde heraus, ob sie dich positiv oder negativ beeinflusst.

Was Fantasien angeht, gibt es für mich nur zwei Fragen, die du bedenken solltest. Erstens: Steigst du aus, wenn du die Fantasie hast? Setze Fantasien nicht dazu ein, um dir oder deiner Partnerin/deinem Partner auszuweichen. Es geht nicht darum, zu üben, beim Sex deinem Körper fern zu bleiben oder zu dissoziieren. Tatsächlich können Fantasien eine weitere Möglichkeit darstellen, präsent und in deinem Körper zu sein, anstatt beim Sex wegzudriften. Es regt deine Fantasie an, wenn du dich verkörperst. Zweitens: Hast du in deinem Repertoire nur eine einzige Fantasie? Kannst du nur mit dieser Fantasie kommen? Obwohl eine solche Fantasie der Dynamik des Missbrauchs oft sehr ähneln wird, ist es weniger der Inhalt, den ich besorgniserregend finde, sondern der Umstand, dass du in einer Fantasie stecken bleibst, die du immer wieder durchspielst. Zum Heilen gehört, dir mehr Freiraum für deine Gedanken und deine Entscheidungen zu erlauben. Geh mit einer aufdringlichen Fantasie, die dich stört, wie mit einem Auslöser um. Kapitel elf wird dich darin unterstützen.

Denk dir eine Fantasie aus

Denke dir jetzt gleich eine Fantasie aus. Folge dem, was dir in den Sinn kommt und was du erotisch findest. Wo findet deine Fantasie statt? Wie sieht die Umgebung aus? Was für Charaktere kommen vor? Nimm die Empfindungen in deinem Körper wahr, während sich die Geschichte entwickelt. Was tust du? Wodurch entsteht die Steigerung? Welche Art Sex hast du? Was findest du an dieser Fantasie erregend?

Natürlich benutzen Überlebende Fantasien, um die Dynamik und Erinnerung an den Missbrauch zu verarbeiten. Meiner Erfahrung nach sind sie mit dieser Art sexueller Fantasien unglaublich kreativ.

Ich habe diese immer wiederkehrende Fantasie, die in einem Gefängnis spielt. Ein Mann ist in einer Zelle, ich trete ans Gitter und befehle ihm, meinen Schwanz zu lutschen. (Im wirklichen Leben habe ich keinen Schwanz, in meinen Fantasien aber schon.) Es gefällt ihm, aber ich bestimme. Ich erlaube ihm nicht aufzuhören, bevor ich es möchte. Ich komme und lasse ihn dann zurück. Ich glaube, diese Fantasie hat mir sehr dabei geholfen, meine Macht von meinem Bruder und seinem Missbrauch zurück zu bekommen.

Marie

Übungen

1. Was würdest du gerne über S/M, Rollenspiele und Fantasien erfahren?
2. Wenn du dich für S/M interessierst: Welche Aktivitäten, Rollen oder Inszenierungen interessieren dich besonders?
3. Wenn du dich für Rollenspiele interessierst: Mach dir eine Liste mit Charakteren, die du erotisch oder faszinierend findest.

Kapitel 14
Sexspielzeug und Accessoires

Es gibt unzählige sexuelle Spielarten, und es gibt eine ganze Palette von Sexspielzeugen. Sextoys können dein Sexleben um so viele Dimensionen erweitern. Sexspielzeuge machen es dir möglich, an mehreren Stellen gleichzeitig zu sein, und sie können dir sogar eine anatomische Gestalt verleihen, die du sonst so nicht hast! Viele Frauen kommen sowieso lieber mit Vibrator zum Orgasmus.

> *Als ich mir zum ersten Mal einen Dildo und einen Gürtel umgeschnallt hatte, fühlte ich mich so stark und mächtig. Das war so ein Gefühl von »Guck mal! Ich habe das und außerdem noch zwei Hände!« Gleichzeitig ist mir auch klar geworden, wie verletzlich Männer sich fühlen müssen, wenn sie ständig mit Genitalien herumlaufen müssen, die aus ihnen heraushängen.*
> Stephanie

Vielleicht hast du gehört, Sexspielzeug sei etwas abwegiges oder perverses. Die wenigsten wissen, dass es Sexspielzeug in allen Kulturen seit Jahrhunderten gibt. Sextoys bieten nicht mehr und nicht weniger als ein Spektrum von Möglichkeiten für dein sexuelles Vergnügen.

Bis vor nicht allzu langer Zeit bekamst du Sexspielzeug fast nur in Pornoläden und Sexshops, deren Angebot in erster Linie auf ein männliches Klientel ausgerichtet war. Manche Leute mögen die eindeutig sexuelle Aura in diesen Läden, andere fühlen sich in dieser Atmosphäre überhaupt nicht wohl. Männer, die in diesen Läden einkaufen, reagieren manchmal sehr überrascht, wenn sie dort Frauen shoppen sehen.

Zum Glück werden in den USA, in Kanada und in Europa immer mehr Sextoyläden eröffnet, die von Frauen betrieben werden. In den meisten dieser Frauensexläden werden außer gut verarbeitetem und kunstvoll gestaltetem Sexspielzeug auch Bücher über Sex und jede Menge sex-positiver Infos angeboten. Frauenfreundliche Sextoyläden gibt es inzwischen in vielen Städten. Im Service-Teil findest du neben den Adressen von Sexpielzeugläden auch die Adressen von Herstellerinnen, Versandhandlungen und Online-Shops. So kommst du an tolles Sexspielzeug und wichtige Infos auch dann heran, wenn du nicht in der Großstadt wohnst.

Wenn du gerade beginnst, dich für Sexspielzeug zu interessieren, hast du dir genau den richtigen Moment ausgesucht. Inzwischen ist eine ganze Menge Qualitäts-Spielzeug auf dem Markt, da vielfach von Frauen entworfen und hergestellt. In Berlin stellt zum Beispiel Playstixx sehr schöne und gut verarbeitete Spielzeuge her. Secrets in Köln ist ein alteingesessener Laden von einem sehr beliebten Lesben-Pärchen, wo es Spielzeug, Leder und mehr gibt. Und in Berlin bietet Laura Méritt, die Inhaberin von Sexclusivitäten – dem »ältesten Dienstleistungsunternehmen für Frauen in Europa« – neben Spielzeugen, Büchern und Videos auch Informationsmaterial, Vorführungen und Workshops an).

Vibratoren

Vibratoren wurden ursprünglich im medizinischen Bereich benutzt, um »Frauenleiden«, auch »Hysterie« genannt, die als eine Art Gebärmutterstörung betrachtet wurde, zu behandeln. Der Vibrator wurde als Hilfsmittel im Rahmen von medizinischen Massagen eingesetzt, um bei der Patientin den »hysterischen Paroxysmus«, auch Orgasmus genannt, auszulösen. *Ahhh.*

Ende des 19. Jahrhunderts wurde ein Dampfdruckmassagegerät erfunden, und bereits Anfang des 20. Jahrhunderts waren zahlreiche vibrierende Massagegeräte auf dem Markt und wurden Ärzten zusammen mit den entsprechenden Handbüchern über die Techniken der Vibrationsmassage angeboten. Inzwischen galten die Vibratoren als Heilmittel für eine Vielzahl von Frauen- wie Männerleiden. Ende der 20er Jahre konnten Vibratoren auch von Privatpersonen für Vergnügungs- und Heilmassagen zu Hause erworben werden. Nachdem Ende der 20er Jahre dann solche Massagegeräte in Pornofilmen auftauchten, wurden sie im medizinischen Bereich kaum noch eingesetzt. Von da an und bis in die 70er Jahre wurde in der Werbung für Vibratoren nicht mehr darauf hingewiesen, dass diese Geräte auch für den sexuellen Gebrauch genutzt werden können. Noch heute werden Vibratoren vielfach als einfache Rückenmassagegeräte angeboten.

Vibratoren – batteriebetrieben oder elektrisch?

Du hast die Wahl zwischen batterie- und netzbetriebenen Vibratoren. Batteriebetriebene Vibratoren sind meistens etwas kleiner und haben in etwa die Form einer Gurke. Bei den batteriebetriebenen Geräten ist die Vibration in der Regel nicht so stark wie bei elektrischen Vibratoren; meist sind sie auch weniger gut gearbeitet. Ihr Plus: du mußt keine Steckdose in der Nähe haben. Batteriebetriebene Vibratoren kannst du überall anmachen; je nach Gebrauch hält so ein Teil einen bis neun Monate.

Elektrische Vibratoren sind besser verarbeitet, und sie halten wesentlich länger.

Es gibt zwei Arten von netzbetriebenen Vibratoren: Geräte mit Antriebsspule und Geräte mit integriertem Motor. Die spulenbetriebenen sind meist etwas kleiner und leiser und bieten eine subtilere Vibration als die motorbetriebenen Modelle. Die Vibratoren von Playstixx fallen zum Beispiel durch ihre ungewöhnlich leisen Motoren auf, die »stufenlos einstellbar sind.« Wenn du lieber eine stärkere Stimulation haben willst, wirst du dich eher für einen Vibrator mit eigenem Motor entscheiden.

Sie bieten eine intensive Vibration und sind von der Form her etwas größer.

Manche Leute beklagen, dass bei den elektrischen Vibratoren mit Netzanschluss das Kabel stört. Wenn du in einen netzbetriebenen Vibrator investierst, kauf dir am besten gleich ein Verlängerungskabel dazu. Du hast dann mehr Bewegungsfreiheit und musst nicht direkt neben der Steckdose verweilen, wenn du mit deinem Vibrator spielst.

Heutzutage gibt es auch wiederaufladbare Vibratoren. Je nach Qualität hält so ein Akku zwischen einer halben und mehreren Stunden. Danach musst du den Akku wieder an die Steckdose anschließen und zwei bis sechs Stunden lang aufladen.

Einige Vibrator-Marken kennst du vielleicht als Hersteller von irgendwelchen elektrischen Geräten in deiner Küche. Philips und Hitachi stellen zum Beispiel hochwertige Vibratoren her. Unter der Bezeichnung Massagegerät findest du sie sowohl im anspruchsvollen Sextoyladen als auch im Kaufhaus.

Aufsätze für Vibratoren

Für elektrische Vibratoren gibt es unterschiedliche Aufsätze. Diese sind in der Regel weich und beweglich und passen über die Spitze der motorbetriebenen Vibratoren beziehungsweise können am Befestigungssystem der spulenbetriebenen Vibratoren angebracht werden. Die Aufsätze wurden entwickelt, um die Vibration stärker auf eine bestimmte Kontaktfläche zu lenken. So kannst du die Vibration entweder auf einen kleinen Bereich konzentrieren (mit dem »Clittickler«) oder beim Penetrieren speziell die G-Fläche stimulieren (z. B. mit dem »G-spotter«). Es gibt auch Aufsätze, um die Penisspitze zu stimulieren (der »Come Cup«). Die Aufsätze machen das Spielzeug noch vielseitiger.

Ein paar Anmerkungen zum Thema Vibratoraufsatz: Die Innenseiten der Vagina reagieren vor allem auf Bewegung und Druck und weniger auf Vibration. Manche Frauen benutzen ihren Vibrator zwar gerne vaginal, sei aber nicht enttäuscht, wenn das für dich kein großes Aha-Erlebnis wird. Wenn du einen Vibrator vaginal benutzt, denke daran, dass der untere Bereich der Vagina (in etwa das untere Drittel) am stärksten auf Vibration reagiert. Auch braucht es ein bisschen Druck, um die G-Fläche zu stimulieren. Die meisten Aufsätze sind jedoch für die G-Flächen-Stimulation zu weich.

Der Anus hingegen ist sehr empfänglich für Vibration. Wenn du allerdings einen Aufsatz für die Analstimulation benutzt, achte immer darauf, dass der Aufsatz nach unten hin eine Art Sockel hat. Das heißt, das äußere Ende muss immer breiter sein, als die Seite, die du einführst. Das verhindert, dass der Aufsatz aus Versehen in den Analkanal hineinrutscht. Anders als die Vagina, die ein geschlossenes System bildet, führt der Weg vom Analkanal direkt in den Dickdarm und in dein Körperinneres hinein. Günstiger ist es daher, für die Analvibration andere Spielzeuge zu benutzen: Du kannst zum Beispiel einen Dildo, einen Analstöpsel oder Finger in den After einführen und dann den Vibrator gegen den Sockel des Toys bzw. gegen deine Handfläche drücken. Auf diese Weise wird die Vibration durch das Spielzeug oder deine Hand weitergeleitet.

Dildos und Gürtel

Dildos sind Sexspielzeuge für die Penetration. Frauen wie Männer mögen es, sich mit Dildos sexuell zu vergnügen. Du kannst Dildos für vaginale und für anale Penetration benutzen – oder für beides gleichzeitig. Meist sind sie aus Silikon oder einem anderen Kunststoff. Dildos kannst du in den verschiedensten Größen und Formen kaufen, etwa als Penis oder in Form von kunstvoll gestalteten kleinen Figuren, als Göttinnen, Delphine oder auch in abstrakten Ausführungen von unterschiedlicher Länge und Dicke.

Silikondildos haben eine wesentlich bessere Qualität als solche aus Gummi. Silikon hat gegenüber anderen Materialien viele Vorzüge, denn es ist in keiner Weise porös, also können sich weder Schmutz noch Bakterien in deinem Dildo festsetzen. Du kannst Silikondildos sterilisieren, indem du sie bis zu fünf Minuten lang in Wasser auskochst. Silikon kannst du auch vor dem Gebrauch leicht anwärmen, indem du es einfach in eine Schüssel mit heißem Wasser legst oder unter fließendes warmes Wasser hältst. Beim Gebrauch nimmt es die Körperwärme an. Silikon hat meist eine glattere Oberfläche und gleitet besonders gut; benutze trotzdem – wie bei allen anderen Dildos – zusätzlich Gleitgel auf Wasserbasis. Solange du scharfe Gegenstände von deinem Silikondildo fernhältst (einschließlich der Zähne und Krallen neugieriger Hunde und Katzen), wirst du lange Freude daran haben. Wenn die Oberflächenversiegelung allerdings durch Risse oder Schnitte verletzt oder angebrochen wird, fängt Silikon an, zu bröckeln.

Der Hauptvorteil von Gummidildos: Sie sind deutlich billiger. Außerdem gibt es Gummidildos häufig auch in größeren Ausführungen. Ihr Nachteil: Gummi ist porös und nimmt leicht Schmutz an. Benutze Gummidildos immer mit Kondom, auch wenn du sie alleine benutzt. So hast du eine wesentlich größere Chance, sie länger sauber zu halten. Gummidildos gibt es in verschiedenen Ausführungen; die meisten »realistischen« Dildos – wie ein Penis mit Eiern – sind aus Gummi.

Warum überhaupt Dildos? Manchen Frauen ist es lieber, einen Dildo zu spüren als eine Hand oder einen Penis. Manche benutzen Dildos, weil sie es mögen, gleichzeitig anal und vaginal ausgefüllt zu sein. Dildos kannst du benutzen, wenn du masturbieren willst, oder wenn dein Partner müde ist. Du kannst dir deinen Dildo aussuchen, der genau die richtige Größe für dich hat. Das kannst du mit der Hand oder dem Penis deines Partners nicht machen. Vielleicht möchtest du gerne mit etwas penetriert werden, das viel größer oder kleiner ist als das, was die Natur dir geben kann. Oder aber du möchtest deinen Körper gerne mit einem Dildo ausstatten, um deine Partnerin oder deinen Partner selbst zu penetrieren.

Dildos kannst du in der Hand halten oder mit einem Gürtel

an deinem Körper tragen. Die meisten Gürtel sind dafür gedacht, dass du sie dir um die Hüfte schnallst. Zunehmender Beliebtheit erfreuen sich aber auch Gürtel, die du um den Oberschenkel schnallst (oder um einen Stuhl oder den Kopf). Die meisten Gürtel sind aus Leder. Gutes Leder hat den Vorteil, dass es sich auf der Haut weich anfühlt, belastbar ist und lange hält. Es gibt auch Gürtel aus Neopren oder Nylongewebe für Leute, die kein Leder mögen. Letztere sind in der Regel etwas günstiger.

Die beiden beliebtesten Gürtelmodelle unterscheiden sich vor allem in der Anzahl und Anordnung der Riemen, mit denen du den Gürtel an deinem Körper befestigst. Das eine Modell hat einen Mittelriemen, der zwischen den Beinen hindurchläuft, wie bei einem Stringtanga. Bei diesem Modell kann die Klit der Gürtelträgerin stimuliert werden. Bei dem zweiten Modell wird der Gürtel mit zwei Riemen befestigt, die jeweils um eine Arschbacke herum zur Hüfte hoch laufen. Bei diesem Modell liegen auch die Genitalien der Person, die den Gürtel trägt, frei und sind daher besser zugänglich.

Es gibt auch Gürtel, die am Befestigungsring in der Mitte zusätzlich zwei kleine Riemchen haben, um einen Dildo mit Eiern besser befestigen zu können. Du kannst die beiden Riemchen um die Eier an deinem Dildo herumschlingen. Diese Gürtel eignen sich auch am besten für Männer, da sie genug Platz lassen, um den Penis bequem auf der Seite zu verstauen. Ein Mann kann einen solchen Gürtel zum Beispiel nutzen, wenn er eine erektile Dysfunktion hat, oder wenn er weiter spielen möchte, nachdem er gekommen ist, wenn seine Partnerin oder sein Partner länger machen will als er kann, oder um die Länge und Dicke zu variieren.

Gürtel, bei denen der Sockel des Dildos nicht direkt auf der Haut aufliegt, sondern die Person, die den Gürtel trägt, durch ein Leder- oder Stoff-Futter am Befestigungsring geschützt wird, sind angenehmer. Das Futter verhindert, dass der Dildosockel am Schamhaar ziept und zupft.

Es gibt auch Dildogürtel, die du um deinen Oberschenkel schnallst. Meist sind sie aus Leder und mit Klettverschluß. Ein

Oberschenkelgurt ermöglicht eine Vielzahl unterschiedlicher Positionen, und gibt dir viel Bewegungsspielraum. Außerdem kannst du zum Penetrieren statt deiner Hüften die Kraft deine Beine einsetzen. Ihr könnt auch beide einen Oberschenkelgurt tragen und euch gegenseitig penetrieren. Oberschenkelgurte eignen sich sowohl für vaginale als auch für anale Penetration.

Analspielzeug

Es gibt zwei Grundregeln für den Gebrauch von Toys für Analspiele. Erstens: immer mit Gleitmittel. Zweitens: Nimm dir ein Spielzeug, das an der Unterseite einen breiten Sockel hat, damit es nicht in den Mastdarm oder noch weiter in dich oder deinen Partner/deine Partnerin hineinrutschen kann.

Analspielzeug gibt es in allen möglichen Designs und Größen und aus unterschiedlichem Material. Es gibt Analstöpsel, Dildos, Analvibratoren, und Freudenperlen. Analstöpsel, auch Analschnuller oder »Buttplugs« genannt, sind in der Mitte dicker und verjüngen sich zur Spitze hin (und haben natürlich am unteren Ende einen breiten Sockel, um zu verhindern, dass der Stöpsel im Körperinneren verschwindet). Im Prinzip sind sie so ähnlich wie ein Schnuller. Sie sind so geformt, dass die Schließmuskeln sich um den Analstöpsel herumlegen und ihn festhalten können. So kannst du einen Schnuller in deinem Anus tragen, während du verschiedene andere sexuelle Spielereien genießt. Du kannst auch einen Vibrator an den Sockel des Analstöpsels halten, um die Vibrationen in deinen Mastdarm weiterzuleiten. Viele sagen, das fühlt sich gut an. Analstöpsel sind nicht dafür gedacht, aus dem After herausgezogen und wieder hineingeschoben zu werden. Hierfür gibt es Dildos.

Dildos eignen sich sehr gut zur analen Penetration. Wichtig ist, dass du dir die Länge und Dicke aussuchst, die dir am angenehmsten ist. Anders als der Analstöpsel kann der Dildo nicht ohne Druck im Anus eingelagert werden. Dildos sind dafür da, in der Hand gehalten oder in einem Gürtel getragen zu werden. Wenn du noch nicht so geübt bist in Analspielen, fang klein an, damit du in Ruhe ausprobieren kannst, was dir gefällt, und lernst, deinen Schließmuskel zu entspannen. Eine gute Methode, das für dich passende Spielzeug herauszufinden: Führe einen oder mehrere Finger in deinen Anus ein; so findest du heraus, was sich am angenehmsten anfühlt, und kannst dann entscheiden, wie lang und dick dein Spielzeug sein soll.

Mit einem speziellen Vibrator für Analspiele kannst du die äußerst sensiblen Nervenenden im Anus stimulieren. Manche Modelle vibrieren, andere drehen und schütteln sich. Such dir auf jeden Fall ein qualitativ hochwertiges Spielzeug aus, das speziell für die Analstimulation entwickelt wurde. Der Vibrator im Innern sollte mit reichlich weichem Material umhüllt sein, um das zarte Analgewebe nicht zu beschädigen. Zum Teil werden auch sehr schlecht gemachte Toys als Analspielzeuge angeboten, die für diesen Zweck viel zu gefährlich sind.

Und dann sind da noch die Freudenperlen oder Analkugeln: mehrere Perlen, aufgefädelt auf einer Schnur, die an einem Ende eine Schlaufe, einen Ring oder einen Griff hat. Die Kugeln sind meist aus Silikon, inzwischen seltener aus hartem Plastik, und in verschiedenen Größen erhältlich. Billige Plastikausführungen haben manchmal scharfkantige Pressnähte, die mit einer Nagelfeile sorgfältig glattgefeilt werden müssen, um das zarte Analgewebe nicht zu verletzen. Frauen wie Männer lobpreisen die Freudenperlen, die du eine nach der anderen in den Anus eingeben und dann kurz vor oder während des Orgasmus wieder herausziehen kannst.

Gleitmittel

Verwende immer wasserlösliches Gleitmittel, wenn du Sextoys ins Spiel bringst. Es macht Sexspiele lustvoller und schützt auch das Gewebe. Bei analer Penetration ist Gleitgel ein Muss, denn der Mastdarm produziert keins. Manche Leute verwenden für Analspiele lieber Gleitmittel auf Ölbasis, weil es nicht so schnell austrocknet. Dabei ist allerdings zu bedenken, dass Öl Latex angreift. Nimm auf keinen Fall ein Gleitmittel auf Ölbasis zusammen mit Kondomen und Handschuhen aus Latex. Achte auch darauf, dass das ölige Gleitmittel nicht in die Vagina läuft. Der natürliche Reinigungsmechanismus der Vagina kann Öl nur schlecht abbauen und in Öl eingelagerte Bakterien können leicht Infektionen verursachen. Wasserlösliches Gleitmittel (der Name sagt es) kannst du reaktivieren, wenn es angetrocknet ist, indem du Wasser darauf gibst. Stell dir einfach eine Schale Wasser oder besser noch, eine Wassersprühflasche in Reichweite, damit du deinen Handschuh oder Dildo zwischendurch damit befeuchten kannst.

> *Gleitgel hat mein Sexleben gerettet. Ich hatte gedacht, ich sei beschädigt und kaputt, weil ich nie richtig feucht wurde. Ich nehme an, ich produziere einfach nicht viel Flüssigkeit. Gleitgel ist so simpel, und es funktioniert, und ich habe nicht mehr das Gefühl, defekt zu sein.*
> Daren

Liebesbalsam

Es gibt ein großes Angebot an Liebesbalsam auf dem Markt. Manche versprechen, deine sexuellen Empfindungen zu steigern, andere deine Ausdauer. In erster Linie ist das alles Werbung, die dich auf die Produkte heiß machen will. Im wesentlichen ist zu unterscheiden zwischen essbaren und nicht essbaren Wundersalben. Wenn sie essbar sind, steht das auf der Verpackung: Du kannst dann deinen Partner oder deine Partnerin damit salben und darfst sie anschließend abschlecken. Dafür sind sie gedacht. Es gibt scharfe und würzig schmeckende Öle und welche mit Frucht- oder Schokogeschmack. Am besten munden in der Regel die Produkte, die auch einige natürliche Zutaten beinhalten (das sind Inhaltsstoffe mit Bezeichnungen, die du erkennen kannst).

Andere Sorten von Liebesbalsam zielen auf körperliche Reize ab: Zum Teil brennen sie auf der Haut oder die Haut erwärmt sich beim Einreiben.

Du kannst dir auch deine eigene Zaubersalbe mixen oder dein Massageöl geschmacklich oder mit Duft anreichern. Oder du experimentierst mit streichfähigen Lebensmitteln – von Obst bis Schokolade, von Sahne bis Honig.

Zubehör für S/M und Fessel-Spiele

Zu den Utensilien, die speziell für S/M und Bondage (Fesselungen) genutzt werden, gehören Körperharnesse (eine Art Geschirr), Fesseln, Peitschen, Rohrstöcke, Augenbinden, Knebel, Halsbänder und erotische Klamotten – um nur ein paar zu nennen. Das meiste S/M- und Bondage-Zubehör ist aus Leder, Latex oder Lack. Manche stehen auf S/M-Fetischkleidung, ohne jedoch S/M zu praktizieren.

Hast du Interesse an dieser Form von sexuellem Ausdruck? Eigne dir zunächst einiges Wissen und Können an.

Es ist wichtig, dass du geschickt und gekonnt mit S/M-Spielzeug umgehen kannst, denn S/M ist ein Spiel mit intensiven körperlichen Empfindungen und Schmerzen. Peitschen, Seile und andere Werkzeuge in den Händen einer unerfahrenen Spielerin können Schaden anrichten und Verletzungen verursachen. *Du bist dafür verantwortlich, zu lernen, sicher zu spielen.* Die meisten S/M-Communities bieten Workshops zu den grundlegenden Sicherheitsregeln an. Eine freundliche Einweisung findest du auch in Büchern wie dem *SM-Handbuch* oder dem B*ondage-Handbuch* von Matthias Grimme. Weitere Hinweise und Adressen von S/M-Organisationen findest du im Service-Teil.

Bei der Auswahl von S/M-Zubehör solltest du dir vorher sorgfältig überlegen, auf welche Empfindungen du mit deinem neuen Spielzeug aus bist und wie intensiv der Schmerz sein soll. Wenn dich zum Beispiel Nippelklemmen reizen, empfehle ich zum Ausprobieren pinzettenförmige Clips oder welche mit Zähnen; sie sind regulierbar, so dass du selbst einstellen kannst, wie intensiv die Empfindung sein soll. Die pinzettenförmigen Modelle eignen sich auch für größere Brustwarzen. Wäscheklammern lassen sich nicht verstellen; sie bereiten deutlich intensivere Schmerzen. Am meisten schmerzt es jedoch immer in dem Moment, wo die Klammern abgenommen werden.

Auch bei der Wahl der Peitsche solltest du dir genau überlegen, was du willst. Es gibt die unterschiedlichsten Arten von Peitschen mit eigenen Namen, aus Rindsleder, Hirschleder, Gummi und anderen Materialien. Mit jeder Peitsche lassen sich andere Empfindungen auslösen. *»Floggers«* sind kürzere mehrschwänzige Peitschen. Häufig sind sie aus bestem Leder und haben mehrere dicke schwere Stränge. Die meisten dieser mehrstriemigen Peitschen haben einen dumpfen, schweren Aufprall, während du mit einer langen, dünnen Peitsche scharfe, schneidende Schläge erzielst und eher einen stechenden Schmerz auslöst. Eine Wildleder-Peitsche hat zunächst einen eher dumpfen, breiten Aufschlag; wenn sie mit der Zeit Körperfett aufnimmt, wird die Empfindung stechender. Peitschen aus Plastik lösen in jedem Fall einen stechenden Schmerz aus.

Bevor du mit einer Partnerin oder einem Partner spielen kannst, musst du lernen, mit Peitschen und anderen S/M-Schlaginstrumenten umzugehen. Du kannst an einem Kissen üben. Probiere aus, wie dein Spielzeug funktioniert und wie du es einsetzen kannst. Lerne, damit zu zielen und lerne, genau die Empfindungen zu produzieren, die du auslösen willst. *Es ist ganz wichtig, dass du lernst, dein neues Spielzeug sicher zu hand-*

haben. Wenn du später mit einer Partnerin oder einem Partner übst, ziele immer auf die fleischigen und muskulösen Teile des Körpers – wie die Pobacken und den oberen Rücken – und schlage *niemals* auf die Knochen, Gelenke und inneren Organe (wie Unterleib, Nieren, Wirbelsäule, Steißbein und Rippen).

Viele Leute spielen mit Bondage (Fesselung), sei es im Zusammenhang mit einer S/M-Szene oder völlig unabhängig davon. Wenn du deine Partnerin oder deinen Partner fesseln willst, schaust du dich wahrscheinlich zuerst in deinem Haushalt nach geeigneten Materialien um. Allerdings wird vieles, was du in deiner Wohnung findest, zu gefährlichem Spielzeug, wenn du es für Fesselspiele einsetzt.

Seidenschals und Nylonstrümpfe etwa gehören keineswegs in eine gute Bondage-Ausrüstung. Sie können in die Haut einschneiden, wenn du daran ziehst, und so die Adern abschnüren oder Nerven und Gewebe verletzen. Außerdem zurren sich Knoten unter Spannung fester und sind dann schwer zu lösen. Bondage-Utensilien sollten stabil und für die zu fesselnde Person angenehm sein und sich weder bei Druck noch bei Zug zusammenziehen. Am besten nimmst du Fesseln aus Stoff oder Leder bzw. dicke Seile, die eigens für diesen Zweck angefertigt wurden. Denke immer daran, eine Schere bereitzulegen, damit du, wenn irgendetwas schief geht, die Fesseln jederzeit durchschneiden kannst.

In den meisten S/M-Läden und Versandhandlungen arbeiten Profis, die alle deine Fragen gerne beantworten. Wenn du mit dem Angebot eines Herstellers nicht zufrieden bist, such dir einen anderen. Es gibt genug Auswahl an Läden, wo du S/M- und Bondage-Zubehör kaufen kannst (siehe Service-Teil.

Sexspielzeug, Safer Sex und Pflege

Benutze dein Spielzeug nie ohne Kondom oder eine andere Schutzhülle. Das schützt dich und andere vor Infektionen und sexuell übertragbaren Krankheiten – besonders wenn du das Spielzeug nicht nur für dich selbst benutzt, sondern mit anderen austauschst. Wenn du keinen Schutz verwenden willst, tausche dein Spielzeug nicht aus. Wasche deine Toys nach jedem Gebrauch sorgfältig.

Kondome kannst du für Dildos, Analstöpsel (Buttplugs) und Vibratoren benutzen. Sogar über den großen Kopf eines elektrischen Vibrators kannst du ein Kondom ziehen. Wenn du ein Kondom für Analspielzeug benutzt, achte gut darauf, dass du es bis über den Sockel ziehst, damit es nicht abrutschen und im Analkanal verschwinden kann. Dildos oder Analschnuller aus Gummi (statt aus Silikon) solltest du nie ohne Kondom benutzen, auch wenn du sie ausschließlich allein verwendest. Gummi ist porös und nimmt Schmutz an.

Reinige dein Spielzeug nach jedem Gebrauch mit antibakterieller Seife oder mit einer Mischung aus Wasser und 30% Peroxyd. Die Oberfläche deines Vibrators und anderer batteriebetriebener oder elektrischer Spielzeuge kannst du mit Alkohol oder hydrogenem Peroxyd abwischen. Probiere das Reinigungsmittel erst an einer kleinen Stelle aus, um zu sehen, wie das Material auf Alkohol reagiert. Silikonspielzeug kannst du desinfizieren, indem du es bis zu fünf Minuten lang in Wasser auskochst.

Ledergürtel und Fesseln kannst du mit Seife und Wasser waschen und dann zum Trocknen aufhängen. Peitschen und andere Lederutensilien kannst du mit einem Lederreinigungsmittel oder mit einer hochprozentigen Alkohollösung abwischen und dann zum Trocknen aufhängen.

Bewahre deine Spielsachen an einem sauberen trockenen Ort auf. Vielleicht magst du deine Dildos und Stöpsel in einer besonderen Hülle oder Schachtel aufbewahren. Gummi und Silikon ziehen Fussel und Staubpartikel an. Achte vor allem auch darauf, dein Spielzeug raubtiersicher zu verwahren. Hunde und Katzen scheinen eine Vorliebe dafür zu haben, an unseren Lieblingsspielzeugen herumzunagen.

Erotische Bücher und Videos

Von Frauen geschriebene erotische Literatur füllt heute ganze Reihen von Bücherregalen. Erotische Geschichten wie *Bitte streicheln Sie hier* werden inzwischen in der Tagespresse besprochen und in jedem Buchladen angeboten. Die beste Auswahl an Frauenerotika wirst du jedoch nach wie vor in Frauen- und Lesbenbuchhandlungen und in Läden finden, die auch Sexspielzeug für Frauen führen. Erotische Bücher und Videos können dir eine Vorstellung davon geben, was sexuell möglich ist, sie können dir Anregungen für deine Fantasie liefern, sie können dir zeigen, was du nicht magst, und sie können dich anmachen. Es gibt Softerotika mit subtilen sexuellen Anspielungen und auch ganz konkrete und detailgetreue Darstellungen von Sex, S/M, Exhibitionismus und Voyeurismus.

Möglicherweise gefallen dir erotische Bücher und Videos, in denen es um eine andere sexuelle Orientierung als deine geht. Vielleicht schaust du dir als Lesbe gern heterosexuelle oder schwule Erotika an; oder du stehst als heterosexuelle Frau auf lesbische Erotika. Deine Fantasien und Sinnesreize müssen nicht unbedingt mit deinem eigenen sexuellen Ausdruck übereinstimmen.

Wenn du beginnst, deine Sexualität tiefer zu erforschen werden möglicherweise Wünsche und Begierden aufkommen, die deinen Werten oder politischen Überzeugungen widersprechen. Vielleicht macht dich die Vorstellung an, sexuell genommen zu werden oder jemand anderen sexuell zu nehmen. Solche Widersprüche gibt es in uns allen. Sprich mit anderen darüber. Erforsche deine Widersprüche. Tu sie nicht als »schlecht« ab – sei neugierig, schau hin. Was erfährst du über dich und deine Sexualität, wenn du dir deine diesbezüglichen Wünsche anschaust?

Der Film *Erotica: A Journey into Women's Sexuality* ist eine unabhängig produzierter Dokumentation über Frauen, in deren künstlerischem Schaffen es um Sex geht. Ich finde, dieser Film hat viele Stärken. Jede der dargestellten Frauen spricht über ihre eigene sexuelle Transformation und darüber, wie sie ihre selbstbestimmte Sexualität und ihren sexuellen Ausdruck entwickelt hat. Candida Royalle zum Beispiel, die Drehbücher für Pornofilme schreibt und sie produziert, sagt, ihre Arbeit in der Pornoindustrie habe sie dazu gebracht, sich ihre eigene Sexualität genau anzuschauen, sich den Schaden, welcher der weiblichen Sexualität in unserer Kultur zugefügt wird, genau anzuschauen, und sich mit den Möglichkeiten der individuellen Heilung zu beschäftigen. Annie Sprinkle erzählt von einem gezielten Angriff auf sie als explizit sexuelle Performancekünstlerin: ein australischer Rundfunksprecher brachte in einer Radiosendung Hitler-Reden im Originalton und sagte anschließend, er wisse, was mit Frauen wie Annie Sprinkle zu tun sei. Annie Sprinkle ist Jüdin. Das sind Angriffe, die sehr tief gehen. Was war für ihn an Annie Sprinkles Darstellung von weiblicher Sexualität so bedrohlich? Andere Frauen in dem Dokumentarfilm sprechen davon, dass es ihnen darum geht, einen Ort zu schaffen, wo sie sich ihrer eigenen Sexualität bemächtigen können – in einer Gesellschaft, die der weiblichen Sexualität so wenig Raum gibt.

Viele Leute üben scharfe Kritik an der Pornografie. Ein Vorwurf: Pornografie spiegelt eine männliche Sicht auf Sex, Frauen werden in der Pornografie nicht als lebendige und selbstbestimmte sexuelle Wesen porträtiert. Untersuchungen haben gezeigt, dass in der Porno- und Sexindustrie viele Überlebende von sexuellem Kindesmissbrauch und sexueller Gewalt arbeiten. Das wirft erneut die Frage der Einvernehmlichkeit auf. Wenn eine Überlebende nicht mit ihrer Heilung begonnen hat, kann es sein, dass sie noch immer glaubt, das einzig wertvolle an ihr sei ihre Sexualität. Es kann sein, dass ihre Toleranz, sexuell benutzt oder missbraucht zu werden, sehr hoch ist. Armut und Unterdrückung hält Frauen oft in der Sexindustrie fest. Das alles steht nicht für selbstbestimmtes und eigenmächtiges Einvernehmen.

> *Ich habe mit dem Tanzen angefangen, weil Sex etwas war, was ich kannte. Ich wusste, wie man mit Männern Sex hat, und wie ich auf diese Art etwas Kontrolle haben kann. Ich habe angefangen zu strippen, als ich achtzehn wurde. Das ging dann über in Prostitution, meistens mit Männern, die ungefähr so alt waren wie mein Vater. Das kam mir alles sehr bekannt vor, zu bekannt.*
>
> Jody

Anderseits gibt es auch viele Frauen, die sagen, dass sie aus freier Entscheidung in der Sexindustrie arbeiten und das Gefühl haben, dies in selbstbestimmtem Einvernehmen zu tun. Sie betrachten die sexuelle Ermächtigung der Frau als Schlüssel zur Veränderung und Heilung der gesamten Gesellschaft. Diese Position wird in erster Linie von Frauen vertreten, die die wirtschaftliche Grundlage dafür haben, sich für eine Arbeit in der Sexindustrie zu entscheiden. Wirtschaftliche Freiheit ist eine grundlegende Voraussetzung für selbstbestimmtes Einvernehmen.

> *Ich hatte mich dafür entschieden, eine Weile lang Sexarbeit zu machen. Ich weiß, manche Frauen könnten das nicht, aber für mich war es toll. Ich hatte das Gefühl, die Situation unter Kontrolle zu haben. Ich war in der Lage, zu entscheiden, was ich aus meinem Sex mache. Außerdem mag ich Sex und glaube, dass er heilsam und machtvoll sein kann.*
>
> C.B.

Vielleicht magst du Pornos, vielleicht auch nicht. Vielleicht fühlst du dich gleichzeitig angezogen und abgestoßen. Viele Frauen schrecken vor Pornos zurück, weil sie nicht wissen, was ihnen daran gefallen könnte. Wenn du eine Vorstellung davon kriegen willst, was es alles gibt, lass dir den Katalog von Sexclusivitäten schicken. In diesem Katalog findest du eine Auswahl von Videos, jeweils mit Kurzkommentar zu verschiedenen Aspekten und filmischer Qualität.

Telefonsex

Selbst das Telefon kann zu einem Sexspielzeug werden. Du kannst am Telefon ebenso starken und erotischen Sex haben, wie wenn du mit einem anderen Menschen physisch zusammen bist. Viele Leute finden es einfacher, am Telefon explizit über Sex zu sprechen als sonst. Daher ist Telefonsex eine wunderbare Gelegenheit, erotische Gespräche zu üben.

> *Wir haben diese fantastische und aufregende Neuheit für unser Sexleben entdeckt, als wir in der Zeit als meine Partnerin in einer anderen Stadt wohnte, auf die Idee kamen, es mit Telefonsex zu probieren. Das war so klasse.*
> Aurora

Es gibt auch professionelle Telefonsexanbieter. Die meisten Leute kennen diese 0190er Nummern. Bei manchen Sextalklines kannst du dich mit Profis verbinden lassen. Andere verbinden die Anrufenden untereinander, wobei die Vermittlung für Frauen zum Teil kostenlos ist, während die männlichen Anrufer zahlen müssen. Anzeigen für solche Dienste sind in den meisten Erotik-Zeitschriften, Tageszeitungen und lokalen Programmzeitschriften zu finden.

Cybersex

Computer sind die derzeit neueste Erfindung auf dem Gebiet der hochtechnisierten Sexspielzeuge. Im Internet findest du zahlreiche Websites, auf denen unterschiedliche Arten von Sex angeboten werden. Es gibt Seiten mit erotischen Bildern, explizit sexuelle Chatrooms, und Seiten mit fundierten Informationen und Sexualpädagogik.

Du kannst Sexspielzeug auch online einkaufen. Der Zugang zu den Webseiten, insbesondere zu Fotoseiten, ist oft kostenpflichtig. Andere können kostenlos besucht werden. Auf der jeweiligen Startseite gibt es immer einen Hinweis auf eine Zugangsbeschränkung.

Cathy Winks und Anne Semans haben einen kritischen Überblick über 200 der besten Sexseiten für Frauen zusammengestellt: *The Woman's Guide to Sex on the Web*. Das Buch enthält neben dem kommentierten Adressverzeichnis, den neuesten Seiten für Online-Rendezvous und anderen Quellen zum Thema Sex für Frauen auch Interviews mit Leuten, die in diesem Bereich arbeiten. Auf einigen Seiten findest du auch Links zu Infos über sexuellen Missbrauch und Gewalt. Leider ist es allerdings (noch) nicht in deutscher Übersetzung erhältlich.

Dein Sexspielzeug

Das Leitprinzip: erforschen. Schau dir die Toys, Bücher und Videos an, probiere aus, was dich reizt und lass liegen, was dich kalt lässt. Es ist völlig normal, dass du dich unsicher fühlst, wenn du das erste Mal einen Laden betrittst, in dem Sexspielzeug verkauft wird – oder zum zweiten, dritten oder zehnten Mal. Am Telefon oder per Internet eine Bestellung aufzugeben, kann schon Nerven kosten. Je mehr du mit anderen über Sexsprichst, um so selbstverständlicher wird es dir vorkommen, Entscheidungen zu treffen, die deiner sexuellen Entwicklung förderlich sind. Du wirst dich wohler fühlen mit Sex, wenn du dich damit beschäftigst, deine Sexualität zu erforschen.

Übungen

1. Welches Sexspielzeug würdest du gerne ausprobieren? Wie kannst du Sexspielzeug einsetzen, um dein sexuelles Wachstum zu unterstützen?
2. Schau dir die Adressen der Spielzeugläden im Service-Teil an. Schlag eine Internetseite auf oder rufe bei einer Versandhandlung an, um einen Katalog anzufordern (bzw. schicke ein Fax oder eine Karte hin), oder geh in einen Laden bei dir in der Nähe.

Kapitel 15
Spirituelle Sexualität

Tantra

Tantra ist eine sexuelle Praxis. Die Wurzeln des Tantra liegen in den alten östlichen spirituellen Disziplinen, und Tantra ist eine von vielen ähnlichen Praktiken tibetischer, japanischer, chinesischer, indischer und indigener amerikanischer Traditionen. Tantra vereinigt im wesentlichen Sexualität und Spiritualität und versteht Sex als eine sowohl energetische als auch potenziell transzendente Erfahrung. Körper wie Sexualität werden als Medium betrachtet, um mit dem Heiligen in Kontakt zu treten. Tantra ist im Westen erst in den vergangenen 25 Jahren bekannter und zugänglicher geworden und hat besonders in den letzten zehn Jahren zunehmend AnhängerInnen gefunden. *Tantra: Weg der Extase. Die Sexualität des neuen Menschen* von Margo Anand ist eine wunderbare Übersetzung, die tantrische Praktiken auch einem westlichen Publikum zugänglich macht (siehe Service-Teil). In einer Kultur wie der unseren, in der Sex und Religion so oft als gegensätzlich betrachtet werden, kann uns Tantra eine erfrischende Sichtweise auf Sex und Sexualität eröffnen, und uns helfen, Sexualität wieder mit dem Heiligen in Einklang zu bringen.

Tantra lehrt uns, Sex als energetische und spirituelle Erfahrung zu betrachten. Das Ziel heißt nicht unbedingt Orgasmus, eher besteht es in der Öffnung von Körper und Geist für das Göttliche/den großen Geist/Vishnu/das Universum. Diese Energie kann auch ganz gezielt auf die Heilung, auf die Öffnung des Körpers und auf die Öffnung des sexuellen Körpers hin gelenkt werden. Tantra-Übende lernen Atem- und Bewegungsmuster, mit denen sie die sexuelle Energie in ihrem eigenen Körper und die Verbindung zu ihren PartnerInnen verstärken können. Die sexuelle Aufmerksamkeit wird ausgehend von den Genitalien über das Chakrensystem auf den ganzen Körper verteilt.

Nachdem ich eine Kindheit erlebt hatte, in der ich von meinem Vater als Sexualobjekt benutzt worden war, war es sehr befreiend für mich, Tantra zu entdecken. Tantra gab dem Sex etwas Reines und Schönes zurück. Sex war nicht länger ein Mittel, wie jemand anderes mich benutzen konnte, sondern ein Weg für mich, mit mir selbst, mit einem anderen Menschen und mit dem Heiligen in Verbindung zu treten. Das war sehr heilsam für mich.
Cheryl

Yoni Massage

Yoni ist das tantrische Wort für Vulva. Die männlichen Genitalien heißen Lingam. Die verschiedenen Tantra-Schulen lehren unterschiedliche Arten der Berührung von Körper und Genitalien zur Steigerung der sexuellen Energie. Annie Sprinkle und Joseph Kramer haben eine Methode entwickelt, die sie die *Miraculous Mooshy Massage for the Body Electric School* nennen. Das ist eine kleine Einführung in die Kunst der Massage, bei der es darum geht zu lernen, die sexuelle Energie zu steigern und den Körper, und hier insbesondere die Genitalien einer Frau zu berühren. Bei dieser Form der Massage geht es um verschiedene Elemente: Ganzkörperkontakt, Vulva-Akupressurpunkte, Entspannungs- und Atemtechniken, und die Verteilung der erotischen Energie im ganzen Körper. Die meisten von uns haben wenig wirkliche Sexualerziehung genossen und haben noch viel weniger darüber gelernt, wie wir andere berühren können, oder wie es besonders angenehm sein kann, berührt zu werden. Wir sind oft einfach ins kalte Wasser gesprungen, insofern ist dies eine ganz wunderbare Methode, etwas dazuzulernen.

Ich habe die Yoni-Massage in einer Ausbildung gelernt. Das klingt vielleicht abwegig, aber es war eine ganz spannende Erfahrung für mich. Ich habe wirklich etwas über meine eigene Anatomie gelernt und über die verschiedenen Möglichkeiten, sexuell zu berühren und berührt zu werden – und ich kann das jetzt auch an meine Geliebten weitergeben.

Jo

Heilige Masturbation und Rituale

Du musst jetzt nicht unbedingt Tantra praktizieren, wenn du deinen sexuellen Ausdruck mit dem Heiligen verbinden willst, es gibt auch viele andere heilige Sexualpraktiken. Betty Dodson zum Beispiel beschreibt in ihrem Buch *Sex for one. Die Lust am eigenen Körper*, wie du ein heiliges Masturbationsritual gestalten kannst. Sie schlägt vor, dass du dir einen heiligen Raum schaffst, und dass du im Laufe der Zeit wirklich für deine Sexualität sorgst und sie nährst.

Du kannst dir einen heiligen Raum, ein Ritual oder eine Zeremonie für deine sexuellen Begegnungen mit anderen oder mit dir selbst schaffen. Vielleicht möchtest du dir eine Heilungszeremonie ausdenken, oder ein Selbstvergebungsritual. Du kannst deine Masturbation als eine wunderschöne Feier zelebrieren und Partnersex zu einem heiligen Geschenk machen.

Die schönste Definition für Zeremonie oder Ritual, die ich gefunden habe, stammt von Serge Kahali King, einem hawaiianischen Schamanen. Er spricht von einer heiligen Zeremonie: Schaffe dir eine Umgebung und setze dir ein Ziel, um etwas in dir zu bewegen oder dich zu transformieren. Überlege dir, was dich bewegt oder was dir heilig oder was etwas besonderes für dich ist. Und dann betrachte deine Absicht. Was willst du in deinem Ritual schaffen, heilen oder segnen? Benutze diese beiden Komponenten, um dir einen heiligen Ort oder eine Zeremonie zu entwerfen – für dich allein oder für dich und deine Sexualpartnerin/deinen Sexualpartner. Lass mich dir ein paar Anregungen geben, wie du dir deine heilige Zeremonie oder dein Ritual gestalten kannst:

Schaffe einen wunderschönen Raum. Vielleicht hast du Lust, schöne Stoffe zu drapieren, besondere Gegenstände aufzustellen, Kerzen anzuzünden, Räucherstäbchen abzubrennen, Musik aufzulegen. Lege deine Absicht fest. Was willst du in diesem Ritual heilen? Wenn du eine Lehrerin hinzurufen möchtest, oder eine Göttin/einen Gott/den Großen Geist, die während dem Ritual bei dir sein sollen, tu das. Atme und zentriere dich, sei präsent und werde dir des heiligen Raumes, den du schaffst, bewusst. Genieße deine heilige Sexualität. Beginne und beende das Ritual mit einem Gedicht oder Lied, vielleicht inspiriert dich das. Es ist köstlich, nach einer gemeinsamen Zeremonie gemeinsam zu essen.

> *Meine Partnerin sagte mir einmal, jeder Akt der Lust sei ein Akt des Geistes. Welche göttliche Kraft aber sollte uns erst diese wunderbare Fähigkeit geben, Lust zu genießen, um uns dann zu sagen: »... Aber macht ja keinen Gebrauch davon!«*
>
> Akaya

Wo kann ich mehr erfahren?

Die tantrischen Traditionen und Sexualpraktiken wurden früher in LehrerIn-SchülerIn- oder Guru-AnhängerIn-Beziehungen weitergegeben, einer Art von Beziehung, die die meisten Menschen im Westen so nicht kennen. Inzwischen sind die tantrischen Praktiken aber auch im Westen bekannter geworden; auch wurden hier verschiedene andere Möglichkeiten entwickelt, diese Praktiken zu vermitteln. So gibt es inzwischen viele Bücher, Videos und Kassetten zum Thema, und vielerorts werden Workshops und private Unterweisungen von und mit Praktizierenden und Lehrenden angeboten. Wenn du an einem Workshop teilnehmen willst, sei dir darüber im Klaren, dass du dort auch Übungen zur Arbeit mit deiner sexuellen Energie machen wirst, und dass es sein kann, dass zum Teil auch nackt geübt wird. Bitte die Veranstalter oder die Lehrerin, dir eine detaillierte Beschreibung des Kurses zu geben, bevor du dich anmeldest.

Wie bei allen sexuellen Praktiken, gibt es auch unter denjenigen, die Tantra praktizieren, Menschen mit mehr und Menschen mit weniger Integrität, und nicht alle Tantra-Praktizierenden haben Kenntnisse und Erfahrung im Umgang mit Fragen des sexuellen Missbrauchs. Wenn du etwas über Tantra lernen möchtest, gehe von deinen eigenen Kriterien aus, um einzuschätzen, mit wem du diese Erfahrungen machen willst, und von wem du lernen willst. Nur weil jemand über Spiritualität redet, heißt das noch lange nicht, dass er oder sie die Fähigkeit hat, dich in deiner sexuellen Heilung vom Kindesmissbrauch zu unterstützen, noch dass er oder sie die angemessenen Grenzen dafür hat. Schau dir den Hintergrund und die Referenzen der WorkshopleiterInnen und LehrerInnen an. Frage sie nach ihren Erfahrungen mit Überlebenden und frage sie, was sie unter sexueller Heilung nach sexuellem Kindesmissbrauch verstehen.

Hinweise auf weiterführende Informationen zum Thema Tantra und heilige Sexualität findest du im Anhang.

Übungen

1. Was ist für dich heilig am Sex, an deinem Körper und an deiner Sexualität?
2. Was könnte dich an Tantra oder heiliger Sexualität interessieren? Was würdest du gerne darüber erfahren, was würdest du gerne lernen?

Kapitel 16
Nähe und dir selbst verzeihen

Emotionale Intimität und Sex zu verbinden, ist eine starke Erfahrung und für viele Überlebende von sexuellem Missbrauch eine große Herausforderung. Du kannst dir gewiss sein, wenn du erst auf emotionaler *und* sexueller Ebene mit deinen PartnerInnen intim bist, dann springen aus den Funken, die deine sexuelle Heilung zu versprühen beginnt, lodernde Flammen auf! Das kann aufregend und turbulent werden. Deine Geschichte mit dem sexuellem Missbrauch wird an die Oberfläche steigen. Weil mehr von dir selbst in deinen Beziehungen präsent ist, werden beim Sex mehr Gefühle und mehr Auslöser hochkommen. Das bedeutet keinen Rückschlag, oder, wie eine Überlebende es formulierte, »den Anfang vom Ende einer weiteren Beziehung«. Es ist vielmehr die Eintrittspforte zur Heilung deiner Sexualität.

Nähe mit Sex verbinden: Das Feuer schüren

Sich SexpartnerInnen emotional nah zu fühlen, scheint in dieser Gesellschaft selbstverständlich zu sein. Wir lernen, dass einer sexuellen Begegnung eine Phase der Verliebtheit vorausgeht und sie nur der Auftakt einer langfristigen Beziehung ist. Während Sex körperlich intim ist, ist daran nicht zwangsläufig emotionale oder spirituelle Nähe gekoppelt. Menschen haben Sex mit Menschen, die sie lieben, mögen oder kaum kennen – und selbst mit Menschen, die sie nicht leiden können. Emotionale und spirituelle Nähe zu teilen sind nur zwei der vielen Gründe, aus denen heraus Menschen Sex haben. Auch eine feste Beziehung ist noch keine Garantie für Intimität. Du kannst seit Jahren verheiratet oder in einer festen Beziehung sein und emotional oberflächlichen Sex haben.

> *Ich mag Sex mit Freunden und Menschen, mit denen ich sicher keine Liebesbeziehung haben werde. Es gibt mir mehr Spielraum, herauszufinden, was ich mag, und ich erlebe wesentlich weniger Auslöser.*
> Rebecca

> *Ich glaube, ich habe mit meinem Mann schon seit Jahren keinen wirklich intimen Sex mehr, die Sorte Sex, bei der du dir die ganze Zeit in die Augen schaust. Unser Sexleben ist sehr funktional geworden.*
> Jackie

Für Nähe braucht es ein Gefühl von Sicherheit und die Bereitschaft, sich verletzlicher fühlen zu können und mehr von sich zu zeigen als sonst. Du kannst dich augenblicklich mit jemandem verbunden fühlen, den du gerade erst kennengelernt hast. Dauerhafte Nähe baut sich jedoch erst über einen längeren Zeitraum auf; dazu gehören Konflikte wie Ungezwungenheit, während ihr euch mit all euren verletzlichen Seiten und euren Fehlern näher kennenlernt. Nähe bedeutet, immer wieder ein Wagnis einzugehen und sich im Austausch mit einer anderen Person zu zeigen. Die Erfahrung von Nähe kann kreativ und produktiv sein.

> *Ich dachte immer, mit Intimität und Nähe habe ich kein Problem; dann begann ich mit meiner Heilung. Ganz viel von der Nähe war eine Überlebensstrategie, eine Deckung, unter der ich mich sicher fühlte und versuchte, geliebt zu werden und zu lieben. Doch ein Großteil meiner Person war gar nicht da. Ich habe mich so verhalten, wie die andere Person es sich meiner Meinung nach wünschte, in dem Bemühen, ihre Bedürfnisse zu erfüllen. Vielleicht empfanden sie Nähe, ich aber nicht.*
> Rosa

Mit einer anderen Person intim zu sein, das heißt wirklich verletzbar, ist der Bereich meiner Heilung, der mir am meisten angst macht. Mich wieder auf jemanden zu verlassen, das ist ein enormes Risiko.
Louisa

Bei meiner Arbeit mit Überlebenden stelle ich immer wieder fest, dass Intimität eine sexuelle Beziehung bedrohlicher und verletzlicher macht. Wenn wir einem Partner/einer Partnerin nahe sind, laufen wir Gefahr, sie zu verlieren oder ihn zu brauchen, oder sogar geliebt zu werden. Sobald wir uns sicherer fühlen, werden die nicht abgeschlossenen Kapitel des Missbrauchs in der Beziehung zum Vorschein kommen. Unsere Persönlichkeit entwirrt sich eher in einer intimen Beziehung.

Ich habe starke sexuelle Empfindungen, ich bin in meinem Körper – los, Schätzchen – bis die emotionale Intensität unserer Beziehung die sexuelle Intensität übersteigt. Dann gerät meine Sexualität ins Hintertreffen, sie schwindet geradezu. Ich hoffe, irgendwann werden diese beiden Bereiche zusammengehören.
Akaya

Je näher ich mich meinem Freund fühle, desto mehr möchte ich Sex mit anderen Männern haben. Sex soll leicht und unbeschwert sein. Ich möchte die Kontrolle darüber behalten und mich nicht so verletzlich fühlen. Jetzt, wo wir uns näher sind und ich mich mehr eingelassen habe, ist unser Sexleben nicht mehr so.
Shandell

Einer Frau, die von Mitgliedern ihrer Familie missbraucht worden ist, kann Sex mit einer Person, die wie »zur Familie gehört«, wie Inzest vorkommen. Verbindlichkeiten, wie eine gemeinsame Wohnung, können Auslöser hervorrufen.

Nach ungefähr vier Jahren war mein Partner sozusagen Familie. Das war einerseits sehr schön; ich fühlte tieferes Vertrauen denn je. Andererseits wollte ich mit niemandem aus meiner »Familie« Sex haben. Ich wollte endlich in einem sicheren Haus mit einer sicheren Familie leben, mit der ich keinen Sex haben musste.
Janet

Es ist einfacher, sexuellen Missbrauch und Auslöser auf andere Bereiche zu verweisen, wenn du deiner Partnerin/deinem Partner gefühlsmäßig nicht so nahe stehst. Vielleicht fällt es dir leichter, Sex außerhalb von engen Beziehungen zu leben. Vielleicht stellst du fest, du hast mit einem Menschen, dem du dich emotional sehr nahe fühlst, distanzierten Sex, oder Sex, bei dem du aussteigst.

Sobald ich mich jemandem sehr nahe fühle, fange ich an, beim Sex wegzudriften. Aus weiter Entfernung frage ich mich, was ich jemals an dieser Person mochte. Ich möchte weggehen, um mich sicher zu fühlen.
Laura

Am einfachsten ist Sex mit Leuten, die ich kaum kenne.
Lourdes

Genau wie Selbstbefriedigung sich gut dazu eignet, dich mit deiner Sexualität vertraut zu machen, ist dir selbst nah sein eine gute Voraussetzung dafür, Nähe mit anderen zu leben. Dir selbst nah sein hat nichts damit zu tun, dich abzukapseln. Dir selbst nah sein bedeutet, dich durch alle deine Gefühle, Empfindungen, Gedanken, Verrücktheiten und Fehler zu begleiten. Es bedeutet, mehr mit dir in Kontakt zu kommen. Umso präsenter du mit dir selbst sein kannst, desto leichter wird es dir fallen, wirklich bei einer anderen Person zu sein.

Sensibilität versus Nähe

Überlebende können unglaublich sensibel und empfänglich sein. Darin haben wir viel Übung! Wenn du missbraucht wurdest, hing dein Überleben von deiner Fähigkeit ab, genau auf deine Umgebung zu achten. Sensibilität heißt jedoch nicht zwangsläufig, dass du keine Probleme mit Nähe hast. Nähe bedeutet, gleichzeitig ganz bei dir und bei einem anderen Menschen zu sein. Es heißt nicht, dich selbst im Stich zu lassen, um Anerkennung zu finden oder das aufzugeben, was dir wichtig ist, während du deinen Partner/deine Partnerin in seinen beziehungsweise ihren Interessen unterstützt.

Wie du Nähe aufbauen kannst

- Übe, gleichzeitig bei dir und bei der anderen Person zu sein.
- Betrachte Konflikte als eine Möglichkeit, Nähe herzustellen.
- Teile dich offen und aufrichtig mit.
- Entwickle klare Grenzen als auch emotionale Flexibilität.
- Respektiere dich selbst und gestehe deinem Gegenüber auch Respekt für sich selbst zu.
- Bringe dir und deiner Partnerin/deinem Partner auf Dauer Bestätigung und Wertschätzung entgegen.
- Baue Vertrauen auf.
- Lass – in ein und derselben Beziehung – Unterstützung, Lust und Konflikte zu.
- Übe, in deinem Körper zu sein, deine emotionalen Ressourcen zu spüren und Grenzen zu setzen.
- Such dir eine Person, die dir dabei hilft, mehr über Nähe zu erfahren.

Nähe bedeutet, dass du zu Konflikten bereit bist und sie dazu nutzt, eure Nähe zu vertiefen. Es bedeutet, dich im Laufe der Zeit auf immer tiefer liegende Vertrauensebenen einzulassen. Ein solcher Schritt ist nie leicht. Er lohnt sich, aber du kannst nicht davon ausgehen, dass er immer angenehm ist. Nähe nach sexuellem Kindesmissbrauch bedeutet, dich darauf einzulassen, zu wachsen und neue Erfahrungen zu machen; dabei sind die gleichen Schritte wie bei deiner sexuellen Heilung erforderlich: Verkörperung, Einvernehmen, Offenheit für Gefühle, Heilung durch Auslöser, Vertrauen und dir selbst verzeihen. Ich rate jeder Überlebenden: Such dir eine TherapeutIn oder eine FreundIn, die sich auf Beziehungen versteht, und lerne von ihr oder ihm. Bleib offen für neue Erkenntnisse und Erfahrungen.

Dir selbst verzeihen

> *Was mich in meinem Heilungsprozess am meisten bewegt hat? Ich habe mir selbst verziehen und von den Menschen, die mich lieben, Vergebung erfahren. Jetzt fühle ich die Erlaubnis, zu leben. Es ist o.k., dass ich überlebt habe; in Wirklichkeit ist es fantastisch!*
>
> Carla

Viele glauben, der letzte Schritt zur Heilung von sexuellem Kindesmissbrauch bestehe darin, dem Täter zu verzeihen. Vielleicht hast du irgendwo gehört, dies sei das Ziel deiner Heilung. Meiner Erfahrung nach ergibt sich das vielleicht als Nebenprodukt, es ist aber nicht notwendigerweise das, worauf es bei deiner Heilung ankommt. Wenn du Vergebung, Wärme und Mitgefühl für deinen Täter empfindest, dann heiße das willkommen als einen Teil deines Herzens, der weich wird. Aber vergiss nicht, deine Heilung besteht darin, mindestens ebenso viel Liebe, Wärme und Mitgefühl *für dich selbst* zu empfinden.

> *Als ich mich daran erinnerte, war das erste, was ich sagte: »Mein Vater hat Glück, dass er eine Tochter hat, die ihm verzeiht. Ich verzeihe ihm. Ich bin drüber weg.« Das war meine Art, den Schmerz zu unterdrücken. Danach ging es mir zwei Jahre lang entsetzlich schlecht, und ich wunderte mich, was mit mir los war, warum mir so beschissen und elend zumute war.*
>
> Janet

Dir selbst zu verzeihen hat absolute Priorität. Überlebende fühlen sich für den Missbrauch selbst verantwortlich. Im Zusammenhang mit der kindlichen Entwicklung betrachtet, ergibt das durchaus Sinn. Kinder unterscheiden noch nicht vollständig zwischen sich selbst und anderen Menschen und versuchen so, sich die Welt dadurch zu erklären, dass sie äußere Ereignisse in einen Zusammenhang mit ihrem eigenen Verhalten setzen. Für kleine Kinder ist es, als drehe die Welt sich nur um sie. Kinder sind davon überzeugt, dass sie die Scheidung ihrer Eltern verursacht haben, weil sie Milch verschüttet haben oder nicht rechtzeitig ins Bett gehen wollten. Dieses Denken steckt hinter der Annahme, der sexuelle Missbrauch sei irgendwie deine Schuld.

> *Den Großteil meiner Kindheit war ich damit befasst, was ich nur anders machen könnte, damit der Missbrauch aufhört. Ich war sehr, sehr brav, habe versucht, mein Verhalten ständig unter Kontrolle zu halten und alles zu tun, was meine Eltern von mir verlangten. Ich dachte, wenn nur nichts mehr an mir auszusetzen wäre, dann hätte er keinen Grund mehr, mich zu verletzen. Die Regeln dafür veränderten sich jedoch ständig.*
>
> Naomi

In unserer Gesellschaft setzt sich die Auffassung, sexueller Missbrauch sei die Schuld des Kindes, weiter fort. Zu oft werden Kinder gefragt: »Was hast du getan, dass er das gemacht hat?« oder »Bist du sicher, dass das passiert ist?« Ähnlich der Situation von

Vergewaltigungsopfern, die sich einem Gerichtswesen gegenüber sehen, das die Länge ihrer Röcke diskutiert, anstatt Frauen vor sexueller Gewalt zu schützen, wird Kindern, die sexuellen Missbrauch anzeigen, oft mit Schuldzuweisungen und Misstrauen begegnet.

Viele Frauen, die als Kinder missbraucht wurden, haben die typischen Schuldgefühle von Überlebenden.

Warum habe gerade ich überlebt? Warum habe ich es geschafft, und mein kleiner Bruder nicht? Warum heile ich, während meine ältere Schwester in eine Anstalt eingewiesen wurde? Womit habe ich verdient, dass es mir gut geht? Vor allem für Überlebende von Missbrauch, bei dem es mehrere Betroffene gab, und für Überlebende von rituellem Missbrauch kann das sehr schwierig sein. Jeder Missbrauch, bei dem andere Opfer es entweder tatsächlich oder im übertragenen Sinne nicht geschafft haben, kann entsetzliche Schuldgefühle bei den Überlebenden hervorrufen.

> *Ich habe den Kultmissbrauch überlebt und andere nicht. Ich habe mich entsetzlich schuldig gefühlt deswegen. Warum ich?, habe ich mich gefragt. Warum bin ich diejenige, die es geschafft hat?*
> Carol

Ob du dir selbst verzeihst, steht in direktem Zusammenhang damit, wie viel Lust, Sex und Nähe du in deinem Leben zulassen wirst. Wenn du dich selbst dafür bestrafst, dass du »schlecht« oder »schmutzig« bist, warum solltest du dir dann erlauben, deine Sexualität zu leben und zu genießen? Dir selbst verzeihen, darin liegt der Schlüssel zu dem, was du dir für dein Leben wünschst.

Vielleicht war die sexuelle Gewalt die einzige Gelegenheit, bei der du Zuneigung oder Berührung erfahren hast. Körperkontakt mit anderen Menschen ist für unser Überleben genauso wichtig wie Wasser, Essen und Luft. Für Kinder, die keine andere Art körperlicher Zuwendung erfahren, stellt jede Berührung so etwas wie eine Erleichterung dar.

Manchmal hasse ich mich dafür, seine Berührung gesucht zu haben. Ich war am Verhungern. Ich dachte mir, wenn ich so Liebe und Zuneigung kriegen kann, dann hole ich sie mir.

Jo

Gib dich frei

Du kannst lernen, dir zu verzeihen. Finde als erstes heraus, warum du denkst, dir sei etwas vorzuwerfen. Mach dich mit dieser Anschauung gründlich vertraut. Du musst ihr nicht widersprechen oder sie widerlegen. Schau dir einfach nur an, welchen Überzeugungen du, was den Missbrauch angeht, anhängst. Eine Überlebende schrieb: »Ich denke, dass der Missbrauch meine Schuld ist, weil ich schon mit sechs Jahren sexy aussah.« Machst du dir einen Vorwurf, weil du dich nicht gewehrt hast? Weil du den Missbrauch heruntergespielt hast? Beziehe alles mit ein. Wahrscheinlich bist du nicht die einzige, die sich aus solchen Gründen für den Missbrauch verantwortlich fühlt.

Viele Überlebende rechtfertigen ihre Selbstvorwürfe mit ihren sexuellen Vorlieben. Eine Überlebende schrieb: »Ich denke, der Missbrauch war meine Schuld. Ich stehe heute auf Analsex; das ist eine der Arten, auf die ich missbraucht wurde, also muss es mir schon damals gefallen haben.« Eine andere schrieb: »Ich habe abartige Neigungen. Vielleicht bin ich genauso pervers wie meine Täter.« Finde heraus, ob du auch so denkst.

Wenn du klar siehst, welchen Vorwurf du dir machst, dann tausche dich mit Menschen aus, denen du vertraust. Denken deine guten FreundInnen auch, der Missbrauch sei deine Schuld, weil es dir gefiel, Aufmerksamkeit zu bekommen? Oder weil es dir besser geht als deiner kleinen Schwester? Dieser Abgleich mit der Realität ist ganz wesentlich, um eine angemessene Erwartungshaltung dem Mädchen gegenüber zu entwickeln, das du einst warst.

Andere Menschen werden dich gerne mit Argumenten überzeugen wollen, dass der Missbrauch nicht deine Schuld war.

Selbstvorwürfe sitzen aber sehr tief. Vom Kopf her weißt du, dass dich keine Schuld trifft; das ändert aber vielleicht nichts daran, wie sehr du dir Vorwürfe machst.

Der sexuelle Missbrauch war meine Schuld, weil ...

Hier einige der Begründungen, die Überlebende in einem Workshop nannten:

- ich zu schlau war.
- ich nicht schlau genug war.
- ich einen Orgasmus hatte.
- ich abartige sexuelle Vorlieben habe.
- ich um unsere »Extra-Zeit« gebeten habe.
- ich meinen kleinen Bruder missbraucht habe, d. h. ich bin um keinen Deut besser.
- er es nicht so gemeint hat; ich messe der Sache zuviel Bedeutung bei.
- Frauen nicht wirklich Kinder sexuell missbrauchen.
- er auch missbraucht worden war, also zählt es nicht.
- ich homosexuell bin.
- ich die Aufmerksamkeit genoss.
- ich nicht »nein« gesagt habe.

Der nächste Schritt besteht darin, einen aktiven Prozess, dir zu verzeihen, in die Wege zu leiten. Du musst dafür nicht glauben, dass der Missbrauch nicht deine Schuld war. Vergebung wird gewährt, nicht verdient. Du kannst davon überzeugt sein, dass dich Schuld trifft *und* dir verzeihen. »Es ist meine Schuld, weil ich nicht pfiffig genug war um rauszufinden, wie ich der Sache ein Ende bereiten kann, und mir kann verziehen werden.« »Ich habe meinen Vater darum gebeten, mich anzufassen, und ich kann mir das verzeihen.« Schau dir die Gründe an, warum du denkst, der Missbrauch sei deine Schuld. Sage laut zu dir selbst:

»X mag zutreffen, und ich verzeihe mir. Es tut mir so leid, dass ich das erlebt habe.« Schreibe diese Sätze auf und klebe sie an den Spiegel in deinem Badezimmer. Gewähre dir selbst Vergebung.

Ich bin nicht wie meine TäterInnen, weil ...

Du bist nicht wie deine TäterInnen, ganz unabhängig von deinen sexuellen Vorlieben. Schreibe alles auf, was dich von den Menschen, die dich missbraucht haben, unterscheidet. Die Liste kann dir helfen, dich selbst und deine Entscheidungen in einem klareren Licht zu sehen. Beginne mit: »Ich habe mich dazu entschlossen, zu heilen.« Wenn dein Missbraucher die gleiche Wahl getroffen hätte, wärst du höchstwahrscheinlich nicht missbraucht worden.

Der letzte Schritt besteht darin, einen Freund/eine Freundin, dem/der du vertraust, zu bitten, bei deinem Prozess dabei zu sein. Bitte ihn/sie oder eine Therapeutin/einen Therapeuten, dir zuzuhören, während du alle Aspekte deiner Geschichte aufzählst, die dir unverzeihlich vorkommen. Wie ist es, wenn eine andere Person anwesend ist? Macht sie dich verantwortlich? Vergibt sie dir? Kann dir verziehen werden? Ich versichere dir, alles, was du getan hast, um zu überleben, kann dir verziehen werden, wie schrecklich es dir auch erscheinen mag.

Mein Bruder ließ mich auswählen, auf welche Art er mich belästigen würde. Ich musste mir aussuchen, ob er meine Vagina berühren und Dinge in sie hineinstecken oder seinen Penis in meinen Mund stecken würde. Am Ende machte er, wozu er Lust hatte, aber ich hatte das Gefühl, mir mein eigenes Verderben gewählt zu haben.
Donna

Am schwersten ist es mir gefallen, mich der unverzeihlichen Tatsache zu stellen, dass ich beim Babysitten ein Kind belästigt habe. Ich konnte einfach nicht damit aufhören. Ich hatte keine Kontrolle mehr über mich. Ich dachte, ich müsste sterben, als ich mir das klar machte. Wie hatte ich das nur tun können, wenn ich doch gleichzeitig wusste, wie schrecklich es für mich war? Ich beginne, Mitleid mit mir zu empfinden. Ich frage mich, ob ich versuchen werde, das Mädchen zu finden, um mich bei ihr zu entschuldigen. Ich weiß nicht, ob es etwas bringt. Was mir am meisten geholfen hat, war mit engen Freunden und Freundinnen über das zu sprechen, was ich getan habe. Sie haben den Schmerz mit mir gefühlt und mir dabei geholfen, Mitgefühl für mich und die Falle, in der ich saß, zu empfinden.
Danielle

Selbstvertrauen und Mitgefühl

Wie kannst du lernen, dir selbst, deinen Entscheidungen und deiner sexuellen Energie zu trauen? Du kannst mit der Zeit Vertrauen zu dir aufbauen, wenn du in deinem Sinne handelst. Wenn du dir verzeihen musst, dich nicht um dich gekümmert zu haben, dann tue das, indem du lernst, wie du jetzt für dich sorgen kannst. Wenn du dir in Bezug auf deine sexuellen Grenzen nicht traust, dann gib das zu. Erkenne es als Problem an und lerne, sexuelle Grenzen zu entwickeln, die dir entsprechen. Vertrauen in dich selbst schließt die Absicht ein, dir selbst gerecht zu werden, ein Verhalten, das dies beständig unterstützt und die Fähigkeit zu wissen, welche Schritte du hierfür unternehmen kannst.

Eine Kindheit, in der du sexuell missbraucht wirst, bereitet dich nicht gut auf das Leben vor. Vielleicht merkst du, dass dir grundlegende Fertigkeiten fehlen, dich gut um dich selbst zu kümmern. Dass du es geschafft hast zu überleben, ist ein Segen und zugleich eine Herausforderung. Auch wenn du dich immer noch wie ein kleines Mädchen fühlst, bist du jetzt als Erwachsene für dein eigenes Wohlergehen selbst verantwortlich. Überlebende sind äußerst kreativ, wenn es daran geht, trotz traumatischer Erfahrungen am Leben zu bleiben. Nun ist die Zeit gekommen, diese Kreativität einzusetzen, um zu lernen, wie du ein gutes Leben führen kannst.

Mitgefühl mit dir selbst spielt hier eine wichtige Rolle. Selbst wenn alle deine Überlebensstrategien sich jetzt als selbstzerstörerisch erweisen – Fähigkeiten, wie dir deine eigenen Wünsche verleugnen, beim Sex aussteigen oder Nähe vermeiden – würdige dich dafür, diese Fertigkeiten entwickelt zu haben, als du sie brauchtest. Gestehe dir zu, manches noch nicht zu wissen. Welche Bereiche deines Lebens empfindest du als problematisch? Womit kannst du nicht umgehen? Du weißt nicht, wie du FreundInnen findest, wie du sexuelle Beziehungen aufrechterhältst, wie du eine Arbeitsstelle findest, die deine Kreativität stärkt, oder wie du zum Orgasmus kommen kannst. Wie wäre es mit einem Buch, einer Freundin, einem Workshop oder einer Lehrerin? Du bist nicht unzulänglich, wenn du selbst die »einfachsten« Dinge nicht weißt. Sie sind dir nicht beigebracht worden. Du kannst lernen, für dich Sorge zu tragen und dein Leben so zu gestalten, wie du es möchtest.

Es geht darum, mich wieder hinzugeben – diesmal meiner eigenen Herzensgüte und Vertrauenswürdigkeit.
Aurora

Steht mir Lust zu?

Je mehr ich mir verzeihe, desto mehr Lust erlaube ich mir … Jetzt gestatte ich mir, solche Dinge in mein Leben zu integrieren, an denen ich mich freue. Ich verbringe weni-

ger Zeit damit, den Missbrauch dadurch »auszugleichen«, dass ich leide.
Cheryl

Viele Überlebende meinen, für das, was ihnen angetan wurde, bezahlen zu müssen. Vielleicht glaubst du, du müsstest leiden, um wieder gutzumachen, dass du schlecht oder schmutzig bist. Du denkst, du solltest leiden, weil es anderen schlecht geht, dass du diejenigen, die Schmerz empfinden, im Stich lässt, wenn du das Leben genießt. Gut möglich, dass dich in deinem Leben nichts auf Lust und Genuss vorbereitet hat oder auf die Überzeugung, diese Dinge stünden dir zu. Vielleicht fühlst du dich schuldig oder du schämst dich, wenn du etwas genießt.

Du hast ein Recht auf Lust, und zwar schon immer. Du verdienst ein Leben, in dem dein Wohlbefinden respektiert wird. Du hast ein Recht darauf, ganz einfach, weil du am Leben bist. Wünschst du anderen mehr Lust und Genuss? Beziehe dich in diesen Wunsch mit ein.

Lust und Genuss

Viele Überlebende sind mit Lust und Genuss weder auf emotionaler noch auf sexueller Ebene vertraut. Lust kann Angst machen und ungewohnt sein, und wird daher misstrauisch beäugt. Viele Überlebende haben ihr ganzes Leben in unglaublichem Leid zugebracht. Schmerz, Mangel und Verrat sind vertraut und daher »sicher«. Wann war es jemals sicher für dich, Lust zu empfinden? Wann konntest du dich so entspannen, dass du dich in deinem Körper wohlfühltest?

Wieder Lust für dich zu beanspruchen, ist wie einen Meeresschwamm zu befeuchten, der jahrelang trocken lag und jetzt hart und unnachgiebig ist. Am Anfang stößt der Schwamm das Wasser ab, nimmt es dann erst nur langsam auf. Zunächst dringt ein bisschen Wasser unter die Oberfläche und erreicht erst allmählich die Tiefen des Schwamms. Gibst du dem Schwamm immer mehr Wasser, wird er schließlich wieder weich und beweglich und kann Wasser aufnehmen als auch Wasser aus sich herauspressen.

Wenn du den Schwamm wieder trocknen lässt, wird er natürlich wieder hart. Um ihn weich zu halten, musst du ihn regelmäßig in Wasser tauchen. Ähnlich verhält es sich mit Lust: Wenn sie dir versagt ist, dann wirst du lernen, ihr zu widerstehen. Um sie in dein Leben zu integrieren, musst du üben, sie wieder und wieder in kleinen Portionen zuzulassen. Das macht dir vielleicht Angst. Mach dir keine Sorgen; du kannst dabei in deinem eigenen Tempo vorgehen.

Was macht dir Freude? Was bereitet dir körperliches Vergnügen? Emotionales Vergnügen? Was kannst du tun, um dein Leben lustvoller zu gestalten? Wie kannst du deinen Körper für Lust und Genuss öffnen? Wie kannst du dein Gefühlsleben dafür öffnen?

Dir selbst Erlaubnis geben

Vielleicht musst du dir offiziell und explizit die Erlaubnis erteilen, Lust, Nähe, Sex und Befriedigung zu erfahren. Wie sähe dein Sexleben aus, wenn du dir alles erlauben würdest? Dich erst dann zufrieden gäbst, wenn du alles hättest, was du willst?

> *Ich erteile mir die Erlaubnis, weil das wirklich niemand sonst tun kann. Mein Körper, mein Leben und meine Sexualität gehören mir und sonst niemandem. Ich lebe nur einmal; ich werde dieses Leben nach meinen Vorstellungen und in vollen Zügen genießen.*
>
> Anna

Ab sofort hast du die Erlaubnis, deine Sexualität vollständig auszudrücken. Du darfst Lust, Entzücken, Intensität erleben – was immer du möchtest. Du darfst Grenzen ziehen, Bedürfnisse und Wünsche haben. Wie gefällt dir das? Dir die Erlaubnis erteilen, deine Sexualität voll und ganz auszudrücken, ist ein mutiger Schritt. Nichts wie los.

Unterstützung für diesen Prozess ist so wichtig wie immer. Such dir mindestens eine Person, die es genauso aufregend findet wie du, wenn du deine Sexualität wirklich lebst. In schwierigen Zeiten kannst du sie darum bitten, dich noch mal daran zu erinnern, warum du dir überhaupt ein Sexleben wünscht.

Was hindert dich daran, dir eine Sexualität nach deinen Wünschen und Vorstellungen zu erlauben? Meinst du, du brauchst die Erlaubnis einer anderen Person? Wer sollte das sein? Deine Eltern? Gott?

Wer sollte mir erlauben, meine Sexualität voll auszudrücken? Ich weiß nicht so recht. Vielleicht Gott? Irgendwie bin ich immer noch »schlecht« oder »beschädigt«, also darf ich mein großes, strahlendes Selbst nicht ganz sein.
Roslyn

Manche Überlebende fühlen sich nicht sicher genug, um sich die Erlaubnis zu geben, sich sexuell auszudrücken. Wenn du missbraucht worden bist, dann war es nicht sicher, dich zu zeigen oder deine Sexualität auf deine Weise auszudrücken.

Erforsche alle Ecken und Winkel deines Lebens, in denen du dir nicht erlaubst, voll und ganz du selbst zu sein. Was hast du davon, bestimmte Aspekte deiner Person zu verleugnen? Versteckst du dich, bestrafst du dich, oder hältst du dich in Sicherheit? Wie wäre es, sicher zu sein und gleichzeitig deine Sexualität auszuleben?

Für mich geht es um Sicherheit. Es war nie sicher, mich ganz hervorzuwagen. Ich schleiche herum, zeige hier und da ein bisschen von mir ... Den Menschen in meinem heutigen Leben wäre es sicher lieber, wenn ich ganz ich selbst wäre.
Cindy

Du hast jetzt die Kraft und die Macht, dir SexpartnerInnen und FreundInnen auszuwählen, die dich respektieren, die deine Entwicklung unterstützen und sich mit dir über deine Erfolge freuen. Vielleicht schließen sie sich dir sogar gerne an, um selbst ein wenig an ihrer sexuellen Heilung zu arbeiten!

Formular zur Erteilung der Erlaubnis von sexuellem Ausdruck

Nimm ein Blatt Papier und schreibe dir eine Genehmigung, genau das Sexleben zu haben, das du dir wünschst. Hier hast du einen Vordruck. Du kannst dir natürlich dein eigenes Formular entwerfen, in der Sprache, die für dich stimmig ist. Wenn du die Erlaubnis von anderen oder von Gott brauchst, dann stelle dir einen entsprechenden Erlaubnisschein von ihnen aus. Zähle all spezifischen Ausdrucksformen, Verhaltensweisen und Gefühle auf, zu denen du gerne ausdrücklich die Erlaubnis hättest.

Ich, ..., erlaube mir ohne jede Einschränkung, meiner Sexualität nach meinen eigenen Vorstellungen vollen Ausdruck zu verleihen. Das schließt ein, meine Sexualität vom heutigen Tag an mit den Personen meiner Wahl wie auch immer, wo auch immer und wann auch immer ich möchte zu leben.

Im besonderen erteile ich mir die Erlaubnis

- die Grenzen zu setzen, die ich in Bezug auf meine Sexualität möchte und brauche.
- alle meine Gefühle anzuerkennen, wenn ich mich sexuell betätige, und mich so um sie zu kümmern, wie es mir in der jeweiligen Situation angemessen erscheint.
- beim Sex zu lachen.
- mich selbst zu befriedigen.

- beim Sex schamlos oder schüchtern zu sein.
- »ja«, »vielleicht« oder »nein« zu Sex zu sagen.
- diese eine Sache zu tun, die ich noch nie jemandem erzählt habe, aber schon immer mal ausprobieren wollte, nämlich ....

Du, ..., hast uneingeschränkte Erlaubnis, dich in deinem Sinne sexuell auszudrücken. Ich erteile dir meinen Segen.

Viel Spaß!

In Liebe,

(deine Unterschrift)

Übungen

1. Zähle alles auf, was mit dem Missbrauch zu tun hat, und wovon du denkst, es sei deine Schuld. Lies dir die Liste laut vor. Schau sie dir an. Mach das jeden Tag, eine Woche lang, einen Monat lang, ein ganzes Jahr. Was würdest du zu einem kleinen Mädchen sagen, das dir solche Dinge über sich selbst erzählt? Wie würdest du ihr gegenüber empfinden?
2. Lies die gleiche Liste einer Therapeutin, einem Freund oder deiner Partnerin vor. Lass diese Menschen deinen Prozess bezeugen und bestätigen, dass dir vergeben wird. Bitte sie darum, dir all das zu sagen, was du brauchst, um dich in deinem Prozess, dir selbst zu verzeihen, unterstützt zu fühlen.
3. Schreibe auf, wie dein Sexleben aussähe, wenn dir vollständig verziehen wäre.

4. Mit der folgenden Übung kannst du lernen, mehr Nähe mit einem Partner/einer Partnerin zuzulassen:
a. Setzt euch einander gegenüber und bequem hin. Sitz aufrecht, so dass du wach bleibst. Atme tief in deinen Bauch, lasse Bauch und Brust sich mit Luft füllen. Schau deinem Partner/deiner Partnerin ins Gesicht und in die Augen. Atme weiter. Nimm wahr, was in deinem Körper geschieht. Bleibe bei deiner eigenen Erfahrung, während du die Verbindung zu deiner Partnerin/deinem Partner spürst. Versuche, dich nicht mit der Erfahrung deiner Partnerin/deines Partners zu befassen, versuche nicht herauszufinden, was er oder sie wohl empfindet. Sei in deinem Körper.
b. Nach drei Minuten erzählt euch gegenseitig, was ihr in eurem Körper spürt. Welche Empfindungen könnt ihr wahrnehmen? Konntest du präsent bleiben? Wo bist du abgedriftet? Und wann?
c. Danach schaut euch noch mal drei Minuten lang an. Was ist jetzt anders? Was fällt dir auf?
d. Tauscht euch über eure Erfahrungen aus. Wenn du die Intensität steigern möchtest, dann versuche diese Übung nackt durchzuführen.

Kapitel 17
Partnerschaften mit Überlebenden von sexuellem Missbrauch

Es ist nicht deine Schuld

Eines der schwierigsten Dinge für Partnerinnen und Partner von Überlebenden ist, sich immer wieder klar zu machen, dass du nicht Schuld an dem Schmerz deiner Geliebten bist. Wenn du dich langfristig darauf einlässt, mit einer Frau zusammen zu sein, die von sexueller Gewalt in der Kindheit heilt, wirst du miterleben, wie ihr Schmerz herauskommt, er wird dich umgeben und er wird auf dich zukommen. Damit kannst du rechnen. Du wirst vielleicht versucht sein, die Verantwortung zu übernehmen, wenn deine Geliebte beim Sex schlecht drauf kommt. Du wirst vielleicht glauben, du seiest Schuld daran. Du denkst, du hättest die Erinnerungen in ihr ausgelöst, und wenn du nicht X gesagt hättest oder Y getan hättest, müsste sie jetzt nicht so leiden. Stimmt nicht. Auch wenn du etwas gesagt oder getan hast, das in ihr Erinnerungen ausgelöst hat – die Gefühle, die da hochkommen, waren schon da und haben darauf gewartet, herauszukommen. Es waren *ihre* Gefühle.

Verständlicherweise willst du nicht, dass deine Geliebte emotional leidet. Dieser Schmerz ist aber ein ganz wichtiger Teil der Heilung. Du kannst nicht von sexuellem Kindesmissbrauch heilen, ohne die mit dem Trauma verbundenen Emotionen zu fühlen.

Als Partnerin oder Partner einer Überlebenden wirst du leicht Gefahr laufen, deine eigenen Gefühle und deinen Mitteilungsbedarf zu unterdrücken, um zu vermeiden, dass du Erinnerungen in ihr auslöst. Es mag ihr zwar kurzfristig helfen, einen Schmerz zu umgehen, wenn du deine Gedanken, Gefühle, Wünsche und Worte zensierst, aber es ist für euch beide eine Falle. Tatsächlich kann etwas, das du tust oder sagst, Erinnerungen in ihr auslösen – aber sie kann damit umgehen. Selbst in den Momenten der größten emotionalen Aufruhr solltest du niemals ihren Mut und ihre Kraft unterschätzen. Gehe achtsam mit ihr um, und mit Würde. Auslösern aus dem Weg zu gehen, ist weder für dich noch für sie heilsam.

Du kannst deine Geliebte unterstützen, aber du kannst sie nicht reparieren oder die Auswirkungen des Missbrauchs von ihr nehmen. Immer und immer wieder habe ich gehört, wie Überlebende mir gesagt haben, das, was sie am meisten wollen und brauchen, sei ein Zeuge, jemand der oder die bereit und in der Lage ist, ihnen in ihrer Geschichte beizustehen. Wenn du das anbieten kannst, machst du deiner Partnerin ein Geschenk von unschätzbarem Wert.

Keine RetterInnen, keine Patientinnen

Du bist nicht der Heiland, und deine Geliebte ist keine Patientin. Deine Geliebte ist nicht gebrochen oder verletzt, und es ist nicht deine Aufgabe, sie zu erlösen. Wenn zwei Partner in die Rollenverteilung »Retter und Patientin« hineingeraten, sind sie beide auf dem besten Weg in eine Sackgasse, und berauben sich letztlich gegenseitig ihres Kräftepotentials. Die Wahrheit ist: Ihr seid beide unglaublich mutig, die Heilung von sexuellem Missbrauch anzugehen. So viele Überlebende und ihre PartnerInnen leben statt dessen mit der Verleugnung dessen, was geschehen ist. Zollt euch selbst und einander Anerkennung dafür.

Es wird euch helfen, wenn ihr euch konkret mit dem Thema auseinandersetzt und euch Informationen von außen besorgt. In Büchern wie *Trotz allem. Wege zur Selbstheilung für sexuell missbrauchte Frauen* von Ellen Bass und Laura Davis, und

Trauma and Recovery von Judith Lewis Herman werden zum Beispiel die Muster des Missbrauchs, die Erfahrungen von Überlebenden, und der Heilungsprozess sehr gut beschrieben. Es ist viel leichter, solche Fallen wie die Rollenverteilung Retter und Patient zu umgehen, wenn du darüber Bescheid weißt, was passiert und worum es geht.

Übt euch darin, einander als ganze Menschen anzusehen. Sagt euch immer wieder gegenseitig, was ihr aneinander schätzt. Sprecht über die Ganzheit, die Verletzlichkeit und die angeborene Kraft oder Weisheit, die ihr in der anderen seht. Lobt euch gegenseitig dafür, dass ihr das alles durchmacht.

Hier werden keine Retter und keine Patienten gebraucht.

Sorge für dich selbst

Als Partnerin oder Partner einer Überlebenden musst du gut auf deine eigenen Bedürfnisse achten. Ein Fehler, den Partner sehr häufig machen, ist, bis zur Selbstaufgabe zu geben, weil die Situation das zu erfordern scheint. Es wird deiner Beziehung zugute kommen, und sie unter Umständen retten, wenn du lernst, deine Bedürfnisse zu erkennen, zu verhandeln und sie ernst zu nehmen.

Inzest und sexueller Kindesmissbrauch ist furchtbar, und in vieler Hinsicht ist es eine persönliche und eine soziale Krise. Aber wenn die Überlebende aus der unmittelbaren Gefahr heraus ist, ist der Notfall vorüber. Der Heilungsprozess braucht Zeit. Geh davon aus, dass es von der anfänglichen »Krisenphase«, in der sie beginnt, sich mit den Auswirkungen des Missbrauchs auseinanderzusetzen, mindestens zwei Jahre konzentrierter Heilung braucht, bis sich die Situation stabilisiert. Die Heilung von sexuellem Kindesmissbrauch dauert sehr lange (manche würden sagen, es ist ein lebenslanger Prozess), aber im Laufe der Zeit werden ihre Missbrauchsthemen immer weniger Raum in ihrem Leben einnehmen. Wenn du mit einer Überlebenden zusammen bist, wird der Missbrauch und seine Auswirkungen ein Teil eurer Beziehung sein. Dieser Weg kann mühsam und anstrengend, aber auch etwas sehr Schönes sein.

Überlege dir, wie du dir selbst Unterstützung holen kannst. Du kannst dich an Freundinnen, Freunde oder an eine professionelle Beraterin wenden – vergewissere dich aber, dass sie etwas von den Heilungsprozessen von sexuellem Kindesmissbrauch verstehen. Auch Bücher wie *Verbündete* von Laura Davis können dir weiterhelfen.

Achte darauf, dass du auch weiterhin die Dinge tust, die du gerne machst. Ob du nun einem Hobby nachgehst, künstlerisch tätig bist, Sport machst oder dich mit deinen Freunden triffst, räume dir Zeit ein für die Dinge, die deinem Leben einen Sinn geben. Hier wirst du Gelegenheit haben, dein Gleichgewicht zu finden, Kraft zu schöpfen und dich zu erneuern, und dazu beitragen, Freude in eure Beziehung zu bringen.

Erweitere dein sexuelles Repertoire

Beim Sex werden Aspekte der Heilung deiner Partnerin auftauchen. Das kann sehr schwierig sein, es kann aber auch eine Gelegenheit sein, eine sehr starke Verbundenheit herzustellen. Du kannst ein unglaubliches Vertrauen aufbauen, wenn du deine verborgenen, dunklen Seiten mit einem anderen Menschen teilst. Sexuelle Heilung kann auch für dich als PartnerIn eine wunderbare Chance sein, zu wachsen und dich sexuell weiter zu entwickeln.

Wir leben in einer sex-negativen Kultur. Wir könnten alle ein bisschen sexuelle Heilung gebrauchen. Zumindest könnten wir alle mehr über Sex lernen. In welcher Hinsicht würdest du gerne sexuell wachsen? Wie würdest du gerne deine Fähigkeit zur Intimität weiterentwickeln?

Es mag zwar verlockend sein, aber versuche nicht, dein Sexleben um die Auslöser herum zu konstruieren. Ihr müsst beide lernen, sowohl deine Partnerin als auch du, ein ganzes Spektrum an Gefühlen zu ertragen, einschließlich des Schmerzes, der ein Teil dieser Heilung ist. Stell dir die Angst und den Schmerz als etwas Heilsames vor, und nicht als etwas, das es zu vermeiden gilt. Komme immer wieder darauf zurück, dass du deine ganze Sexualität ausdrücken willst. Das mag im Moment nicht möglich sein, aber es ist das Ziel der Heilung. Schau noch einmal in Kapitel elf zum Umgang mit Auslösern mit einem Partner oder einer Partnerin und entwirf einen Plan für dein Sexleben.

Du und deine Partnerin, ihr habt vielleicht unterschiedliche sexuelle Bedürfnisse und Wünsche. Im Gegensatz zu dem, was du vielleicht erwarten würdest, trifft es nicht immer zu, dass die Überlebende diejenige ist, die keinen Sex haben will. Vielleicht möchtest du eine Pause vom Sex. Wenn eine von euch keinen Sex haben will, sprecht das klar miteinander ab. Möchtest du drei Wochen Pause? Drei Monate? Welche Art von Heilungsarbeit könntest du in der Zwischenzeit unterstützen? Wann werdet ihr eure Vereinbarung überprüfen?

Deine Geliebte wird sich im Laufe ihrer Heilung verändern. Ihre Sexualität wird sich weiterentwickeln. Du wirst vielleicht irgendwann das Gefühl haben, eine ganz neue Partnerin in deinen Armen zu halten. Lass dir Zeit, dich umzugewöhnen. Sei kreativ. Wie könnt ihr sexuelle Erfahrungen erfinden, die für euch beide stimmen? Wie könnt ihr beide dies nutzen, um in dieser Zeit sexuell zu wachsen? Wie könnt ihr gemeinsam lernen?

Nutzt die in Kapitel zwei beschriebene Übung zum Thema »ja-nein-vielleicht«, um ein Repertoire der sinnlichen und sexuellen Ausdrucksformen zusammenzustellen, das euch gleichermaßen fasziniert. Überprüft, vergleicht und erweitert eure Listen der Dinge, die ihr mögt, nicht mögt und vielleicht ausprobieren möchtet. Erweitere das Spektrum dessen, was du als angenehm und erotisch betrachtest. Komm weg von der Idee, nur die Art von Sex gelten zu lassen, die du (mit ihr) schon ausprobiert hast.

Auch du wirst dich verändern

Während deine Partnerin heilt, veränderst du dich auch. In gewisser Weise erbst du ihre Geschichte und ihren Genesungsprozess. Du wirst einen sehr nahen Einblick in das erhalten, was Menschen einander antun können. Das wird möglicherweise deinen Glauben an die Menschen und an die Gesellschaft grundlegend in Frage stellen. Wie konnte das geschehen? Warum passiert das *immer noch*? Was kann ich tun? Partnerinnen und Partner durchleben ihre eigenen Phasen von Verleugnung, Schock, Empfindung und Integration des Traumas. Es ist normal, dass du wütend wirst auf jene, die deiner Geliebten Leid zugefügt haben, und dass du über die Verluste, die sie infolge des Missbrauchs erlitten hat, trauerst.

Indem du all diese Momente mit deiner Partnerin teilst, wirst du vielleicht auf eine unheimliche Art deinen eigenen Geistern begegnen. Vielleicht wirst du feststellen, dass du dabei bist, alte Wunden wieder aufzureißen oder dich mit Themen auseinanderzusetzen, von denen du dachtest, dass du ihnen erfolgreich aus dem Weg gegangen wärst. Ihr könnt viel voneinander lernen, deine Geliebte und du, und ihr könnt vieles zusammen lernen. Was würde es für *euch beide* bedeuten, ganz in euren Körpern zu sein, emotional flexibel und euch sexuell frei auszudrücken?

Überlebende als Partnerinnen oder Partner

Möglicherweise seid ihr beide Überlebende von sexuellem Kindesmissbrauch. Wie du vielleicht schon ahnst, habt ihr dadurch ganz spezifische Möglichkeiten, an eurer Heilung zu arbeiten. Ihr steht aber auch besonderen Herausforderungen gegenüber.

Die Herausforderung besteht vor allem darin, dass ihr beide lernen müsst, angemessene Grenzen zu setzen und euch ein eigenständiges Leben aufzubauen. Auf der einen Seite ist es ganz wunderbar, mit einem Menschen zusammen zu sein, der einen versteht, auf der anderen Seite gehen die Trennungslinien leichter verloren und es wird oft schwer, auseinanderzuhalten, was wessen Angelegenheit ist.

Am besten ist es, wenn du dich ganz auf deine eigene Heilung konzentrierst und dafür die volle Verantwortung übernimmst. Versuche nicht, deine Partnerin zu bedrängen, deinen Weg zur Heilung einzuschlagen. Dein Weg ist allein dein Weg.

Der Vorteil einer solchen Beziehung besteht natürlich im gegenseitigen Verständnis. Es gibt so vieles, was du nicht erklären musst. Ihr werdet beide mit der Komplexität von Missbrauch und Heilung vertraut sein. Ihr könnt einander unterstützen, indem ihr euch gegenseitig Rückhalt für eure Genesung gebt, und es kann für euch beide in vielerlei Hinsicht ein gemeinsamer Prozess sein.

Übungen

1. Wenn du dazu neigst, dich für die Auslöser und Gefühle deiner Partnerin verantwortlich zu fühlen, nimm dir jetzt einen Moment Zeit, um zwischen deinen eigenen Verhaltensweisen und Absichten und den Verhaltensweisen und Absichten der Leute, die ihr Schaden zugefügt haben, zu differenzieren. Gelten ihre Gefühle ihnen oder dir?
2. Setze dich mit deiner Partnerin zusammen und sprich mit ihr über eure Entscheidung für sexuelle Heilung und für einander. *Warum überhaupt sexuelle Heilung? Warum sollten wir da zusammen durch gehen? Was haben wir zu gewinnen? Wie könnte dieser Prozess uns zum Besseren verändern? Welche Teile von uns selbst*

oder unserer Beziehung müssen wir möglicherweise hinter uns lassen?

3. Nimm dir jede Woche ein paar Minuten Zeit, um deine Partnerin zu würdigen. Setze dich deiner Partnerin gegenüber, mach es dir bequem. Komm in deinem eigenen Körper an. Übe dich in emotionaler Ruhe. Atme. Finde in dir das Gefühl, geerdet und friedvoll zu sein. Sag deiner Partnerin drei Minuten lang, was du an ihr liebst und schätzt. Was sind ihre guten Seiten? Wenn die drei Minuten vorbei sind, könnt ihr die Rollen wechseln: Jetzt kann deine Partnerin dir sagen, was sie an dir liebt und schätzt. Entspanne dich, während du ihr zuhörst. Höre dir an, was sie zu sagen hat. Du zeigst deiner Partnerin Respekt, wenn du ihre Würdigung wirklich durchdringen lässt.
4. Verabrede dich mit deiner Partnerin zu einem vergnüglichen Rendezvous. Gönnt euch eine Pause von der Arbeit mit Emotionen und Heilung. Erlaubt euch, Spaß zu haben. Ihr könntet etwas ganz einfaches zusammen machen, wie spazieren gehen oder Kino oder zusammen im Garten arbeiten. Genießt es, einfach zusammen zu sein und miteinander Zeit zu verbringen. Behaltet während des gesamten Heilungsprozesses bei, dass ihr euch regelmäßig zu einem vergnüglichen Rendezvous verabredet.

Kapitel 18
Dein starkes sexuelles Selbst: Wie sieht deine Zukunft aus?

Visionen, auf die wir uns zu bewegen, liegen immer vor uns. Sobald wir ein Ziel erreicht haben, zeichnet sich bereits das nächste ab, um uns voranzubringen. Mit jedem Fortschritt, den du bei deiner Heilung machst, werden sich deine Vorstellungen von deiner neuen Sexualität verändern. Vielleicht taucht ein neuer Traum auf. Oder dir wird mit einem Mal klar, dass dir das, was du dir gewünscht hast, nicht mehr erstrebenswert erscheint. Deine Vision wird sich mit der Zeit verändern, und sie wird wachsen.

Wie wird dein selbstbestimmtes sexuelles Selbst aussehen, wie wird es sich anhören, wie sich anfühlen?

Vielleicht ist Sex für dich ganz selbstverständlich ein normaler und gesunder Bestandteil des menschlichen Lebens. Du lebst in deinem Körper und triffst freie Entscheidungen über deine Sexualität, kennst deine Grenzen und hältst sie ein. Du kannst deine Wünsche und Fantasien deinen PartnerInnen mitteilen. Du praktizierst Safer Sex; vielleicht sogar heiligen Sex. In deiner Sexualität geht es dir um dich, während du deine Verbindung zu anderen anerkennst und würdigst. Die widersprüchliche Natur von Sex ist dir nicht fremd, und du akzeptierst deine eigene sexuelle Entwicklung – und zwar vollständig, sowohl die Lust als auch den Schmerz. Es kommt ganz auf dich an. Wie stellst du dir ein befriedigendes Sexleben vor? Wie möchtest du werden, was Sex angeht?

Setze dir einzelne Ziele als Zwischenschritte. Vielleicht träumst du davon, dich sexuell vollständig zu verkörpern, und du bist eben erst dabei, deinen Körper zu spüren. Ein vorläufiges Ziel könnte sein, bei Selbstbefriedigung präsent zu bleiben oder in einem Teil deines Körpers anwesend zu sein, während du Sex mit einem Partner/einer Partnerin hast. Du kannst dir vornehmen herauszufinden, wie du beim Sex dissoziierst und dich schneller wieder zurückzuholen. Baue viel Anerkennung und Erfolge in deine Reise ein.

Wie weit sind deine Ziele noch von dir entfernt? Wie viele Bereiche deiner Sexualität kommen deiner Vision schon recht nahe? Welche nächsten Schritte zur Verwirklichung deiner Vision liegen an? Was kannst du heute tun? Und morgen? Nächste Woche?

Betrachte dich als Anfängerin. Du bist eine Auszubildende, eine Schülerin auf deinem Weg zur der Frau, die du sein möchtest. Alles Neue erfordert Übung. Du wirst großen Freiraum für Fehler brauchen.

Wenn du dir deine Vision für dein sexuelles Heilen überlegst, vergiss nicht, es wird eine variable Vision werden. Sie wird sich mit der Zeit verändern, in dem Maß, in dem du Fortschritte machst. Du brauchst keine starren Ziele oder Tests, bei denen du durchfallen kannst. Du brauchst eine Vision von deinem selbstbestimmten sexuellen Selbst, die dir zur beständigen Ermutigung dient und dich an deine Wünsche und deine Fähigkeit, dich weiterzuentwickeln und zu wachsen, erinnert.

In meinen Workshops zu sexuellem Heilen fordere ich die Teilnehmerinnen dazu auf, drei Visionen zu entwickeln, wie sie in bezug auf ihre Sexualität sein wollen. Wenn du drei Leben leben könntest, und in jedem käme ein anderes sexuelles Selbst zum Vorschein, wie sähe deine Sexualität jeweils aus? Sich drei Leben statt einem vorzustellen hilft uns, den inneren Zensor zu überlisten, der uns sagt, wie wir sein »dürfen« – und die leise Stimme, die uns einflüstert, unsere Träume seien unmöglich. Drei Visionen zu entwerfen kann auch dabei helfen, Muster in deinen Wünschen zu entdecken. Vielleicht fällt dir irgendwann auf, dass eine sexuelle Ausdrucksform wiederholt auftaucht. Hier handelt es sich um einen starken Wunsch, dem du Beachtung schenken solltest.

Sei kreativ und unverschämt. Wenn du deine drei Visionen entwickelt hast, konzentriere dich auf die folgenden Fragen: Bist du in deinen Visionen verkörpert? Wie verkörperst du deine Sexualität? Was empfindest du in bezug auf deinen Körper? Wer sind deine PartnerInnen? Gibt es eine spirituelle Komponente in deiner Sexualität? Wenn ja, worin besteht sie? Welche Art von Intensität magst du beim Sex? Welche Art Sex gefällt dir? Wo liegen deine Stärken und Tugenden? Strahlt dein Sexleben Energie in andere Bereiche deines Lebens aus?

Du kannst dein neues sexuelles Selbst in deinem Tagebuch beschreiben oder es in einem Kunstwerk, zum Beispiel einer Collage darstellen. Je mehr Kreativität du in diese Übung einbringst, desto besser. Egal, welches Medium du dir wählst, gib deiner Vision eine äußere Erscheinungsform, damit sie außerhalb deiner Gedanken existieren kann. Finde einen Ort für sie, wo du sie regelmäßig sehen kannst. Das kann dir dabei helfen, deine Träume im Auge zu behalten.

Schau dir die Frau an, die du werden möchtest. Wie wurde sie zu der, die sie ist? Welchen Weg hat sie genommen? Lass sie nicht aus den Augen. Sie hat dir viel zu erzählen.

Dein starkes sexuelles Selbst

Visionen, wie sie Workshopteilnehmerinnen entwickelt haben:

Ich bin meine Sexualität, und sie ist ich. Sie ist nicht länger eine von mir abgetrennte Sache. Zwischen meiner sexuellen Energie und meiner Lebensenergie besteht kaum ein Unterschied. Das heißt nicht, dass alles sexualisiert ist, sondern: Alles ist erotisch und sprüht vor Lebendigkeit. Meine sinnliche und sexuelle Energie strahlt auf mein gesamtes Leben aus. Manchmal möchte ich eine Zeitlang auf Sex verzichten. Ich möchte diese Energie nicht mit anderen teilen. Ich möchte sie in mir aufnehmen und ruhig mit ihr da sitzen. Es ist sehr friedlich.

Ich möchte eine S/M-Domina werden. Ich bin fasziniert und aufgeregt. Die Frau, die ich sein möchte, ist stark und wach in ihrer Sexualität. Sie träumt gemeinsam mit anderen von Verlangen und davon, Grenzen auszuloten, und setzt ihre Träume dann in die Realität um. Auf eine sehr tief berührende Weise ist sie sanft. Nicht vorsichtig – kühn. Sie zeigt sich wirklich und ist bereit, in ihren Wünschen nackt und verletzlich zu sein. Sie hat keine Angst davor, sich in die Reichweite von Sex und Sexualität zu begeben. Sie ist klar, was ihre Grenzen angeht, sie ist spielerisch und sie erfährt viel Intimität in ihrem Leben. Und sie ist sexy.

Ich stelle mir ein Leben mit einer mir verbundenen Sexpartnerin vor, einer Frau. Wir öffnen uns einander und nehmen Sex als einen Weg, zu wachsen. Manchmal wird mir es mir Angst machen, wie intim wir sind und wie weit ich gehen kann, aber ich werde mich nicht zurückziehen. Ich werde mich dazu entschließen, in dieser Intimität zu heilen. Ich werde viel über Verlust, Freude, Kummer, Geburt, Tod und Veränderung bei Sex und Nähe lernen. Ich weiß nicht so recht, wie ich das erklären soll, aber es ist, als ob ich immer wieder auf Risiko gehe, ganz bei mir und ganz bei ihr zu sein. Manchmal wird es leicht sein und manchmal schwer, aber ich werde da sein. Das ist die Sexualität, die ich mir wünsche.

Service-Teil
Literatur & Adressen

In der Kindheit erlebte sexuelle Gewalt

Heilung und Unterstützung

Bass, Ellen/Davis, Laura: *Trotz allem. Wege zur Selbstheilung für Frauen, die sexuelle Gewalt erfahren haben.* Berlin: Orlanda 2014

Davis, Laura: *Verbündete. Ein Handbuch für Partnerinnen und Partner von Überlebenden sexueller Gewalt.* Berlin: Orlanda 2017

Dürmeier, Waltraud/Eden, Gabriele/Günther, Margit: Wenn Frauen Frauen lieben. München: Frauenoffensive 1991

Northup, Christiane: *Frauenkörper, Frauenweisheit. Wie Frauen ihre ursprüngliche Fähigkeit zur Selbstheilung wiederentdecken können.* München: Zabert Sandmann 2017

Pilgram, Marina: *Getrennt von uns selbst. Sexueller Gewalterfahrungen in der Kindheit.* Gießen: Focus Verlag 2002

Theorie und Prävention

Braun, Gisela/Wolters, Dorothee: *Das große und das kleine NEIN*. Mülheim: Verlag an der Ruhr 1997

DeSalvo, Louise: *Virgina Woolf. Die Auswirkungen sexuellen Missbrauchs auf ihr Leben und Werk*. Frankfurt am Main: Fischer Taschenbuchverlag 1994

Herman, Judith Lewis: *Trauma and Recovery. The Aftermath of Violence. From Domestic Abuse to Political Terror.* New York: Basic Books 2015

Lyrik, Romane und Geschichten Überlebender

Chase, Truddi: *Aufschrei. Ein Kind wird jahrelang missbraucht und seine Seele zerbricht. Das erschütternde Zeugnis einer Persönlichkeitsstörung*. Bergisch Gladbach: Bastei Lübbe 2009

Galey, Iris: *Ich weinte nicht, als Vater starb*. München: mvg Verlag 2015

Beziehungen

Hendricks, Gay und Kathlyn: *Liebe macht stark. Von der Abhängigkeit zur engagierten Partnerschaft.* München: Goldmann Verlag 2004

Körperarbeit

Hutchinson, Marcia Germaine: *Ich bin schön! Workshop für ein positives Selbstbild.* München: mvg Verlag 2000

Keleman, Stanley: *Verkörperte Gefühle. Der anatomische Ursprung unserer Erfahrungen und Einstellungen.* München: Kösel Verlag 1999

Kurtz, Ron: *Hakomi. Eine körperorientierte Psychotherapie.* München: Kösel Verlag 2002

Levine, Peter A.: *Trauma-Heilung. Das Erwachen des Tigers.* Essen: Synthesis Verlag 1999

Mindell, Arnold: *Der Leib und die Träume. Prozessorientierte Psychologie in der Praxis.* Paderborn: Junfermann 2005

Positive Informationen über sex

Sexratgeber allgemein

Barbach, Lonnie: *Mehr Lust. Gemeinsame Freude an der Liebe.* Reinbek: Rowohlt Verlag 2017

Barbach, Lonnie: *Fünfzig (50) Wege zu neuer Lust. Die Kunst, ein glückliches Paar zu bleiben.* Berlin Ullstein Verlag: 2008

Joannides, Paul: *Wild Thing. Sex-Tips for Boys and Girls.* München: Goldmann 2013

Weibliche Sexualität

Angier, Natalie: *Frau. Eine intime Geographie des weiblichen Körpers.* München: Bertelsmann 2002

Barbach, Lonnie: *For Yourself. Die Erfüllung weiblicher Sexualität.* Berlin: Ullstein Taschenbuch Verlag 2002

Bright Susie: *Susie Sexperts Sexwelt* für Lesben. Berlin: Krug und Schadenberg, 2000

Christinger, Doris: *Auf den Schwingen weiblicher Sexualität. Eine Liebesschule für Frauen.* Zürich: Pendo Verlag 2002

Deutsche AIDS-Hilfe e.V. (Hg.): *Wer lutscht schon gern ein Dental Dam? Informationen für Frauen, die Sex mit Frauen haben.* 5. Aufl. der Broschüre erschienen 2000
Ecker, Diana: *Aphrodites Töchter. Wie Frauen zu erfüllter Sexualität finden.* München: Kösel 2002
Dr. Méritt, Laura: *Frauenkörper – neu gesehen. Ein illustriertes Handbuch.* Berlin: Orlanda 2012
Friday, Nancy: *Verbotene Früchte. Die geheimen Phantasien der Frauen.* München: cbx Verlag 2016
Newman, Felice: *Sie liebt sie. Das Lesbensexbuch.* Berlin: Krug & Schadenberg 2008

Männliche Sexualität

Chia, Mantak/Abrams Arava, Douglas: Öfter, länger, besser. Sextipps für den Mann. Der multi-*orgasmische Mann.* München: mvg Verlag 2018

Kinder & Jugendliche

Harris, Robie H./Michael Emberley: *Total normal. Was du schon immer über Sex wissen wolltest.* Weinheim: Beltz Verlag 2017

Spiritualität und Sex

Badrinath, Chaturvedi: *Kama Sutra.* Köln: Avus Buch & Medien, 2001
Dunas, Felice/Goldberg, Philip: *Chinesische Leibesgeheimnisse. Alte Weisheiten für Glück und Gesundheit.* München: Müller und Steinicke 2004
Pointek, Maitreyi D.: *Das Tao der weiblichen Sexualität. Das Praxisbuch für Frauen.* Berlin: Allegria Verlag 2004

Erotik-Anthologien

Field, Genevieve/Griscom, Rufus: *Nerve. Stories, Bilder, Interviews.* Reinbek: Rohwolt Verlag 2001
Gehrke, Claudia: *Mein heimliches Auge – 27. Das Jahrbuch der Erotik.* Tübingen: Konkursbuchverlag 2012

Erotisches von Frauen

Learner, Tobsha: *Quiver. Erotische Phantasien.* München: Knaur Taschenbuch 2009
Nin, Anaïs: Das Delta der Venus. Frankfurt am Main: Fischer Taschenbuch 2005
Reage, Pauline: *Geschichte der O. Rückkehr nach Roissy.* München: Herbig 1997
Rehlein, Susann: *Bitte streicheln Sie hier! Erotische Geschichten.* Berlin: Ullstein Verlag 2002
Reyes, Alina: *Das Labyrinth Eros.* Berlin: Berlin Verlag Taschenbuch 2006
Zahava, Irene: *Venusmonde. Frauenliebesgeschichten.* München: Heyne Verlag 2002

S/M & Rollenspiele

Grimme, Matthias: *Das Bondage-Handbuch. Anleitung zum einvernehmlichen Fesseln.* Hamburg: Charon Verlag 2011
Grimme, Matthias: *Das SM-Handbuch. Aktualisiert und erweitert.* Hamburg: Charon Verlag 2018

Zeitschriften & Newsletter

Kinder- und Jugendschutz in Wissenschaft und Praxis
Mühlendamm 3
10178 Berlin
Tel.: 030-400 40 301
E-Mail: kjug@bag-jugendschutz.de
www.kjug-zeitschrift.de

Prävention & Prophylaxe
Griembergweg 35, 12305 Berlin
Tel.: 030-76503104

Internetseiten

AMYNA e.V.
https://amyna.de/wp
Verein zur Abschaffung von sexuellem Missbrauch und sexueller Gewalt

Aufrecht
www.aufrecht.net
Organisation für Menschen, die sexuelle Gewalt erfahren haben

Dunkelziffer e.V.
www.dunkelziffer.de/startseite
Hilfe für Kinder, die sexuelle Gewalt erfahren haben, und deren Vertrauenspersonen

Gegen Missbrauch e.V.
www.gegen-missbrauch.de/home.html
Verein für Betroffene, Partner und Gegner von sexuellem Kindesmissbrauch

N.I.N.A. e.V.
www.nina-info.de/hilfetelefon.html
Nationale Infoline, Netzwerk und Anlaufstelle zu sexueller Gewalt an Mädchen und Jungen

Unabhängige Kommission zur Aufarbeitung sexuellen Kindesmissbrauchs
www.aufarbeitungskommission.de/aufarbeitung

Zartbitter e.V.
www.zartbitter.de/gegen_sexuellen_missbrauch/Aktuell/100_index.php
Kontakt- und Informationsstelle gegen sexuellen Missbrauch an Mädchen und Jungen

Organisationen, Notrufe & Suchberatung

Deutschland bundesweit

Anonyme Alkoholiker Interessengemeinschaft e.V.
www.anonyme-alkoholiker.de
Postfach 1151
84122 Dingolfing

Anonyme Esssüchtige
www.overeatersanonymous.de

Deutsche Hauptstelle für Suchtfragen e.V.
www.dhs.de/start.html
Westenwall 4
59065 Hamm
Tel.: 02381-90 150

FENESTRA – Praxisorientierte Forschung für Prävention gegen sexuelle Gewalt
www.institut-fenestra.de/pages/index.php
Rabenkopfweg 25
83671 Benediktbeuern
E-Mail: christine.klein@institut-fenestra.de

BADEN-WÜRTTEMBERG

Selbsthilfenetzwerk Neckar-Odenwald
www.selbsthilfe-nok.de
Diakonisches Werk
Dr.-Konrad-Adenauer-Str. 1
74722 Buchen
Tel.: 06281 56243 22
E-Mail: sandel@diakonie-nok.de

Wildwasser & Frauennotruf Karlsruhe – Verein gegen sexuelle Gewalt an Mädchen und Frauen e.V.
www.wildwasser-frauennotruf.de
Kaiserstraße 235 (3. OG)
76133 Karlsruhe
Tel.: 0721-85 91 73
Fax: 0721-85 91 74
E-Mail: info@wildwasser-frauennotruf.de

BAYERN

Anonyme Alkoholiker Interessengemeinschaft e.V.
www.anonyme-alkoholiker.de
Landwehrstr. 9
80336 München
Tel.: 089-19295

Kinderschutz München
www.kinderschutz.de/Angebote/Beratung-bei-sexuellem-Missbrauch/KIBS
Liebherrstr. 5
80538 München
Tel.: 089-231716 9910
E-Mail: info@kinderschutz.de

Wildwasser Augsburg e.V.
www.wildwasser-augsburg.de/home.html
Fachberatungsstelle für sexualisierte Gewalt an Mädchen und Frauen
Schießgrabenstraße 2
86150 Augsburg
Tel.: 0821-1544 44
E-Mail: beratung@wildwasser-augsburg.de

BERLIN

LARA – Fachstelle gegen sexualisierte Gewalt an Frauen*
www.lara-berlin.de/angebote/willkommen
Fuggerstr. 19
10777 Berlin
Tel.: 030-216 88 88
E-Mail: beratung@lara-berlin.de

Strohhalm e.V.
Fachstelle für Prävention von sexuellem Missbrauch an Mädchen und Jungen
www.strohhalm-ev.de
Luckauer Str. 2
10969 Berlin
Tel.: 030-614 18 29

Wildwasser Berlin e.V. – Arbeitsgemeinschaft gegen sexuellen Missbrauch an Mädchen
www.wildwasser-berlin.de

BRANDENBURG

Dreist e.V. – Geschlechtsspezifische Bildungs-, Sozial- und Beratungsarbeit
www.dreist-ev.de/angebote
Eisenbahnstr. 18
16225 Eberswalde
Te.: 03334-22 66 9

BREMEN

Schattenriss e.V. – Beratungsstelle gegen sexuellen Missbrauch an Mädchen
www.schattenriss-onlineberatung.de/~run
Waltjenstr. 140
28237 Bremen
Tel.: 0421-617 188

HAMBURG

Allerleirauh e.V. – Beratung bei sexueller Gewalt
https://allerleirauh.de
Hammer Steindamm 44
22089 Hamburg
Tel.: 040-2983 4483
E-Mail: info@allerleirauh.de

Zündfunke e.V.
Verein zur Prävention und Intervention zu sexuellem Missbrauch an Kindern und Frauen
www.zuendfunke-hh.de
Max-Brauer-Allee 134
22765 Hamburg
Tel.: 040-890 1215

HESSEN

Wildwasser Frankfurt e.V.
www.wildwasser-frankfurt.de
Böttgerstr. 22
60389 Frankfurt am Main
Tel.: 069-955 02910
E-Mail: kontakt@wildwasser-frankfurt.de

MECKLENBURG-VORPOMMERN

CORA – Contra Gewalt gegen Frauen und deren Kinder in Mecklenburg-Vorpommern
www.cora-mv.de/angebote.html
Heiligengeisthof 3
18055 Rostock
Tel.: 0381-401 0229
E-Mail: cora@fhf-rostock.de

MISS. Beratungsstelle für Betroffene sexualisierter Gewalt
http://miss-beratungsstelle.de
Ringstr. 114
18528 Bergen auf Rügen
Tel.: 03838-25 4545
E-Mail: kontakt@miss-beratungsstelle.de

NIEDERSACHSEN

Beratungsstelle gegen sexuelle Gewalt Salzgitter e.V.
www.beratung-bei-sexueller-gewalt-sz.de/beratungsstelle.htm
Berliner Str. 80
38226 Salzgitter
E-Mail: beratungsstelle.sz@t-online.de

Frauentreffpunkt – Anlauf- und Beratungsstelle
https://frauentreffpunkt-hannover.de/beratung.html
Jakobistr. 2
30163 Hannover
Tel.: 0511-3321 41
E-Mail: info@frauentreffpunkt-hannover.de

Wildwasser Oldenburg e.V.
www.wildwasser-oldenburg.de
Lindenallee 23
26122 Oldenburg
Telefon: 0441-16 65 6
E-Mail: info@wildwasser-oldenburg.de

NORDRHEIN-WESTFAHLEN

Wildwasser Bochum e.V.
www.wildwasserbochum.de
Auf den Scheffeln 34
44894 Bochum
Tel.: 0234-29 76 66

Trotz allem e.V. – Beratung für Frauen mit sexualisierten Gewalterfahrungen
www.trotzallem.de
Unter den Ulmen 8
33330 Gütersloh

Zartbitter Köln e.V.
www.zartbitter.de/gegen_sexuellen_missbrauch/Aktuell/100_index.php
Sachsenring 2
50677 Köln
Tel.: 0221-31 20 55

RHEINLANDPFALZ

Frauennotruf Mainz e.V. – Fachstelle zum Thema sexualisierte Gewalt
www.frauennotruf-mainz.de
Kaiserstr. 59-61
55116 Mainz
Tel.: 06131-22 12 13
E-Mail: info@frauennotruf-mainz.de

Warbede Frauenzentrum e.V.
http://frauenzentrumworms.de
Lutherring 21
67547 Worms
Tel.: 06241-412 595
E-Mail: warbede@frauenzentrumworms.de

SAARLAND

Nele – Verein gegen sexuelle Ausbeutung von Mädchen e.V.
www.nele-saarland.de/wir.html
Dudweilerstr. 80
66111 Saarbrücken
Tel.: 0681-320 58
E-Mail: nele-sb@t-online.de

SACHSEN

Shukura – Fachstelle zur Prävention sexualisierter Gewalt and Mädchen und Jungen
www.awo-shukura.de/index.php
Königsbrücker Str. 62
01099 Dresden
Tel.: 0351-479 44 44
E-Mail: info22@awo-kiju.de

Wildwasser Chemnitz, Erzgebirge und Umland e.V.
www.wildwasser-chemnitz.de/index.html
Uferstr. 46
09126 Chemnitz
Tel.: 0371-35 05 36
E-Mail: org@wildwasser-chemnitz.de

SACHSEN-ANHALT

Wildwasser Magdeburg e.V.
www.wildwasser-magdeburg.de
Ritterstr. 1
0391 Magdeburg
Tel.: 0391-251 54 17
E-Mail: info@wildwasser-magdeburg.de

SCHLESWIG-HOLSTEIN

Petze – Institut für Gewaltprävention gGmbH
https://petze-kiel.de
Dänische Str. 3
24103 Kiel
Tel.: 0431-911 85
E-Mail: petze@petze-kiel.de

Wilma – Frauenberatungsstelle
www.fin-flensburg.de/wilma
Nikolaikirchhof 5
24937 Flensburg
Tel.: 0461-90 90 8220
E-Mail: wilma@fin-flensburg.de

THÜRINGEN

Kinder- und Jugendschutzdienst HAUT-NAH
http://mmev.de/vereinseinrichtungen/kinder-und-jugendschutzdienst-haut-nah.html
Mainzerhofplatz 3
99084 Erfurt
Tel.: 0361-736 0124
E-Mail: hautnah@mmev.de

ÖSTERREICH

Clean – Beratung und Hilfe bei Drogenproblemen
Montfortstrasse 3
6900 Bregenz
Tel.: (+43) 05574 45400-0
E-Mail: clean.bregenz@mariaebene.at

Hazissa – Prävention sexualisierter Gewalt
www.hazissa.at/index.php/willkommen
Karmeliterhofplatz 2/2
8010 Graz
Tel.: (+43) 0316-90 370 160
E-Mail: office@hazissa.at

Verein Notruf für vergewaltigte Frauen und Mädchen
www.frauenberatung.at
Rötzergasse 13/8
1170 Wien
Tel.: (+43) 01523-22 22
E-Mail: notruf@frauenberatung.at

Schweiz

Castagna – Beratungs- und Informationsstelle für sexuell ausgebeutete Kinder, Jugendliche und in der Kindheit ausgebeutete Frauen und Männer
www.castagna-zh.ch
Universitätsstr. 86
8006 Zürich
Tel.: (+41) 044 – 360 90 40
E-Mail: mail@castagna-zh.ch

Frauenberatung sexuelle Gewalt
www.frauenberatung.ch
Langstrasse 14
8004 Zürich
Tel.: 044 291 46 46
E-Mail: info@frauenberatung.ch

Ausbildungsstätten

Deutsches Institut für Ortho-Bionomy
www.ortho-bionomy.de
Metzelplatz 5
72108 Rottenburg
Tel.: 07472-1021
E-Mail: organisation@ortho-bionomy.de

HAKOMI Institute of Europe e.V. – Erfahrungsorientierte Körperpsychotherapie
www.hakomi.de
Weißgerbergasse 2a
90403 Nürnberg
Tel.: 0911-30 7007
E-Mail: info@hakomi.de

Integralis Akademie
www.integralis-akademie.de/integrale-koerpertherapie
Fahrenheitstr. 15
28359 Bremen
Telefon: 0421-408978-50
E-Mail: info@integralis-akademie.de

Rosen-Methode Deutsches Zentrum
www.rosenmethode.de
Juliane Maria Knoop
Obere Windeckstr. 20
77815 Bühl-Waldmatt
Tel.: 07223-250460
E-Mail: rosenmethode@gmx.de

Zeitschriften und Onlinemagazine

Curve Magazine
www.curvemag.com
Meistverkauftes Magazin für Lesben in den USA

DIVA Magazine
www.divamag.co.uk
Europas größtes Magazin für lesbische und bisexuelle Frauen

Phenomenelle – Das Onlinemagazine für Lesben, Bisexuelle und alle Frauen, die Frauen lieben
www.phenomenelle.de
Neuhöfferstraße 6
50679 Köln
Tel: 0221-9800 107
E-Mail: redaktionelle@phenomenelle.de

Libertine Magazin
http://libertine-mag.com
Waldstr. 37
10551 Berlin
Tel.: 0176-239 70 886
E-Mail: hello@libertine-mag.com

L.MAG – Das Magazin für Lesben
www.l-mag.de
Ritterstr. 3
10969 Berlin
Tel.: 030-2355 390
E-Mail: redaktion@l-mag.de

Sexuologie – Zeitschrift für Sexualmedizin, Sexualtherapie und Sexualwissenschaft
http://sexuologie-info.de
Institut für Sexualwissenschaft und Sexualmedizin
Rainer Alisch
Luisenstraße 57
10117 Berlin
E-Mail: sexuologie@dgsmtw.de

Straight
www.straight-universe.com
Jungstraße 24
10247 Berlin
E-Mail: redaktion@straight-mag.com

Lehrvideos

Betty Dodson & Carlin Ross
https://dodsonandross.com/videos
Better orgasms. Better World.

„Female Pleasure“
Barbara Miller. Dokumentarfilm über die transnationale Unterdrückung weiblicher Sexualität. Schweiz/Deutschland, 2018, 97 min.

„Orgasm Inc.“
Liz Canner. Dokumentarfilm über (...). USA, 2009, 78 min.

„Venus – Nackte Wahrheiten“
Lea Glob und Mette Carla Albrechtsen. Dokumentarfilm über das sexuelle Selbstverständnis von Frauen. Dänemark, 2016, 84 min.

TED TALKS (NEUE KATEGORIE!)

„A motion for masturbation – the naked truth“
www.youtube.com/watch?v=ZvSJE9n0GfA&vl=en
- Jane Langton, TEDxSFU

„Cliteracy“
www.youtube.com/watch?v=dg2RoARuAHM
- Sophia Wallace, TEDxSalford

„It's time for porn to change“
www.youtube.com/watch?v=Z9LaQtfpP_8
- Erika Lust, TEDxVienna

„Orgasm: The cure for hunger in the western woman“
www.youtube.com/watch?v=s9QVq0EM6g4
- Nicole Daedone, TEDxSF

„Reclaiming female sexual desire“
www.youtube.com/watch?v=0Sn_UhcXZm4
- Pam Costa, TEDxPaloAlto

„Why sex as we know it doesn't matter“
www.youtube.com/watch?v=G7IAppMXHfU
- Dr. Bella Ellwood-Clayton, TEDxSouthBank

„Women's sexuality isn't ‚complicated'“
www.youtube.com/watch?v=cQqmMVOsriI
- Sarah Barmak, TEDxToronto

Internetseiten

Fell Free
www.feel-free.org
Online-Plattform und Workshop Reihe mit Fokus auf weibliche Masturbation

Frauenbuchladen Thalestris
www.frauenbuchladen.net/index.html
Bursagasse 2
72070 Tübingen
Tel.: 07071-2 65 90
E-Mail: info@frauenbuchladen.net

Löwenherz
www.loewenherz.at/index.php
Buchhandlung für Schwule und Lesben

Sexclusivitäten
www.sexclusivitaeten.de/service_alle.html
Shop, Filmverleih, Workshops, Vorträge, Seminare zur weiblichen Sexualität

Verlag Krug & Schadenberg
www.krugschadenberg.de
Verlag für lesbische Literatur

Viva la Vulva
www.vivalavulva.at/blog
Blog/Meinungsplattform für feministische Themen, Freiheit, Selbstbestimmung und Lust

Weibliche Quelle
http://weiblichequelle.de/?page_id=2
Online-Plattform mit Informationen, Beratung und Workshops zum Thema weibliche Ejakulation

Queer.de
www.queer.de
Deutschlands reichweitenstärkstes LGBTI-Onlinemedium

Safer Sex Adressen

Aids-Hilfe Schweiz
www.aids.ch/de
Stauffacherstr. 101
Postfach 9870
8036 Zürich
Tel.: (+41) 044-447 11 11
E-Mail: aids@aids.ch

Bundeszentrale für gesundheitliche Aufklärung
www.bzga.de
Maarweg 149-161
50825 Köln
Tel.: 0221 8992-0
E-Mail: poststelle@bzga.de

Deutsche AIDS-Hilfe e.V.
www.aidshilfe.de
Wilhelmstr. 138
10963 Berlin
Tel.: 030-69 00 87 0
E-Mail: dah@aidshilfe.de

Österreichische Aids-Hilfe
www.aidshilfen.at
Innsbrucker Bundesstr. 47
5020 Salzburg
Tel.: (+43) 0662-881488
E-Mail: salzburg@aidshilfen.at

Pro Familia Bundesverband
www.profamilia.de
Mainzer Landstr. 250-254
60326 Frankfurt am Main
Tel.: 069-269 577 90
E-Mail: info@profamilia.de

Adressen Sexuelle Aufklärung

Deutsche Gesellschaft für Sexualforschung e.V.
http://dgfs.info
Universitätsklinikum Hamburg-Eppendorf
Zentrum für Psychosoziale Medizin
Institut für Sexualforschung und Forensische Psychiatrie
Martinistraße 52
20246 Hamburg
E-Mail: info@dgfs.info

Informationszentrum für Sexualität und Gesundheit e.V.
www.isg-info.de
Geschäftsstelle
c/o Uniklinik Freiburg
Hugstetterstr. 55
79106 Freiburg
Tel.: 0180-555 8484
E-Mail: info@isg-info.org

Loveline – Das Jugendportal der Bundeszentrale für gesundheitliche Aufklärung
www.loveline.de/startseite.html
E-Mail: redaktion@loveline.de

Portal Sexualaufklärung, Verhütung und Familienplanung
www.sexualaufklaerung.de
E-Mail: sexualaufklärung@bzga.de

Sextoyshops, Herstellung & (Online-)Versand

Amorelie
www.amorelie.de
Onlineshop für Sextoys, Dessous, Bondage, Drogerie uvm.

Aviva – Online Magazin für Frauen
www.aviva-berlin.de/aviva/index.php
Gneisenaustraße 46
10961 Berlin
Tel.: 030-691 85 03
E-Mail: sharon@aviva-berlin.de

Blue Panther Books – Erotische E-Books
www.blue-panther-books.de/shop
Erotik E-Book Portal

ChickLit
https://shop.chicklit.at
Feministische Unterhaltung
Kleeblattgasse 7
1010 Wien
Tel: (+43) 01-533 91 64
E-Mail: buchhandlung@chicklit.at

Clit Care
www.clitcare.ch
Industriestrasse 64
CH-9443 Widnau
Tel.: (+41) 044 58 666 48

EIS
www.eis.de
Onlineshop für Lovetoys, Dessous und mehr
E-Mail: info@eis.de

Fun Factory
www.funfactory.com/de
Einer der größten Hersteller von Erotikspielzeug Europas mit Onlineshop

FemBooks
www.fembooks.de
Feministische, emanzipatorische und lesbisch_queere Bücher & Medien

Inside Her
https://erotischesfuerfrauen.de
Stiftstr. 32
60313 Frankfurt am Main
Erotisches für Frauen in gemütlich einladender Atmosphäre
Telefon: 069--2424 6969
E-Mail: maravolo@erotischesfuerfrauen.de

Kleine Freiheit
www.kleinefreiheit.com
Kleine Freiheit
Hudtwalckerstr. 20
22299 Hamburg

Lesarion
www.lesarionshop.de
Onlineshop für Lesben

Playstixx – Erotikshop und Manufaktur
www.playstixx.eu
Liebesspielzeug für Frauen* und alle die sie lieben …
Heimstraße 6
10965 Berlin
Telefon: 030-616 595 00
E-Mail: info@playstixx.de

Sexclusivitäten – Berlins fairer Sex- und Erotikshop
www.sexclusivitaeten.net
Das älteste Sex- und Dienstleistungsunternehmen für Frauen in Europa.
Kreuzbergstraße 37/38
10965 Berlin
Tel.: 030-55 87 45 25
E-Mail: info@exclusivitäten.com

WMO Women Mail Order e.K. – der Versand für Lesben
www.wmoshop.de
Bücher, Filme, Prideartikel, Erotikartikel, CDs, u.v.m.
An der Pfaut 3
56637 Plaidt
Tel.: 0026 32 505 97 02
E- Mail: post@womenmailorder.de

Originaltitel: *Healing Sex: A Mind-Body Approach to Healing Sexual Trauma*, Cleis Press Inc., San Fransisco, Kalifornien

1. deutschsprachige Ausgabe
Berlin, Orlanda Frauenverlag, 2001

2. Auflage 2026

Karl-Liebknecht-Str. 36, 04107 Leipzig
mail@orlanda.de
www.orlanda.de

Übersetzung: Penelope Dützmann, Anke Mai, Christine Mauch
Lektorat: Jani Pietsch
Umschlaggestaltung: Reinhard Binder
Illustrationen im Innenteil: Fish
Satz: omnisatz | Motiv Offset NSK GmbH, Berlin
Druck und Bindung:Mazowieckie Centrum Poligrafi Sp. z. o. o.
Printed in Poland

ISBN 978-3-944666-51-8